CARL AUER

# „Du kommst später mal in die Firma!"

## Psychosoziale Dynamik von Familienunternehmen

Thomas Siefer

1996

Über alle Rechte der deutschen Ausgabe verfügen Carl-Auer-Systeme Verlag und Verlagsbuchhandlung GmbH, Heidelberg
Fotomechanische Wiedergabe nur mit Genehmigung des Verlages
DTP-Management: Peter-W. Gester
Satz: Drißner-Design u. DTP, Heidelberg
Umschlagentwurf: Cyan, Heidelberg
Umschlaggestaltung: WSP-Design, Heidelberg
Gesamtherstellung: Druckerei Kösel, Kempten
Printed in Germany 1996
ISBN 3-927809-26-8

Erste Auflage, 1996

Die Deutsche Bibliothek-CIP-Einheitsaufnahme

**Siefer, Thomas :**
„Du kommst später mal in die Firma!" : Psychosoziale Dynamik von Familien-Unternehmen. / Thomas Siefer. - 1. Aufl. - Heidelberg : Carl-Auer-Systeme, Verl. und Verl.-Buchh., 1996

ISBN 3-931574-32-6

# INHALTSVERZEICHNIS

# ZUR EINFÜHRUNG ...

„Familien-Unternehmen" sind alltäglich (Th. Siefer 1987, 2). Und doch wird mancher Leser verwundert feststellen, bei wievielen seiner Kunden oder Lieferanten es sich um Familienunternehmen handelt. Er braucht sich dazu nur einmal in den gemischten Wohn- und Gewerbegebieten seiner Heimatstadt umschauen: vielfach wird er erstaunt sein, welche der ihm bekannten Unternehmen – selbst in seiner Nachbarschaft – zu dieser Unternehmens-Spezies zählen.

Dabei wird mancher Leser das Phänomen aus nächster Nähe kennen: etwa aus seinem Alltag als Angestellter oder Mit-Arbeiter eines Familienunternehmens. Möglicherweise wird so manch einem Leitenden Angestellten die Bedeutung eines Familienunternehmens erst an dem Tag aufgegangen sein, an dem ihm mit dem Eintritt des Familiensprößlings der Nachfolger des Unternehmers präsentiert wurde und er sich in Bezug auf die Möglichkeiten seiner Karriere vor „vollendete" Tatsachen gestellt sah.

Für andere Leser mögen die Mitglieder von Familienunternehmen einen ganz anderen Teil ihres Alltages darstellen, wie beispielsweise für die Angehörige beratender Berufe: sei es als Steuerberater, als Anwalt, als Unternehmensberater oder als Therapeut. Vielen Lesern werden die Repräsentanten der Unternehmerfamilie fast täglich begegnen: in den öffentlichen Verwaltungen oder im Zusammenhang mit Wirtschaftsvereinigungen, Kammern und Berufsverbänden.

Manche unter den Lesern mögen wiederum selbst von dem Thema Nachfolge und Generationswechsel direkt betroffen sein: sei es als Unternehmer, der sich Gedanken um seine Nachfolge macht, als Junior, der vor der Frage steht, ob er ins Unternehmen einsteigen soll oder auch als betroffener Angehöriger einer „Familie, die ein Unternehmen unternimmt".
Allen können die beiden nachstehenden Beispiele großer Unternehmen einen ersten Eindruck davon geben, daß die „Wirklichkeit" von Familienunternehmen sehr vielschichtig, doppeldeutig und zuweilen auch paradox sein kann:

*„Henry Ford II, Enkel des legendären Auto-Industriellen, hinterließ nach seinem Tod im September 1987 ein Videoband mit detaillierten Anweisungen für die Verwaltung seines Erbes. Denn eines sollte vor allem sicher sein: Daß sich die Erben über die Verteilung der 350 Millionen Dollar nicht in die Haare gerieten. Doch ein Jahr nach dem Tode Fords stehen sich die trauernden Hinterbliebenen in zwei Gerichtssälen in West Palm Beach gegenüber." (G. Zehm 1988)*

*„In Börsenkreisen wird vermutet, daß eher private Gründe Jacobs zum Verkauf bewogen haben könnten. Er hatte im Mai 1989 bei der Familienholding Colima*

*seine drei Geschwister ausbezahlt und dafür 700 Millionen Franken Kredite aufgenommen. Wegen der hohen Zinsen scheinen seine Dividendenerträge nicht auszureichen, um die Kredite zu bedienen. Außerdem sind die Kinder von Klaus Jacobs noch nicht alt genug, um bald seine Nachfolge anzutreten." (FAZ vom 23.06.90, S. 15)*

Familienunternehmen scheinen die konventionellen Vorstellungen von der „Rationalität" des Wirtschaftslebens zu widerlegen. Den voranstehenden Beispielen kann der Leser bereits entnehmen, daß in Familienunternehmen die gesellschaftlichen Institutionen „Familie" und „Unternehmen" auf eine Art und Weise miteinander verknüpft, die eher „archaisch" als vernünftig anmuten, da die Handelnden sich offensichtlich allzuoft von ihren Emotionen und Affekten leiten lassen. Zudem scheinen die Handlungen der Protagonisten dieser Dramen offensichtlich eher der Bearbeitung individueller und familiärer Interessen zu dienen, als denen der Unternehmen. Es ist dabei für den Leser nicht unbedingt eindeutig, auf welcher „Bühne" das Stück eigentlich spielt. Zuweilen fühlt man sich bei Familienunternehmen wie ein Besucher in einem absurden Theater. Dort darf der „Zuschauer" ja durchaus unsicher sein, ob er – angesichts der sich dort gleichzeitig abspielenden Tragödien und Komödien – lachen oder weinen soll (zumal die dargebotenen „Absurditäten" dem Zuschauer einen Spiegel der eigenen Wirklichkeit – oder Wirklichkeits-Konstruktion – vorhalten)! Manchmal kann man sich des Eindruckes nicht erwehren, als ob die Darsteller sich weder über den Titel des Stückes, über ihre Rolle(n) noch über dessen „Autor" im Klaren seien.

Zugleich erfährt die gesellschaftliche Trennung (bzw. Spaltung) von „Arbeit" und „Familie" in Familienunternehmen in gewissem Grade auch eine Aufhebung. Für die „Protagonisten" kann dies durchaus bedeuten, daß die „Firma" zum Mittelpunkt familiären Interesses avanciert und sie ihre individuellen Belange und Bedürfnisse dahinter zurückstellen müssen. Für Kinder aus „Familien, die Unternehmen unternehmen", kann das auch bedeuten, bereits von Geburt an als (potentielle) Nachfolger und Nachfolgerinnen angesehen zu werden. Für manche von ihnen bedeutet das gleichzeitig, mit ansehen zu müssen, daß *ihre* Nachfolge ins Unternehmen *nicht* gewünscht und gefördert wird, da bereits *andere* dafür „vorgesehen" wurden. Die Betroffenen wissen im Gefolge der Erbschaft dann allzugut, die damit heraufbeschworenen Gefühle hinter rationalen, vordergründig vernünftigen Ansinnen zu verstecken:

*„Hermann Herder, der von seinem Vater testamentarisch mit starken Befugnissen für die Geschäftsführung des Unternehmens, ..., ausgestattet worden war, hat sich damit auch in zweiter Instanz gegen seine jüngeren Geschwister durchgesetzt. Drei Schwestern und ein Bruder, die neben ihrem älteren Bruder etwa zu gleichen Teilen an den Unternehmen beteiligt sind, hatten den ‚Chef des Hauses', wie sich Hermann Herder nennen läßt, daran hindern wollen, den wertvollen*

*Grundbesitz der Gruppe zur Sicherung von Krediten bereitzustellen. ... Auch ihren Hilfsantrag – die Querfinanzierung sollte an ihre Zustimmung gebunden werden – hat das Gericht zurückgewiesen. Denn die vier Geschwister hätten durch den Gesellschaftervertrag auf ihre Mitwirkungsbefugnisse verzichtet." (FAZ vom 26.08.93, S. 18)*

Schon am Voranstehenden wird dem Leser deutlich geworden sein, daß sich in Familienunternehmen hinter Nachfolge und Erbschaft mehr verbirgt als materiell-finanzielle Transfers. Offensichtlich sind die Handlungen der Protagonisten von einer starken familiären Identifikation mit dem Unternehmen geleitet (bzw. angetrieben). Das ist nicht zuletzt darin symbolisiert, daß das Unternehmen in vielen Fällen auch den „Namen" der Familie (bzw. den des Gründers) trägt. Dem Außenstehenden kommt es dann oftmals so vor, als ob das Unternehmen von der Gründer- und Inhaber-Familie als Verlängerung ihrer selbst angesehen werde. Daher kann es auch wenig verwundern, wenn die Differenzierung zwischen „Familie" und „Unternehmen" von den Betroffenen nur schwer geleistet werden kann, wie auch die auf den jeweiligen Aufgabenstellungen dieser Institutionen beruhenden Belangen von ihnen nur schwerlich unterschieden werden. Darüberhinaus empfinden die Beteiligten gegenüber dem Thema „Nachfolge", „Erbschaft" und „Generations-Wechsel" sehr starke Ambivalenzen, gehen doch für sie damit Befürchtungen und Hoffnungen gegenüber der Nachfolge einher und gegenüber denen, die diese wahrnehmen. Auf den ersten Blick läßt sich nicht immer feststellen, inwiefern ein Generationswechsel gelingt oder scheitert; die „Ergebnisse" sind zuweilen äußerst facettenreich und mehrdeutig.

*„Der 38 Jahre alte Florian Langenscheidt scheidet zum Jahresende aus der Geschäftsführung der Langenscheidt KG, München und Berlin, aus. Nach den Angaben des Unternehmens sucht er eine berufliche Neuorientierung, mit der er sein ökologisches und soziales Engagement verbinden könne. Vollständig wird Florian Langenscheidt aber nicht aussteigen. Er bleibt dem Unternehmen als Komplementär verbunden, außerdem behält er seinen Vorstandsposten bei der Tochtergesellschaft Bibliographisches Institut & F.A. Brockhaus AG in Mannheim. Gemeinsam mit seinem Bruder Andreas repräsentierte Florian Langenscheidt die fünfte Generation der Verlegerfamilie. An der Spitze der Langenscheidt-Gruppe steht ihr 71 Jahre alter Vater Ernst Tielebier-Langenscheidt als geschäftsführender Gesellschafter." (FAZ vom 30.6.93, S. 17)*

Die Verquickung von Eigentum (bzw. Kapital) und der Leitung des Unternehmens (bzw. von „Management") läßt die Tendenz von Eigentümer- und Unternehmer-Familien zur familiären Nachfolge als ein doppeltes Legitimationsproblem erscheinen. Zum einen gegenüber dem Unternehmen in der Frage der Qualifizierung der Nachfolger und der Ermöglichung eines gelingenden Überganges zwischen den Generation. Zum anderen, wie das Beispiel „Langenscheidt" zeigt, zunehmend auch gegenüber den „Kindern" der Unternehmer selbst. Es ist zunehmend fraglich, inwieweit diese sich überhaupt in die (familiäre) „Pflicht" nehmen lassen, das Werk der Eltern, Großeltern oder Ur-Großeltern fortzuführen? Jedoch scheinen die betroffenen Junioren und Juniorinnen aus Familienunternehmen in vielen Fällen der Familientradition zu folgen, indem sie das Unternehmen fortführen. Außenstehenden kommt es oft so vor, als ob sie darauf „von Kindesbeinen an" vorbereitet würden. Sei es von der eigenen Familie, ersten Kontakten mit dem Unternehmen selbst oder den unmittelbaren gesellschaftlichen Umwelten, so daß sie sich später „nichts anderes mehr vorstellen" können. Selbst dort, wo Nachfolger aufgrund „objektiver" Kriterien andere Berufs- und Karrieremöglichkeiten hatten, finden sie sich – wie von „einem roten Faden gezogen" – auf dem „Stuhl" des Vaters wider.

Der Aufmerksamkeit des Lesers wird es am „Fall" Langenscheidt (s.o.) sicherlich nicht entgangen sein: auffallend häufig haben die Senior-Unternehmer die durchschnittliche Pensionsgrenze längst überschritten. Der Generationswechsel ist hinsichtlich der Ablösung beziehungsweise Übernahme offensichtlich von individuellen Dynamiken der patriarchalischen Unternehmer dominiert, die sich auf eine Art und Weise im Unternehmen für unabkömmlich halten, als ob der Verbleib in der Unternehmer-Rolle nicht nur ihr Berufsleben verlängerte.

Zuweilen ist das Unternehmen dann vom Scheitern bedroht, wenn von Seiten der Erben im Nachfolger des Patriarchen – gleich ob sie aus der Familie stammen oder von außen geholt wurden – lebenslang der Vorgänger gesucht wird:

*„Die Pariser Zeitung ‚France-Soir' berichtet rührend über das Unglück der Kinder des Horst Dassler, Adi und Susanne (20 Prozent des Aktienkapitals), unter dem Titel* Adidas ist Dallas*: Danach seien sie von den vier Schwestern ihres Vaters bis zum Schluß der Transaktion im Dunkeln gelassen worden. Der Vorstandsvorsitzende von Adidas, René Jäggi, sei ein reiner Marketingmanager, der den Mitarbeitern verbiete, den Namen ihres Vaters, Horst Dassler, auszusprechen. Von ihren Tanten fühlten sich die Kinder bösartig verfolgt, meint die Zeitung. An diesem Verkauf sei überdies vieles unklar. Von Bernard Tapie würden sie sagen, ‚er habe mit seinem Charme unsere Tanten verführt'. Susanne Dassler (Luzern, Schweiz) meine, Bernard Tapie ähnele ihrem Vater: Er habe Ausstrahlungskraft, sei ein Draufgänger mit Ambitionen." (FAZ vom 16.07.90, S. 13)*

Der Prozeß des Generationswechsels stellt somit hinsichtlich der Kontinuität des Unternehmens (bzw. der Unternehmens-Entwicklung) eine hohe Hürde dar. Er birgt für die Protagonisten – über ihre persönliche Betroffenheit hinaus – eine existentielle Frage. Sie müssen insbesondere entscheiden, inwiefern die Kinder der Unternehmer als Repräsentanten der Familie das Unternehmen fortführen sollen und können. Manchmal stellt sich auch die fundamentale Frage, ob das Unternehmen weiterhin in Familienhand bestehen sollte?

Wie bereits bemerkt, birgt der Generationswechsel auch das Risiko des Scheiterns in sich. Dahinter verbergen sich nicht nur Unternehmens-Zusammenbrüche sondern auch leidvolle Erfahrungen und Schicksale der davon Betroffenen. 1992 stellte die Unternehmensberatung Management Partner (MP) GmbH (Stuttgart) fest:

*„Von knapp zwei Millionen familiengeführter Unternehmen in den alten Bundesländern stehen noch in diesem Jahrzehnt 700 000 Betriebe zur Übergabe an einen Nachfolger an. Doch nur jedem zweiten Unternehmen gelingt es, den Generationswechsel reibungslos abzuwickeln. Bei etwa 200 000 Gesellschaften könne die Kontinuität oder gar Existenz gefährdet werden." (FAZ vom 13.2.92, S. 22)*

Sowohl familiäre Nachfolge in die Unternehmens-Leitung als auch Generationswechsel stellen generell Aufgaben dar, die gelöst beziehungsweise gemanagt werden wollen – und zwar sowohl hinsichtlich der Quantität der betroffenen Unternehmen als auch im Hinblick auf die Qualität des Prozesses. Dem kann vermutlich nur angemessen begegnet werden, wenn das Problem als umfassende Problematik von Unternehmen und Eigentümer-Familie aufgefaßt wird. Das setzt allerdings voraus, die dem vordergründigen Geschehen zugrundeliegende (psycho-soziale) Dynamik von Familien- und Unternehmens-System zu *verstehen*.

Das Ziel des vorliegenden Buches ist es daher, die dem vordergründigen Handeln der Protagonisten in Familienunternehmen zugrundeliegende *Dynamik* zu beschreiben und versuchen, sie zu verstehen. Für den Leser mag sich damit die Hoffnung verbinden, daraus für das Management oder auch für die Beratung von Familienunternehmen im Generationswechsel zu lernen.

Das Buch kann daher auch Betroffene (wie ihre Berater) in der Einsicht bestärken, daß die sich in Familienunternehmen – insbesondere in Nachfolge und Generationswechsel – abspielenden Prozesse einer (kollektiven) Be- und Ver-Arbeitung bedürfen, statt sie der Privatheit (und das heißt in der Regel ja: der Nicht-Bearbeitung) zu überlassen und die aus der Übergabe zwischen den Generationen resultierenden Probleme zu individuellen zu „erklären" und zu personifizieren.

Familienunternehmen scheinen mir darüber hinaus in einem besonderen Maße geeignet, die psycho-sozialen, systemischen Verstrickungen aufzuzeigen, die sich hinter dem vordergründigen Geschehen in unseren Arbeits-Organisationen verbergen. Während insbesondere in (anonymen) Großunternehmen ein Zusammenhang zwischen der (Strukturierung der) Organisation und den Biographien der in ihnen arbeitenden Menschen schwer einsehbar erscheint, treten in Familienunternehmen die Bemühungen um eine Re-Inszenierung der primären Beziehungen allein schon dadurch zutage, daß im Unternehmen auch Familienmitglieder zugegen sind. So gewinnt ein Verstehen der psycho-sozialen Dynamik von Familienunternehmen auch für solche Organisationen Relevanz, wo es dem Außenstehenden höchst zweifelhaft erscheint, inwiefern ihre Mitglieder an der Primäraufgabe des Systems oder doch eher an der Re-Organisation ihrer Familien-Beziehungen – oder gar an der Inszenierung eines Familienunternehmens – arbeiten.[1]

Ich möchte den Leser nicht im Unklaren darüber lassen, daß der Inhalt dieses Buches für mich als Autor selbst Relevanz hat (insofern besteht zwischen der dem Buch zugrundeliegenden Forschungs-Arbeit, dem Arbeiten an dem Buch selbst und dem Autor ebenfalls ein biographischer Zusammenhang). Wenn dieses Buch erschienen sein wird, werde ich selbst als Nachfolger in das Familienunternehmen meiner Familie und Sippe eingetreten sein. Das Unternehmen wurde von meinem Großvater, Wilhelm Siefer, gegründet, der mir insofern – als Patriarch der Sippe – eine starke Identifikation mit diesem Unternehmen hinterließ. Auch wenn ich von der Familie – geschweige denn von der Sippe – nie einen ähnlichen Satz, wie: „Du kommst später mal in die Firma!" hörte, bin ich nicht nur von „klein auf" durch eigene Erfahrungen mit diesem Unternehmen verbunden, sondern habe auch bei Verwandten, Bekannten und Freunden solche Ansprüche und Erwartungen an Nachfolger mit-verfolgen können. Heute ist mir klar, daß diese zuweilen soweit gingen, daß es nie infrage gestellt wurde, ob die Betroffenen ins familieneigene Unternehmen gingen oder nicht.

Meinem Großvater mütterlicherseits, Adolf Mantel, verdanke ich andererseits nicht nur die kaufmännische „Ader" – er war langjähriger Prokurist eines mittelständischen „Familien-Unternehmens". Wie ich heute weiß, hat er auch die guten Wünsche an mich „delegiert", einmal einen „Doktor" zu machen.

Das Buch ist zwischen „Zur Einführung..." und „Zum Schluß..." in fünf Kapitel gegliedert. Ich habe mich in den schlagzeilenartig verfaßten Überschriften bemüht, jeweils die (inhaltliche) Kern-Aussage wiederzugeben. Die Doppeldeutigkeiten mancher Überschriften sind dazu angelegt, die Facetten der (multiplen) Wirklichkeiten von Familienunternehmen zu transportieren.

In „Familie unternimmt Unternehmen" wird der Leser zu einer Reise-Beschreibung eingeladen. Sie schildert die Vorbereitung, Ausrüstung und (methodische) Durchführung der Forschungs-Expedition. Diese nehmen zudem Einfluß auf die sich anschließende Zusammenfassung bereits bekannter Informationen über die Insel-Welt der Familienunternehmen. Das drückt sich insbesondere in der Auswahl der eingenommene Perspektiven (aus der Sicht des „Forschers", des „Beraters" und des „Nachfolgers") und in der – vom Autor so empfundenen – Relevanz der kommentierten Themen aus. Diese werden zum Teil bereits mit ersten „Ergebnissen" und „Erfahrungen" der Forschungs-Expedition illustriert (bzw. ergänzt).

Der Leser wird dabei schnell feststellen, daß der „Familie" dabei ein besonderes Augenmerk gilt. Historische, soziologische und familientherapeutische Grundlagen sollen ihn zu einer veränderten Wahrnehmung von Familienunternehmen und ihren Belangen führen. So wird das Schicksal und Erleben der Betroffenen, ihrer Familien und Sippe berücksichtigt, statt – wie es in der wirtschaftswissenschaftlichen Betrachtungsweise allzuoft geschieht – es aus dem Geschehen „auszublenden". Dem Leser wird in einem Resümee die Gelegenheit geboten, sich vorab über die Grundzüge und Kernaussagen des Kapitels zu informieren.

Die folgenden drei Kapitel befassen sich mit den vom Autor benannten Dimensionen der (psycho-sozialen) Dynamik von Nachfolge und Generationswechsel in Familienunternehmen, die der Leser als primäre Ergebnisse der ihr zugrundeliegenden Forschungsexpedition ansehen kann. Sie werden insbesondere durch die Geschichten meiner Interviewpartner und deren Interpretationen „lebendig". Jede dieser „Dimensionen" wird mit einem zusammenfassenden Resümee (vorläufig) abgeschlossen.

In „Unternehmen kultivieren Familie" geht es um die vorherrschende Unternehmens-Kultur in Familienunternehmen. Sie zeigt sich vor allem in dem „Unternehmens-Leitbild ‚Familie'" und in zahlreichen „Spielen", die „Familie" und „Unternehmen" miteinander „unternehmen", welche ihren Einfluß auf die Strukturierung des Unternehmens nicht verfehlen. Die (Über)Abhängigkeit der „Kinder" von den Unternehmer-„Eltern" konstruiert in der familiären Nachfolge aus dieser Abhängigkeits-Kultur ein „perpetuum mobile".

In „Generationen delegieren Familie(n-)Nachfolge(r)" wird das Konzept der familiären (bzw. kollektiven) Beauftragung von „Kindern" aus Unternehmerfamilien dargestellt. Ihnen gilt die „Mission", das Unternehmen in die nächste Generation zu führen. In diesem Kapitel werden dem Leser an zahlreichen Beispielen die Facetten des Delegationsprozesses nachvollziehbar gemacht. Es wird gezeigt, wie sekundäre „Botschaften" die Nachfolge beeinflussen oder bedrohen und welche Wirkungen generationenübergreifende Delegationen auf die Betroffenen nehmen können.

In „Familien(-Unternehmen) unternehmen Un-Sterblichkeit" stellt sich dem Leser das Familienunternehmen als transzendentes Symbol dar, das von individuellen und kollektiven Hoffnungen getragen wird, in der Aufrechterhaltung des „Familien-Unternehmens" Un-Sterblichkeit zu erlangen. Paradoxerweise wird dabei die einzig realistische Aussicht in diese Richtung – die Fortführung und Kontinuität durch Nachfolge – in der Dynamik der Ablösung und durch verzögerte Übergaben gefährdet. Die Entdeckung der Sterblichkeit von alternden Unternehmern kann dazu beitragen, ihre Tendenz zu verstehen und zu überwinden, sich für unabkömmlich zu halten und sich in individuellen Lebenswerken zu verewigen.

Schließlich wird in „Familien(-Unternehmen) managen Generations-Wechsel" die Forderung erhoben, Nachfolge und Generationswechsel als *Management-Aufgabe* des „Meta-Systems" zu verstehen, damit die Betroffenen sich nicht vom Generationswechsel (bzw. den ihn begleitenden „Ereignissen") „managen" lassen.

Ich möchte die Einführung in das Buch nicht abschließen, ohne den Leser nochmals auf meine Interview-Partner hinzuweisen. Ich bin Ihnen für Ihre Bereitschaft, die in den Interviews gezeigte Offenheit und ihren Mut dankbar, mich an den eigenen Erfahrungen teilnehmen zu lassen. Ich habe mich bei den hier verwendeten Interview-Ausschnitten sehr bemüht, eine gute Balance zwischen einer exakten Wiedergabe, der Verständlichkeit und dem Lesefluß herzustellen. (So wurden auch Füllworte, Stottern, etc. mit einer Doppelklammer „(.)" gekennzeichnet, die man leicht überlesen kann.)

Der Leser sollte sich vergegenwärtigten, daß es für die meisten meiner Interviewpartner vermutlich das erste Mal war, von ihren Erfahrungen zu sprechen. Wenn ich dennoch in diesem Buch die Wiedergabe ihrer Alltags-Sprache bevorzugt habe, wird damit zum einen die Interview-Situation für den Leser ein Stück weit nach-erlebbar. Zum anderen halte ich sie auch deshalb für unverzichtbar, weil gerade in den von ihnen bevorzugten (bzw. gewählten) Ausdrücken und in den Verzögerungen, Versprechern und Brüchen ihrer Erzählungen die von ihnen konstruierte und wahrgenommene Wirklichkeit zutage treten. Die von ihnen – oftmals unbewußt – zum Ausdruck gebrachten ambivalenten Gefühle gegenüber der eigenen Nachfolge (bzw. den eigenen Nachfolgern) haben insbesondere dazu beigetragen, daß der Leser an den vielfältigen Facetten und den Doppeldeutigkeiten ihrer Erfahrungen partizipieren kann. Sie haben erst ermöglicht, ein Stück hinter die Kulissen zu schauen und hinter dem allzu Vordergründigen das „Eigentliche" zu entdecken (und zuweilen auch erst dann einen „Sinn"). Ich möchte daher den Leser bitten, in der Wiedergabe der Alltagssprache kein Kompromittieren meiner Interviewpartner – oder gar von Familienunternehmern allgemein – zu sehen. Nur wer ihren Beitrag zu diesem Buch würdigen kann, wird den von Ihnen eingebrachten „Reichtum" entdecken können.

## Anmerkung

1 Letztlich kann (auf einer meta-theoretischen Ebene) eine Organisation, die *als* Familienunternehmen arbeitet, als eine sehr komplexe *Metapher* einer Organisation (G. Morgan 1986) verstanden werden!

# DANKSAGUNG

Diesem Buch liegt eine Forschungs-Arbeit zugrunde, die am 8. November 1994 vom Fachbereich Wirtschaftswissenschaft der Bergischen Universität – Gesamthochschule Wuppertal als Dissertation angenommen wurde.

Ich komme damit gerne einer durch die Promotionsordnung auferlegten Verpflichtung nach: am Fachbereich habe ich Lehrer gefunden, die mich zu Selbständigkeit und eigenen Themen ermutigten. Darüber hinaus wurden mir in der Teilnahme von Seminaren, wie Menschen in Organisationen, Lern-Möglichkeiten und -Erfahrungen geboten, die mir *grundlegende* Einsichten in die psycho-soziale Dynamik von Organisationen ermöglichten.

Das in mich gesetzte Vertrauen, gegenüber dem Thema zu eigener Autorität und Kompetenz zu finden, hat mich in seiner Selbstverständlichkeit überrascht und gleichermaßen ermutigt. Allen, die mir so geholfen haben, es über ein Jahrzehnt zusammen zu halten, gilt mein Dank. Allen voran meiner Frau, Rosmarie Siefer.

Besonderer Dank gilt meinem langjährigen Mentor und Doktorvater, Prof. Dr. Burkard Sievers, der mich über viele Jahre gefördert aber auch „gelassen" hat. Denn nur so war es möglich, am Thema zu arbeiten, wie es im vorliegenden Buch zum Ausdruck kommt. Sein eigenes Interesse am Thema war immer eine besondere Herausforderung, zu einem eigenen Weg zu finden.

Neben ihm danke ich Prof. Dr. K. Bartölke, Prof. Dr. H. Backhaus, AOR Dr. H. Baisch vom Fachbereich und Prof. Dr. E. Kappler von der Universität Witten-Herdecke für die Mühe und die Aufmerksamkeit, die sie meiner Dissertation in Gutachten und Kolloquium haben zu Teil werden lassen.

Ich danke allen Forschungs- und Berater-Kollegen, die mich mit ihrem Wissen und ihren guten Wünschen begleitet haben. Namentlich erwähnen möchte ich Dipl.-Ing M. Wingenfeld MOR, dessen Freundschaft ich ebenso genieße wie ich aus den achtungsvollen Gesprächen mit ihm gelernt habe.

Ich denke hier auch an Bert Hellinger, dem ich nicht nur persönlich gute „Lösungen" und „Bilder" verdanke, sondern dessen Familientherapie mir zunehmend mehr Anregung für die Lösung von Problemen der Nachfolge in Familienunternehmen gegeben hat.

In besonderem Maße bin ich meinen Interview-Partnern und -Partnerinnen für ihre Bereitschaft und das darin entgegengebrachte Vertrauen sowie für manchen Widerstand dankbar. Die Gespräche mit ihnen haben mir sehr geholfen, die Dynamiken in Familienunternehmen differenziert beschreiben zu können.

Ich denke auch gerne an Jürgen Sgrzebski, dem ich viele Transkripte verdanke. Leider hat er das Ende meiner Bemühungen nicht mehr miterleben können.

Darüber hinaus verdanke ich Dipl.-Ök. F. Moldenhauer die Computer-Zeichnung!

Velbert, im Januar 1996
*Thomas Siefer*

Abb. 1: Der Autor im großväterlichen Büro

# 1 FAMILIE UNTERNIMMT UNTERNEHMEN ...

Dieses erste Kapitel kann gewissermaßen als Einladung zum Lesen einer Reise-Beschreibung verstanden werden. Genauer gesagt handelt es sich ja bei dem hier zu beschreibenden Vorhaben, einem Forschungs-Unternehmen, nicht um eine Reise sondern um eine Expedition, welche mit einer Reise verbunden ist. Die hier vorgenommene Reisebeschreibung schildert die Planung und Organisation der (eigenen) Reise, die (eigenen) Reise-Erfahrungen sowie die Erfahrungen und Berichte über das Reiseziel, die bereits andere Reisende unternommen haben. Sie ist sowohl ein Bericht über den Weg als auch Beschreibung über Vorbereitungen, Ausrüstung und Orientierungshilfen.

Inwiefern der Leser dies als Reise-Führer nutzt, ob er vor Antritt der Reise, während der Besichtigung von Sehenswürdigkeiten oder im Nachhinein zur Information hineinschaut, bleibt ganz seiner Autorität überlassen. Bekanntlich kann ja jeder eine Reise auch ohne Reise-Führer in der Hoffnung unternehmen, sich so eher ein eigenes, von herrschender Bildung und Kultur unbeeinflußtes, Bild zu machen. Möglicherweise verzichtet der eine oder andere Leser lieber auf den Reise-Führer, weil er die hier vorgenommene Beschreibung eher als einen Reiseprospekt für gewisse Zielgruppen versteht, denen damit ein spezielles – auf ihre Bedürfnisse zugeschnittenes – Angebot unterbreitet wird. Das beinhaltet auch, daß je nach Zielgruppe in einem eigenen *Jargon* gesprochen wird: den Forschern ein „Forscher", den Nachfolgern ein „Nachfolger", den Beratern ein „Berater" ... Andererseits weiß der erfahrene Reisende, daß sich ein Reise-Führer auch wie ein Lexikon nutzen läßt: man schlägt bei Bedarf im Glossar nach, um sich beispielsweise vorab über ein Ausflugziel beziehungsweise den Weg dorthin kundig zu machen, die Route nach dort beschriebenen Sehenswürdigkeiten zu planen oder sich im Nachhinein über die Geschichte der bereisten Landschaft zu informieren.

Nun ist es bei einer Expedition zum Reiseziel Familienunternehmen ja nicht so, als ob man wie ein Stammesforscher eine waghalsige Reise zu bislang (von der Zivilisation) „unberührten" Naturvölkern unternähme. Die „Inselgruppe" gilt bereits seit langem als „entdeckt". Sie scheint der Allgemeinheit „bekannt" – allerdings in der Weise einer einmaligen Reportage, die in einer umfassenden Information zu dem voreiligen Schluß verleitet, die eigene Erfahrung der Reise könne man sich als solche nun ersparen. Eine Begegnung mit den „Eingeborenen" wirkt dann eher schon alltäglich; ebenso die Aussicht vergeblich, auf „Primitive" zu treffen, deren Verhalten und Kultur man studieren könnte, indem man archaischen Ritualen beiwohnte.

So mag es für den Leser wie für den Expediteur von Nutzen sein, das Bild zu *drehen* und eine Reise in so *bekanntes* Land auf eine Weise anzutreten, als sei man selbst ein „Fremder“, der sein „eigenes“ Land besucht, um es neu (für sich) zu ent-decken. Als „Eingeborener“ wie ein „Fremder“ zu sehen und zu fühlen, muß dazu angetan sein, das Unbehagen am „Fremden“ in der eigenen „Kultur“ hervorzubringen. Findet der Leser dann einen solchermaßen angefertigten Reise-Bericht vor, wird es ihm wie einem „Weißen“ (Europäer) ergehen, der die „Reden des Südsee-Häuptlings Tuiavii aus Tivavea“ über sich, den „Papalagi“, liest. Dort wird beispielsweise in einer – für einen „Papalagi“ – merk-würdigen Rede über „Die schwere Krankheit des Denkens“ ein „Buch“ „Gedankenmatte“ genannt. Dieses – so warnt der Südsee-Häuptling Tuiavii seine „Brüder“ aus Tivavea – dient dazu, alle bald anzustecken, „die diese Gedanken in sich einnehmen“ (E. Scheurmann 1988, 106). So sei der Leser gewarnt: ebenso wie dem Expediteur wird ihm manches vormals Bekannte auf einmal fremd vorkommen. Nicht zuletzt weil es aus einer anderen Auffassung heraus gesprochen und von anderen Erfahrungen ausgehend beschrieben wurde. Nur wenn er sich vor Augen hält, daß die so erhaltene Beschreibung der Wirklichkeit wie aus der Sicht eines Südsee-Häuptlings geschrieben ist, wird er im „Neuen“ „Wahres“ entdecken und für das Alltägliche – vermeintlich Bekannte – nutzen können.

Es scheint mir daher Sinn-voll, das bisher Bekannte und Unbekannte über Familienunternehmen aus einer dreifachen Perspektive zu beschreiben: aus der Sicht des Forschers, des Nachfolgers und des Beraters. Diese Perspektiven entsprechen zugleich den Rollen, die ich selbst gegenüber dem Untersuchungs-Objekt während der Reise und der Expedition eingenommen habe. Der Spannungsbogen, der aus diesen drei Perspektiven hervorgeht, beinhaltete ja auch, diese Rollen und Perspektiven in sich Gestalt annehmen zu lassen – und gleichzeitig eine Rolle als Autor in mir zu entwickeln, der ich von der Erfahrung dieser Erfahrung – ähnlich der Rede eines Südsee-Häuptlings an seine „lieben nichtdenkenden Brüder“ – berichte (E. Scheurmann 1988 ,111).[1]

Dem Leser begegnet das in der schlagzeilenartig verfaßten Überschrift dieses ersten Kapitels: „Familie unternimmt Unternehmen“. Sie soll gleichermaßen ein „Ergebnis“ des Forschungs-Unternehmens transportieren als auch verdeutlichen, daß in dem zugrundeliegenden Prozeß verschiedene Sphären der Erfahrung und von Wirklichkeit zusammengetroffen sind. Im Folgenden wird die Schilderung dieser Perspektiven hilfreich sein, solche Blickwinkel und Rollen voneinander zu unterscheiden. Sie ent-puppen sich im gleichen Maße wie sie einen Spannungsbogen zwischen dem „Rationalen“ und dem „Emotionalen“ bilden.

Dabei geht es aus der Perspektive des „Forschers“ darum, sich über „den Weg hindurch“ ebenso Klarheit zu verschaffen, wie die Reise zu planen und die Expeditions-Ausrüstung vorzubereiten. Der Forscher informiert sich dabei in dem Maße über bestehende Reise-Beschreibungen wie er das eigene Interesse allmählich näher zu spezifizieren lernt. Er beginnt allmählich, ein eigenes

Vorgehen zu planen, indem er seine eigenen Fragen zu Familienunternehmen entdeckt und anderswo nicht beantwortet findet. Diese werden so allmählich zum Forschungs-Objekt.

## 1.1 Durch die Brille des Forschers ...

Die Perspektive des Forschers einzunehmen heißt auch, sich der fundamentalen Spaltung zu vergegenwärtigen, welche die (herrschende) Wissenschaft zwischen ihm als Forscher und dem zu Erforschenden vorgenommen hat: „Diese Unterscheidung zwischen einem erkennenden Subjekt und einem erkannten Objekt, das beobachtet, beschrieben und verändert wird, ist in der neuzeitlichen Wissenschaft so radikal und grundlegend verankert, daß es jedermann als eine Selbstverständlichkeit in Fleisch und Blut übergegangen ist." (C. Hofmann 1983, 108)

Die Aufeinander-Bezogenheit von Theorie und Praxis wird dabei ebenso ausgeblendet, wie die Interaktion zwischen Forschern und Forschungs-Subjekten: „Zu dieser radikalen Trennung von erkennendem Subjekt und erkanntem Objekt gehört auch, daß die Person des erkennenden Subjekts mit ihren Gefühlen, Wünschen, Hoffnungen nicht mehr im Erkenntnisprozeß vorkommen darf." (C. Hofmann 1983, 23) Eine Folge dessen ist u.a. auch die Spaltung der (organisationalen) Welt in „Theorie" und „Praxis" beziehungsweise in „Theoretiker" und „Praktiker". Für die Betriebswirtschaftslehre hat E. Kappler das Verhältnis von Theorie und Praxis dagegen mit ihrer Einheit im Sinne von *gegenseitiger Vermittlung* umschrieben (E. Kappler 1975, 10).

Jedoch: auch der „Praktiker" praktiziert seine Praxis mit einer *Theorie* über dieselbe, indem er in seiner Praxis – bewußte oder unbewußte – Annahmen über die Grundlagen seiner Praxis sowie über das Praktizieren der Praxis unterstellt. Nichts liegt daher für einen Praktiker näher, als sich seiner Theorie zu vergegenwärtigen und sie auf ihren praktischen Wert nach dem Motto hin zu überprüfen: „Nichts ist praktischer als eine praktische Theorie". Man sieht sofort: auch dem „Praktiker" ist die Theorie nicht „fremd" (er bietet dem „Theoretiker" somit beste Voraussetzungen für ein Forschungs-Unternehmen).

Der Theorie-Bildung sind im Hinblick auf den Wahrheitsgehalt jedoch Grenzen gesetzt: „Theorie macht in der Tat aus intransparenter transparente Komplexität ... Sie hat dann einen Reflexionsvorsprung. Dennoch bleibt Theorie das, was Soziologen als Handelnde in einem Interaktionsprozeß schöpfen, übertragen oder übernehmen: Deutung – nicht mehr." (H. Haferkamp 1987, 53 f.) Es muß konsistiert werden, daß die Realität mehr birgt „... als Theorie und Praxis zu fassen vermögen. ... Dabei geht es nicht allein um die Wechselbeziehung zwischen Theorie und Praxis, sondern ebenso um die Frage, wie das Verhältnis jeder dieser beiden Positionen zur ‚Wirklichkeit' vorgestellt wird." (K. Senzky 1977, 16) Die Teilnahme des Forschers an der Beobachtung von Phänomenen der Gesellschaftswissenschaften schließt ihn ebensowenig aus, wie die Nicht-Wahrnehmung der Interaktion zwischen Forscher und Erforschtem verschleiern kann, daß Wissenschaft ihre eigene Wirklichkeitssicht schafft (H. Haferkamp 1987, 51). Indem unter Forschern die Einsicht wuchs, daß der Beobachtete seine Wirklichkeit anders konstruiert als der Forscher, kam auch in die Methodologie – den „Weg hindurch" (K. Rosenthal 1983, 9) – Bewegung. Dies hat(te) auch Folgen für das *Interview* als Forschungs-Instrument.

**Vor-Gehen ...**
Zunächst hat der Forscher somit zu akzeptieren, daß die Wirklichkeit des Beobachteten *anders* als die seine *ist*. Er verzichtet somit darauf, die Differenz der Wirklichkeitskonstruktionen durch Approximation aufzuheben (G. Gutjahr 1985, 104). Dann gesteht er dem Beobachteten (bzw. Interviewten) zu, „... seinen Standort, seine Perspektive und seine Sicht der Dinge deutlich zu machen." (H. Hermanns 1981, 9) Ein nächster Schritt wäre dann, „... die Wirklichkeitskonzeption der Handelnden zum Ausgangspunkt ..." der Untersuchung zu machen (C. Hoffmann-Riehm 1980, 345).

Ein solches Vor-Gehen bedeutet:

1. Der Forscher verzichtet auf eine vorhergehende Hypothesenbildung, ohne zu verleugnen, daß er ein gewisses Vorwissen (bereits) aufgebaut hat – denn wo sonst käme sein Interesse her? „Sozialforschung ermöglicht erst die Bildung von Hypothesen; Sozialforschung ist nicht primär das Unternehmen des Hypothesentests." (C. Hoffmann-Riehm 1980, 345)
2. Der Forscher gesteht der Interviewsituation eine Kommunikationsbeziehung zu (C. Hoffmann-Riehm 1980, 346 f.).
3. Nur die Alltagssprache kann die Funktion übernehmen, die Sicht der Dinge von Seiten des Befragten als Ausgangspunkt wahrzunehmen (H. Hermanns 1981, 9).
4. Es bedeutet, den Alltag (die alltägliche Wirklichkeit) als den dominanten Wirklichkeitsbereich anzuerkennen (D. Geulen 1977, 54). „Dazu gehört aber der Mut der empirischen Forschung, den Alltag erst einmal und stets wieder so zu nehmen, wie er sich jeweils präsentiert." (R. Grathoff 1978, 82)
5. In seinem Alltagswissen ist der Beobachtete der Experte: bei ihm und nicht beim Forscher liegt die Kompetenz bezüglich seiner Wirklichkeit. (H. Hermanns 1981, 10)
6. Die Repräsentativität (Objektivität) von gesellschaftlichen Strukturen wird dadurch hergestellt, „... daß die Mitglieder einer Gesellschaft sie in ihrem Handeln in jeweils besonderer Weise reproduzieren oder modifizieren." (H. Hermanns 1981, 10) Es erfordert, in den spezifischen Einzelheiten „... abstrahierend ein Allgemeines zu erkennen, das einen Zusammenhang stiftet." (K. Senzky 1977, 23)

Die von mir angewandte Methode der *narrativen* (erzählerischen) Interviews geht davon aus, daß das Erleben der – dem Beobachteten eigenen – Wirklichkeit in der mit dem Alltag vertrauten Darstellungsform des *Erzählens* ausgedrückt werden kann. So sollen Nachteile leitfadengesteuerter Interviewverfahren, wie Zustimmungstendenzen und soziale Erwünschtheit, vermieden (bzw. dokumentiert) werden (H. Esser 1986, 316 f.; C. Hopf 1978, 101 f.).

Der Interview-Partner wird im Interview somit aufgefordert, eine Geschichte zu erzählen. So etwa eine biographische oder eine über seinen sozialen Kontext wie zum Beispiel die Unternehmensgeschichte von Familienunternehmen oder das eigene Erleben als Nachfolger im Prozeß des Generationswechsels. Der Interviewte ist dabei nicht nur für das Erzählen der selbsterlebten Geschichte der Experte, sondern auch hinsichtlich des Verfahrens: ihm „... bleibt deshalb der Aufbau und die Strukturierung dessen, was erzählt wird, so weit wie möglich selbst überlassen." (J.M. Südmersen 1983, 295). Das bedeutet auch, daß dem Interviewten Freiheitsgrade zugestanden werden müssen: hinsichtlich der Ausführlichkeit (Auswahl der Gegenstände), des Dispositionsspielraumes (Gestaltung und Auswahl) und der Detailliertheit (H. Hermanns 1981, 9). Das hat für den Interviewer – wie der Autor bestätigen kann – durchaus auch Problematisches: er muß – da er in dieser Kommunikationsbeziehung sein Gegenüber (z.B. durch Interesse und Desinteresse) im Hinblick auf diese Freiheitsgrade beeinflußt – zugleich Spontanität entwickeln als auch bewußtes, kontrolliertes Zurückhalten üben (C. Hopf 1978, 107).

Der Verlauf von narrativen Interviews kann als Prozeß der Daten-Generierung verstanden werden: einer einleitenden Aufforderung zum Erzählen folgt die Erzählphase, in welcher der Interviewer (idealtypisch) nicht unterbricht und (sich darum bemüht,) nicht die eigene Position zum Erzählten deutlich macht. In einer Rückgriffsphase wird darum gebeten, einzelne Abschnitte der Erzählung noch einmal zu präzisieren oder auch ausführlicher darzustellen; abschließend folgt eine Bilanzziehungsphase (H. Hermanns 1981, 18). Dieser Verlauf kann in einem Interview auch wiederholt werden, um beispielsweise einen (anderen) sozialen Kontext anzuschließen. Ein erfahrener Interviewer wird in einem solchen Falle mit seinem Interviewpartner die jeweiligen Themen- und Erzählabschnitte einzeln bilanzieren, um dann abschließend noch ein Resümee über das gesamte Interview vorzunehmen.

Bereits an dieser Stelle kann sich selbst der Leser, für den Interviews nicht gerade ein Alltags-Geschäft darstellen, vorstellen, welche Menge an Worten über die Wirklichkeiten von „Familien-Unternehmen" bei einer solchen Expedition anfallen können! Doch bevor man zur Reise aufbricht, sollte sich der Forscher im Klaren darüber sein, was er mit bei einer solchen Menge von Worten anfangen will ...

**Die Worte folgen den Gedanken ...**
Um im Bild zu bleiben: wir (Leser und Autor) sind damit in unserer Reisebeschreibung im Abschnitt „Der Weg hindurch“ (Methode) bereits dort, wo es um die Auswertung des dann gewonnenen Materiales geht. Wir befassen uns also bereits in diesem Stadium der Reisevorbereitung mit den Konsequenzen, die unser Vorgehen während der Expedition auf die Auswertung der „Ergebnisse“ bei unserer Wiederkehr hat. Denn es gehört auch zur Professionalität eines erfahrenen Interviewers, die Phase der Generierung von Daten von der Phase ihrer Interpretation zu unterscheiden (insbesondere die Interpretation der Daten während des Interview-Prozesses nicht durch Deutungen vorwegzunehmen).

Wie der Interviewte sich über das gestellte Thema äußert, läßt Rückschlüsse auf die Art und Weise seiner Aneignung der von ihm vorgefundenen Realität zu (J. Kade 1989, 49). Das bedeutet für den Interviewer auch, dem Erzähler achtungsvoll in seiner Beschreibung der Wirklichkeit zu begegnen und diese Wirklichkeit ebenso ernst zu nehmen: die (erzählten bzw. gehörten) Worte folgen den Gedanken.

Vermutlich wird beim Leser dabei die Frage nach dem Verhältnis von Fiktion und Wahrheit im Zusammenhang selbst-erlebter Geschichte – darum geht es bei der Erzählung über das Erleben im Familienunternehmen – auftauchen, wie sie in der Biographieforschung als erkenntnistheoretischem Problem aufgeworfen wird. U. Gerhardt sieht den Drang zur Entlarvung von Fiktionen, denen Wahrheit abgesprochen wird, erst im rationalen (modernen) Denken aufkommen, in denen der Forscher „... von vorneherein auf Realitätsvorgaben verwiesen ...“ ist, der Handelnde somit „... als rational vorgestellt werden müsse, um Handeln vergleichend einsehbar zu machen.“ Dieses bildet den Hintergrund der Vermutung, „... daß Fiktion und Wahrheit nichts miteinander zu tun hätten.“ Und sie folgert pointiert: „Wird die Kluft überbrückt, gehen Fiktionalität und Imagination ineinander über, entsteht nicht Lüge, sondern Kunst! An ihr findet die Biographieforschung allerdings ihre nicht weiter beunruhigende Grenze.“ (U. Gerhardt 1985, 248)

Auf einem institutionellen Hintergrund stellen R. Heinze und E. Kappler (1979, 3) fest: „Warum sollte der Befragte nicht die Wahrheit sagen und – ggfl. – warum sagt er sie nicht? In welcher Verfassung ist er in einer Unternehmung, die in einer Verfassung ist, daß sie ihn lügen läßt oder ihn nicht erkennen läßt, daß er sich selbst mißversteht? ... Wahrscheinlich ist kaum die Lüge, sondern die internalisierte Wahrung der eigenen Identität.“ Dies deckt sich insbesondere mit der Aufforderung, bei der Interpretation von Interviews „... nicht voreilige Schlüsse aus der Textoberfläche zu ziehen (U. Froschauer und M. Lueger 1992, 53 f.). Viele Botschaften sind verschlüsselt und bedürfen einer intensiven Analyse. Daraus ergibt sich auch die Anforderung nach extensiver Textauslegung.“

Um also bei der Interpretation nicht beim Vordergründigen stehenzubleiben – dies hieße, die „Worte“ einseitig als „Wahrheit“ anzusehen – müssen die dahinter stehenden Gedanken auf ihren Entstehungs-Kontext hin untersucht werden. In einer Theater-Metapher ausgedrückt: man stellt die Worte mit den Handelnden auf die Bühne und sieht über das Gesagte hinaus die Inszenierung vor dem Bühnenbild.

Dazu sollen Überlegungen angestellt werden, wie sie in der *Deutung* als einem Konzept, das aus der psychoanalytischen Methode stammt, eingeschlossen werden. Sie sei durch den Hinweis legitimiert, daß das psychoanalytische Verfahren eben nicht Ereignis- sondern *Erlebens*geschichte erschließt (F. Kröll et al. 1981b, 22). Deutung fragt – im Unterschied zu Erklärung – nach den *Motiven*, nicht den Ursachen von Verhalten: „Deuten gehört zu unserem Alltagsverhalten, die psychoanalytische Ausbildung vermag es nur zu kultivieren.“ (H. Argelander 1982a, 22) „In einem idealen psychoanalytischen Dialog gehen wir von der Annahme aus, daß der Patient oder Ratsuchende sein ‚Material‘ nach ‚Bedeutung und Sinn‘ organisiert beiträgt, weil es allein um die Erfassung von Bedeutung und Sinn für seine Person geht und der Therapeut dieses Material deutend entwickelt, bis sich aus einer Sequenz von Deutungen eine unbewußte Thematik abzeichnet, die formal gesehen ‚neuen Sinn‘ und ‚neue Bedeutung‘ freilegt.“ (H. Argelander 1982b, 28)

Der Hinweis auf das Konzept der Deutung soll hier keinen Aufforderungscharakter beinhalten, das narrative Interview dem psychoanalytischen Dialog anzupassen. Es soll vielmehr den Blick für das „Wie“ des erzählten „Was“ schärfen. Freud und Lacan haben darauf hingewiesen, daß Sprache zur Voraussetzung dafür transzendiert, „... daß es ein Unbewußtes geben kann ...“; oder anders: „... das Unbewußte ... ist jene vorgängige Rede des Anderen, die es aus den Bruchstellen konkreter Äußerungen jeweils zu rekonstruieren gilt.“ (A. Wrobel 1985, 24) So soll für die Interpretation der Erzählungen von Interviewpartnern zum einen der Blick für die Sprache des Alltages geschärft werden. Zum anderen soll bewußt gemacht werden, daß sich hinter dem Vordergründigen des Erlebten – wie der erzählten Geschichte(n) – oft noch ein zweites, eher Unbewußtes statt (rationalisierend) Erklärendes mitteilt oder zuweilen auch verbirgt, das sich zu einem *eigenen* Sinn organisiert. Originäre Arbeit von Interpretation ist es dann, die Hintergründe oftmals vordergründiger Themen in den erzählten Geschichten aufzudecken und mittels Deutung der angebotenen Erzählinhalte ihre Verbindungen zum – oft unausgesprochen und zumeist unbewußt – Eigentlichen herzustellen.

Im Kontext der hier zugrundeliegenden Forschungs-Arbeit ist dies insofern besonders interessant, weil sich die gewonnenen Daten nicht nur auf individuelle Biographien – und die damit verbundenen Familiensysteme – beziehen, sondern insbesondere auch auf den institutionellen (bzw. organisationalen) Kontext des Familienunternehmens. Hier gilt nicht nur:

„Familie unternimmt *Familie* sondern auch: Familie unternimmt *Unternehmen*". Die Erzählinhalte geben – zum Beispiel im sozialen Kontext der Entstehungsgeschichte – Auskunft über ein institutionelles Kulturkonzept: über Werte, Struktur, maßgebliche Persönlichkeiten, Verhältnisse der Unternehmerfamilie, die Unternehmensgründer, Nachfolger sowie die Entwicklung und Zukunft des Unternehmens selbst. Ein institutionelles Kulturkonzept impliziert eine holistische Betrachtung; durch ihre intrasystemische Ausrichtung schenkt sie der Eigendynamik von Organisationen Beachtung und gibt dem Aspekt der geschichtlichen Entwicklung Raum (D. Matenaar 1983, 26).

W.G. Dyer hat auf die originäre „Sprache" und den spezifischen *Jargon* als Artefakt der Unternehmenskultur, somit auf das unterliegende System von Werten und Überzeugungen, hingewiesen. Dies betrifft auch die – über das Kulturkonzept vermittelten – Symbole der Organisation, die sich in der Wahl der Bilder und Metaphern von (bzw. in) Phantasien über Familienunternehmen (oder von Familienunternehmen *über* Familienunternehmen) niederschlagen (W.G. Dyer 1986, 15). G. Morgan hat allgemein für Organisationen einige solcher Leit-Metaphern vorgeschlagen. Für den hier interessierenden Zusammenhang der Wirklichkeitskonstruktionen und ihre Interpretation sei auf das Bild der „Organisation als psychisches Gefängnis" verwiesen. Darin können Organisationen als psychische Phänomene in dem Sinne verstanden werden, daß sie durch bewußte und unbewußte Prozesse geschaffen und entstanden sind. Das kann für die Organisationsmitglieder bedeuten, daß sie in den Bildern, Ideen, Gedanken in dem Handeln, die diese Prozesse hervorgerufen haben, gefangengenommen oder eingeengt werden (G. Morgan 1986, 199).[2]

Zusammenfassend läßt sich im Hinblick auf die Analyse des aus den Erzählungen gewonnenen Datenmateriales sagen, daß der Rekonstruktion (kollektiver) objektiv-latenter Sinnstrukturen ein besonderes Interesse zukommt, sind sie doch „… Ordnungen (Struktur) von Bewußtseins- und/ oder Handlungselementen (Sinn), die unabhängig von der interviewten Person als Subjekt existiert (objektiv), nicht unmittelbar sichtbar aber dennoch bewußtseins- und/oder handlungsleitend wirken (latent)." (U. Froschauer und M. Lueger 1992, 58)

**Wissen schaffen …**

Die Worte folgen den Gedanken … – Doch wie kam es zu den Gedanken, die aus Worten *Wissen* schaffen? Zunächst soll eine kleine Geschichte helfen, den Zusammenhang zwischen erzählten Geschichten und „Wissen schaffen" herzustellen (Rafik Schamir 1991, 220 f.):

*„Dort traf ich meinen Freund, den persischen Dichter Said, ihr kennt ihn doch? ... Als hätte Said meine Gedanken gelesen, sagte er mir nach der Begrüßung und ohne daß ich ihn danach fragte: ‚Was für ein guter Erzähler ist doch dieser afghanische Messerschleifer. Ein kleiner Teufel, doch wenn er anfängt, Geschichten aus seiner Heimat zu erzählen, wächst er. Ich habe nie etwas über Afghanistan gewußt, doch dieser Teufel entführt mich in seine Gassen, und ich rieche, schmekke und verstehe, was jeder in dieser Gasse fühlt. Auf einmal bin ich mit dem Afghanen verbunden. Ist das nicht ein Wunder?'"*

Der Fortsetzung der Reise-Beschreibung muß ich vorausschicken, daß ich bereits zuvor Gelegenheit zu einem kurzen Aufenthalt auf einer der (um im Bild zu bleiben) Inseln hatte und dabei mit einigen der „Ur-Einwohner" gesprochen hatte. Rückblickend kann man dies sicherlich als „Vorstudie"[3] betrachten. Sie bestand im protokollarischen Aufarbeiten einzelner Sequenzen aus ca. zehn Gesprächen mit Familienunternehmern in der Absicht, so ein tiefer gehendes Gespür für die Problematik von Familienunternehmen zu erhalten, wie sie (andere) Betroffene erleben. Im Nachhinein dienten die Gespräche auch dazu, die eigene Angst gegenüber dem Anspruch eines qualitativen Interviewverfahrens zu bewältigen, zumal bei „... ForscherInnen, die sich erstmals in die qualitativ orientierte Empirie vorwagen, häufig Unsicherheit über die Wissenschaftlichkeit des eigenen Vorgehens und Unsicherheit darüber, was überhaupt bei der Durchführung qualitativ orientierter Studien alles zu beachteten ist" vorherrscht (U. Froschauer und M. Lueger 1992, 7).

Für die Interviews der Expedition kann ich von ähnlichen Unsicherheiten bei der anfänglichen Gewinnung von Interview-Interessenten sowie in den Kontakt- und Anfangsphasen der ersten Interviews berichten. Insbesondere fiel es mir anfangs sehr schwer, während der Interviews gelassen abzuwarten, welches „Material" – und ob in „genügender" Menge – mir angeboten wurde. Andererseits war es schwer, auftauchende Gefühle von Unsicherheit, Verwirrung und Irritation auf ihren Entstehungszusammenhang hin einzuschätzen. Mit zunehmender Erfahrung bei der Durchführung erzählerischer Interviews wurde es dann leichter zu unterscheiden, inwieweit solche Gefühle aus dem Zustandekommen des Interviews oder aus der Interviewsituation und -dynamik (aus Übertragung und Gegenübertragung) herrührten.

| Pers./ Interv. | Pers./ Untern. | Geschlecht F | M | Generationen 1 | 2. | 3. | 4. | 5. | Alter Untern. (ca.) | Fam.-Besitz verkauft |
|---|---|---|---|---|---|---|---|---|---|---|
| 2 | 2 | X | | | | X | | | 100 | v |
| | | | X | | | | X | | | |
| 1 | 1 | | X | | | | X | | 90 | F |
| 1 | 1 | | X | | | X | | | 60 | F |
| 1 | 1 | | X | | | | X | | 95 | F |
| 1 | 1 | | X | | | | X | | 90 | F |
| 1 | 2 | X | | | | X | | | 100 | F |
| 1 | | X | | | | | X | | | |
| 1 | 1 | | X | | | X | | | 60 | F |
| 1 | 1 | | X | | | | X | | 100 | F |
| 1 | 1 | | X | | | | X | | 120 | F |
| 1 | 1 | | X | | X | | | | 40 | F |
| 2 | 4 | | X | | | X | | | 70 | F |
| | | | X | | | X | | | | |
| 2 | | | X | | | | X | | | |
| | | | X | | | | X | | | |
| 2 | 2 | X | | | X | | | | 50 | F |
| | | | X | | | X | | | | |
| 1 | 2 | | X | X | | | | | 35 | F |
| 1 | | | X | | X | | | | | |
| 1 | 1 | | X | | | | X | | 110 | F |
| 1 | 1 | | X | | | | | X | 125 | F |
| 1 | 1 | | X | | | | X | | 100 | F |
| 2 | 2 | X | | | | X | | | 80 | F |
| | | X | | | X | | | | | |
| 2 | 2* | | X | X | | | | | 40 | F |
| | | X | | X | | | | | | |
| 1 | 1 | | X | | | | X | | 135 | v** |
| 1 | 1 | | X | | X | | | | 25 | F |
| 1 | 1 | | X | | | | X | | 100 | F |
| 1 | 1 | | X | | X | | | | 45 | F |
| 1 | 1 | X | | | | X | | | 70 | F |
| 1 | 1 | | X | | | X | | | 70 | F |
| 2 | 2 | X | | | | | X | | 100 | F |
| | | | X | | | | X | | | |
| 35 | 35 | 9 | 26 | 3 | 6 | 19 | 15 | 1 | 25 Untern. | 23 F/ 2v |

Abb. 1: Befragten- und Interviewstruktur
*: Leitende Angestellte aus Gründergeneration
**: Unternehmen war zum Zeitpunkt des Interviews noch in Familienbesitz

Von Mai 1988 bis Juli 1989 führte ich für die hier zugrundeliegende Forschungsarbeit 28 narrative Interviews mit 35 Personen aus 25 Unternehmen durch (Abb. 1 zeigt eine tabellarische Übersicht der Befragten- und Interviewstruktur). Ich befragte in 3 Unternehmen jeweils in getrennten Interviews Partner aus zwei Generationen. In 7 Fällen führte ich ein Paarinterview durch; davon stammten drei „Paare" aus zwei Generationen und vier „Paare" aus der gleichen Generation.

Unter den 35 Interviewpartnern waren 9 Frauen und 26 Männer. Darunter befindet sich eine Frau, die nicht im Unternehmen selbst tätig war sowie ein Ehepaar, das zum Aufbau des betreffenden Unternehmens als Leitende Angestellte beitrug. Ein Interviewtenpaar aus zwei Generationen hatte sein Unternehmen zum Zeitpunkt des Interviews bereits verkauft. Bei einem weiteren Interviewpartner bestand das Unternehmen ein Vierteljahr nach dem Interview nicht mehr als Familienunternehmen.

Von den Interviewpartnern stammen Dreiviertel (26/35) mindestens aus der 3. Generation, fast die Hälfte (17/35) aus der 4. und 5. Generation der Familie. Dabei waren Vierfünftel (20/25) der Unternehmen älter als 50, über die Hälfte (14/25) älter als 75 Jahre, davon immerhin zehn Unternehmen 100 Jahre und älter!

In Abb. 2 ist die Befragten- und Interview-Struktur noch einmal unter besonderer Berücksichtigung der Ausbildung der Befragten aufgeführt. Hieraus ist zu ersehen, daß von den befragten 26 Junioren die überwiegende Mehrheit ein Studium absolvierte (18 von 26). 18 von ihnen absolvierten eine praktische Ausbildung (Lehre), davon 9 in Kombination mit einem Studium, 3 in Kombination mit einer qualifizierten (fachhochschulähnlichen) Weiterbildung. Lediglich 5 der Junioren (von 26) schlossen ihre Ausbildung mit der Lehre ab; darunter einer ohne Unternehmensbezug (das Unternehmen ist verkauft). Eine der Juniorinnen absolvierte eine qualifizierte Weiterbildung nach dem Studium; bei ihr war als Einziger das Studienfach nicht primär unternehmensbezogen.

Bei den befragten Senioren sieht dies anders aus: von ihnen hatten 7 (von 9) eine Lehre absolviert, davon einer eine nicht unternehmensbezogene, der jedoch – als einziger Senior – ein entsprechendes Studium anschloß. 2 der interviewten Seniorinnen (von 9) hatten keine Ausbildung.

Von den 22 männlichen Junioren hatten 15 ein Studium absolviert, 16 eine Lehre, davon 8 ein Studium und eine Lehre sowie 2 eine Lehre und eine qualifizierte Weiterbildung (8 von 16 bzw. 8 von 23). 5 von ihnen schlossen die Ausbildung mit einer Lehre ab. 7 der männlichen Junioren hatten ausschließlich studiert. Von den 4 männlichen Senioren hatte einer neben seiner nicht unternehmensbezogenen Lehre ein entsprechendes Studium angeschlossen, während 3 (von 4) eine Lehre gemacht hatten.

| Pers./ Interv. | Geschlecht | | Generationen | | | | | Ausbildung*1 | | | Alter*2 Untern. | Fam.-Besitz/ verk. |
|---|---|---|---|---|---|---|---|---|---|---|---|---|
| | F | M | 1. | 2. | 3. | 4. | 5. | L. | S. | QW. | | |
| 2 | X | | | | X | | | X | | | 100 | v |
| | | X | | | | X | | X*3 | | | | |
| 1 | | X | | | | X | | | X | | 90 | F |
| 1 | | X | | | X | | | X | X | | 60 | F |
| 1 | | X | | | | X | | X | | | 95 | F |
| 1 | | X | | | | X | | X | X | | 90 | F |
| 1 | X | | | | X | | | X | | | 100 | F |
| 1 | X | | | | | X | | | X | | | |
| 1 | | X | | | X | | | | X | | 60 | F |
| 1 | | X | | | | X | | X | X | | 100 | F |
| 1 | | X | | | | X | | | X | | 120 | F |
| 1 | | X | | X | | | | | X | | 40 | F |
| 2 | | X | | | X | | | X*3 | X | | 70 | F |
| | | X | | | X | | | X | | | | |
| 2 | | X | | | | X | | | X | | | |
| | | X | | | | X | | X | | | | |
| 2 | X | | | X | | | | | | | 50 | F |
| | | X | | | X | | | X | | | | |
| 1 | | X | X | | | | | X | | | 35 | F |
| 1 | | X | | X | | | | X | X | | | |
| 1 | | X | | | | X | | X | X | | 110 | F |
| 1 | | X | | | | | X | X | X | | 125 | F |
| 1 | | X | | | | X | | X | | X | 100 | F |
| 2 | X | | | | X | | | X | | X | 80 | F |
| | X | | | X | | | | | | | | |
| 2 | | X*4 | X | | | | | X | | | 40 | F |
| | X | | X | | | | | X | | | | |
| 1 | | X | | | | X | | | X | | 135 | v*5 |
| 1 | | X | | X | | | | X | X | | 25 | F |
| 1 | | X | | | | X | | X | X | | 100 | F |
| 1 | | X | | X | | | | | X | | 45 | F |
| 1 | X | | | | X | | | X | X | | 70 | F |
| 1 | | X | | | X | | | X | | X | 70 | F |
| 2 | X | | | | | X | | | X | X | 100 | F |
| | | X | | | | X | | X | | | | |
| 35 | 9 | 26 | 3 | 6 | 10 | 15 | 1 | 24 | 19 | 4 | 25 Unt. | 23F/2v |

Abb. 2: Ausbildung der Befragten aus Interviews. *1: L: Ausbildung (Lehre); S: Studium; QW: Qualifizierte Weiterbildung. *2: Alter ca. *3: Ausbildung nicht unternehmensbezogen. *4: Leitende Angestellte der Gründergeneration. *5: Unternehmen war zum Zeitpunkt des Interviews noch in Familienbesitz.

Von den 4 weiblichen Juniorinnen hatten 3 studiert, 2 eine Lehre gemacht, davon eine diese mit einem Studium kombiniert, eine andere mit einer qualifizierten Weiterbildung. Eine von ihnen hatte auschließlich studiert (sie verfügte aber über sehr viel praktische Erfahrung im Unternehmen); eine weitere ergänzte ihr Studium um eine qualifizierte Weiterbildung. Von den 5 befragten weiblichen Seniorinnen hatten 3 eine Lehre absolviert, 2 keine Ausbildung.

Es kann somit zum einen davon ausgegangen werden, daß die Qualifizierung im Laufe der Generationen zunimmt: die Junior/innen sind vergleichsweise qualifizierter als ihre Senior/innen. Zum anderen ist der überwiegende Teil der Ausbildungen unternehmensbezogen; mit großem Anteil werden praktische Ausbildung mit Studium oder qualifizierter Weiterbildung kombiniert. Im Vergleich der Geschlechter fällt bei den Juniorinnen auf, daß zwar wenige Frauen ins Unternehmen gehen. Diejenigen, die den Einstieg vornahmen, waren auffällig unternehmensbezogen auf einem hohen Niveau qualifiziert. Die meisten von ihnen (3 von 4) hatten keine (bzw. kaum) externe Erfahrungen in anderen Unternehmen nach der Ausbildung. Dies gilt ebenfalls für den überwiegenden Teil der männlichen Nachfolger: der überwiegende Teil (17 von 22) von ihnen stieg nach dem Ende der Ausbildung ins Unternehmen ein. Im Vergleich fällt jedoch auf, daß 5 von ihnen ihre Ausbildung mit einer Lehre, 7 ihre mit dem Studium abschlossen, also „theoretische" und „praktische" Anteile nicht in dem Maße kombinierten, wie die weiblichen Nachfolgerinnen.

Ohne Zweifel wird von einzelnen Lesern die Frage nach der Repräsentativität dieser Interviews aufgeworfen werden. Den (Meinungs-)Forschern unter ihnen sei zunächst entgegengehalten, daß sich die hier vorgenommene Forschung nicht in erster Linie der Hypothesenüberprüfung, sondern ihrer *Generierung* verpflichtet fühlt. Es wird leider oft genug vergessen, daß die Frage der Repräsentativität im Prozeß der Wissens-Produktion immer eine *nachgeordnete* darstellt. Die hier angestellten Überlegungen, die im Zusammenhang mit der Interviewanalyse – und in Analogie und in Bezug auf bereits bestehende theoretische Annahmen – getätigt werden, beschreiben eben nur einen Teil der in Familienunternehmen unterliegenden Sinn- und Bewußtseins- oder Handlungsstrukturen.

Zum anderen täuscht die Frage der Repräsentativität vor, damit den (wissenschaftlich) einzig möglichen Zugang zu „Objektivität" herstellen zu können: objektiv Wissen zu schaffen scheint vielen nur durch entsprechende (statistische) Verfahren möglich. In einer (mechanistischen) Hochrechnung (qua Gesetz der großen Zahl) muß die Summe verobjektivierbarer Einzel-Aussagen hoch genug sein, um eine subjektive Aussage überflüssig erscheinen zu lassen. Die qualitative Sozialforschung hat jedoch ein holistisches Bild vom Verhältnis von Subjektivität und Objektivität. Eine Grundannahme ist, „...

daß in *allen Äußerungen eine objektive Bedeutung unabhängig vom sprechenden Subjekt zum Tragen kommt*, die über dessen bewußte Handlungsabsichten und Meinungen hinausreicht." (U. Froschauer und M. Lueger 1992, 55)

Zudem kann die Frage nach der Repräsentativität – abhängig vom Kontext, in dem sie gestellt wird – eine „falsche Fragestellung" darstellen (A.E. Imhof 1985, 17). Mich interessierte im Rahmen meiner Forschung insbesondere die Dynamik des Nachfolgeprozesses und des „Generations-Wechsels". Auch hier kann in Bezug auf das Alter des Unternehmens oder die Anzahl der Generationen, in der die Unternehmen in Hand der „Repräsentanten" (bzw. Protagonisten) der Familien sind, nicht von einer vergleichbaren Unternehmens-Entwicklung oder gar von vergleichbaren „Lebensläufen" gesprochen werden. A.E. Imhof macht in „Die verlorenen Welten" in einer Studie über die mehr als vier Jahrhunderte in Familienbesitz befindlichen „Vältes-Höfe" deutlich, daß repräsentativ „... nicht die Person ..." sei, „... sondern ... die kleine Welt unserer damaligen Vorfahren. Johannes (der jeweilige (!) Name des Hofbesitzers; A.d.V.) dient mir hierbei nur zum konkreten Aufzeigen einer unter Tausenden von Möglichkeiten." (A.E. Imhof 1985, 18) Er fordert: „Wir müssen lernen, die Fragen nicht von Anfang an falsch zu stellen, hier also nicht nach Repräsentativität zu suchen ... Die Antworten werden auch dann noch wichtig genug sein, nur fallen sie eben anders aus, als anfänglich vielleicht erwartet." (A.E. Imhof 1985, 55)

Dies kann sich nicht nur ein Historiker zu eigen machen. Die Reflexion der jeweils „Kleinen Welten" des einzelnen Familienunternehmen, sowie die Vernetzung „vieler kleiner Welten" bietet sowohl die Chance, das Konkrete (Subjektive) im Allgemeinen als auch das Allgemeine (Objektive) im Konkreten zu sehen. Die Bezogenheiten dieser Ebenen – die Sicht der Welt als „Verschachtelung von interdependenten Systemen und Subsystemen" (U. Froschauer und M. Lueger 1992, 53) sowie deren Spezifizierung in der Beschreibung des Einzelfalles – trägt dazu bei, das Schicksal der Betroffenen nicht vorschnell zu generalisieren. Andererseits wird es so aber auch nicht als individuelle Problemlage personifiziert, indem das kollektive „Unbehagen an der Kultur" in Individualismen auf- (bzw. in) Individuen abgespalten wird. Denn es scheint allzuoft so, als ob die Protagonisten des „Generations-Wechsels" in Familienunternehmen das Leiden ihrer gesellschaftlichen (sozialen) Umwelten an der künstlichen Trennung zwischen „Arbeit und Leben" – und der Spaltung von „Arbeit und Tod" – allein tragen müßten.

Doch möglicherweise gehören Geschichten, wie sie die Interviewten erzählen – ebenso wie die „Kunst des Erzählens" – eher in eine Welt der morgenländischen Märchen und Wunder. In die Realität – oder die dominierende Wirklichkeitsauffassung – unserer Arbeitsorganisationen, die Familienunternehmen auch darstellen, scheinen sie nur schwerlich hinein zu passen. Sich auf solche Erzählungen – gleich wie auf den „Erzähler der Nacht" – einzulassen, heißt möglicherweise ja auch, sich in fremde „Gassen entführen lassen", zu „riechen" und zu „schmecken", was die Betroffenen „fühlen". Dieser – einer rational-mechanistischen Welt-Konstruktion – „fremde" Zugang scheint mir jedoch eine Voraussetzung für „*Verstehen*" darzustellen.

Die Interviews wurden mit dem Einverständnis der Interviewpartner auf Band aufgezeichnet und anschließend per Textverarbeitung transkribiert. Dabei wurde nach Möglichkeit wörtlich übertragen (was sich – je nach Aufnahmequalität, Sprechgeschwindigkeit und Dialekt – als sehr schwierig herausstellte).[4] Dem Leser wird so die Möglichkeit geboten, sich in die Interviewsituation und den jeweiligen Interviewpartner (bzw. seinen Jargon) hineinzuversetzen. Möglicherweise verhilft es ebenso, die Textanalyse nachzuvollziehen.[5] Gerade die Übertragung der Alltagssprache in schriftliche Form bietet die Möglichkeit, die unter der Textoberfläche verborgenen, unbewußten Anteile zu transportieren. Man kann es somit durchaus als Beitrag zu Verständlichkeit – und zu Verstehen – auffassen.

Die Interviews liegen hier in anonymisierter Fassung vor. Insbesondere wurden alle Personen-, Firmen- und Ortsnamen verändert.[6]

Der Kontakt zu meinen Interviewpartnern kam teils durch persönliche Beziehungen, teils durch wohlwollende Empfehlung Dritter zustande. Einige der Gesprächspartner, die ich bereits für die Vorstudie befragt hatte, waren bereit sich – etwa anderthalb bis zwei Jahre später – noch einmal, diesmal per Bandaufnahme, interviewen zu lassen.

Die Gespräche hatten eine Dauer zwischen einer und drei Stunden; sie fanden überwiegend in den Firmen der Interviewpartner während des Tagesgeschäftes statt, wodurch die Möglichkeit von Unterbrechungen durch Störungen in Kauf genommen werden mußte. Die Dauer der Bandaufzeichnungen erstreckte sich dabei auf 45 bis 90 Minuten; die Differenz zur Gesprächsdauer ergibt sich aus den Hinführungen und Unterbrechungen sowie dem Wunsch der Interviewpartner, näheres über *meine* Bezüge zum Thema kennenzulernen (denen ich i.d.R. nach Beendigung der Bandaufnahmen nachkam).

Der Einstieg ins Interview erfolgte i.d.R. mit der Bitte, mir die Geschichte der Firma aus der *eigenen* Anschauung zu erzählen. Dabei versuchte ich vorher klarzustellen, daß mich weniger die Exaktheit der Chronik noch eine für Hochglanzbroschüren erstellte Sprache interessiere, als ihr Wissen über und das Erleben dieser im Erzählen mitgeteilten Geschichte(n). Das Erzählen der Firmengeschichte sollte in erster Linie dem Interviewpartner und mir erleichtern, ins Erzählen zu kommen. Das Erzählen über die Entstehung der Firma sollte den Interviewpartner in die Lage versetzen, sich über die Erinnerung an Überliefertes und Miterlebtes dem eigenen Erleben zu nähern.

In einer ersten Rückgriffsphase wurden dann offengebliebene Fragen hinsichtlich des Firmen-Genogramms (wie ich es gerne bezeichne) geklärt. Das betraf die Generationenfolge seit der Gründung (Wer ist Gründer?, Wer ist aus welchem Familienstamm wann in welcher Position im Unternehmen gewesen?, Wo sind abgefundene, ausgeschiedene Familienstämme geblieben?), die Herkunfts-Familie (Eltern, Geschwisterkonstellation, deren Tätigkeit im und Beteiligung am Unternehmen, ihre Ausbildung, Verbleib „übrig gebliebener" Geschwister), und die Unternehmens-Entwicklung (Produkte, Wachstum, Standort, Rechtsform), um die Bühne und das Bühnenbild für die aktuelle Dynamik des betreffenden Familienunternehmens zu erhalten. Der Leser mag bedenken, daß diese Kategorisierung erst im Nachhinein entstanden ist, ihre Auswahl wurde tatsächlich durch die jeweilige Interviewsituation – eher intuitiv als geplant – bestimmt.

Eine zweite Erzählphase – mitunter als Rückgriff auf bereits Erzähltes – sollte unter Schilderung der eigenen Biographie das eigene Werden und Hineinwachsen (bzw. den Eintritt) ins Familienunternehmen unter dem Motto beleuchten: „Ich gehe mal davon aus, daß es nicht zufällig ist, daß Sie mir hier gegenüber sitzen?" In einer zweiten Rückgriffsphase sollte dann unter Einbeziehung des ersten Erzählteiles versucht werden, Zusammenhänge zwischen der persönlichen und familiären Dynamik im Hinblick auf die Führungsnachfolge herzustellen. In einer ersten Bilanzierungsphase sollte hinsichtlich der *unsichtbaren Fäden* von der Kindheit aus die Mechanismen verfolgt werden, die den Eintritt ins Familienunternehmen bis zur Übernahme der Unternehmer-Rolle unterstützten oder möglicherweise bewirkten. In der sich anschließenden letzten Bilanzierungsphase sollten Vor-Annahmen und Thesen überprüft werden, die sich aus den – sich im Forschungsprozeß weiter entwickelnden – Vorkenntnissen (Vorstudie, Literaturrecherchen und Erfahrungen aus bereits durchgeführten Interviews) ergaben. So wurde zum Beispiel das *Recht auf eigene Existenz* eines Unternehmens dem Zugriff der Unternehmerfamilie gegenüber gestellt, um anhand dessen die Dynamik von Unternehmen und Familie hinsichtlich der wechselseitigen Verpflichtungen und Abhängigkeiten nachzuvollziehen.

Falldarstellungen erscheinen oft wünschenswert, weil sie es dem Leser erleichtern, „... sie ohne Mühe zu verstehen und sich von ihnen ergreifen ..." zu lassen (H. Argelander 1980, 7). Dennoch sollen die Interviews nicht zu Fallbeispielen *gemacht* werden. Sie stellen keine „Fälle" dar, die in einem mehrstufigen Reflexionsprozeß über einen längeren Zeitraum beobachtet oder begleitet wurden. (Ich hatte nur in wenigen Fällen das Glück, die Betroffenen bzw. ihre Unternehmen über einen längeren Zeitraum zu beobachten.) Hier werden jeweils nur Ausschnitte der entsprechenden Interviews wiedergegeben. Sie dienen somit einerseits – in einem eher „heuristischen" Verfahren, als Beispiele zitiert – der Darstellung des Spezifischen, in denen sich konkretisiert und modifiziert das Gemeinsame, sinnvolle Ganze abbildet. Andererseits werden längere Textabschnitte als zusammenhängende, spezifische Geschichte(n) – in einem eher „hermeneutischen" Verfahren – dargestellt, die der Auslegung und „Erklärung" (per Textanalyse) bedürfen, um zum Verstehen zu gelangen.

*Verstehen* kann insofern „Wissen schaffen", als es als ein Konzept gelten kann, „Worte" in Verbindung mit den „Gedanken" (den dahinter befindlichen Grundannahmen und Werten) zu bringen und die Bezogenheit zum sozialen Kontext, zum Beispiel einem institutionellen Hintergrund, (wieder) herzustellen. Die (empirische) Generierung von Worten beinhaltet jedoch auch die Phantasien der Interviewten *über* Wissenschaft (bzw. „Wissen schaffen") sowie solche über den eigenen Beitrag dazu und darüber, wie sie diesen herzustellen glauben. Auch wenn der Forscher qua qualitativer Methode bemüht ist, das Problem der sozialen Erwünschtheit auszuschließen, heißt dies ja nicht, daß dies von den Interviewpartnern adaptiert werden kann!

Das folgende Beispiel aus den Interviews gibt einen Einblick von den Phantasien des Interviewpartners über „Wissen schaffen" und über den eigenen Beitrag dazu:

*H. Cohn jun.: Wir werden im Augenblick also alle stationär aufgenommen. Aber bleibt' mal 'ne Weile, dann kann der Herr Siefer Dich auch einiges fragen!*

Mit der Metapher von der „stationären Aufnahme" wurde vom Interviewpartner zunächst einmal die Interview-Situation angesprochen. Ich hatte – nach vergeblichem Versuch mit seinem Vater gemeinsam ein Interview zu starten – ihn und seinen Vater nacheinander und getrennt interviewt. Dabei kam es jedoch – wie sich herausstellte – zu Interviews in den Räumen der Senioren beziehungsweise der Junioren, in deren weiterem Verlauf die Kompagnons aus der jeweiligen Generation dazu stießen. (Offensichtlich war die Herstellung einer „offenen Kommunikation" hier erwünscht und sollte dokumentiert werden.) Auf der bewußten Ebene (Textoberfläche) wird hier angesprochen, daß „alle" Gespräche von einer „Station" zur anderen per Tonband aufgenommen werden.

Auf einer unbewußten Ebene wird aber noch mehr zum Thema „Forschung" (oder „Wissen schaffen") offenbar: Eine „stationäre Aufnahme" ist als Metapher aus dem Krankenhaus-Alltag geläufig. Sie drückt den Wunsch und die Bereitschaft – zuweilen die Not-Wendigkeit – aus, sich „gründlich untersuchen zu lassen", eine breit angelegte „Untersuchung" (bzw. Diagnose) zu ermöglichen und auch zu erhalten. Sie gilt als Grundlage ärztlicher Hypothesen, an deren Ergebnis es sich entscheidet, ob sich der „stationär Aufgenommene" gegebenenfalls einer „Behandlung" unterziehen beziehungsweise einen „Eingriff" vornehmen lassen muß (wenngleich man als

Patient wohl immer darauf hofft, Letzteres möge nicht Not-wendig werden). Bei einer „stationären Aufnahme“ sind neben personenbezogenen Daten insbesondere biographische Daten für die Anamnese von Bedeutung: so etwa Kinderkrankheiten, vorangegangene Operationen, Allergien und Unverträglichkeiten, etc., zudem auch der Bezug zur „Familie“ im Hinblick auf „Vererbungen“ oder auch die derzeitige psycho-soziale Situation. Kurzum wird damit eine Situation angesprochen, die in anderen Kontexten als „privat“ (oder intim) gilt. Die Übertragung diese Bildes auf die „offene“ Interviewsituation offenbart sowohl die Angst gegenüber der unsicheren Situation als auch das Maß an zu investierendem Vertrauen gegenüber dem Interviewer. Gleichzeitig wird auch der Wunsch deutlich, vom Interviewer ein Bild vom Zustand der eigenen „Befindlichkeit“ – etwa der „Normalität“ oder der Einzigartigkeit der eigenen Situation – zu erhalten. (Bei der Verabschiedung drückte Herr Cohn jun. auch den ausdrücklichen Wunsch nach Ergebnissen aus!) Jedoch muß „Wissen schaffen“ nicht gleichbedeutend mit Ergebnisse schaffen sein: „Wissen schaffen“ kann durchaus auch „nur“ Verstehen schaffen, das den Hintergrund (bzw. eine Meta-Ebene) für die Lösung von Problemen bildet. Möglicherweise verhalten sich ja Ergebnisse zum Verstehen wie die Worte zu den Gedanken …

Der „Weg hindurch“ dürfte damit ausreichend vorbereitet sein. Zeit also, die Reisebeschreibung mit der – durch die Brille des Forschers gesehen, unverzichtbaren – Ausrüstung (auch: Ausbildung) sowie den Orientierungs-Hilfen fortzusetzen. Das weist darauf hin, daß es für den Forscher – nicht notwendigerweise auch für den Leser – unentbehrlich ist, sich über seine Ausrüstung Rechenschaft abzulegen und zu prüfen, wo er sich welche weiteren Orientierungshilfen beschaffen kann. Dabei wird es für Forscher zunehmend selbstverständlicher, Informationen, Anleihen oder gar Weiterbildung anderer Abteilungen der universell „Wissen Schaffenden“ zu nutzen. Insbesondere diejenigen, die im Dschungel der Organisationen forschen (oder/ und forsch beraten), werden sich zuweilen „Mikroskope“, „Sonnenbrillen“ und „Ferngläser“ bei historischen, soziologischen, psychologischen und – wie noch zu sehen sein wird – psychotherapeutischen Kolleg/innen ausleihen müssen. Manches kann er sich dann durch Lesen, manches durch Erfahrung, anderes durch professionelle Beratung (etwa Super-Vision) oder Aus- und Weiter-Bildung aneignen. Dies dient durchaus auch dazu, Sinn mit System zu vers(t)ehen …

**(Un-)Sinn mit System …**

Ich muß den nachfolgenden Bemerkungen voranstellen, daß sich im Laufe des wissenschaftlichen Diskurses (letztlich im Kolloquium des Promotionsverfahrens) herausgestellt hat, daß sich der von mir anfänglich eingeführte systemtheoretische Ansatz nicht aufrechterhalten ließ. Der hier verfolgte systemische Ansatz geht von interdependenten Systemen beziehungsweise von Subsystemen (– also grundsätzlich von offenen Systemen) und ihren wechselwirkenden Beziehungen aus. Die Luhmannsche systemtheoretische Brille geht dagegen letztendlich immer von geschlossenen Systemen aus: auch die „Verschmelzung" zweier Systeme ergibt demnach wiederum ein neues, geschlossenes. Ich werde somit im Folgenden nur kurz eine systemische Orientierung skizzieren. Dies schließt (hinsichtlich eines systemtheoretischen Diskurses) auch ein, daß Familienunternehmen – also die Wirklichkeitssicht, daß „Familie Unternehmen unternehmen" – möglicherweise der Systemtheorie widersprechen ...[7]

Als wissenschaftlicher Ordnungsbegriff dient *System* als Bezeichnung für natürliche (lebendige) oder künstliche Gebilde, „... die ein Ganzes ausmachen, deren Teile in Abhängigkeit voneinander stehen und so eine bestimmte Ordnung aufweisen." (Bibliograph. Institut 1983 Bd. 21, 292) In den neueren systemtheoretischen Ansätzen wird in einem Paradigmenwechsel „... die traditionelle Differenz von Ganzem und Teil durch die Differenz von *System und Umwelt ...*" aufgelöst (N. Luhmann 1984, 22). Systembildung entsteht durch Reduktion von Komplexität in der Vorstellung von Welt „... als einer ins Unendliche weisenden und zugleich doch endlich wirkenden." (K. Senzky 1977, 22) Systeme unterscheiden sich von ihren Umwelten durch Grenzen: „Thus a system has a boundary which separates it from its environment" (E.J. Miller und A.K. Rice 1973, 7). „Grenzen bestehen zwischen der inneren und äußeren Welt des Individuums, zwischen Personen und Rollen, Individuen und Gruppen, Führer und Geführten und zwischen Gruppen und Institutionen. Indem Systeme über ihre Grenzen hinweg agieren, stehen sie mit ihrer Umwelt in einem Wechselwirkungsverhältnis; sie nehmen Inputs auf und wandeln sie in Outputs um." (Menschen in Organisationen 1994, 6)

Eine weitere Konsequenz der Bezogenheit von Umwelt und System ist die Differenzierung durch Bildung von *Subsystemen*. „Das Gesamtsystem gewinnt damit die Funktion einer „internen Umwelt" für die Teilsysteme, und zwar für jedes Teilsystem in je spezifischer Weise." (N. Luhmann 1984, 37) Im Kontext von Subsystemen gewinnt die Herstellung und Aufrechterhaltung von Grenzen eine zusätzliche Bedeutung: sie existieren sowohl in Relation zum Gesamtsystem und zu anderen Subsystemen als auch zur Umwelt des Gesamtsystems. Diese Grenzen sind im Hinblick auf die Interaktion zwischen Gesamtsystem, Subsystemen und ihren verschiedenen Umwelten nicht als unbeweglich und rigide sondern als *fließend* vorstellbar. Die Aufrechterhaltung starrer Grenzen reduziert, ihre Nichtbeachtung steigert die Komplexität – und Kompliziertheit – des Gesamtsystems.

Dies hat insofern große Bedeutung für das Verstehen von Familienunternehmen, als daß es die Interaktion der (Teil-)Systeme „Unternehmen" und „Familie" betrifft und auf die Schwierigkeiten der Grenzziehung aufmerksam macht. Gleichwohl machen Familienunternehmen deutlich, daß die Durchlässigkeit fließender Grenzen mit den jeweiligen Vor- und Nachteilen hinsichtlich der Funktionalität der Organisation sowie der psycho-soziale Belastung der Handelnden behaftet sind.

Systembildung wird dabei durch *Sinn* ermöglicht (N. Luhmann 1984, 94). Sinn konkretisiert sich in Systemen in einer Doppelfunktion, nämlich „... der Reduktion von Komplexität und der Verweisung darauf, daß eine Reduktion stattgefunden hat, die auch anders sein könnte, die also kontingent ist: Sinn verweist darauf, daß es auch andere Möglichkeiten gibt. Sinn ist also systemimmanentes und systemtranszendierendes Prinzip zugleich und ist damit auch Bedingung der Möglichkeit von Reflexion bzw. Reflexivität." (K. Türk 1976, 18) Eine solche Konzeption von Sinn scheint objektivistische Züge anzunehmen. Jedoch: „Träger von Sinn sind Akteure. Sie erzeugen ihn, oder sie haben ihn in ihrem Bewußtsein und wenden ihn an. Außerhalb von Akteuren gibt es keinen Sinn." (H. Haferkamp 1987, 66) Für den Leser wird damit die Bedeutung, die Systeme mit (Un-)Sinn hinsichtlich des Forschungs-Objektes Familienunternehmen haben, unschwer zu erkennen. Der Sinn (und Unsinn) von Familienunternehmen (gewissermaßen: Familien und Unternehmen mit System) besteht für die Handelnden (Protagonisten) in erster Linie darin, daß „Familie Unternehmen unternimmt". (Wie und wozu ein Unternehmen das „Unternehmen als Familie" kultiviert, wird die Expedition später zeigen.) Es weist den Leser darauf hin, *daß* die Handelnden – sowohl von Seiten des Unternehmens- als auch des Familiensystems – dem Familienunternehmen einen Sinn als Familienunternehmen zuweisen. Die meisten Familienunternehmen entwickeln (formieren) sich durch Sinn-Zuschreibung der Protagonisten zu Familienunternehmen; nur wenige wurden als „Familien-Unternehmen gegründet". Doch wie organisieren sich Sinn-volle Unternehmen beziehungsweise was unternehmen Organisationen Sinn-voll?

**Organisationen Sinn-voll unternehmen ...**

Da ich mich der Tradition dieses Organisationsverständnisses sehr verbunden fühle, gebe ich hier die Auffassung von H. Rieckmann zu sozio-technischen Organisationen (als radikal offene Systeme) zusammengefaßt wieder (H. Rieckmann 1982a, 52):

1. Organisationen sind offene, dynamische Systeme. Hierin wird verdeutlicht: a) Organisationen konstituieren sich in Bezug auf ihre Umwelt und unterstehen demzufolge einem dauerhaften Wandel durch Anstöße von außen; b) die (prozeßhafte) Generierung der inneren Strukturen von Organisationen unterliegen Transformationsbedingungen, die in der Dynamik ihrer Organisationsmitglieder begründet sind.
2. Auf die Verrichtung der sogenannten Primäraufgabe (Hauptaufgabe) sind alle Systemaktivitäten zur Sicherung der Systemintegration und -leistungsfähigkeit gerichtet.

3. Organisationen sind sozio-technische Systeme, in denen soziale und technologische Aspekte nicht voneinander isoliert betrachtet und verstanden werden können, sondern sich wechselseitig bedingen und beeinflussen. Hierin wird die Konsequenz aus der Auffassung gezogen, daß sich Subsysteme aufeinander beziehen, sich gemeinsam orientieren, weil sie jeweils Umwelt des anderen Subsystemes darstellen.
4. Die Installationen neuer Formen von Selbstregulation muß die durch Umwelteinflüsse verursachten Systemschwankungen bewältigen. Die Konzeption der Selbstregulation als „Fließgleichgewicht" wird somit zur Bedingung von Selbstorganisation unter der Voraussetzung von Selbstmanagement.
5. Aufgabenorientierung der Systemmitglieder ist die Äußerung der Selbstregulation, deren Motivation „... aus der intrinsischen Beschaffenheit der Aufgabenstellung und der Aufgabenzusammenhänge selber ..." kommen muß. Aufgaben müssen so gestellt sein, daß ihr Sinn in Hinblick auf ihre Verfolgung und auf den Systemzusammenhang erkennbar ist und bleibt.

Organisationen können zu den sozialen Systemen gerechnet werden, „... die prinzipiell durch sinnhaft-spezifische gegenseitige Handlungserwartungen gekennzeichnet sind." (K. Türk 1978, 30) Die Einsicht in die Kontingenz von Organisationen – die Erkenntnis ihrer situativen Bedingtheit und ihrer „Gemachtheit" – scheint den naturalistischen Fehlschluß – „Organisationen sind so, wie sie sind – und deshalb sollen sie auch so sein" – inzwischen überwunden zu haben: „Der Grund für die Existenz von Organismen ist metaphysisch, der Grund für die Existenz von Organisationen ist praktisch ..." (K. Bartölke 1980, 322).

Die Chance, „Sinn als Grundbegriff ... zu operationalisieren ... und für betriebswirtschaftliche Überlegungen stärker zugänglich" zu machen (H. Raffeé 1974, 89), wurde von Th. Dyllick in der These aufgegriffen, die wichtigste Managementaufgabe bestehe darin, „... dem System und seinen Mitgliedern einen Sinn zu vermitteln, ihnen Selbstvertrauen und Orientierung zu verschaffen, damit sie handlungsfähig sind." (Th. Dyllick 1983, 12) Dies kann andererseits auch als Legitimationsstrategie – und Möglichkeit zur Manipulation (oder Motivation) – verstanden werden (D. Hartfelder 1984, 388). Die Versuche, ökonomische und organisationale Ziele mit den fundamentalen „Bedürfnissen" der Organisationsmitgliedern zu verbinden, um ihnen (per Motivation) einen „Lebenssinn" zu geben, wird von B. Sievers als Versuch kritisiert, Sinn zum Managementwerkzeug zu degenerieren (B. Sievers 1984, 59). Er vermutet, daß die Versuchung, im Kontext von Arbeitsorganisationen Sinn-Ersatz „herzustellen", erst beendet werden kann, wenn wir individuell und kollektiv in der Lage sind, „Tod" als Faktum des Lebens anzuerkennen (B. Sievers 1984, 60 f.).

Inwiefern „Familie unternimmt Unternehmen“ *Sinn* macht oder welchen Einfluß „Sinn“ und „Tod“ auf das (Nicht-)Management von Generationswechsel und Nachfolge hat, wird weiter unten in der Beschreibung der Expeditionsergebnisse noch zu untersuchen sein. In den Überschriften „Generationen delegieren Familie(n-)Nachfolge“ und „Familien(-Unternehmen)unternehmen Unsterblichkeit“ sei dies in zwei Dimensionen der psycho-sozialen Dynamik schon angedeutet.

Die *Abgehobenheit* der Organisation von den in ihr handelnden Menschen mag ein weiteres Indiz für die Versuchung zum Sinn-Ersatz darstellen: „Organisationen werden unabhängig von konkreten Personen gedacht, existieren aber faktisch nur durch und für konkrete Personen.“ (K. Barthölke 1980, 322) Das zieht auch Konsequenzen für das Verhältnis von Organisation und Individuum und das Verständnis der Mitgliedschaft in Organisationen nach sich. Der Mensch ist „... in jedem Falle Umwelt der Organisation“ und kann daher niemals ganz in ein soziales System einbezogen sein (N. Luhmann 1972, 382). Mitgliedschaft, als soziale Rolle verstanden, kann somit nur im Sinne einer Teileinbeziehung (Partialinklusion) des Individuums in das soziale System verstanden werden: „Personale und soziale Systeme, d.h. Individuen und Organisationen, müssen somit grundlegend als inkompatible Größen betrachtet werden, deren jeweilige Koordination und Interpenetration als Problem verstanden und verarbeitet werden muß.“ (B. Sievers 1977, 20)

Für B. Sievers ist Person „... die Instanz, durch die in einer Ich-Identität nicht nur die Vielzahl der Rollen integriert wird, die ein- und dieselbe Person in einem bestimmten Lebensabschnitt innehat und spielt, sondern die auch die eigene Vergangenheit, Gegenwart und Zukunft miteinander verknüpft. So wie Organisationen als Einheit aus sozialem System, einer Technologie und einer Aufgabe gedacht werden können, sind Personen als Systeme zu verstehen, die aus Leib, Seele und Geist bestehen ...“ (B. Sievers 1982, 7). Trotz der Bedeutung ihrer Unterscheidung hält er die Trennung von personalem beziehungsweise sozialem System und Rolle für eine Fiktion. Diese sieht er dennoch dadurch konkretisiert, „... daß sich Menschen in ihren Arbeitsrollen insofern prostituieren, als sie ihre Person, ihr Innerstes und ihr eigentliches Leben gleichsam aus der Rolle heraushalten ... Die Fiktion ... besteht darin, daß es für die Arbeit in Organisationen auszureichen scheint, Menschen in Rollen zu beschäftigen und daß es Privatsache zu sein scheint, wie diese Menschen mit sich und ihrer Rolle zurechtkommen.“ (B. Sievers 1982, 7 f.)

Als Vermittler zwischen personalem und sozialem System kann „Rolle“ eher als eine Metapher verstanden werden, das „Selbst“ in Bezug auf die im sozialen System wahrgenommene Aufgabe in Rollen zu managen, um damit das damit verbundene Grenzmanagement in eigener Autorität wahrnehmen zu können.

*„In gleicher Weise wie Organisationen kann man Individuen als offene Systeme betrachten. Individuen haben einen Innenbereich an Gefühlen und Erfahrungen, die aus dem eigenen Erleben und aus der eigenen Geschichte herrühren. Individuen nehmen Eindrücke, Informationen und Gefühle in verschiedenen Situationen auf, verarbeiten sie und geben sie in der Form von sprachlichen Mitteilungen und Handlungen wieder an die Umwelt zurück. Individuen leben somit in einer doppelten, in einer inneren und äußeren Welt. Sie können sich selbst in Rollen umso besser managen, je besser es ihnen gelingt, das Zusammenspiel zwischen ihrer inneren und äußeren Welt zu verstehen und an diesem Verständnis zu arbeiten. (Menschen in Organisationen 1994, 6).*[8]

Einen solchen Zusammenhang zwischen Rolle, Individuum und Organisation zu verstehen, scheint vielen Wirtschafts-Wissenschaftlern (bzw. Organisations-Psychologen) durch die vorherrschend verengte Betrachtung von anonymen Organisationen (wie z.B. Großunternehmen) nur schwer möglich. Im Hinblick auf die in Organisationen tätigen Menschen heißt für die meisten von ihnen „Organisation Sinn-voll unternehmen", die Organisation in eine individuell-persönliche Innen- und eine sozial-funktionale Außenwelt zu trennen. Infolgedessen kann ein Zusammenhang zwischen beiden bestenfalls durch das Individuum hergestellt werden; sein Verstehen ist somit einer kollektiven Bearbeitung entzogen, privatisiert.

„Familie" taucht in diesem Zusammenhang lediglich als biographische Bezugsgröße am Rande auf, deren – hinsichtlich der Effizienz der Arbeitskraft – dysfunktionale Sozialisationsfolgen bestenfalls (?) in entsprechenden Trainings um-erzogen wird. Wo jedoch „Familie Unternehmen unternimmt", ist es dagegen unübersehbar, daß „Familie" zur Außenwelt der Protagonisten gehört und damit einen unverzichtbaren Bestandteil des Gesamtsystems bildet. Wo „Familie Unternehmen unternimmt" heißt „Organisation Sinn-voll unternehmen", sowohl „Familie" als Sinn-voll für das Unternehmen zu erleben als auch den Un-Sinn einer solchen Konstruktion im Hinblick auf die Überlebensfähigkeit des Unternehmens zu hinterfragen. Daß an den Grenzen zwischen den sozialen Systemen „Unternehmen" und „Familie" sowie an der Grenze zwischen Innen- und Außenwelt des Individuums das „Irrationale" in besonderem Maße hervortritt, scheint „Familie mit System" auszuzeichnen ...

**Familie mit System ...**

„Familie mit System" bezeichnet eine doppelte Konnotation: zum einen, daß den Protagonisten der Unternehmer-Familien – insbesondere in der Generationenfolge – gewissermaßen ein System anhängt, von dem sie sich aufgrund der schicksalhaften Verbundenheit der Familie mit dem Unternehmen durch den Gründer beziehungsweise die Entstehungsgeschichte schwerlich lösen oder trennen können.

Ein Beispiel aus den Interviews mutet wie ein Stück Industriegeschichte an. Herr Cohn berichtet zunächst von den Motiven der Gründungsgeneration „seines" Unternehmens:

*Herr Cohn: …*
*… die Kohlers sind zweimal als Haupträdelsführer beim Schmiedeaufstand von der Arbeit ausgesperrt worden.*
*Ich: Hier in Läutersberg, oder?*
*Herr Cohn: Hier in Läutersberg, im ganzen Läutersberger Raum!*
*Ich: Hm.*
*Herr Cohn: Dat hieß damals Jottdorf, Effdorf, Mariendorf [lacht] bis nach Cestadt 'rüber! //*
*Ich: Ja.*
*Herr Cohn: War so nen Aussperrungsschema. Damals nannte sich der Arbeitgeberverband noch Fabrikantenverein (.) // war derjenige, in dessen Haus // wir heute wohnen, und wat er gekauft hat – später.*
*Ich: Hm.*
*Herr Cohn: War sein, war für ihn „ne innere Genugtuung, – ne. [Lacht] … Sind se von 1905 bis 1910 sind sie gesperrt worden in Läutersberg.*
*Ich: Hm.*

Dieser Erzählung schließt Herr Cohn (Senior) verallgemeinernde Überlegungen an, in denen er Schlüsse aus der kollektiven Erfahrung der Spät-Gründerzeit zieht:

*Herr Cohn: …*
*… Die haben all' nicht angefangen, um // viel Geld zu verdienen, // die haben angefangen, um unabhängiger zu werden von den // gefährlichen Zeitläufen, die ja (.) // innerhalb der ersten industriellen Revolution viel größer waren, als sie heute sind. //*
*Ich: Hm.*
*Herr Cohn: Die Unsicherheiten, davon wollten sie (holt Luft) loskommen und, und, und dann nahmen sie sich eine Aufgabe vor und die wurd' dann mit [lacht] aller Gewalt – is' egal, wat et an // Einsatz kostete – wurde die erfüllt, oder versucht zu erfüllen. Dat dat dabei, dat dat auch damit verbunden war, dat Geld reinkam, und dat Geld verdient wurde, und dat man Pleite gehen konnte mit allem Drum und Dran, is' auch klar, – nich'! …*
*Ich: Hm.*
*Herr Cohn: Ne, ich kenn' von // Leuten, die angefangen haben vor dem ersten Weltkrieg, kenn' ich 'ne ganze Reihe, die gar nicht nach Hause gingen, die im warmen Formsand geschlafen haben damals, – nich'. Die gleich aufstanden und dann, [holt Luft] und dann morgens früh sofort wieder bei der Arbeit waren, – ne. Und die von ihren Frauen dann et, dann et Essen gebracht kriegten.*
*Ich: Hm.*
*Herr Cohn: Im Laufe des Tages, – ne // dreimal.*

An einem Beispiel wird hier deutlich, daß die *Motivation* von Unternehmensgründern oftmals nicht „Profitstreben" als Ziel beinhaltete, sondern ihren *Sinn* in einer langfristigen Existenzsicherung der Gesamtfamilie durch eine Unternehmung fand. Und darüber hinaus galt diese Existenzsicherung – hatte man sich erst mal aus den Anfängen herausgearbeitet – oft auch für die gesamte Firma. Um seine Selbständigkeit – und in gewissem Maße seine Unabhängigkeit – zu gewährleisten, mußte hart gearbeitet werden. Die Vorfahren von Herrn Cohn machten sich selbständig, um unabhängiger von den Zeitströmungen zu werden. Ihre Erfahrungen – als Unselbständige – bei der umfassenden „Aussperrung" hatten viel dazu beigetragen. (Andererseits zeigt dieses Beispiel auch sehr deutlich, daß unter solchen Umständen die häufig romantisierte Vorstellung einer Einheit von „Arbeiten und Leben" – insbesondere hinsichtlich des „Familienlebens" – nicht unbedingt bestätigt werden kann.)

Zum anderen weist „Familie mit System" den Leser darauf hin, daß Familie selbst als „System" verstanden werden kann. Dabei wird auf eine monadische Betrachtungsweise des Individuums zugunsten der Erklärung menschlichen Verhaltens aus der Interaktion des Individuums mit seiner Umwelt verzichtet – wobei die Familie ja Teil der Umwelt darstellt (E.J. Brunner 1983, 8). Familie „als System" artikuliert Verhalten (und Verhaltensweisen) als funktionales *Ganzes* (M. Andolfi 1979, 3). H. Stierlin hat dies mit einem Hegel-Zitat veranschaulicht: „Das Tun des Einen ist das Tun des Anderen". Er sah die Dynamik menschlichen Verhaltens – oder menschlicher Beziehung – einer „existentiellen Dialektik" entstammend: das Tun des Einen wird zum Tun des Anderen und spiegelt dieses ebenso wieder wie das Nicht-Tun des Einen das Nicht-Tun des Anderen (H. Stierlin 1971, 66).

Ein bedeutender Aspekt ist dabei hinsichtlich der *Funktion* des Familiensystems zu sehen. Die sog. Primärbeziehungen wirken auf Sozialisation und Individuation, indem das Familiensystem ein Lernfeld für Beziehungen (B. Berger und P.L. Berger 1984, 209) und – in der Gestaltung der spezifischen Lebenswelt – die Fähigkeit zur Organisation der gesellschaftlichen Gegebenheiten (K. Lüscher et al. 1985, 17) bietet. „Je mehr Flexibilität und Anpassungsvermögen die Gesellschaft von ihren Mitgliedern fordert, desto wichtiger wird die Familie als Matrix der psychosozialen Entwicklung." (S. Minuchin 1983, 69)

Eine – für den Wertehintergrund von Unternehmer-Familien bedeutsame – Facette kann in der *Enkulturation* durch das kulturelle Umfeld des Familiensystems gesehen werden: die Familie vermittelt ein subkulturelles Wertesystem. „Enkulturation erfolgt in der Kernfamilie. Sie kann als „kulturelle Vererbung" bezeichnet werden. Wertorientierte Verhaltensweisen werden von Generation zu Generation weitergereicht. Außerdem wird in jeder

Generation eine Anpassung der nächsten Generation an die ‚angemessenen' sozialen Positionen versucht." (D. Claessens 1972, 143)

*Funktionalität* des Familiensystems kann jedoch nicht zur Meßlatte für das Wohlergehen ihrer Mitglieder gemacht werden. Was „funktional" für das Familiensystem scheint, kann gleichzeitig dysfunktional für eines ihrer Mitglieder sein – und umgekehrt (J. Spiegel 1968, 392). Dies mag auch für die in der Enkulturation enthaltene Doppeldeutigkeit gelten. Während der Eine im „Goldenen Käfig" eher nur das „Nest" mit goldenen Eiern sieht, hat der andere nur die (vergoldeten) „Gitterstäbe" (s)eines (psycho-sozialen) Gefängnisses vor Augen. Ein Beispiel dazu aus meiner Praxis als Organisations-Berater soll die Evidenz im Kontext von Nachfolge und Erbschaft verdeutlichen:

***„Der goldene Käfig"***
*Ein Erst-Gespräch mit der einzigen Tochter (30) eines Unternehmers (Mitte 60). Mit vordergründigem Blick auf ihre sichtbar komfortable Wohnungseinrichtung begrüßte sie mich mit folgender Metapher: „Willkommen in meinem goldenen Käfig!" Damit eröffnete sie einen ersten Einblick in die Dynamik der Beziehung zu ihrem Unternehmer-Vater. In dem sich anschließenden Gespräch wurde deutlich, daß die solchermaßen bezeichneten Verhältnisse in mancherlei Hinsicht über den Charakter einer Metapher hinausgingen. So war sie zwar von Vater – per forma – als Geschäftsführerin eingesetzt worden. Ihre Mitarbeit im Unternehmen wurde allerdings auf auswärtige Repräsentationsverpflichtungen „beschränkt". Materiell schien ihre Existenz – etwa Privatvermögen – mehr als abgesichert. Doch hatte der Vater wohl – im Hinblick auf die Unternehmensleitung – die Phantasie, unsterblich (unabkömmlich) zu sein. Oder er wartete auf einen kompetenten Schwiegersohn. Doch dieser „Lösung" hatte sich seine Tochter bislang verschlossen. Ihre Angst – und vorgebliche Erfahrung – war, daß entsprechende „Kandidaten" es eher auf das Erbe und Vermögen des Vaters als auf sie abgesehen hatten ...*

Ein weiterer wichtiger Aspekt kann in der *Struktur* eines Familiensystems gesehen werden, die in Verbindung mit seiner Funktion steht. „Die Familienstruktur ergibt sich aus den unsichtbaren funktionalen Forderungen, die in ihrer Gesamtheit die Art der Interaktionen der Familienmitglieder organisieren." (S. Minuchin 1983, 70)

Dieser Aspekt ermöglicht die Beschreibung des Familiensystems in Subsystemen entlang seiner Differenzierung, die sich aufgrund der Generation, des Geschlechtes, von Interessen und Funktionen herausbilden. Jedes Individuum gehört dabei mehreren Subsystemen an, „... in denen es jeweils unterschiedliche Macht besitzt und differenzierte Fertigkeiten erwirbt." (S. Minuchin 1983, 72) Von besonderer Bedeutung sind dabei die Grenzen zwischen den Individuen, familialen Subsystemen und der Umwelt (bzw. den Umwelt-Systemen), die je nach Kontext und Situation dauernder Veränderung unterworfen sind (M. Cierpka 1986, 308). Ein besonderes Augenmerk gilt in diesem Zusammenhang dem Subsystem der Geschwister oder ihrer Konstellation: in erster Linie der Geburtsreihenfolge, der Anzahl der Geschwister und ihrem Geschlecht beziehungsweise der Geschlechterverteilung sowie dem Altersabstand zwischen ihnen (W. Toman 1979, 94; A. Langemayr 1985, 355). Die Geschwisterkonstellation wird zumindest für die Persönlichkeitsentwicklung als „wesentliche Variable“ angesehen (A. Langenmayr 1985, 362).

Für den Kontext von Familienunternehmen kann man schon allein am Problem der Grenzziehung(en) zwischen Subsystemen der Unternehmer-Familie erkennen, wie komplex und kompliziert sich die Interaktion innerhalb und zwischen den verschiedenen Subsystemen gestaltet und welche Auswirkungen dies auf die Interaktion mit dem Unternehmenssystem hat. Insbesondere sobald man beginnt, sowohl in Generationen als auch in Sippenzusammenhängen zu denken, welche hinsichtlich Nachfolge und Erbschaft in Familienunternehmen oft bereits ab der zweiten Generation relevant werden.

Darüber hinaus wird sich die Familien-Dynamik und ihre Folgen – sei es als Spiegelung oder als Verschiebung – insbesondere in den Fällen im Unternehmenssystem wiederfinden lassen, wo Einzelne weggelassen, verschwiegen und ausgestoßen wurden oder ohne Berücksichtigung blieben, die jedoch „dazu“ gehören. Angesichts der – rein phänomenologisch betrachteten – Wirkungen kann nämlich aus der Familientherapie Bert Hellingers angemerkt werden, daß es in erster Linie wichtig ist, daß alle, die dazu gehören, ihren gemäßen und würdigen Platz finden. Die Be(tr)achtung der psycho-sozialen Dynamik schließt somit ebenso die Schicksale derer mit ein, die zur Nachfolge nicht berücksichtigt, herausgedrängt oder hinsichtlich der Erbschaft „privat abgefunden“ wurden wie derjenigen, die gar die Erbschaft ausschlugen und so die Nachfolge nicht antraten. Sie hat gleichzeitig ein Augenmerk für solche, die sich dort – trotz ihrer fehlenden Zugehörigkeit zum Ursprungssystem – hineindrängten oder sich des Unternehmens (heimlich) bemächtigt haben.

„Familie mit System“ eröffnet somit eine interessante Sichtweise für das Verstehen und die Lösung von Problemen, die entstehen, wo „Familie Unternehmen unternimmt“ (bzw. letzteres als Familie organisiert) beziehungsweise wo das Familiensystem der Unternehmer gleichzeitig vom Familienunternehmen organisiert wird. Diese Perspektive macht auch deutlich, daß durch eine Personifizierung der Nachfolge-Problematik oder eine Personalisierung des Problems ebensowenig Fort-Schritte erzielt werden können wie dadurch, daß das Familiensystem im Kontext des Familienunternehmens als „Randbedingung“ angesehen wird. Familien- und Unternehmenssystem müssen – ebenso wie die Handlungen ihrer Protagonisten – im

Kontext der sie umgebenden Systeme oder relevanten Umwelten gesehen werden. Die Interaktionen von Personen, Subsystemen und Gesamtsystem (sowie zwischen Subsystemen) müssen daher als *interdependent* betrachtet werden.

Um eine Expedition durchzuführen, die „Familie, die Unternehmen unternimmt" erforschen will, muß der Forscher gewissermaßen eine Brille aufsetzen, die ihm ermöglicht, „Familie mit System" (in seiner doppelten Konnotation) zu sehen oder wahr-zu-nehmen. Der Leser wird sich leicht vorstellen können, wie es dem Forscher bei der Annäherung an Nachfolge und Generationswechsel in Familienunternehmen ergehen wird. Es wird ihm vorkommen, als begebe er sich auf eine Forschungs-Expedition in ein fremdes Land. Jedoch stellt er dabei gleichzeitig fest, daß er eigentlich seine „Heimat" bereist. Die Rückkehr in das eigene Land ermöglicht ihm dann, dieses mit anderen Augen zu sehen (vielleicht will der eine oder andere Leser sich ihm dabei anschließen). Dazu bedarf es jedoch einer besonderen Optik, die ihm einerseits hilft, das stati(sti)sche Sicherheits-Niveau verobjektivierbarer Daten zugunsten einer systemischen Betrachtungsweise zu verlassen. Andererseits soll sie ihm eine Welt von Wirklichkeiten (und darüber möglicherweise auch von Wahrheiten) erschließen, die jenseits der Oberfläche und des vermeintlich Vordergründigen in den spezifischen Wirkungskräften von Familienunternehmen – nämlich ihrer psycho-sozialen Dynamik – liegen.

**Jenseits von Stati(sti)k: Dynamik ...**

Die Architekten der Organisations-Strukturen (ihnen voran die meisten Organisationstheoretiker) bevorzugen es, die (von ihnen geschaffene) Organisation als rational und bewußt anzusehen. Die irrationalen, unbewußten Anteile der Organisationskultur werden dann allzugerne in die Organisationsmitglieder verlagert (abgespalten). Hinter den scheinbar „rationalen" Konstruktionsmechanismen unserer (Arbeits-)Organisationen verbirgt sich dagegen durchaus eine „irrationale", chaotisch-komplexe Welt voller Paradoxie, Ambivalenzen und Ambiguitäten.

*„Organisationen können als komplexe, künstliche Gebilde verstanden werden, die von Menschen zur besseren Bewältigung von Problemen geschaffen werden. Dabei fließen immer auch Interessen, Bedürfnisse, Befürchtungen, aber auch z.T. unbewußte Phantasien und Vorstellungen der Organisationsmitglieder mit ein, welche die zweckrationalen Prozesse der Gestaltung der Organisation, der Regelung von Beziehungen, der Delegation von Autorität und der Abgrenzung von Verantwortlichkeiten begleiten, beeinflussen und bisweilen sogar überlagern. Das Zusammenspiel und -wirken dieser vielfältigen Kräfte bezeichnen wir als die Dynamik einer Organisation. – Als Abwehr gegen diese dynamischen Prozesse kann eine Organisation z.B. in Formalismen erstarren und sich einer notwendigen Weiterentwicklung und Neugestaltung verschließen. Darunter leidet sowohl die Effektivität der Organisation als auch die Entwicklung ihrer Mitglieder." (Menschen in Organisationen 1994, 4)*

Der hier verwendete Begriff der *psycho-sozialen Dynamik* geht also über die Wahrnehmung von „Entwicklungs- und Wandlungsprozessen" der Systemstrukturen hinaus (H. Thome 1981, 158). Er bezieht sich auf die Wirkungskräfte (*dynamis* [griech.]: Vermögen, Kraft, Macht), die sich Personen, Subsysteme und Gesamtsystem wechselseitig zum strukturellen (Wieder-)Aufbau zur Verfügung stellen (Coenen et al. 1977, 922). Intra- und interpsychische, bewußte und unbewußte Prozesse sind darin eingeschlossen.

Die Entstehungsgeschichte dieser besonderen „Optik" geht zum einen auf den (psychoanalytischen) Begriff der *Psychodynamik* zurück „... und stellt in diesem theoretischen Zusammenhang ein hypothetisches Konstrukt dar, intrapsychische Vorgänge zu benennen, die ein Individuum veranlassen, inneres oder äußeres Verhalten auf ein Objekt innerhalb oder außerhalb seiner selbst hin oder von diesem weg zu mobilisieren." (D. Sandner 1978, 29) Der Begriff der Psychodynamik wird auch auf die Prozesse der *interpersonellen* Auseinandersetzung verwandt, und bietet somit die Chance, psychoanalytische (bzw. psychotherapeutische) und sozialpsychologische Überlegungen aufeinander zu beziehen (D. Sandner 1978, 29 f.).

Zum anderen steht bei der „Erfindung" dieser speziellen „Optik" die *Gruppendynamik* (bzw. der Begriff der Soziodynamik) „Pate", die sich – im Unterschied zur Zweierbeziehung – auf die spezielle Dynamik von Kleingruppen bezieht. Man kann sie als „... einen bestimmten Druck, der für die Mitglieder einer Gruppe entsteht, sich wechselseitig in bestimmter Weise zu organisieren, d.h., komplementär und untereinander koordiniert zu handeln, sofern sie bestimmte Aktionen durchführen wollen bzw. gemeinsam bestimmte Ziele realisieren", verstehen (D. Sandner 1978, 31). Beide Ebenen überlagern sich dabei: „Selbstverständlich laufen die soziodynamischen Prozesse immer *vermittels* psychodynamischer Prozesse ab." (D. Sandner 1978, 31).

Ausgehend von der Mutter-Kleinkind-Beziehung hat M. Klein in der „Theorie der Objektbeziehung" die – intrapsychische – Dynamik des Individuums auf internalisierte Beziehungen zwischen dem Individuum und wichtigen Bezugspersonen zurückgeführt. Sie stellte darin die Verlagerung von (inneren) Gefühlen auf (äußere) Objekte hin dar (M. Klein und J. Riviere 1983). Diese Beobachtung ist auch für die „Optik" der psycho-sozialen Dynamik von Organisationen interessant. I. Menzies (1974, 190) weist auf die Angstabwehr-Funktion sozialer Systeme hin: „Das Bedürfnis der Angehörigen der Organisation, diese zur Angstbeschwichtigung zu verwenden, führt zur Entwicklung sozial strukturierter Abwehrmechanismen, die als Bestandteile der Struktur, der Kultur und der Funktionsmodalität der Organisation zutagetreten."

Die Aufgabe der Verarbeitung von Angst – als zentrales Problem der Persönlichkeitsentwicklung – und ihrer Abwehr wird in Organisationen durch die Entwicklung sozial stukturierter Abwehrmechanismen wahrgenommen, die im Laufe der Zeit „... durch aus der Interaktion erwachsene Absprachen und Vereinbarungen – oft unbewußter Art – zwischen Mitgliedern der Organisation über die Form, die dieses System annehmen soll ...", entstehen (I. Menzies 1974, 190). Dabei bemühen sich (einzelne) Organisationsmitglieder, ihre psychischen Abwehrmechanismen nach außen zu verlegen, um sie zum wesentlichen Bestandteil der äußeren Realität zu machen. Diese Vorgänge hängen „... weitgehend von der wiederholten Projektion des individuellen Abwehrsystems in das soziale und umgekehrt ..." ab (I. Menzies 1974, 209).

Für den Kontext von „Familie (mit System) unternimmt Unternehmen" muß ja nicht nur bedacht werden, daß sich in Nachfolge und Generationswechsel die Primärbeziehungen der Protagonisten dadurch widerspiegeln, daß diese vielfach bemüht sind, diese zu perpetuieren. Die Dynamik von Unternehmerfamilien und Familienunternehmen verläuft darüber hinaus auch deshalb so spannend – und spannungsvoll – weil mit dem Agieren der Protagonisten auch die „... zunehmende Intimisierung und Affektualisierung der intrafamiliären Beziehungen" beobachtet werden kann (R. Schleiffer 1982, 24).

Unter der *psycho-sozialen Dynamik von Familienunternehmen* können somit auch solche inter- und intrapsychischen Prozesse verstanden werden, die – bewußt und unbewußt – zwischen den beteiligten Mitglieder des Familiensystems (bzw. denen der Sippe) im Kontext ihrer Rollen, Aufgaben und Funktionen existieren, welche sie im Familien- und Unternehmenssystem wahrnehmen und gestalten. Das schließt auch die individuellen und kollektiven Mechanismen mit ein, die zur *Verarbeitung* oder *Abwehr* der damit verbundenen Gefühle, Phantasien, Fiktionen und Mythen benötigt werden.[9] Die Familiendynamik von Unternehmerfamilien muß dabei ebenso auf ihrem subkulturellen, sozio-ökonomischen Hintergrund gesehen werden wie die Entstehungsgeschichte und die Entwicklung des Unternehmens. Im Hinblick auf die Verpflichtung und Beauftragung von Unternehmerkindern zur Nachfolge muß die oftmals – abgesehen von der Gründungsphase – ökonomisch privilegierte Situation nicht als Randbedingung (H. Friedrich et al. 1979, 193 f.) sondern als *Verschränkung* in dem Sinne betrachtet werden, daß „Familie" – und umsomehr „Familie mit System" – ein Milieu schafft (Th. Lidz 1971, 6 f.).

## 1.2 Durch die Brille des Beraters ...

Damit ist die Reise-Beschreibung in ein Stadium eingetreten, in dem es für den Leser – aus Sicht des Autors – interessant wird, von der bisher verfolgten Perspektive (bzw. Rolle) des Forschers in die der eines „Beraters" zu wechseln. Dabei sollte der Rollenwechsel nicht so verstanden werden, daß der Autor – und mit ihm der Leser – die eine Rolle zugunsten der anderen aufgibt. Vielmehr tritt die bisher beschriebene Perspektive des Forschers (mit seiner Wissen-schaffend eingeschränkten Sicht) zugunsten der des Beraters in den Hintergrund. Dabei nimmt der Autor in der Fortsetzung der Reisebeschreibung nicht nur die Erfahrungen des Forschers in die Rolle des „Beraters" mit hinein sondern insbesondere die zuletzt erworbene „Optik" der psychosozialen Dynamik.

Die Motive des Beraters sind ebenfalls von Neugierde bestimmt; sie ist jedoch im Gegensatz zum „Forscher" eher durch Pragmatismus geprägt (dafür sorgt schon die seiner Beratung zugrundeliegende Kunden-Beziehung). Auch für ihn ist Verstehen wichtig. Super-Vision, Intervision und Weiter-Bildung sind darum für ihn wichtige Ressourcen. Sie dienen als Möglichkeiten zur Reflexion und helfen ihm, den Beratungsprozeß durchzuführen (und aufrechtzuerhalten). Fort-Schritte in der Arbeit mit seinem Kunden konzentrieren sich jedoch darauf, Lösungen für dessen Probleme beziehungsweise die seiner (Arbeits-)Organisation zu finden. Zudem sollen diese in die Lage versetzt werden, aus diesem Prozeß für zukünftige Problem-Lösungen zu lernen.

Berater gehen beim Erschließen eines neuen Beratungsfeldes ähnlich wie Forscher gegenüber einem unbekannten Wissensgebiet vor (die systemische Beratung zeichnet sich ja auch dadurch aus, daß sie das Instrumentarium der Hypothesenbildung und Interventionsplanung durch Wissen-schaffende (Aus-)Bildung erlernt hat). Sie vergewissern sich über den Gegenstand ihres zukünftigen Geschäftsfeldes. Sie bestimmen die Grenzen (bzw. stecken den Claim des Geschäftsfeldes ab), informieren sich zunächst über Wissenswertes und ergänzen dieses Wissen je nach Anforderung des Beratungsprozesses sukzessive. Die Wissens-Akkumulation geschieht durch weitere Informationsgewinnung während der Beratungsprozesse, durch ihre in diesem Feld gewonnen Erfahrungen – Erfolge wie Niederlagen – sowie (im besten Falle zur Qualitäts-Sicherung) durch Reflexion laufender oder Evaluation abgeschlossener Beratungsfälle. Insbesondere tätigt der Berater die Produktion von Wissen dadurch, daß er sich – pragmatisch wie er ist – (s)einer Theorie über das Beratungsfeld vergewissert und sich seine (Vor-)Annahmen bewußt macht. Er überlegt dabei auch, welche bisherigen Erfahrungen er reaktivieren und inwiefern er bereits erworbenes Wissen nutzen kann. Typischerweise ist er bemüht, Neues mit bereits Bekanntem zu verbinden oder sich ihm bisher unbekannte Wissensgebiete durch Lesen, (Co-)Beratung und Weiter-Bildung zu erschließen.

Er geht dabei vor allem phänomenologisch vor. Sein Pragmatismus zwingt ihn im Alltag dazu, seinen Aufwand auf Wesentliches zu konzentrieren. Diese Disziplin des Beraters soll dem Autor in der Fortsetzung der Reisebeschreibung helfen, die Weitergabe von Wissen an den Leser auf Wissenswertes zu beschränken. Der Leser soll sich dabei zunächst – wie ein Berater, der sich in ein neues Geschäftsfeld einarbeitet – vergewissern, mit welchem Phänomen er sich hier beschäftigt. Danach erarbeitet er sich eine systemische Perspektive (man könnte auch sagen: eine systemisch-pragmatische, theoretische Position). Er verspricht sich davon ein neues Verständnis der Phänomene in Systemen, in denen „Familie Unternehmen unternimmt". Er zeichnet dann (entlang der Phänomene, welche im Laufe seiner Arbeit Bedeutung erlangen), ein Bild von den wichtigsten Wirkungskräften und zeigt die daraus entstehenden Probleme auf. Zugleich testet er dabei Hypothesen, die er bereits aufgrund seiner Vor-Annahmen, seiner Erfahrungen und der Lektüre zum Thema gebildet hat.

Bei allem muß seine Perspektive – die Brille des Beraters – eingeschränkt bleiben. Hat der Berater nämlich erst einmal der Verführung widerstanden, zum „Anwalt" seines Auftraggebers zu avancieren, entwickelt sich während der Beratung zunehmend ein Sog, ihn ins Familien-System der Protagonisten hineinzuziehen (und ihn damit zum Teil dessen Verstrickung zu machen). Die notwendige Grenzziehung fordert daher von ihm, das Gesamtsystem (d.h. die Organisation) als seinen eigentlichen Auftraggeber zu verstehen.

### *1.2.1 Wissens-wertes über Familien-Unternehmen*

Der folgende Ausschnitt eines „Drehbuches" soll dem Leser vorab schon einen Vorgeschmack davon geben, was Familienunternehmen von anderen Unternehmensarten unterscheidet (oder auch auszeichnet):

„Undankbarer Sohn muß Vater 50 Millionen DM zurückzahlen. *‚Dallas' und ‚Denver' lassen grüßen. Was die Drehbuchautoren der amerikanischen Fernsehserien zur Unterhaltung des Publikums mühsam erfinden müssen, wird von dem westfälischen Industriellen Clan der (Name)-Eigentümer ... tatsächlich in Szene gesetzt: Eine Familienfehde um viel Geld, Macht und Einfluß und ein böses Intrigenspiel." (WAZ, vom 9.12.1988)*

Ohne auf das Beispiel näher einzugehen, muß sich der Leser vergegenwärtigen, daß die geschätzten 1,9 Millionen Familienunternehmen in Deutschland (sie bilden statistisch keine Kategorie) überwiegend aus kleinen und mittelständischen Unternehmen bestehen. Deren Bedeutung für die gesamtwirtschaftliche Entwicklung und Stabilität scheint außer Frage zu stehen, wie etwa der Forschungsbericht des Ministeriums für Wissenschaft und Forschung des Landes NRW (1989, 71) 1988 feststellte: „Die rd. 450.000 kleinen und mittleren Unternehmen in Nordrhein-Westfalen erwirtschaften mit ca. 4 Mio. Beschäftigten knapp zwei Drittel des Sozialproduktes ..."

Vielfach wird auf ihren außerordentlichen Anteil am gesamtwirtschaftlichen Innovationspotential hingewiesen: „Unbestritten ist, daß zumindest in manchen Gebieten der Wirtschaft die Innovation nicht von den großen etablierten Gesellschaften hervorgebracht wird, sondern daß es nach wie vor kleinere und häufig neue Gesellschaften sind, die den Fortschritt tragen." (J. Mittelsten Scheid 1985, 8) Diesen Gedanken hypostasierend sehen manche „... die kleineren und mittleren Unternehmen als die hoffnungsvollsten Pioniere einer industriellen Evolution." (D. Weber 1986, 18)

Daneben kommt ihnen besondere Bedeutung im Hinblick auf die gesellschaftliche (Vermögens-)Verteilung von Eigentum und Kapital zu: „Die Familienunternehmung gewährleistet ohne Zweifel *eine breite Streuung* des Eigentums an den Produktionsmitteln, handelt es sich dabei doch vorwiegend um kleine und mittlere Unternehmungen, wie bereits gezeigt wurde." (R. Bertsch 1970, 30)

Vor diesem (volkswirtschaftlich und gesellschaftspolitisch interessanten) Hintergrund läßt sich dann weitergehend fragen, was darüber hinaus für Familienunternehmen charakteristisch ist? Dies läßt sich sicherlich am ehesten in *existentiellen* Phänomenen umschreiben, ist doch in Familienunternehmen die existentielle Verbindung von Personen und Organisation in besonderer Weise offenbar: das Unternehmen verdankt seinen Ursprung der Person und den Beiträgen seines Gründers. Dies dient dem Unternehmen – wie den (familiären) Nachfolgern des Gründers – als eine existentielle (und wie in den Expeditionsergebnissen noch zu sehen sein wird, als transzendente) Grundlage des Lebens und Arbeitens.

Aus betriebswirtschaftlicher Sicht führt dies zu zwei Problemkomplexen, die als charakteristisch für Familienunternehmen gelten (D. Hahn 1985, 12):

1. Die familienspezifische Ausprägung der Unternehmensphilosophie und -politik durch die Festlegung der Unternehmensaufgaben, Prinzipien der Gewinnerwirtschaftung und der Gewinnverwendung und die Verhaltensgrundsätze gegenüber Mitarbeitern, Kunden und Gesellschaft;
2. Die Sicherung einer funktionsfähigen Unternehmensführung durch die Besetzung von internen und externen Willensbildungszentren mit Familienmitgliedern und die Auswahl eines qualifizierten Nachfolgers.

Die Existenz einer Familienunternehmung ist eng mit der – ihre Kultur prägenden – Unternehmer- beziehungsweise Eigentümer-Familie verbunden: es geht für alle Beteiligten um Herkunft, Gegenwart und Zukunft. Ob durch Personen, Mittel oder Ziele vermittelt: Unternehmen und Familie sind voneinander abhängig. Die (traditionelle) betriebswirtschaftliche Anschauung macht dies an „ökonomischen" „Kategorien", wie Kapital und Haftung sowie an Erbschafts- und Steuerrechtsfragen fest. Auffallend ist, daß traditionell Letztere im Zusammenhang mit Generationswechsel und Nachfolge die Fragestellungen nach der Existenzsicherung des Unternehmens beherrschen (in Gefolge eines positivistischen Weltbildes wird alles als existent wahrgenommen, was meßbar ist und sich in Zahlen ausdrücken läßt). Dabei wird auch dort die affektive Verbundenheit von Personen und Unternehmen durchaus konzediert. Sie gilt zwar als entscheidungsrelevant (insofern sie die Ratio stört) jedoch nicht als existentiell – und (den Charakter des Familienunternehmens) wesensbestimmend.

Die – an rechtlichen und steuerlichen Gesichtspunkten orientierte – Diskussion um die Frage der Rechtsform von Familienunternehmen (ob Personenunternehmen oder Kapitalgesellschaft) fokussiert die in der Familienunternehmung vorhandenen Chancen- und Krisenpotentiale. Dies tritt insbesondere in der Haftungsfrage hervor, die oft mit dem Schicksal der Eigentümer-Familie verbunden wird, wie beim „Untergang" alteingesessener Unternehmen deutlich wird. Die in einer Personengesellschaft enthaltene persönliche Haftung des Unternehmers gilt als eine der tragenden Säulen der Unternehmenskultur. Sie bildet das Fundament für die Identifikation des Gründers und die Verwobenheit der Familie mit dem Unternehmen sowie für deren Identifizierung mit dem Unternehmen gegenüber den relevanten Umwelten.

Die Eigenkapitalbasis ist durch die eingeschränkte Aufnahmemöglichkeit von Fremdmitteln begrenzt – Fremdfinanzierung wird weitgehend dinglich durch Immobilien und Wertgegenstände aus Privatvermögen abgesichert. Dies bildet (unbeschadet der Möglichkeit zur persönlichen Haftung des Unternehmers) das betriebswirtschaftliche Krisenpotential und wird zur Existenzfrage für das Unternehmen (F. Steiner 1982, 447). Die Eigenkapitalquelle „Familienvermögen" kann jedoch im Laufe der Entwicklung von Familienunternehmen versiegen. Im Gegenteil: oftmals wird vielmehr das Familienvermögen durch das Tätigen solcher Privatentnahmen „gespeist", welche der vermeintlichen oder tatsächlichen Vorsorge hinsichtlich einer später erwarteten Auszahlung von nicht im Unternehmen tätigen oder nicht am Unternehmen beteiligten Erben dienen. Daher stellt die *Selbstfinanzierung durch Eigenkapitalbildung* die herausragende Rolle in der Finanzierung der Familienunternehmung dar (R. Bertsch 1970, 77 f.). In der Frage der Privatentnahmen wird der Grad der (affektiven) Verbundenheit des Unternehmers mit *seinem* Unternehmen besonders deutlich: hier zeigt sich letztlich, inwiefern und wieweit der Unternehmer beziehungsweise seine Familie das Unternehmen als Ressource zur persönlichen (privaten) Vermögensbildung betrachtet! In einer Untersuchung wurden bei einem Fünftel der Konkursfälle in mittelständischen Betrieben unter dem Sammelbegriff „Charaktermängel" solche Insolvenzursachen festgemacht, die in der Persönlichkeit begründet lagen, wie zum Beispiel „zu hoher Lebensaufwand“ (W. Reske et al. 1978; In: Ch. Bechtle 1983, 79 f.).

In der gleichen Studie werden jedoch auch in 75 % der Fälle Fehler der Unternehmensleitung für das Scheitern verantwortlich gemacht (Ch. Bechtle 1983, 79 f.). So fordert auch der Unternehmensberater K. Baumgartner in Fällen einer drohenden Insolvenz zumindest eine Beschneidung des Familieneinflusses: „Der erste Schritt ist, ein professionelles Management aufzubauen ...“ (K. Baumgartner und R. Dieckhof 1982, 46). Damit kann natürlich nicht eine weitere Polarisierung der Unternehmensleitung in „Manager“ und „Unternehmer“ gemeint sein, sondern eher eine Einforderung von Führungsqualität und Führungs- Know-How, welche die Autorität der Unternehmensleitung weder durch persönliche Macht- und Karrierebestrebungen noch durch leichtfertig offene Grenzen gegenüber Familienangehörigen des „Clans“ oder der Sippe in Richtung eines „Selbstbedienungs-Ladens“ untergräbt. In das existentielle Chancen- und Krisenpotential der Familienunternehmung müssen nämlich (neben der Möglichkeit des „Hineinregierens“ durch im Unternehmen nicht tätige Familienmitglieder) auch die mitarbeitenden Familienangehörigen miteinbezogen werden. Dazu gehören insbesondere in der Gründungsphase auch die Ehefrauen und Kinder der Unternehmensgründer. In einer Studie wurde 1980 festgestellt, daß „... insgesamt lediglich bei einem Drittel der Befragten überhaupt kein Verwandter im Unternehmen tätig (ist). Knapp die Hälfte gab an, einen Angehörigen zu beschäftigen, jeder zehnte Antwortende nannte sogar zwei; und in immerhin jedem zwanzigsten Betrieb arbeiten drei und mehr Angehörige des Eigentümers im Unternehmen“ (A. Schlemper-Kubista 1980, 11).

Die potentielle Bedrohung der Unternehmensexistenz durch eine allzu großzügige Berücksichtigung von Mitarbeit durch Familienangehörige hat sicherlich einen Unternehmensberater zu folgender Äußerung verleitet: „Im weiteren sollen Familienbetriebe nicht ein Tummelplatz für Familienmitglieder werden, die sonst nirgends unterkommen.“ (F. Steiner 1982, 447)

Die Frage, was für Familienunternehmen als charakteristisch angenommen werden kann, will ich im Weiteren von einem der Interviewpartner beantworten lassen (Ein solches Vorgehen kann für Berater als durchaus typisch angesehen werden). Herr Dees, Repräsentant von Familie und Unternehmen, ist Nachfolger in der vierten Generation. Was er unter Familienunternehmen versteht, drückt er so aus:

*Ich: Was hat das so für 'ne Bedeutung, so für Ihr Unternehmen, daß Se 'nen Familienunternehmen sind?*
*Herr Dees: Ja das ist, ich glaub', die Bedeutung ist für die Mitarbeiter wichtiger als für das Unternehmen.*

*Ich: Hm.*
*Herr Dees: Klar, natürlich, in unserer Branche: wir haben immer mit dem Einzelhändler, auch mit dem Familienunternehmen zu tun.*

Aus der Perspektive eines weiter entwickelten Unternehmens (der 4. Generation) wird in einem doppelten Sinne deutlich, welche Ambivalenzen der Begriff Familienunternehmen in einem Unternehmer selbst auslöst. Offenbar gilt er als eine Bezeichnung für eine eher „unterentwickelte" Unternehmensart; gewissermaßen als Vorläufer einer professionell gemanagten Organisation. Herr Dees weiß das Unternehmen seiner Familie weit über ein Anfangsstadium hinausgewachsen, in dem die Mitarbeit von Familienangehörigen für die Existenz des Unternehmens unverzichtbar war. Dieses projiziert er in seine Kundschaft, typischerweise „Einzelhändler": nur dort kann er das „Familienunternehmen" „sehen", für das eigene Unternehmen kann das von ihm nicht (mehr) wahr-genommen werden.

Zum anderen deckt die Art und Weise, *wie* – und für wen – er hier eine Bedeutung des Familienunternehmens konstatiert, (längst) überwunden geglaubte (früh-)kapitalistisch-paternalistische Einstellungen auf. Sie orientieren sich an einem nicht-demokratischen, aristrokratischen Bild von Führung. Es wird (über-)deutlich, daß er „Mitarbeiter" *nicht* als *Teil* des Unternehmens sieht. Aus Sicht des familiären Nachfolgers ist der Charakters eines „Familienunternehmens" für die „Mitarbeiter" von „Bedeutung" und „wichtiger" für sie als „für das Unternehmen". „Das Unternehmen", so hört man zwischen den Zeilen, das sind „Wir": die *Unternehmerfamilie*. Damit tritt ein zweites Charakteristikum zutage: die patriarchale Abhängigkeitskultur. Sie zeichnet sich durch die Phantasie aus, daß in Familienunternehmen die Inhaber die Unternehmensleitung uneingeschränkt wahrnehmen. Der Preis, den sie gleichzeitig (bzw. als Ausgleich für die ihnen zugestandene Autorität) bezahlen, besteht darin, „immer ansprechbar für die Mitarbeiter" zu sein:

*Herr Dees: ...*
*Intern bringt es, ist es natürlich 'ne Bedeutung, daß also die Inhaber (.) irgendwo die leitenden Positionen hier im Unternehmen besetzen und die (.) doch immer ansprechbar für die Mitarbeiter sind.*
*Ich: Hm.*

Ein drittes Charakteristikum: ein langjähriger Mitarbeiterstamm. Dies zählt sicher zu den nachweislichen – im Vergleich zu anonymen Unternehmen „quantifizierbaren" – Stärken von Familienunternehmen. Jedenfalls solange sie ihren Mit-Arbeitern einen sicheren und verläßlichen Rahmen, eine haltgebende (containende) Struktur bieten. Beides muß allerdings „erworben" werden.

*Ich: Ja, so daß sich das also eben auch auswirkt auf Fluktuation?*
*Herr Dees: Ja, ja. Unbedingt. Da haben wir also kein // Klar, bei Neueinstellungen ist es immer nen bißchen schwierig, die richtigen Mitarbeiter zu finden, da ist dann die Fluktuation sehr stark, aber bei Langjährigen is' da eigentlich sehr, sehr wenig.*
...
*Herr Dees: Nee, das ist bei den, bei den neuen Mitarbeitern, bis man da den richtigen gefunden hat, auch, der also (.) von der Ausbildung her, von der Qualifikation, von der Arbeitsweise, bis das der Richtige ist, das dauert länger, da müssen wir schon acht Leute einstellen, um einen zu behalten.*
*Ich: Ah ja.*
*Herr Dees: So ungefähr. Aber dann, wenn die dann da sind und haben, sind (.) übern Jahr bei uns, dann (.) bleiben se eigentlich.*
...
*Herr Dees: Ja, ich glaube das hat schon nen bißchen damit zu tun, daß man 'nen Familienunternehmen ist, daß das so langjährige (.) Mitarbeiter sind.*
*Ich: Ja.*

Hier wird deutlich, daß – zumindest ältere – Familienunternehmen *stark selektiv* bei der Neueinstellung von Mitarbeitern vorgehen. Daran ist das Mitarbeitersystem offensichtlich ebenso beteiligt, wie die von der Unternehmensleitung delegierten Einstellungsbevollmächtigten: als Kriterium gilt sowohl die Ausbildung und berufliche Qualifikation als auch die *„Arbeitsweise"*. Der vom Interviewten selbst vermutete Zusammenhang zwischen langjähriger Zugehörigkeit und der „Spezies" Familienunternehmen deutet darauf hin, daß die Kultur des Unternehmenssystems – innerhalb des ersten Jahres – seinen Teil dazu beiträgt, daß die „Richtigen" gefunden werden, die „für Gut befunden" und der (weiteren) Zugehörigkeit würdig erachtet werden.

Zum Charakter einer patriarchalen Abhängigkeitskultur gehört auch, daß „Einzelne" (Mit-Arbeiter) in den Repräsentanten der Unternehmerfamilie Ansprechpartner finden, so daß Belange („Kleinigkeiten"), die Begehren der Belegschaft gegenüber der Unternehmensleitung betreffen, „sich häufig sehr schnell auf-lösen lassen". Denn auffällig ist im Nachstehenden die Kommunikations- und Beziehungsstruktur zwischen Repräsentanten der Unternehmerfamilie und „einzelnen" Mitarbeitern beschrieben. So wird zum einen deutlich, daß Belange der Belegschaft *individualisiert* werden: selbst wenn der betreffende Mitarbeiter als Delegierter einer informellen Gruppe betrachtet werden kann, ist er nicht zuvor (formell) von der Belegschaft dazu delegiert worden. Es gibt hier keine – auf das Subsystem der Mitarbeiter bezogene – kollektive Absprache. Zum anderen ist es scheinbar beliebig, welcher Vertreter der Unternehmensleitung dazu angesprochen wird: er (bzw. sie) wird immer als Repräsentant (bzw. Repräsentantin) der Unternehmerfamilie angesprochen – also eher in einer *familiären* statt in einer funktionalen Rolle (entsprechend strukturieren sich auch die Anfragen). So wird eine Kommunikationsstruktur aktualisiert, die auf die Aufrechterhaltung einer patriarchalen Beziehungsstruktur abzielt: nicht zufällig werden dann Beispiele genannt, die eine Versorgung (bzw. Fürsorge: „Bank für die Mittagssonne") ansprechen und einfordern – offenbar ein Feld, auf dem Repräsentanten aus Unternehmerfamilien sehr anfällig für Verführung sind und sich der Gewährung mütter- oder väterlicher Zuwendung schlecht entziehen können und wollen:

*Ich: Hm. Haben Se 'nen Betriebsrat hier?*
*Herr Dees: Ja. Betriebsrat, Wirtschaftsausschuß. Der ist aber schon in den 50er Jahren, Anfang gegründet worden, dat is' (.) ein Mitarbeiter gewesen, der das so vorangetrieben hat und dadurch ist dat dann einmal gegründet worden. Aber wir ver- // kommen mit dem Betriebsrat so, kommen wir gut zurecht.*
*Ich: Hm.*
*Herr Dees: Weil wir da uns auch nirgendwo querstellen, dat // Man soll sich unterhalten und wenn da also irgendwelche Belange der Belegschaft sind, die werden vorgetragen, (.) dann werden die auch aufgenommen. Also das ist nicht so, daß wir jetzt nur von einer Seite her die Sachen sehen, sondern dafür wird man auch, wenn man in den Betrieb geht, von dem Einzelnen angesprochen, also: „Geht das nicht? Können wir da nicht 'nen Stuhl oder 'ne Bank nach draußen stellen?", is' oder irgendwas. Damit sie in der Mittagssonne – sagen wir mal – irgendwo draußen sitzen können. Oder, (.) also irgendwelche Kleinigkeiten, die also vielleicht (.) in anderen Firmen dann hochgespielt werden, oder was. Die lösen sich häufig sehr schnell dadurch, daß eben einer von der Familie angesprochen wird von den Mitarbeitern, und man sagt: „Ja, komm, okay!"*
*Ich: Hm.*
*Herr Dees: Das macht natürlich – sagen wir mal – so 'nen Familienbetrieb aus.*
*Ich: Ja.*
*Herr Dees: Das ist manchmal nicht einfach, weil dann vielleicht nicht unbedingt derjenige das entschieden hat, der es eigentlich entscheiden sollen müßte. [Lacht]*
*Ich: Hm.*
*Herr Dees: Aber (.) damit kann man mit leben.*

Der Preis für eine solche Beziehungsstruktur ist allerdings für beide Seiten hoch. Die Mit-Arbeitenden bezahlen es mit der Aufrechterhaltung ihrer Unselbständigkeit beziehungsweise mit der Schwächung ihrer betrieblichen Koalitionsfähigkeit: Gespräche zwischen Belegschaft und Unternehmensleitung werden individualisiert statt kollektiviert. Die anderen bezahlen es mit einer allgemeinen Verfügbarkeit und dem Zwang zu individuellen Entscheidungen. Die Ansprache, die latent immer in den Familienrollen geschieht, lädt zudem zu einer potentiellen Spaltung der Unternehmensleitung ein. Die nicht vollzogene Grenzziehung (und fehlende Abgrenzung) bietet somit immer Gelegenheit, die Führungsfunktion – wie das Management der eigenen Rollen – zu schwächen: „nicht unbedingt derjenige entscheidet", der es „eigentlich" aufgrund seiner Rolle (Funktion) „müßte". Damit, daß rationale Vorstellungen von Führung und Management nicht eingelöst werden (können), „kann" – ein Familienunternehmer „mit leben" (– man beachte die dreifache Verstärkung: „*eigentlich* entscheiden *sollen müßte*"!).

Ein viertes Charakteristikum: der *familiäre Charakter* der Unternehmens-Kultur. Dieser scheint sich im Laufe der Entwicklung eines Unternehmens zu (vorgeblich) rationaleren Strukturen hin zu verändern. Das wird insbesondere dort deutlich, wo einschneidende Veränderungen im technischen System erfolgen, die ihre Auswirkungen auf das soziale System (aufgrund der wechselseitigen Interdependenzen beider) nicht verfehlen. Beim Familienunternehmen Dees wird das am Beispiel einer, den Anforderungen der technischen Aspekte der Produktion angemessenen, eingeschossige Anlage in einer großen Halle deutlich. Dieser steht nicht nur für den Willen der Unternehmensleitung, das Familienunternehmen in die nächste Generation zu führen, sondern dient ebenfalls als Beleg für den darin implizierten kulturellen Wandel im sozialen System. Diesen beschreibt Herr Dees anhand der Unterschiede zwischen „alten Nischen" und „neuer Übersichtlichkeit":

*Herr Dees: ...*
*... und da waren dann schon Winkel und Ecken, und hier 'ne Meisterbude, und da traf man sich mittags zum Skatspielen.*
*Ich: Hm.*
*Herr Dees: War das schon für die Mitarbeiter 'ne Umstellung, dann hier in so klare, übersichtliche, große Räume zu kommen.*
*Ich: Ja.*
*Herr Dees: Und dann (.) erstmal auch 'nen Aufenthaltsraum zu haben, was da unten also auch nicht so machbar war und natürlich jetzt saubere Duschen und Sozialräume.*
*Ich: Hm.*
*Herr Dees: Das war schon 'ne Umstellung, das glaub' ich bestimmt.*
*Ich: Hm.*
*Herr Dees: Denn also da is' doch (.) in 'nem verwinkelte Bau //, überall Fenster und Fensterbänke und Blumenpracht und was dann alles so – sagen wir – so irgendwo von den einzelnen Mitarbeitern gemacht worden ist um ihren Arbeitsplatz herum, (.) das ist natürlich hier gar nicht mehr so möglich, weil das also so eine große Halle ist.*
*Ich: Ja.*
*Herr Dees: (.) Na gut, die Kantine, Aufenthaltsraum hier, wird auch nicht von allen genutzt. Manche wollen eben an der Hobelbank zu Mittag essen und wir drängen dann auch nicht drauf, daß das also dann gemacht werden muß, dafür sind wir irgendwo Familienbetrieb, das lassen wir also so nen bißchen laufen.*

Der Charakter und die Bedeutung der familiären Kultur eines Familienunternehmens läßt sich entlang der veränderten, „neuen" Bedingungen für die Mit-Arbeiter ausloten. Es gibt auf Seiten der Unternehmensleitung den

Wunsch nach verbesserten (hygienischen) „Sozialräumen", nach mehr Übersichtlichkeit und Transparenz (und Durchlässigkeit) der informellen Strukturen der Mitarbeiter in einem gemeinsamen „Aufenthaltsraum", sowie nach klaren Differenzierungsmöglichkeiten zwischen Arbeits- und Pausenräumen. Auf der anderen Seite gibt es auch Verständnis für den – damit implizierten – Kulturumbruch für die „Mitarbeiter": wo früher deutliche Nischen und Möglichkeiten zu differenzierter Identifikation und Ausdrucksmöglichkeit („Fenster, Fensterbänke und Blumenpracht") von Individuen und Gruppen – unter Duldung von individuellen Gestaltungsräumen – geboten wurden, waren solche Bedürfnisse nicht in die „moderne" (architektonische) Planung der „großen Halle" miteinbezogen worden. Dennoch werden sie nach wie vor aktualisiert: „Manche wollen eben an der Hobelbank zu Mittag essen."

Eine solche Entwicklung des Unternehmens ist natürlich nur vorstellbar, wo Nachfolge und Generationswechsel – unabhängig vom Zeitpunkt und dessen Angemessenheit – tatsächlich vollzogen werden. Charakteristisch für Familienunternehmen ist nämlich auch, daß dies keine Selbstverständlichkeit darstellt. Bei den Auseinandersetzungen um die „Besetzung" der Nachfolge und den Vollzug des Generationswechsels verbleibt dem (scheidenden) Unternehmer eine Art (letzter) „Trumpf im Ärmel" seiner (vermeintlichen) Existenzsicherung: die Veräußerung per Übernahme durch Fremdmanager oder an einen Konkurrenten aus der Branche. Diese Phantasie scheint mir jedoch zu verbergen, daß sich dahinter eher ein „fauler Trick" (oder „fauler Zauber") verbirgt, als eine (vom Senior bzw. seiner Familie) ernsthaft angestellte Überlegung. Sie scheint mir eine – zwar machtvolle, aber gegenüber den Kindern auch infantilisierende – Drohung darzustellen, damit die potentiellen Nachfolger/innen so „spuren", wie es der „Alte" für richtig hält. Gewinnen kann bei einem solchen Poker jedoch keiner: der Verkauf des Unternehmens bedingt zwar nicht das Ende desselben – und für manche mag es aus ökonomischer Sicht auch so etwas wie die „letzte Rettung" (vor dem Scheitern) darstellen! Zu Ende geht damit jedoch unweigerlich der Charakter des Familienunternehmens, das seinen Ursprung (und sein Ursprungssystem) von der Gründung (und der Person des Gründers) aus nimmt. Die langfristig einzige (Überlebens-)Chance eines solchen Systems ist dann nämlich die *Gründung* eines *neuen* Unternehmens, das mit den Ressourcen des Vorgänger-Systems arbeitet! Ebensowenig können mit einem Verkauf in der Regel der Senior-Unternehmer oder seine Nachkommen „gewinnen": dem „Erlös" aus dem Verkauf steht der Verzicht gegenüber, einem System anzugehören (oder angehört zu haben), das sich über die Generationen selbst transzendiert. Für die Protagonisten eines solchen Dramas[10] ist eine solche Lösung im Grunde genommen immer unglücklich, wenn sie nicht sogar für sie persönlich „Unglück" bedeutet! (Die mit einem Verkauf erzielten Erlöse stellen so weniger „Erlösung" denn „Verrat" dar!)

Möglicherweise kommen in dieser (fast apokalyptischen) Vorstellung vom Ende eines Familienunternehmens ja auch andere, wesensbestimmende Merkmale dieser Unternehmensspezies zum Tragen. Das „Ende" gibt nämlich ebenso wie der „Anfang" Auskunft über das Wesentliche. Wesentliches wird aber über Familienunternehmen nicht gesagt werden können, wenn man das „Ende" und den „Tod" – individuell wie sozial – nicht wahrnimmt.

### *1.2.2 „Familie unternimmt Unternehmen" systemisch wahrnehmen ...*

Vorhandene Definitions-Angebote[11] in der Literatur konzentrieren sich auf eine Begriffs-Kombination von *Kapitaleigner* und *Unternehmensleitung*. Dabei wird bei den *Kapitaleignern* davon ausgegangen, daß das Kapital einer Familienunternehmung „in der maßgeblichen Mehrheit durch die Familie aufgebracht ..." wird (C. Löwe 1979, 23). Für die Unternehmensleitung wird überwiegend davon ausgegangen, daß „... grundsätzlich Familienangehörige oder deren Vertreter den oberen internen und/oder externen Willensbildungszentren angehören." (D. Hahn 1985, 12) Gewissermaßen wird dort als Minimalbedingung für das Vorhandensein eines Familienunternehmens davon ausgegangen, daß beide Elemente – Kapitalbeteiligung am und Einfluß der Familie (bzw. von *Familien*) auf das Unternehmen – vorhanden sein müssen (J. Mittelsten Scheid 1985 2, 5). Vielfach wird für diese Unternehmensart auch ausdrücklich die Absicht unterstellt, das Unternehmen dem Einfluß der Familie zu *erhalten* (Ch. Bechtle 1983, 33): „Die Kapitalgeber haben den Willen, die Unternehmung der Familie zu erhalten. Damit verbinden sie vor allem die Absicht, das Eigentum an der Unternehmung und die leitende Funktion an die nachfolgende Generation weiterzugeben beziehungsweise den Kreis der Beteiligten so zu gestalten, daß der Familie ein entscheidender Einfluß bleibt." (C. Löwe 1979, 23)

Für die dominierende wirtschaftswissenschaftliche Literatur muß festgestellt werden, daß sie in den Definitions-Ansätzen, sowohl die historische Perspektive (die Kontingenz des Ursprunges) als auch die hohe affektive Verbundenheit der Eigentümer-Familie mit dem Unternehmen ausgeblendet hat. Kennzeichen von Familienunternehmen werden auf die Frage von „Eigentum" und „Mitarbeit" reduziert, welche die Einflußnahme der Familie auf das Unternehmensgeschick implizieren.

Ich kann mich daher des Eindruckes nicht erwehren, daß so das Handeln der Protagonisten im Spannungsfeld Nachfolge und Generationswechsel von ihnen – und somit insbesondere sie selbst von ihren familiären Wurzeln – abgetrennt werden. Die wechselseitige Beeinflussung von Unternehmens- und Familiensystem – und mit ihnen die Bedeutung historisch-*biographischer* Prozesse – scheint bis zur Bedeutungslosigkeit vernachlässigt. Die Familie bildet eine Art *black box*: ein zwar unberechenbarer aber eher bedeutungsloser Faktor. Auf der Suche nach der idealen Organisation erscheinen damit Familienunternehmen so eher als Homunkulus (Mißgeburt); sie werden jedoch durch die Abtrennung und -spaltung des Familiensystems vom Familienunternehmen erst dazu gemacht. Anstatt Familie als – zugegebenermaßen eher schwierige und unbequeme – Ressource aufzufassen, wird in ihr vorschnell eine Behinderung des Unternehmens gesehen. Die Idealisierung einer „rationalen Organisation" verleugnet durch die einseitige Fokussierung auf das Unternehmenssystem nicht nur dessen Ursprung sondern auch die psycho-soziale Leistung, die eine „Familie mit System" mit der Aufrechterhaltung seiner unternehmerischen Tätigkeit über Generationen hinweg erbringt. Denn es gilt zudem: (auch) Familienunternehmen sind entstanden. Sie werden nicht als Familienunternehmen gegründet (Bei den meisten von ihnen kann man sich allerdings nicht des Eindruckes erwehren, sie stellten die Ausnahme von dieser „Regel" dar!).

Die Fokussierung auf das Unternehmenssystem kann meiner Ansicht nach als Abwehr von solchen Ängsten verstanden werden, die aus einer diffusen Grenzziehung insbesondere hinsichtlich der *Zugehörigkeit* entstehen. Eine Veränderung des Blickwinkels fängt dort an, wo man beginnt, den Einfluß auf die Unternehmensführung als durch eine Verschränkung von Eigentum und Mitgliedschaft gekennzeichnet wahrzunehmen. Aus Sicht des Unternehmenssystems konzentriert sich dies – durch die spezifische Interaktionen von Familie und Unternehmen – auf das *Rollensystem*. Die Problematik dabei entsteht aufgrund der – im sozio-technischen Sinne von Aufgaben, Rollen, Ressourcen verstandenen – Grenzen zweier qualitativ unterschiedlicher sozialen *Institutionen*. Jede dieser gesellschaftlichen Institutionen definiert Rollenbeziehungen als einmalige Zusammensetzung von Werten, Normen und Prinzipien und entwickelt eigene Verhaltensregeln. Die daraus resultierende Rollenvielfalt und institutionelle Überschneidung benennt I. Landsberg (1983, 40) mit dem Begriff des Institutional Overlap (s. Abb. 3). Die Doppelmitgliedschaft bringt durch den Zwang zur simultanen Übernahme von Rollen Probleme mit sich: Verpflichtungen seitens der Familie und Aufgaben des Unternehmens sind für die Protagonisten nicht gerade einfach in Einklang zu bringen (P. Davis 1983, 27).

In der angloamerikanischen Literatur wird ein tendenzieller Wechsel hin zu einer systemischen Sichtweise in der Betrachtung (und Beratung) von Familienunternehmen konstatiert. Entsprechend wird der Versuch unternommen, Familienunternehmen als „Meta-Systeme" zu betrachten, in denen Familie und Unternehmen jeweils ein Subsystem bilden. Das Grenzmanagement (und die Grenzziehung) ist durch den hohen Grad an gegenseitiger Beeinflussung überaus diffus und durchlässig und wird – aus der Sicht des Unternehmens betrachtet – als *dysfunktional* angesehen. Trotz der grundlegenden Einsicht, daß die Familiendynamik das rationale Funktionieren des „Business" beeinträchtigt, muß andererseits die Behandlung des Familiensystems als vernachlässigt angesehen werden (E. Kepner 1983, 58). Der Blickwinkel des Unternehmens ist durch die Frage nach funktioneller Adaption und Effektivität von Familie bestimmt. Nach Ansicht von E. Kepner ignoriert diese Einseitigkeit die Tatsache, daß die fein verwobenen Fäden zwischen Familie und Unternehmen nicht ohne ernsthafte Störung eines oder gar beider Systeme zerschnitten werden können. Die Polarisierung der Unternehmensperspektive konzentriere sich so auf eines der beiden Systeme zu Lasten des anderen (E. Kepner 1983, 58).

Insgesamt scheint sich – für Forscher und Berater die systemisch denken und arbeiten – langsam die Einsicht durchzusetzen, daß die „Familie" nicht länger zum Sündenbock des Familienunternehmens gemacht werden darf. So verwehrt etwa B. Zucker „... sich gegen eine reduzierte Sichtweise, in der die Familie implizit als ‚unprofessionell' und als Stör- und Risikofaktor bzw. Störungen vor allem als ‚Plagen' betrachtet werden." (B. Zucker 1992, 35)

Es entsteht somit die Notwendigkeit, eine Sicht des Familienunternehmens als komplexes *Gesamtsystem* zu entwickeln. Dabei wird die Aufmerksamkeit nicht mehr auf die jeweilige Systemart gelenkt und dieses – unter Vernachlässigung oder Abtrennung des Familiensystems – nicht länger als Subsysteme betrachtet. Dagegen werden Familienunternehmen als *Meta-Systeme* von Familien- und Unternehmenssystemen verstanden, welche sich interdependent beeinflussen und wechselseitig voneinander abhängig sind. Eine solche ganzheitliche Perspektive kann nach Ansicht von E. Kepner dazu führen, weder die Integrität der Familie noch die des Unternehmens zu verletzen. Es kann dagegen von der Annahme ausgegangen werden, daß Handlungen in dem einen System das andere System beeinflussen beziehungsweise von ihm beeinflußt werden (E. Kepner 1983, 58).

Vor allem für die Beratungspraxis hat es sich als sinnvoll herausgestellt, ein Familienunternehmen als *Meta-System* zu betrachten. Dessen Dynamik ist von der *wechselseitigen* Beeinflussung von Familien- und Unternehmen-System gekennzeichnet. Hinsichtlich der Zugehörigkeit und Mitgliedschaft spiegelt sich dies in der hohen Identifikation des Familiensystems mit dem Unternehmen sowie einer hohen Kongruenz mit den Subsystemen der Unternehmensleitung und der Kapitaleigner (Gesellschafter) wider. Das Grenzmanagement dieser (Sub-)Systeme ist durch Rollenkonflikte gekennzeichnet, die sich aus dem „Institutional Overlap" – in den verschiedenartigen Aufgaben, Anforderungen, Erwartungen, Normen und Werte dieser sozialen Institutionen – ergeben.

Die *psycho-soziale* Dynamik dieses Metasystems entspringt dem Charakter der wechselseitigen – bewußten wie unbewußten – Beeinflussungsprozesse ihrer (Sub-)Systeme beziehungsweise deren Mitglieder und Akteure. Sie ist durch ein hohes Maß emotional und affektiv besetzter Prozesse gekennzeichnet, die sich aus dem Spannungsfeld von Ambivalenzen und Ambiguitäten gegenüber der Existenzsicherung des Metasystems, den (Sub-)Systemen sowie ihren Protagonisten und den daraus entstammenden Doppelrollen ergeben. Eine systemische Sicht des Metasystems nimmt die Interdependenzen von Familien- und Unternehmens-System als wesensbestimmend für das Familienunternehmen an. Ihre Auflösung oder die Spaltung der Systeme führt unweigerlich zum *Ende* des Familienunternehmens (Die Bedeutung des Familiensystems reduziert sich dann auf die historische Kontingenz von rechtlichen Vorgängern).

Dabei sollte das Metasystem – etwa in einer normativen Wendung – nicht als „Oberziel" von Handelnden mißverstanden werden, um die Kontinuität ihrer Unterstützung – durch ein wie auch immer gestaltetes „mentales Gefängnis" – zu sichern. Für manche der Protagonisten bedeutet ein bewußt herbeigeführtes „Ende" (etwa ein Verkauf) auch eine gute Lösung (Vor allem wenn aufgrund der historischen Entwicklungen die Systemgrenzen durch unberechtigte Aneignung „verrückt" wurden oder wenn einer ausgeschlossen wurde, dem die Zugehörigkeit gebührte).

Vielmehr bietet die Konstruktion des Metasystems eine differenzierte Betrachtungsweise an, die jeweiligen Grenzen der Systeme und Systemarten im Kontext der jeweils anderen zu betrachten. Das Familiensystem kann somit mehr als eine (mehr oder weniger) relevante Umwelt für das Unternehmenssystem darstellen (und umgekehrt). Es geht vielmehr darum, „... wechselseitig potentielle Ressourcen der Familie und des Geschäfts erkenn- und nutzbar zu machen." (B. Zucker 1992, 36) So lassen sich Rollen aufgrund (unternehmerischer) Tätigkeiten von Familienmitgliedern im Unternehmenssystem von den Familienrollen sowie den Gesellschafter-Rollen unterscheiden. Für die Aktivierung von Ressourcen des Familiensystems kann dies aus der Sicht des Unternehmens auch heißen: „Die ‚Qualitäten' der Familie werden für das Unternehmen wahrnehmbar und wirksam, wenn Kontexte geschaffen werden, in denen sinnvolle Rollen von Familienmitgliedern, die nicht im Unternehmen tätig sind, übernommen werden können." (B. Zucker 1992, 36)

Aus Sicht des Beraters empfiehlt sich – auch bei temporären Engagements in Form professioneller oder ehrenamtlicher Beratung durch Familienangehörige – jeweils die Rollengrenzen und – Kontexte im Hinblick auf ihre Legitimität (ausgehend vom Ursprungssystem) zu überprüfen. Und zwar daraufhin, inwieweit sie Auswirkungen auf die Zugehörigkeit zum Unternehmenssystem (oder Ansprüche darauf) oder auf die Zuordnung zum Subsystem von Unternehmern (bzw. Gesellschaftern) oder zum Subsystem der Mit-Arbeitenden nehmen. Oder auf die Teile des Familiensystems, die nicht zur Herkunftsfamilie oder (bei alten Familienunternehmen) zur Sippe des Ursprungssystems gehören und denen daher auch keine Rolle im Unternehmenssystem zusteht.

Darüberhinaus bin ich der Überzeugung, daß soziale Systeme ihre Existenzberechtigung verlieren – und sich demzufolge früher oder später auflösen – wenn sie den- (bzw. der-)jenigen, die ihre „Existenz" ermöglicht haben, keinen würdigen Platz einräumen. Für Familienunternehmen heißt dies auch: dem Gründer gebührt *immer* ein würdiger Platz – und zwar solange das System existiert, also generationen-übergreifend.[12]

Abb.3: Institutional Overlap (I. Landsberg 1983, 44)

### *1.2.3 Von Unternehmen: „ihren" Menschen und Protagonisten*

Für das weiter Vorgehen (bei der Reisebeschreibung) erscheint es mir sinnvoll, die Interdependenzen von Familien- und Unternehmenssystem zunächst aus der Perspektive des Unternehmenssystems – und durch die Brille des Beraters – zu betrachten.

#### Unternehmens-Identität

Zunächst will ich mich bei der Beschreibung des Unternehmens*systems* mit der Entstehung und dem Eigenkonzept („Identität") von Familienunternehmen – insbesondere ihren identitäts- und legitimationsstiftenden Entstehungsmythen – befassen. Das schließt auch die Frage ein, ob diese Unternehmensart – hinsichtlich ihrer grundlegenden Legitimationsproblematik – noch funktional (zeitgemäß) ist.

**Geschichte**

Von großer Bedeutung für die Identität und die Kultur des Unternehmens ist die Geschichte seiner Entstehung, die seiner Gründer und die generationenübergreifende Aufrechterhaltung ihrer Mythen durch die Nachfahren (und Nachfolger). Ein – in den Augen mancher Leser vielleicht extremes – Beispiel für solche Tradierung besteht in der Einrichtung eines Firmenmuseums:

*„,Zum kulturellen Erbe gehören nicht nur Streitäxte, antike Tongefäße oder mittelalterliche Handschriften, sondern auch technische Erzeugnisse aus unserem Jahrhundert.' Mit diesen Worten eröffnete Firmenchef Richard G. Hirschmann in Esslingen ein Museum besonderer Art. ... So lassen Anwendungsbilder aus allen Jahrzehnten der Firmengeschichte nicht nur die Unternehmenshistorie greifbar werden, sondern durch die entsprechenden Anwendungen geben sie auch Einblick in sieben Jahrzehnte Technik-, Sozial- und Wirtschaftsgeschichte. Das Museum befindet sich im ehemaligen Wohn- und Bürohaus des Firmengründers in der Esslinger Innenstadt." (FAZ Nr.39 vom 15.02.1992, S. 16)*

Die Firmengeschichte erfreut sich zunehmender Aufmerksamkeit: „Wer die wissenschaftlich unvoreingenommene, nicht zu knapp und unter modernen geschichtswissenschaftlichen Fragestellungen dargelegte Geschichte „seines" Unternehmens aufmerksam und mit dem vergleichenden Blick auf die eigene Situation gelesen hat, ist besser informiert, kann beweglicher, überlegter reagieren als andere. Wenn die Kenntnis der Geschichte insgesamt ein Kapital, ein Reichtum ist, dann ist es auch die Kenntnis der Firmengeschichte." (W. Treue 1971, 17)

Die Firmengeschichte *kann* dabei zum Potential für die Kultur eines Unternehmens werden, wenn sie Denkweise und Verständniswege dazu eröffnet, „... warum die Gegenwart das ist, was sie ist, und was in der Zukunft möglich sein könnte ..." (D. Smith und L.E. Steadman 1983, 101). Die Betrachtung der Unternehmensgeschichte ermöglicht so das Erkennen der Kontingenz bestehender Strukturen und Managementstile. Ob sie allerdings „... dem Unternehmen als Spiegel dienen ..." kann, wird davon abhängen, ob die Dynamik der geschichtlichen Verpflichtung das „Abschneiden alter Zöpfe" – und somit angeratene Veränderungen behindert (B. Janietz 1983, 94). Oder ob der Nachfolger zu eigener Autorität findet anstatt in Ehrfurcht vor der Verpflichtung der Geschichte zu erstarren. So stellt sich geschichtliche *Tradition* in ihren Wirkungen auf das Familienunternehmen ambivalent dar: sie kann legitimierende Kraft für den (familiären) Nachfolger gewinnen oder ihn bedrohlich *binden*, falls es ihm nicht gelingen sollte, aus dem Schatten der Vorfahren – insbesondere dem des Gründer-Vaters – herauszutreten.

**Gründung**

Mit der Unternehmens-Gründung werden überwiegend Unabhängigkeitsbestrebungen verfolgt und nicht (zumindest meist nicht *bewußt*) die Gründung eines Familienunternehmens (L. Ward 1987, 15). Am Anfang einer Unternehmensgründung stehen Menschen mit einer Idee. Dabei kann es sich um neue Produkte, neue Dienstleistungen, neue Produktionsverfahren oder eine neue Art des Vertriebsweges handeln.

*„Entscheidend ist die Neuartigkeit des Gedankens. Dies allein genügt aber in der Regel nicht. Hinzu kommen muß die Selbstüberzeugung, d.h. der Glaube an sich selbst und daran, daß der Gedanke umsetzbar ist. Erst dies löst die Kräfte aus, die notwendig sind, alle Hindernisse zu überwinden und das Projekt durchzusetzen."*
*(J. Mittelsten Scheid 1985, 7)*

Der unternehmerische (Schöpfungs-)Akt liegt in der Umsetzung des neuen Gedankens. Von dessen Gelingen und der „Qualität der unternehmerischen Leistung" hängt der Erfolg der Unternehmung ab (H. Pross 1983, 8). E. Schein hat darauf hingewiesen, daß Gründer die Organisationskultur maßgeblich – und anhaltend – prägen (E. Schein 1983, 13 f.).

Um Unternehmens-Gründungen und ihre Gründer reihen sich eine Fülle von Mythen und Anekdoten, die von Generation zu Generation weitergegeben werden. Der „Geist der Unternehmer" wird beschworen, der sich hauptsächlich auf die idealisierten Phantasien über die Gründungszeit und die Gründerväter bezieht (H. Pross 1983). Ihre Tradierung wird in Symbolen, insbesondere in Anekdoten und Bildern fortgeführt. Wohl in kaum einem Familienbetrieb fehlen die Bilder der Vorfahren – am allerwenigsten die der Gründer! In der Metapher vom „Geist der Unternehmer" offenbart sich eine dynamische Perspektive: ist sie doch geeignet, damit verbundene Projektionen und Introjektionen sowie Omnipotenzphantasien und Überlebenshoffnungen zu offenbaren, die über Generationen hinweg bestimmend sein können. Darin verbirgt sich zugleich das Chancen- und Krisenpotential der Familienunternehmung: entweder am unerreichbaren (zum Fluch entwikkelten) Gründer-Mythos zu scheitern, oder sich durch das Vorbild (mit dem Segen des Gründers) zu motivieren.[13] Zwei Beispiele, die mit den Bildern der Vorväter zu tun haben, sollen diese Dynamik – und die damit verbundenen Ambivalenzen – illustrieren:

Zunächst aus der Biographie der Ford-Dynastie (R. Lacey 1987, 369):

*Die zweite Frau von Henry II. wußte um die Spannungen zwischen Henry Ford I. und seinem Sohn. Sie stellte fest, daß im Wohnhaus nicht ein einziges Bild des Firmengründers hing.*
*„Als Henry Ford II. einige Wochen später eines Abends aus dem Büro nach Hause kam, entdeckte er mehrere sorgfältig ausgewählte Schwarzweißfotografien seines Großvaters in Silberrahmen, an strategischen Plätzen überall im Haus verteilt. Er geriet in Wut und brüllte Christina an: ‚Nimm diese verdammten Fotos, und schmeiß sie weg.' ‚No, no, no', protestierte Christina, ‚er war ein großer*

*Mann und dein Großvater', und sie setzte in ihrem gebrochenen Englisch zu einer Verteidigungsrede für Henry Ford I. an. Henry Ford II. lenkte ein: ,Vielleicht hast du recht, Bambina, vielleicht muß mich erst eine Europäerin darüber belehren.'"*

Hier mußte der Vater gewissermaßen wiederbelebt werden: durch eine darin enthaltene Würdigung kann ein Sohn ein alternatives Bild des Unternehmers für sich entwickeln statt immer gegen Windflügel anzulaufen.

Das zweite Beispiel stammt aus einem der (Expeditions-)Interviews:

*Ich: Sie haben ja vorhin auf den Opa gezeigt, der hängt hier Ihnen gegenüber. – Was hat mir das zu sagen?*
*Herr Gade: Was hat mir das zu sagen? – Ja, ich bin eigentlich stolz dadrauf, daß ich den Gründer (.) der Firma Gade hier in meinem Zimmer habe, //, – ja! Und da sag ich Dir auch ganz offen und ehrlich, (.) warum. Wir haben hier nebenan, (.) ist der Raum meines Vetters, der ist auch etwas größer gehalten – und zwar deswegen größer gehalten, weil wir da auch noch 'nen größeres, also 'nen Besprechungszimmer mit bei haben.*
*Ich: Hm.*
*Herr Gade: Und wenn wir also Besuch oder sonstige Tätigkeiten hier haben, dann fangen wir mit unserem Geschäftsbesuch da eben an. Und dann hab ich also mal vorgeschlagen, daß das Bild eigentlich dort an die Wand sollte.*
*Ich: Hm.*
*Herr Gade: Und da hat mein Vetter, der also praktisch meinem Großvater das zu verdanken hat, gesagt, er möchte das Bild nich' da – hängen haben.*
*Ich: Hm.*
*Herr Gade: Aus welchen Gründen auch immer, da hab ich ihn gar nich' danach gefragt. Da hab ich gesagt: „So, dann kommt er eben bei mir 'rein!"*
*Ich: Hm.*
*Herr Gade: Denn ich bin ihm dankbar dafür, denn er hat mir dat ermöglicht, dat ich in so 'ner Firma bin. Und da hab ich mir gesagt, dann bekommt er auch da sein Plätzchen.*
*Ich: Hm.*

Der Leser merkt an der Interviewdynamik, daß der „Großvater" (und Gründer) im Unternehmen noch *gegenwärtig* ist. Herr Gade spricht vom „Bild" in der Gegenwartsform: „dann *kommt* er eben bei mir rein", „er *hat* mir ermöglicht, daß ich in so einer Firma *bin*", „dann *bekommt* er auch sein Plätzchen". – Hier ist die Ambivalenz zwischen Würdigung und Nicht-Würdigung des Gründers in die Protagonisten der aktuellen Generation – zwischen Herrn Gade und seinem „Vetter" – gespalten.

Bei J.A. Schumpeter verkörpert der Typ des Gründers die unverfälschte Ausprägung des Unternehmers, ist er doch – der Idee zufolge – rein auf die Unternehmerfunktion beschränkt. (H.-G. Koblitz 1985, 300) „Die Gründer bringen Wertvorstellungen, Legitimationsmuster, eine *Vision*, in die Unternehmen ein. Um die ersten Entscheidungen und Handlungen der Gründer spinnen sich Legenden. Der „Geist der Gründung“ wird beschworen, eine Tradition wird angelegt.“ (A. Kieser 1984, 6)

Die starke Unternehmer-Bezogenheit von Familienunternehmen wird in Kategorien, wie „herausragende Persönlichkeit“, „Eigenleistung“, „überdurchschnittliche Leistungsbereitschaft“ (C. Löwe 1979, 94) oder gar durch die Übernahme einer sogenannten „Tüchtigkeitsrolle“ (A. Clemens-August 1983, 66) erklärt und bei Gründern als im besonderen Maße ausgeprägt beschrieben. – Mit all den Nachteilen, die für das Unternehmen damit verbundenen sind. Das äußert sich in Überalterung, zentrierter Einflußnahme und Allein-Entscheiden: „Ausgeprägtes Selbstbewußtsein, Energie und Durchhaltekraft geben gerade dem Pionierunternehmer oft die Gewissheit, nicht nur der eigentliche „Erfolgsmotor“ gewesen, sondern auch für die Zukunft unersetzlich zu sein. Die wirkliche Situation der Unternehmung und ihre Notwendigkeiten werden dabei oft verkannt.“ (C. Löwe 1979, 93 f.)

Diese Unentbehrlichkeits-Einstellung wird damit erklärt, daß das Unternehmen für den Gründer ein Stück seiner selbst – als Teil seiner Person und seines Lebens – darstellt: „Es ist daher in vielem seinen natürlichen Kindern ähnlich.“ (J. Mittelsten Scheid 1985, 22)

Oftmals wird jedoch ausschließlich die gute Seite gesehen: der Gründer hat – in Analogie zur Schöpfungsgeschichte der Bibel – im Gründungsakt dem Unternehmen seinen Odem eingehaucht. So wird er vergöttlicht und das Unternehmen für die Nachkommen – wie angesichts der eigenen Sterblichkeit für ihn selbst – zur lebensspendenden Kraft. Die andere Seite, das scheinbar schlummernde bedrohliche und zerstörerische Potential von autoritären Patriarchen wird zumeist ignoriert und verdrängt. Stattdessen werden die Gründer-Väter vergötzt, weil Götter (-Väter) keinen Anteil am Versagen tragen.

Das Beispiel eines Nachfolgers aus meiner Praxis als Organisationsberater zeigt, daß dies durchaus reale Bezüge hat. Er kennzeichnete seine Dynamik unter anderem so: „Ich bade auch da die alten Sünden meiner Vorväter aus, die da liegen!“ Zum Zeitpunkt dieses Ausspruches befaßte er sich überwiegend mit der „Entsorgung“ von – ökologischen und organisatorischen – „Alt-Lasten“!

### Denken in Generationen

Das Verhältnis der Eignerfamilie zu Unternehmensgeschichte und Familientradition ist sehr ausgeprägt. Dies läßt sich aus zahlreichen Chroniken und Festschriften zu Firmenjubiläen herauslesen, in denen deutlich der Stolz auf die (Gründer-)Väter und die Bedeutung hervortritt, die der Betrieb – und somit der Name der Familie – für die Region erlangt hat. Das Familienunternehmen wird so selbst zur Familientradition. Stellvertretend für viele andere soll ein Beispiel aus den Interviews dafür angeführt werden:

*Herr Carl: ...*
*... und haben dann einen Vorteil – und das sagen mir zumindesten viele unserer Kunden – unser Haupt- (.) Kundenstamm sind mittelständische Unternehmen, hier aus dem „Löwensteiner" Raum: „Wenn ich da anrufe, brauch' ich nicht immer zu überlegen: Wer war jetzt der Prokurist, der mir dat damals versprochen hat, oder der mir das und jenes erklärt hat?*
*Ich: Hm.*
*Herr Carl: Oder der da zuständig ist? Sondern die Firma heißt Carl – also ruf' ich auch Herrn Carl an!, – ne. // Dat ist jetzt unabhängig davon, ob hier mein Vater am Platz sitzt, oder ob ich da sitze.*

In diesem Abschnitt ist zudem eine wichtige Dynamik der Generationenfolge impliziert. Sie besteht in der Auffassung, daß für die Zukunft des Unternehmens eher die Funktion des *Rollenträgers* wichtig ist, mit dem der Name des Unternehmens („die Firma heißt ‚Carl'") verbunden ist. Wenn Herr Carl sagt: „unabhängig davon, ob hier mein Vater am Platz sitzt, oder ob ich da sitze", dann drückt er damit auch aus, daß es dabei nicht so sehr auf den Einzelnen ankommt, der diesen „Platz" beziehungsweise diese Rolle – für die Dauer einer Generation – einnimmt.

Dies gilt auch für Familienunternehmen, in denen die Anzahl der Familien-Gesellschafter erheblich größer ist:

*„Knauf ist nach wie vor ein reines Familienunternehmen. Alle acht Gesellschafter tragen den Namen Knauf. Kommanditisten sind Albrecht Knauf, Alfons-Jean Knauf, Christine Knauf, Karlheinz Knauf, Lothar Knauf und Thies Knauf. ‚Die Familie ist auf das Unternehmen fixiert und das Unternehmen auf die Familie', sagt Baldwin Knauf. Auf Befragen versichert er: ‚Wir sind ein Familienunternehmen und haben vor, es mindestens bis zur Jahrtausendwende auch zu bleiben.'" (FAZ Nr.248 vom 24.10.90, S. 20)*

Für die Entwicklung von der Agrar- zur Industriegesellschaft wird allgemein angenommen, daß sich die vormals zusammenhängende Lebens- und Wirtschaftsgemeinschaft in gesellschaftliche Subsysteme differenziert hat (N. Luhmann 1984, 256 f.). Während die Familie zuvor ihren Zweck als umfassende Versorgungseinheit erfüllte, wurde sie fortan auf eine Institution gesellschaftlicher Reproduktion reduziert. Die materielle Versorgung mußte dagegen im Wirtschaftssystem sichergestellt werden. Mit der zunehmenden Trennung und Spaltung von Arbeits- und Familien-Welt geht eine Reduzierung der Familienfunktionen einher – mit all seinen Desintegrationswirkungen (K. Hausen 1975, 176). Für Familienunternehmen scheint diese

Entwicklung nur teilweise zuzutreffen: die mangelnde Differenzierung und die daraus resultierenden Schwierigkeiten können geradezu als symptomatisch angesehen werden. Im Mechanismus der Generationenfolge wird nicht nur das Traditionsbewußtsein der Unternehmerfamilie sondern gleichsam die Aufhebung der vermeintlichen Trennung beider Systeme symbolisiert. In vielen Festschriften ist neben dem jeweiligen Familienvertreter an der Unternehmensspitze die Generationenfolge verzeichnet. Dies verdeutlicht, daß sowohl die familiäre Nachfolge (bzw. das Erbe) als auch die Kontinuität in der Unternehmensführung mit dem Generationsbegriff belegt wird.

Ein solches *Denken in Generationen* hat auch Konsequenzen für die Zeiträume, in denen in Familienunternehmen gedacht wird: er bezieht sich auf den Zeitraum, den der jeweilige Repräsentant einer Eignerfamilie an der Unternehmensspitze steht. Da dieser Zeitraum in der Regel eher in Dekaden als in einzelnen Jahren bestehen dürfte, kann dieser Umstand seine Wirkung auf die Unternehmensentwicklung kaum verfehlen.[14] So werden in den Erzählungen von Familienunternehmern zur Unternehmensgeschichte die Unternehmens-Entwicklung überwiegend mit dem jeweiligen Vertreter seiner Generation verknüpft, wobei dies zum Teil durchaus „dynastisch"[15] verstanden wird.

*„Der Familienunternehmer fühlt sich als Glied in der Generationskette: er ist nach rückwärts verpflichtet, gegenüber seinen Vorfahren, von denen er die Unternehmung übernommen hat mit dem Auftrag, sie zu erhalten; er ist aber ebenso nach vorwärts verpflichtet, gegenüber der kommenden Generation, der er das ererbte Unternehmen den neuen Verhältnissen angepaßt und gefestigt übergeben möchte. Dieser traditionsbewußte Geist kann eine Quelle der Kraft für die Familienunternehmung sein. Häufig wird er aber auch zum Hindernis für den Fortschritt; dann nämlich, wenn falsch verstandene Tradition zu reinem Vergangenheitsdenken und zur Ablehnung neuer Entwicklungen führt." (R. Bertsch 1970, 89)*

### Patronale Erbfolge

Die Widmung einer Jubiläumsschrift „50 Jahre Wilhelm Mittelmann 1911–1961 (Tönisheide/Wülfrath)" lautet: „Eines Mannes zäher Wille und Fleiß, Einer Frau und Mutter tapferes und stilles Dienen, Einer Belegschaft treue Gefolgschaft sind die Fundamente unseres Unternehmens".

Auch wenn die Worte dieser Widmung schon über 30 Jahre alt sind und die darin enthaltenen Gedanken antiquiert erscheinen, illustrieren sie in hervorragender Weise die patriarchalische Struktur. Die im Denken in (Familien-)Generationen enthaltene *patronale Erbfolge* läßt zurecht fragen, inwiefern diese nicht in einen ständigen Widerspruch zur modernen Wirtschaftsform gerät? Denn sie provoziert einen dauerhaften Konflikt zwischen einem archaisch anmutenden Beharren auf der Familienerbfolge und der Notwendigkeit zu ständigem Wandel in der Unternehmensentwicklung. Ein Ausschnitt aus einem Interview mag das verdeutlichen:[16]

*Herr Alms: ...*
*Und es is' aber praktisch privatrechtlich die Sache so // gelöst, daß also im Erbfall eines Tages dann (.) die Schwester nichts mit dem Unternehmen zu tun hat, sondern privat abgefunden ist.*
*Ich: Hm.*
*Herr Alms: Und auch danach das Unternehmen nicht weiter belastet.*
*Ich: Ja.*
*Herr Alms: Ich vergleich' da mit dem Erb-Bauernhof,*
*Ich: Hm.*
*Herr Alms: // dem der Bauer // ältesten Sohn den Bauernhof vermacht,*
*Ich: Hm.*
*Herr Alms: die anderen Söhne Pfarrer, Lehrer, // Rechtsanwalt wurden. So seh' ich das also bei so Unternehmen auch.*
*Ich: Hm.*

Im Falle von Herrn Alms wurde seine Position als Ältester der Geschwister nicht angetastet: seiner Nachfolge wurde nicht widersprochen, zumal durch seine Qualifikationen auch später die Eignung nicht infrage gestellt war. Die Nachfolge folgte hier eindeutig der (patronalen) Geschwisterkonstellation, die Herr Alms in der Metapher der Erbfolge bäuerlicher Vorfahren anspricht.

**Kulturelles Erbe und Diskontinuität**

*Erbschaft* geht in Familienunternehmen über die Vererbung von Verfügungsrechten hinaus. Sie kann auch als kulturelles Erbe verstanden werden.[17] Dies wurde mir anläßlich eines Besuches bei einem alteingesessenen Bergischen Unternehmer deutlich:

*Der größte Teil des Gebäudes wirkte wie ein Industrie-Denkmal: das Unternehmen besteht bereits, ausgehend von bäuerlichen Vorfahren, seit über 150 Jahren. Ein Schild „Kontor" – das sagte „man" dort tatsächlich – wies den Weg zu den Büro- und Geschäftsräume. Die Innen-Einrichtung machte die Vergangenheit fast körperlich spürbar: so etwa im Mobiliar, in den alten, gutgepflegten Holzböden, oder in dem kleinen Besucherraum, worin in einem Schrank voller alter Bücher, Chroniken und Festschriften das Interesse des Inhabers an der regionalen Wirtschaftsgeschichte dokumentiert wurde. Das kulturelle Erbe („Was Du ererbst von Deinen Vätern") war im Inhaber geradezu personifiziert: sowohl von seiner Körperhaltung als auch von seinen Einstellungen her entsprach er geradezu einem Protagonisten des hanseatischen Kaufmannes, wie er von Th. Manns in den Buddenbrooks beschrieben wurde.*

Die Familiennachfolge (und -erbfolge) wird in den meisten Fällen bevorzugt, weil sie eine besondere Kontinuität der Unternehmensleitung zu gewährleisten scheint. Durch Erziehung und Einflußnahme – insbesondere auf die Berufsqualifikation und -sozialisation von potentiellen Nachfolgern – soll die Fortsetzung einer unternehmerischen Tradition garantiert werden. Zumeist sind ja die Handlungsmaximen, Wertvorstellungen und Entscheidungsprozesse sowie insbesondere die Erfahrungen des Unternehmers nirgendwo niedergeschrieben, sondern werden in Form von Anekdoten, Mythen oder allenfalls als Randnotizen von Chroniken an künftige Nachfolger weitergegeben. Die „unformulierte" Tradierung eines solchen „kulturellen Erbes" aufzunehmen und weiterzuführen wird in der Regel am ehesten den Nachfolgern aus der Familie zugetraut – und zugemutet. So findet H. Pross (1983, 179 f.) in ihrer Untersuchung über Vorwerk & Co. im Geist der Unternehmer das tradierte Wertsystem der Gründer in ihren Lebens- und Unternehmensführungsmaximen konkretisiert:

***100 Jahre Vorwerk & Co***

1. *Vorrang des Firmeninteresses vor den Neigungen und Interessen ihrer Inhaber und Unternehmensleiter.*
2. *Geld bleibt in der Firma; Unabhängigkeit und Sicherheit der Firma gehen vor Gesellschafterinteressen.*
3. *Der Unternehmer schuldet dem Unternehmen ein Höchstmaß an Arbeit.*
4. *Behutsames, konsolidiertes Wachstum; Diversifikation nur durch ausreichendes Know-how („Schuster bleib' bei deinen Leisten").*
5. *Ehrenmoment ist ebenso wichtig wie Verdienstmoment: die Firma muß vertrauenswürdig sein.*
6. *Offenheit gegenüber der Gesellschaft: soziale Verantwortung gegenüber Mitarbeitern; Verbindungen zu Verbänden, Gemeinde und Region.*

Die Folgerung, die H. Pross hinsichtlich der Unternehmens-Kontinuität zieht, verdeutlicht die daraus entstehende Verpflichtung der Nachkommen: „Die Preisgabe auch nur eines der Grundsätze, die bisher das Handeln lenkten, würde sich negativ auf das Unternehmen auswirken." (H. Pross 1983, 181) Gleichzeitig wird darin auch die Gefahr einer solchermaßen idealisierenden Traditionalisierung verharmlost. Fort-Schritt im Sinne einer (evolvierenden) Kontinuität benötigt natürlichen Wandel. Eine Entwicklung des Unternehmens im Sinne der Aufrechterhaltung einer Unternehmens- oder Unternehmer-Tradition ist langfristig – auf dem Hintergrund des Generationendenkens in mehreren Dekaden – nur um den Preis von umfassenden Veränderungen zu erhalten. Diese bedeuten aber Diskontinuitäten in quantitativer wie qualitativer Hinsicht und schließen die Möglichkeit *kultureller Diskontinuitäten* mit ein. „Externes" Management- Know-How, das bei Eintritt von Fremdmanagern oder von den familiären Nachfolgern selbst „importiert" wird, muß zwangsläufig in Konkurrenz zu den bisher vorherrschenden Auffassungen treten und wirft zumindest zeitweise Konflikte mit dem Senior-Unternehmer auf (E. Schein 1983, 22). Kommt es dabei zu Brüchen, sollte man sie nicht als Fehler der Unternehmensstrategie externalisieren, sondern als Folge der Dynamik verstehen, in der Senioren, Nachfolger, Fremdmanager und Mit-Arbeiter sowie die Unternehmerfamilie stehen.

Dies kann zuweilen auch bedeuten, daß die Betroffenen in Sackgassen geraten oder das Familienunternehmen an den Rand des Scheiterns bringen:

*„… das 102 Jahre alte Familienunternehmen in der dritten Generation an den Rand des Ruins gebracht hat. … Das Eigenkapital ist nahezu aufgezehrt. … Statt konsequent das hauseigene, jahrzehntelang geübte Wissen in der Abwasser- und Kläranlagentechnik zu vertiefen und das Unternehmen mit modernen Anlagen und rationelleren Methoden für die Zukunft aufzurüsten, dachte der jüngste Firmenchef in ganz anderen Dimensionen. … , der in Hanglage in seiner ‚Villa Hügel' (Dorfschnack) über dem Firmengelände thront, schwebte der Aufbau eines ganzen Konzerns mit internationalem Flair vor. Der Sproß einer alten Hugenottenfamilie, unter Mitarbeitern wie Einwohnern als Patriarch und ‚König des Untertaunus' anerkannt, investierte in den letzten 20 Jahren lieber in scheinbar zukunftsträchtige Beteiligungsfirmen und baute einen Kranz von Auslandstöchtern auf, um heute vor einem Scherbenhaufen zu stehen. … Jahrelang hatten die Visionen vom Weltkonzern dem Management den Blick für das Wesentliche verstellt: den langsamen aber dramatischen Wandel auf den Stammärkten. … Alle Hoffnungen ruhen deshalb auf dem Aufsichtsrat … Daß der Führer des Banken-Pools und nicht die Familie Passavant das Sagen hat, ist in Aarbergen längst kein Geheimnis mehr. … Immerhin ist die Familie … offensichtlich bereit, sich zurückzuziehen, um einem Neuanfang den Weg zu ebnen. Denn ebenso dringend wie straffe Führung braucht das ausgeblutete Unternehmen frisches Kapital." (R. Klein und A. Mahler 1987, 30 f.)*

Die in diesem Beispiel deutlich hervortretenden, grandiosen (manischen) Phantasien bilden den Hintergrund des Machtwechsels infolge des Generationenüberganges, der sich in erster Linie in der Unternehmensstrategie – in den vermeintlichen Erfordernissen nach „Internationalisierung" – niederschlägt. Der Prozeß von Autoritätsgewinnung und -zugeständnissen, Rollengestaltung und Kompetenzzuwachs im Generationswechsel kann jedoch als Prozeß kultureller Diskontinuitäten verstanden werden.

Daß das kulturelle Erbe (oder die Erbschaft einer Unternehmenskultur) eng mit der Entwicklung des jeweiligen Unternehmens zusammenhängt, scheint mir im weitverbreiteten Stereotyp vom (sog.) „Gesetz der Dritten Generation" belegt. Dieses „Gesetz" sieht ein Scheitern von Familienunternehmen als systemimmanent an. Es ist auf ein „Alltagsverständnis" von Familienunternehmen zurückzuführen, daß „… schroff ausgedrückt, der Enkel vergeudet und verdirbt, was der Großvater errichtet und der Vater gemehrt oder doch erhalten hat." (A. Paulsen 1941, 271) Auch wenn dies von A. Paulsen 1941 als Vor-Urteil widerlegt wurde, hat es sich doch erstaunlich gut bewahrt.

Viele Unternehmen meiner Interviewpartner sind älter als 100 Jahre – und somit in der vierten und fünften Generation von der Familie geführt. Das „Gesetz der Dritten Generation" scheint mir jedoch darauf hinzuweisen, daß sich die Tradierung mit jeder neuen Generation abschwächt. Die Gesamtheit ihrer Repräsentanten entfernt sich offenbar – nicht zuletzt aufgrund der großen Zeitabstände zwischen den Generationswechseln und der potentiell größer werdenden Zahl von Erben – mehr und mehr von der Unternehmensgründung. So kommt es zu den Phänomenen, daß manche Familienangehörige (Erben) das Unternehmen nicht mal mehr von „innen" her kennen, oder daß die Bereitschaft zur persönlichen Haftung mit den Generationen immer weiter abnimmt.

**Legitimation**

Nicht zuletzt werfen scheiternde Generationswechsel, an deren Ende drohende Insolvenzen oder Konkurse stehen, die Frage nach der Legitimität familiärer Nachfolge und den mit der Erbschaft verbundenen Verfügungsrechten auf. Die darin enthaltene Problematik ist eng mit der Frage nach gesellschaftlicher Verantwortung verknüpft: „Eine Legitimation zur Übernahme der Unternehmerfunktion, die ausschließlich in einem in der Rechtsprechung westlicher Staaten verankerten Eigentumsrecht begründet ist, erweist sich allerdings als ungenügend, stellt sich doch das Legitimationsproblem in der Gegenwart nicht mehr nur als eine rechtliche, sondern auch als eine gesellschaftliche Frage." (Ch. Bechtle 1983, 76)

Im Kern der Legitimationsproblematik steht die Frage nach dem „Recht auf Eigenexistenz" des Unternehmenssystems (C. Löwe 1979, 107). Damit wird hinterfragt, inwieweit das Unternehmenssystem eine von der Eigentümer-Familie unabhängige Existenzberechtigung hat und ob somit Erfordernisse der Unternehmenspolitik letztlich Vorrang vor der Familienpolitik vom Eigentümer beanspruchen kann. Die Auseinandersetzung um die Werthaltungen gegenüber Eigentum und Erbschaft halte ich für ein „modernes" Management – und gerade für das Familienmanagement – unverzichtbar. Ein anschauliches Beispiel für die Notwendigkeit einer solchen Diskussion:

*„Bereits seit Jahren muß sich die Eigentümerfamilie ... – aktiv im Geschäft sind Otto senior (71) und dessen Sohn Otto junior (46), den zweiten Familienstamm repräsentieren Georg junior (55) und sein Bruder Fritz (38) – mit immer demselben Vorwurf auseinandersetzen: In den fetten Jahren des Unternehmens wurde das Eigenkapital vernachlässigt und die Privatentnahme gefördert. ... Die ... selbst ziehen sich, ohne finanzielle Opfer bringen zu müssen, aus der Affäre: Nachdem sie in den vergangenen fünf mageren Jahren rund 60 Millionen Mark nach Steuern aus der Firma gezogen haben, war auch 1982 noch ein Bruttogewinn von 21,9 Millionen zu verteilen. ... Im Gegensatz zur Firma sind die Familienmitglieder, inzwischen 20 an der Zahl, bestens gepolstert. Aber auch das gehört zum traditionellen Stil des Hauses. ... Doch nichts scheint der Familie ferner zu*

*liegen als eigenes Geld in die Firma einzuschießen." (R. Diekhof und K. Hoffmann 1983, 76 f.)*

So bemerkt J. Mittelsten Scheid, einer der Vorwerk-Nachfahren: „Wirtschaftlich ererbte Macht ist dann als sinnvoll zu akzeptieren, wenn in ihr die Priorität des Firmeninteresses und die Bereitschaft zum Dienst am Unternehmen enthalten ist." (J. Mittelsten Scheid 1985, 55) Eine erfolgreiche Firmenführung liegt für ihn im Eigeninteresse der Unternehmerfamilien. In der Wahrnehmung der Unternehmensleitung sieht der Nachfolger von Eigentümerunternehmer sich (!) durch eine enge Bindung aus persönlichen Interessen – in einer Synergie aus „Kapital" und „Management" – zusätzlich motiviert. Demzufolge sieht er auch den Familiengeschäftsführer als Chance *für* das Unternehmen, weil er „personifiziertes Kapital" darstellt und durch sein doppeltes Eigeninteresse – Management- und Kapitalinteresse – den Status der erbbaren wirtschaftlichen Macht zu legitimieren in der Lage ist (J. Mittelsten Scheid 1985, 55).

Wie das obenstehende Beispiel illustriert, wird mit der im *Recht auf Eigenexistenz* enthaltenen Legitimationsproblematik zum wiederholten Male die Frage nach den *Privatentnahmen* aufgeworfen. Und zwar insofern, als daß darin die Sicherung des Eigenkapitals vor mißbräuchlichem Zugriff durch die Kapitaleigner angemahnt wird. Viele Unternehmen beschränken allerdings „freiwillig" die Möglichkeiten dazu – manche von ihnen allein schon aus Gründen der Unternehmensliquidität.

So begreifen auch manche Eigentümerfamilien *Gewinn* – weitgehend im Unternehmen belassend oder reinvestierend – als Ressource, um über Eigenkapitalbildung das Unternehmen langfristig in der Hand ihrer Familie zu halten:

*„Das in Besitz von 181 Nachkommen des Firmengründers Wilhelm Werhahn befindliche Familienunternehmen wird auch im laufenden Jahr das hohe Investitionstempo des vergangenen Jahres beibehalten. Der Vorstand, dem neben den familienfremden Managern Jens-Jürgen Böckel und Joachim Gerhard die Familienvertreter Anton, Michael und Wilhelm Werhahn angehören, hat bei der Bilanzvorlage gesagt, daß wieder mehr als 200 Millionen DM investiert werden. ... Wie der Vorstand bekräftigte, hegt die Familiengesellschaft, die in den zurückliegenden Jahren grundsätzlich hohes Gewicht auf die Thesaurierung von Gewinnen gelegt hat, auch weiterhin keine Börsenpläne." (FAZ Nr.157 vom 09.07.92, S. 16)*

So wird von manchen auch eine grundsätzliche „Thesaurierung von Gewinnen" gefordert. Sie ermöglichen die langfristige Bildung von Reserven – zwecks Strategiereinvestition und zur Finanzierung des zukünftigen „Generations-Wechsels" – und von Privatvermögen – zur Bereitstellung für notwendige Kapitalerhöhungen (O.A. Kambly 1990a, 60). Wo die Bildung von Privatvermögen – über die Kapitalverzinsung hinaus – nicht lediglich der Konsumption dient, sondern eine langfristige Strategie zur Existenzsicherung des Unternehmens verfolgt, ist eine Legitimation hinsichtlich der Unternehmensverfassung gewährleistet.

In den von mir durchgeführten Interviews wurde auch mehrheitlich die Forderung unterstützt, das Unternehmen dem willkürlichen Zugriff der Familie durch eine Beschränkung der Privatentnahmen zu entziehen. Darin miteinbezogen sind auch Bestrebungen, die Entscheidungskompetenz des jeweiligen Unternehmers zu stärken.

Einige Statements von Betroffenen dazu. Zunächst Herr Alms:

*Herr Alms: ...*
*Die Familie, die soll gut leben, soll auch ihr Aus- und Einkommen haben, das soll also in Ordnung sein. (.) Soll aber jetzt nicht zu Lasten des Unternehmens irgendwelche privaten Spielereien treiben können.*
*Ich: Hm.*

*Herr Bake:*
*Ich: Das heißt, das betrifft auch die Privatentnahmen?*
*Herr Bake: Das betrifft auch ganz deutlich die Privatentnahmen. Da bin ich also auch der Meinung, (.) man kann also, man sollte (.) ganz, ganz sorgfältig darauf achten, daß man das Unternehmen nicht durch, durch die Privatentnahmen schwächt. (.) Es mag, mag Zeiten geben, wo man, (.) wo man entsprechend (.) größeren Bedarf hat – vielleicht, wenn man sich beispielsweise [holt Luft] da irgendwo mal auch eigene, nen eigenes Heim schaffen möchte – okay. Aber // (.) ansonsten bin ich da der Meinung, daß das sehr geregelt (.) vonstatten gehen muß. Und daß man – gut, letzten Endes worum geht es – die Eigenkapitalsituation sehr scharf im Auge behält!*

*Frau und Herr Gall:*
*Frau Gall: ...*
*[lauter:] Dat war überhaupt immer so bei uns: zuerst kam immer die Firma, -ne!*
*Ich: Hm.*
*Frau Gall: // Vor der Familie, // – ne. Und // kam erstmal nix! [Lacht:] Und dann kam alles andere, – ne! //*
*Ich: Hm.*
*Herr Gall: Dat, ...*
*Frau Gall: Wobei ich dat gar nich' negativ meine, – ne.*
*Ich: Hm.*
*Frau Gall: Aber dat war immer so: die Firma kam immer zuerst, – ne!*
*Ich: Hm.*
*Frau Gall: Auch wenn // meine Eltern jetzt so Anschaffungen machten, oder so, –*

*ne: erst kam die Firma, und wenn da alles klar war, dann ...*
*Ich: Ja.*
*Frau Gall: // konnte Zuhaus' wat angeschafft werden, – ne! [Lacht]*
*Ich: Hm.*
*Herr Gall: ... Das is' aber auch bis heute so!*

Herr Alms und Herr Bake loten mit „privaten Spielereien" (eine Anspielung auf einen Sportwagen deutscher Bauart) oder mit dem „eigenen Heim" die legitimationswirksamen Grenzen von Privatentnahmen aus. Im Beispiel von Herrn und Frau Gall, den Repräsentanten der Junioren-Generation, werden eher die Schattenseiten legitimationswirksamer Einstellungen des Unternehmers gegenüber dem Familiensystem deutlich. Die Sozialisation und Enkulturation der Junioren ist offensichtlich auch von Ohnmacht der Familie gegenüber dem übermächtigen Unternehmen – in der Person des Unternehmer-Vaters repräsentiert – geprägt. So können eher private Konflikte des Ehe- oder Familiensystems vom *kulturellen Erbe* überlagert oder von diesem zur Legitimation persönlicher Machtspiele vorgeschoben werden.

Ich will noch auf zwei Strategien ansprechen, die ich im Zusammenhang mit der Legitimationsproblematik von Familienunternehmen gestellt sehe. Ich halte sie für bemerkenswert zumal sie durch die Optik der psycho-sozialen Dynamik betrachtet außerordentlich interessant sind. So betrachtet können sie auch als Sonderformen der Unternehmens-Verfassung von Familienunternehmen aufgefaßt werden. Zum einen handelt es sich dabei um die Erbaussetzung qua *Teilungsverbot*, zum anderen um die (Familien-)*Stiftung*.

**Teilungsverbot**
Ein Teilungsverbot (der Erbschaft) kann vom Seniorunternehmer (kraft seiner Testierfreiheit) bis zu 30 Jahren verfügt werden – also praktisch für die Dauer einer Generation. Da es sich juristisch nur um eine Erbaussetzung handelt, kann es durch Ausschlagen des Erbes und Verlangen des Pflichtteils umgangen und so zu einer Existenzbedrohung für das Unternehmen werden (G. Wilke 1970, 174 f.).

Welche Auswirkungen solche Erbaussetzungen haben können, zeigt die folgende Rekonstruktion aus einer Firmenchronik und dem Interview mit Frau Abel:

***Eine schwere Erbschaft***
*Der Mitgründer einer Firma hatte seine beiden Kompagnons innerhalb der ersten 10 Jahre ausbezahlt. 20 Jahre nach der Gründung nahm er zwei junge Kaufleute als Teilhaber in die Unternehmensführung mit auf. In seinem Testament setzte er seine Enkelkinder – zu der Zeit noch gar nicht geboren – zu Nacherben ein. Er bestimmte denjenigen der Teilhaber, der auch Geschäftsführer werden sollte, zum Testamentsvollstrecker.*

*40 Jahre nach dem Ableben des Gründers starb das letzte seiner Kinder. Laut Testamentsverfügung konnte nun der Erbfall der 3. Generation eintreten. 2 Jahre dauerte der Rechtsstreit. Schließlich wurde ein Mathematiker bemüht, die komplizierten Beteiligungsverhältnisse auszurechnen. 5 Jahre nach Eintritt des Erbfalles konnte dann ein Vertrag mit der Erbengemeinschaft geschlossen werden, welcher deren Auszahlung vorsah.*

*Aufgrund der Trennung von Geschäftsführung und Kapital waren zwar die Geschäfte der Firma nicht beeinträchtigt, wohl aber die Eigenkapitalbildung – und Reinvestition – infolge der im Rahmen des Vertrages mit der Erbengemeinschaft zu erfolgenden Auszahlung. Der Nachfolger – und Neffe – des inzwischen verstorbenen Testamentsvollstreckers bezahlte die Auseinandersetzungen mit den Gründer-Erben (und -Enkeln) mit einer langandauernden, schweren Krankheit, infolge derer er früh verstarb.*

*Etwa 15 Jahre später mußten seine Witwe und ihr Sohn (letzterer war nur deshalb in die Firma mit eingetreten, um seine Mutter nicht „allein" mit der Verantwortung zu lassen) einsehen, daß Erbschaft und Verpflichtung gegenüber der Arbeit und den Träumen vorangegangener (Unternehmer-)Generationen keine dauerhafte Grundlage für das Weiterführen eines Unternehmens darstellen können. Sie verkauften das Unternehmen an einen Wettbewerber.*

*Sowohl die mangelnde Kapitalausstattung zur Modernisierung der Produktion – in der Auszahlung an die Erbengemeinschaft des Firmengründers mit verursacht – als auch die fehlende Eignung und Motivation des designierten Nachfolgers haben ihren Teil dazu beigetragen, daß das Unternehmen nicht mehr im Familienbesitz der Nachkommen der Gründerfamilie ist.*

*Der Niedergang des Unternehmens wurde jedoch bereits mit der Aufnahme des Teilhabers und dem Ausschluß der Gründer-Kinder eingeleitet. Diese galten mit ihrem „adeligen Lebensstil" dem Gründer als unseriös für seine Nachfolge. Die Hereinnahme des externen Teilhabers machte diesen zum Adoptivsohn und provozierte Rivalisierungen. Mit dem Ausschluß wurde in den (narzistischen) Kränkungen der Kinder eine Destruktivität perpetuiert, die eine Zusammenarbeit der Enkel mit den Geschäftsführern und Teilhaber-Erben verunmöglichte. Andererseits hatten diese sich die alleinige Nachfolge einer (Familien-)Dynastie angemaßt.*

Die sich – in einer solchen Dynamik der Verachtung der eigenen Kinder – eröffnenden Abgründe unterstreichen, daß eine Strategie der Erbaussetzung das Problem nicht löst sondern „bestenfalls" um eine Generation verschiebt. Zudem macht das in „Eine schwere Erbschaft" angeführte Beispiel deutlich, daß das Problem in der Familiendynamik seinen Anfang nahm. Diese wird dann von der Psychodynamik des Erblassers – in seinen Verewigungstendenzen – überlagert.

**Stiftung**

Die gleiche Dynamik ist auch in dem (Rechts-)Instrument der Stiftung zu sehen. Daher sei hier der bezeichnende Ausspruch eines (sog.) Stiftungsberaters vorangestellt: „Stiftungen sind besser als ein Mausoleum." (Ch. Demmer 1989, 180) Unter ihnen werden mit *Familienstiftung* solche bezeichnet, die den Interessen einer oder mehrerer Familien dienen. Durch die Gründung einer Stiftung wird Familienvermögen dem Erbgang entzogen. Dies ist durchaus als Möglichkeit anzusehen, sowohl die Familie aus der Führungsnachfolge auszuschließen als auch durch den Stiftungszweck die materiellen Vorteile aus dem Vermögen für die Familie zu erhalten (D. Hahn 1985, 19). Ein Beispiel:

*„Die Würth-Gruppe soll Familienbesitz bleiben. Durch Gründung ‚unternehmenserhaltender' Stiftungen für die Inlandsgruppe und – mit Sitz in der Schweiz – für die Auslandsfirmen, deren Stimmenmehrheit jeweils bei als Komplementär fungierenden Verwaltungsgesellschaften liegt, hat er jüngst die Voraussetzungen dafür geschaffen. Stiftungsvorstand ist jeweils Würth persönlich. ...*
*Ein bedingter Erbverzicht der Würth-Töchter, Marion Würth und Bettina, garantiert die Unternehmenssubstanz. Die Stellvertreter-Verfügung sichert die Kontinuität, ohne ein Aufrücken der nächsten Generation in Führungspositionen auszuschließen." (K. Hoffmann 1986, 88 f.)*

Aus der Typologie des Stiftungsrechtlers A. Schindler ist für den hier verfolgten Zusammenhang nur die unter den „Unternehmensbezogenen Familienstiftungen" aufgeführte *Unternehmerisch-tätige Familienstiftung* interessant. Zumal nur sie den „Umfang unternehmerischer Tätigkeit annimmt" (A. Schindler 1975, 30 f.). Diese differenziert A. Schindler (1975, 31; *H.d.d.A.*) folgendermaßen :

- „Als *Unternehmensträger* dient sie Unternehmen unmittelbar als Organisationsstruktur. Stiftungs- und Unternehmensvermögen sind identisch: die Familienstiftung ist – wenn auch im untechnischen Sinne – Rechtsform."
- „Als *Beteiligungsträger* bleibt die Familienstiftung Unternehmerin, wenn sie auf Grund einer wesentlichen Beteiligung oder Stimmrechtshäufung auf die Unternehmensführung entscheidenden Einfluß nimmt. Die Beteiligungsträger-Familienstiftung kann entweder vollteilhaftend als Mehr-, Minderheitsgesellschafter einer Personengesellschaft, oder wesentlich, mehrheitlich, allein an einer Kapitalgesellschaft beteiligt sein."

Die (juristische) Diskussion über die Genehmigungsfähigkeit von unternehmensbezogenen Familienstiftungen fokussiert sich dabei auf den *Stiftungszweck*, der sich in der beabsichtigten Konstruktion – ob Unternehmens- oder Beteiligungsträger – niederschlägt, und der im Hinblick auf die Legitimation hinsichtlich der Unternehmensverfassung auch einen Blick auf die dynamische Perspektive eröffnet. Dabei wird die *Unternehmensführung* als Zweck einer Stiftung überwiegend abgelehnt, da sie eine Selbstzweckstiftung darstellt und dem Gedanken, „mittelbar oder unmittelbar zur Verfolgung eines gemeinwohlkonformen Zwecks" des Unternehmens als Stiftung, nicht Rechnung trägt (K. Neuhoff 1988, 499/Rz 66). Insofern wird einer Verewigungstendenz des *Vermögens* (als dauerhaftem Kapitalerhalt für die *Unternehmerfamilie*) entgegen gewirkt.

Anders sieht es bei denjenigen Unternehmensträger-Stiftungen aus, die den dauerhaften Erhalt des Unternehmens nur in einer Stiftung gesichert sehen:

*„Der oftmals kritisierte ‚unternehmensbezogene Zweck' bei den Unternehmensträgerstiftungen ist in den Augen der Stifter kein Endziel; das gilt z.T. auch für Familienstiftungen mit Unternehmenssubstanz, bei denen unfähige Erben von der Unternehmensführung ferngehalten und Entnahmen der Berechtigten zur Schonung der Substanz beschränkt werden sollen. Vielmehr soll das Unternehmen in den meisten Fällen den dort beschäftigten Menschen dienen. Die Stifter experimentierten hier mit neuen betrieblichen (Sozial-)Strukturen und sehen in dem Rechtsinstitut ‚Stiftung' die einzige Gewährleistung einer treuhänderischen und dauerhaften Absicherung, um die Wertigkeit ihrer Vorstellungen unter Beweis stellen zu können. Bei insbes. fremdnützigem Charakter einer solchen Stiftung bzw. eines Unternehmens an sich perpetuiert der Unternehmer/ Stifter letzten Endes nichts anderes als eine Treuhandaufgabe zum Wohle der Allgemeinheit." (K. Neuhoff 1988, 500/Rz 71)*

Die dynamische Perspektive einer solchen legitimationswirksamen „Technik der Vermögensverewigung" (G. Meyer zur Hörste 1976, 5) ist zum einen in der Auseinandersetzung der Senioren mit ihrem Tod und Sterben – und dem dort innewohnenden Wunsch nach „Unsterblichkeit" des Unternehmens – zu sehen. Mit dem Wunsch nach dem Fortbestand des *eigenen, individuellen* Lebenswerkes und nach Rechtfertigung gegenüber dem „imaginären Gericht" der Vorfahren wird auch die Aufrechterhaltung patriarchaler Fürsorge und Abhängigkeit garantiert.[18] So wird auch von R. Graf Strachwitz als Voraussetzung einer Stiftung, die „... vom Wunsch der Reichen nach Unsterblichkeit" motiviert sei, konsistiert: „Das Ziel der Stiftung soll dem Stifter emotional nahe sein (Kunst, Kultur, Ökologie)." (Ch. Demmer 1989, 180)

Ebenso kann hinter dem Versuch, beim Wegfall natürlicher Erben einen institutionellen Ausgleich zu schaffen, die Dynamik der Unsterblichkeits-Hoffnung gesehen werden, wie im folgenden Beispiel:

*„Der Tod seines Sohnes Waldemar Peter trug dazu bei, daß Peter Klöckner und seine Frau Hanna 1937 die Peter-Klöckner-Familienstiftung gründeten, die später*

*Eigentümerin des gesamten Klöckner-Vermögens wurde. Diese Familien-Stiftung wurde eigens zu dem Zweck errichtet, den Fortbestand der Unternehmen ungeachtet eventueller Erbauseinandersetzungen zu sichern. Ihr Vermögen wurde zum Jahreswechsel 1983/84 wegen der alle dreißig Jahre drohenden Erbersatzsteuer in eine neugegründete gemeinnützige Peter-Klöckner-Stiftung eingebracht, die bis heute zu 99 Prozent an Klöckner & Co. beteiligt ist."*
*(B. Koch und H. Uebbing 1988, 16)*

Daß es dabei um mehr als nur um den Erhalt des Vermögens geht, belegt die Aufrechterhaltung enger persönlicher Bindungen der Eigentümer: „Den beiden Brüdern gehört wegen der Stiftungskonstruktion nur ein winziger Bruchteil des Kapitals von Klöckner & Co.; sie haften indessen mit ihrem gesamten Vermögen." (B. Koch und H. Uebbing 1988, 16)

Darüberhinaus dient die Stiftung auch der sozialen Abwehrfunktion der Familiendynamik, indem etwa die Beschränkung des Familieneinflusses mittels steuerrechtlicher Rationalisierungen begründet wird.

*„Nach dem Tod des Vorsitzenden der Unternehmensleitung, Hubertus Liebrecht, im Juli vergangenen Jahres, der zugleich Eigentümer von einem Drittel des Gesellschaftskapitals der Familiengesellschaft von 1,14 Milliarden DM war, wird der größte Teil seines Besitzes auf eine Stiftung übergehen. ... Mit dieser Lösung wird die Firmengruppe Ingelheim, die heute im Besitz von 14 Gesellschaftern der Familien Boehringer und Baumbach ist, den Hauptanteil der Erbschaftssteuern sparen, die bei einem vollständigen Übergang des Liebrechts-Erbes auf die anderen Gesellschafter angefallen wäre. ... Im Gesellschafterausschuß sind Familienmitglieder vertreten, während die Unternehmensleitung familienfremden, persönlich haftenden Gesellschaftern übertragen wurde." (FAZ Nr.38 vom 14.02.1992, S. 15)*

Die Nutznießer von Stiftungs-Lösungen scheinen mir in diesem Beispiel deutlich hervorzutreten: zum einen die Stifter selbst und zum anderen die familienfremden Manager. Das sagt zunächst nichts darüber aus, inwiefern eine solche Lösung den Ordnungen funktionierender Systeme widerspricht. Dazu müßte man von der Gründung (Ursprungsordnung) ausgehend die jeweilige Konstellation im Einzelfall explorieren.

Andererseits können hinter der legitimationswirksamen Strategie einer Stiftung auch massive Omnipotenzphantasien der Stifter verborgen werden: etwa indem der (als allmächtig erlebte) Vater seinen Kindern in der Stiftung lebenslang die eigene Unfähigkeit und Ohnmächtigkeit („Impotenz") vor Augen führt. Diese werden somit – ähnlich den häufig infantilisierten Mit-Arbeitenden – durch lebenslange Versorgungsansprüche „ernährt" und abhängig gehalten.

Ich möchte daher behaupten, daß die Dynamik von Stiftungen in erster Linie auf den *Stifter* und nicht auf die Stiftung an sich verweist. Ich will dies an einem „Bild" verdeutlichen: im späten Mittelalter (vor der Reformation) hatten (sog.) Stifter-Bilder Hochkonjunktur. Sie zeigten in der Regel die Verbindung einer „himmlischen" mit einer irdischen Ebene, die im Bild zusammengezogen wurden. Auf diese Weise wurde „... der Stifter in den Gang der Heilsgeschichte integriert." (W. Schmid 1994, 101) Vom Bildaufbau her findet man oftmals in den oberen Dreivierteln oder Vierfünfteln des Stifterbilders eine theologische Aussage zur „Jenseits-Vorsorge" (wie z.B. eine biblische Szene). In dem – oft bedeutend kleineren – „Rest" wurde das Bildnis des Stifters selbst oder das seiner Familie dargestellt. Die theologisch-eschatologische Funktion der dargestellten Szene stehen in der Bildmitte unbestreitbar im Vordergrund. Während sie die Aufmerksamkeit des Betrachters auf sich ziehen, kann dies nicht über die eigentliche Absicht der Stifter hinwegtäuschen: die Stifter beziehungsweise ihre Familien gegenüber der „Nachwelt" zu verewigen. Insofern geht „heimlich" die eigentliche Kraft von der kleinen Figur (oder Figurengruppe) am unteren Bildrand aus. Diese Bildbetrachtung stellt in meinen Augen eine treffende Metapher für die Obacht dar, die der Leser (aus Sicht eines „Beraters") gegenüber der Stiftungsdynamik einnehmen sollte.

**Unternehmens-Leitung**

Wenn von „Unternehmen, ihren Menschen und Protagonisten" die Rede ist, gilt ein Hauptaugenmerk der Funktion, welche Gesamtverantwortung für das Unternehmenssystem übernimmt, und den Menschen, die diese tragen. Mit den „Protagonisten" der Unternehmensleitung werden damit zunächst die vorherrschenden (kollektiven) Bilder über Unternehmer und Unternehmensführung angesprochen, die diese – über die Handlungen einzelner Akteure hinaus – gesellschaftlich (sozial) repräsentieren.

**Bilder von Unternehmern und Unternehmensführung**

Dabei wird der Unternehmer vor allem als Mensch gekennzeichnet, dessen Persönlichkeit Erfolgsdeterminante für das Unternehmen ist (H. Klandt 1980, 326 f.). In einer (Allensbach-)Meinungsumfrage wurden unter dem „Idealbild des Unternehmers" vorrangig Eigenschaften, wie *„sozial eingestellt"*, *„verantwortungsbewußt"*, *„gerecht"*, *„Organisationstalent"* und *„Weitblick"* genannt (R. Köcher 1982, 33). In erster Linie gehen diese wohl auf das durch J.A. Schumpeter vorgezeichnete Idealbild vom Unternehmer zurück. Dem Unternehmer wird dabei maßgeblicher Anteil am „Lebenselixier" (P. Holderegger 1988, 220) des Kapitalismus gegeben: er zeichnet sich durch Schaffenskraft, Visionen und Beharrlichkeit aus (R. Reich 1988, 11). Die Ursprünge dieses Bildes stammen überwiegend aus zwei Quellen: zum einen entspringt es der *patriarchalischen* Haltung des Unternehmers gegenüber Familie und Mitarbeitern, die (z.B.) in der „Fürsorge" gegenüber den „Untergebenen" ausgedrückt wird, „... deren letzte Wurzeln in der bäuerlichen

Vergangenheit zu suchen sind." (IHK Wuppertal 1956, 4,203) Zum anderen aus einer starken gesellschaftlichen (regionalen) Sozialbindung, die von dem jeweils vorherrschenden Weltbild überlagert wurde. Für den Bergischen Raum (das Wupper-Tal) hieß das: „... die „Welt" (wurde) von Gott als Aufgabe gesetzt ..." und als Pflicht begriffen, die an die Unternehmer „... die Forderung nicht nur der geschäftlichen, sondern auch der öffentlichen Leistung stellte." (IHK Wuppertal 1956, 201, 205) Die Renaissance dieses Ideal-Bildes in den 80er Jahren läßt sich durchaus „... als Schwanengesang auf die einstmals individualistischen Bewegungsfreiheiten des kapitalistischen Unternehmers ..." deuten (P. Holderegger 1988, 226).

Neben diesem märchenhaft anmutenden Bild vom „Unternehmer als *Helden*" (R. Reich 1988, 11) – damit sind insbesondere die Gründer gemeint – existiert ein weiteres, das möglicherweise auch für das Bild von Führung und Management zeitgemäßer erscheinen mag: der „Unternehmer als Arbeitstier". In einer Untersuchung („Mittelstands-Enquette") wurde für den mittelständischen Unternehmer festgestellt: „Er ist wie ein Autofahrer, der sich schwitzend durch das tägliche Verkehrschaos wühlt. Er ist nicht der Flugzeugführer, der ein Täßchen Kaffee trinkt und die Instrumente für sich arbeiten läßt." (J. Bussieck 1980, 43) Eine (angesichts eines solchen arbeitsethischen „Glaubenssatzes") „ketzerisch" anmutende Frage sei gestattet: Warum eigentlich nicht? Denn es dürfte außer Frage stehen, daß Flugzeugführer ebenfalls arbeiten, Verantwortung übernehmen und Risiken tragen!

Bei alledem dient die mit einem solchen Bild verbundene Individualisierung und Personifizierung von Erfolg der Aufrechterhaltung eines konventionellen Bildes von Führung und Management (wobei der „freie Unternehmer" mit ungebrochener Verachtung auf den „angestellten Manager" herabschaut). Die Latenz zur Schaffung *individueller* (statt kollektiver) *Lebenswerke* belegt, inwiefern „... ‚Heldensagen', die nicht selten ihres Realitätsgehaltes beraubt – auch nach dem Ausscheiden der Akteure im Unternehmen weiterleben ..." so bestimmend für das „Werden einer Unternehmenskultur sein können oder sein *sollen*" (K. Bleicher 1986, 2). So wird in der konventionellen Führungs-Ideologie (O. Neuberger 1985, 8 f.) die Welt in Führer und Geführte aufgeteilt, „... wobei der Führer als das soziale Agens, d.h. als Ursache sozialer Prozesse in den Mittelpunkt gestellt wird." (W.R. Müller 1981, 5) Demzufolge werden Unternehmens-Führer (also auch Unternehmer) zu „Erfolgreichen" oder zu „Überlegenen". Oder ihre Rolle wird hin zu der eines fürsorglichen „Vaters unmündiger Kinder" verklärt (H. Jaeger 1989, 105).

Wenn man von einem *funktionalen* Verständnis (anstelle eines institutionellen) ausgeht, kann Management und Führung als umfassende System-Funktion zur Aufgabenbewältigung oder Problemlösung durch Steuerung von Systemen (und auf unterschiedlichen Ebenen von Subsystemen) aufgefaßt werden. Eine solche Führung managt keine Geführten sondern *Aufga-*

*ben, Rollen* und *Ressourcen* sowie die jeweils tangierten *Systemgrenzen.* „Führung" kann so als eine Dienst-Leistung gegenüber dem Gesamtsystem zur Bewältigung der kollektiven Hauptaufgabe verstanden werden (So hat M. Schwarz (1994, 94) zurecht darauf hingewiesen, daß die „eigentlichen Arbeitgeber" in den *Kunden* statt in den Unternehmen bzw. den Unternehmern zu sehen seien). Im Grunde genommen können die oben im „Geist der Unternehmer" oder im „kulturellen Erbe" beschriebenen Werthaltungen als grundsätzlich anschlußfähig an ein solches funktionales Verständnis angenommen werden. Allerdings werden sie von patriarchalen und autoritären Strukturen (als Ersatz für Autorität) überlagert. Die institutionelle Auffassung hat nämlich auch dazu geführt, daß das Verhältnis von Unternehmern und Mit-Arbeitenden von persönlichem Machtstreben geprägt ist, welches Erstere mit ihrer Rolle verbinden. Ein funktionales Verständnis könnte die Interdependenzen beider in wechselseitiger (reifer) Abhängigkeit und Angewiesenheit wahrnehmen. *Autorität* benötigen somit beide: sie muß vom Unternehmer (ebenso wie vom familiären Nach-Folger) und von Mit-Arbeitenden genommen und zugestanden werden. Nur so können die einen wie die anderen sowohl sich *in ihren Rollen managen* (im Hinblick auf die jeweilige Aufgabe) als auch die systemischen *Grenzen.*[19] Auf der Ebene der Unternehmensleitung heißt dies für das Management des Gesamtsystems *durch* den Unternehmer, daß seine Rolle insbesondere in der Sicherung von Außengrenzen und in der Existenzerhaltung des Gesamtsystems besteht, die er in der Haltung eines Dienstleistenden gegenüber dem Meta-System ausfüllt.

Ohne bereits die Schluß-Folgerungen im Hinblick auf ein Management des „Generations-Wechsels" vorwegzunehmen, kann sich der Leser schon an dieser Stelle vorstellen, daß solche Überlegungen ihre Auswirkungen auf ein Verständnis vom Management des Metasystems Familienunternehmen nicht verfehlen kann. Für die Unternehmensleitung von Familienunternehmen bedeutet das, eine langfristige Existenzsicherung des Unternehmens anzustreben. Diese kann in einem doppelten Sinne als ein *kollektives* Werk verstanden werden: als kollektives Werk aller an der Unternehmens-Entwicklung Beteiligter, wie Unternehmer, Manager und Mit-Arbeitende, sowie (in einer generationen-übergreifenden Perspektive) als kollektives Werk der Unternehmer-Familie(n).

Ein „Familien-Unternehmer" muß somit zugleich seine Rolle so auffassen, daß er sie sowohl vom Systemursprung als auch vom Ende seiner Rollen-Trägerschaft her transzendierend begreift. Für Gründer heißt dies, Nachfolge und Generationswechsel als Management-Aufgabe und unternehmerische Herausforderung anzunehmen. Für Nachfolger bedeutet dies darüber hinaus, das Ursprungssystem als Rückenwind für seine unternehmerischen Entscheidungen und Handlungen zu nutzen.

Dem Leser wird aufgefallen sein, daß die voranstehenden Gedanken einen Ausflug in die Management-Philosophie darstellten. Er mag sie daher gewissermaßen als Exkurs auffassen, welcher dennoch im Folgenden die Fortsetzung der Reisebeschreibung begleiten wird. Diese wird darin bestehen, die Unternehmensleitung von Familienunternehmen in folgenden drei Kategorien zu beschreiben: erstens dem *Familien-Management* von Eigentümer- oder Gesellschafter-Unternehmer. Zweitens dem (sog.) *Fremd-Management*, in dem die Unternehmensleitung von dazu beauftragten Managern wahrgenommen wird. Drittens dem *Kontroll-Management* durch einen *Beirat*. Gründung und Aufgaben eines solchen Organes beschäftigen nicht nur viele Berater und Gesellschafter hinsichtlich ihres Einflusses auf die Unternehmensleitung. Mit der Optik psycho-sozialer Dynamik kann darin vielfach eher ein Instrument zur Kontrolle als zum Controlling gesehen werden. Das in der Literatur erwähnte „Gemischte Management", in dem Eigentümer-Unternehmer und Fremd-Manager gemeinsam „Träger der Unternehmensfunktion" darstellen (Ch. Bechtle 1983, 78), wird dabei von mir unter Aspekten der ersten beiden Kategorien subsumiert.

**Familien-Management**

Die (rationalen) Führungs-Ideologen dürften über die Existenz so mancher Familienunternehmen nur verwundert sein. Planerische, rationale Elemente unternehmerischer Führung, die in traditionellen Führungstheorien vorausgesetzt oder unterstellt werden, sind bei Familienunternehmen allenfalls zaghaft ausgebildet. Dementsprechend wird die Hauptursache ineffizienter Führung in Familienunternehmen in der mangelnden strategischen Perspektive und der Konzentration auf ad-hoc-Entscheidungen diagnostiziert:

*„Der Unternehmer selbst verbringt einen großen Teil seiner Zeit mit vielen tagtäglichen Problemen, die größtenteils unvorbereitet an ihn herangetragen werden, so daß die aus seiner Position unbedingt notwendigen strategischen Entscheidungsaufgaben immer wieder durch kurzfristig-taktische Fragen und Entscheidungen verdrängt werden. Aus der Sicht der Führung ist dies jedoch keine eigentlich falsche Ausrichtung der Führungsenergien, sondern die bewußte Konzentration und Reaktion auf plötzliche Überlebensprobleme und damit Mittel der Zukunftssicherung. In der Familienunternehmung besteht deshalb trotzdem eine innere Stabilität und Zukunftsausrichtung in der Person des Unternehmers selbst."*
*(C. Löwe 1979, 16)*

Die Konzentration auf den Unternehmer selbst kann sowohl als Chancen- als auch als Krisenpotential des Familienunternehmens angesehen werden. So wird er selbst als Träger des zentralen Unternehmenszieles der Familienunternehmung gesehen, das im Erhalt und der erfolgreichen Weiterentwicklung der Familiengesellschaft besteht (D. Hahn 1985, 15). Seine „Hemdsärmeligkeit" und „unternehmerische Intuition" verhindert allerdings nicht, daß es ihm an genügender Distanz zu sich selbst mangelt (insbesondere wenn er Gründerunternehmer ist). Dies hängt mit seiner zentralen Position im Familienunternehmen zusammen: er vereinigt Eigentum und Kontrolle und identifiziert sich selbst sehr stark mit dem Unternehmen. So sieht er selbst sich als Teil des Unternehmens – und das Unternehmen als einen Teil von sich. Die Forderung nach „komplementärer Ergänzung“ der Führungsstruktur durch eine entsprechende Rollendifferenzierung wird hier verständlich, da diese hohe Identifikation zum Potential krisenhafter Verstrickung zu werden droht (K. Bleicher 1986, 6). Für die Existenz des Unternehmens wird es also entscheidend sein, inwiefern es „Familien-Unternehmern“ gelingt, eine der jeweiligen Unternehmens-Entwicklung angemessene Delegation von Entscheidungsbefugnissen an „externe“ Fachkompetenz vorzunehmen.

Für das *Familien-Management* lassen sich aus meiner Sicht vier Typen mit unterschiedlichem Delegationscharakter unterscheiden:

*1. Unternehmerfamilien-Management*
Sie sind charakteristisch für viele Gründerunternehmen. Dabei arbeiten – neben dem Gründer an der Spitze – weitere Familienmitglieder oder Verwandte im Unternehmen mit. Sie übernehmen (mitunter gemäß ihrer Begabung bzw. Eignung ad hoc) Unterstützungs-Funktionen für den Unternehmer. Wenn sich dieser beispielsweise auf die Produktion konzentriert, nehmen sie die Buchführung, die Kalkulation oder den Vertrieb, etc., wahr. Typischerweise werden solche „Support“-Funktionen in Gründer-Unternehmen häufig von den Ehefrauen übernommen! Wenn überhaupt von Delegation gesprochen werden kann, erfolgt sie somit *unterstützungsorientiert*.

In nachfolgenden Generation treten familiäre Nachfolger an die Stelle des Gründers. Die Differenzierung erfolgt dann durch *aufgabenorientierte* Delegation an Familienmitglieder.

*2. Familienregie-Management*
Die Managementaufgaben sind hier in der Unternehmensleitung schon differenziert, etwa in einen „kaufmännischen“ und einen „technischen“ Bereich eingeteilt, den jeweils ein Familienmitglied wahrnimmt. Typischerweise ist das Unternehmen hier schon (mindestens) in der zweiten Generation oder im Übergang dazu (diese Differenzierung wird oft auch zur Lösung der Nachfolge bei mehreren Familienstämmen gewählt). Die Aufgabendifferenzierung bestimmt dabei oft schon die Ausbildung der Nachfolgegeneration: es erfolgt eine *funktions-* (und positions-)*orientierte* Delegation an Familienmitglieder.

Werden alle entscheidenden Managementfunktionen (kaufmännische Leitung, Produktionsleitung, Entwicklung, Marketing) von der (den) Unternehmerfamilie(n) besetzt, könnte man von *Familienregime*-Management, bei der bevorzugten Besetzung anderer Positionen durch verwandtschaftliche Beziehungen von *Familienfilz*-Management (Vetternwirtschaft) sprechen. –

Wobei zumindest in Letzterem wohl eher die familiären Beziehungen statt das Unternehmen „gemanagt“ werden. Hier erfolgt die Delegation *versorgungsorientiert.*

*3. Experten-gestütztes Familien-Management*
Der Unternehmer engagiert externes Managementpotential, um Aufgabendelegation und Aufgabendifferenzierung durch Anreicherung mit externem Know-how zu vollziehen. Zuweilen erfolgt dies auch temporär, wenn Beratung als eine solche Ressource erkannt und wahrgenommen wird. Die Delegation soll den Unternehmer in erster Linie entlasten.

Gründer nehmen oft erst dann familienfremdes Managementpotential in Anspruch, wenn das Potential an Familienmitgliedern mit ausreichenden Kenntnissen und/oder Erfahrungen erschöpft ist. So wird etwa kaufmännisches Know-How „engagiert“, wo Gründerunternehmer ihre Stärken selbst eher im technischen Bereich haben. Die Delegation ist (in beiden Fällen) *spezialisierungsorientiert.*

*4. Teilhaber-gestütztes Familien-Management*
Hierunter wird nicht die Aufnahme eines Teilhabers verstanden, der zum Mitunternehmer wird, um durch „mitgebrachtes“ Kapital die Eigenfinanzierung des Familienunternehmens zu stärken; auch nicht solche Teilhaber, die durch das Einbringen von Produktionsmitteln, immateriellen Werten, etc. zum Mitunternehmer werden.[20] Unter einem „Teilhaber-gestützten Management“ verstehe ich solche Fälle, in denen externes (familienfremdes) Managementpotential aufgrund seiner herausragenden Bedeutung für das Unternehmen – sei es die Spezialisierung oder etwa historisches Engagement – zum (Minoritäts-)Teilhaber gemacht wird. Mit dem Ziel so eine langfristig enge Bindung an das Unternehmen zu sichern. Diese Form der Teilhaberschaft endet mit dem Ausscheiden des Betroffenen, in der Regel mit seiner Pensionierung oder seinem Tod. Auf der einen Seite soll so eine (exklusive) „Bindung“ an das Unternehmen, auf der anderen Seite eine langfristige Orientierung am Firmenwohl gesichert werden. Die Delegation ist dann im Sinne der Sicherung der Unternehmensexistenz *verpflichtungs-* und *risikoorientiert.*

Manchmal wird durch das Angebot zur Teilhaberschaft auch die Absicht verfolgt, das Unternehmen im Sinne der Familien- und Gründertradition auch dann noch weitergeführt zu sehen, wenn nach dem Tod der Inhabergeneration die Unternehmensleitung ganz auf den Teilhaber übergeht. Im Falle, daß die Inhaber keine Nachkommen haben, ist damit die Absicht verbunden, den Namen der Gründerfamilie im Namen der Firma zu erhalten.

Ein Beispiel für Überlegungen zu Teilhaberschaft aus dem Interview mit Herrn Bade:

*Ich: Können Sie sich vorstellen, dat die Firma (.) jemand anderes gehörte – als (.) der Familie?*
*Herr Bade: Ja, es sind manchmal Überlegungen gewesen, noch jemand mit 'reinzuziehen.*
*Ich: Hm.*
*Herr Bade: // Vielleicht um finanziell nen bißchen besser dazustehen mit dem Eigenkapital, aber [holt Luft] die Überlegungen sind dann immer gekommen in dem Augenblick, wo, wo et nich' so gut [lacht] und rosig aussah, – ne.*
*Ich: Hm.*
*Herr Bade: Aber sonst – doch ich könnt' mir vorstellen // vorstellen könnt' ich et mir schon. Also, et wär nich' unbedingt, // oder (.), is' schon mal drüber diskutiert worden. Is' von meiner Seite auch nicht abgelehnt worden, ...*
*Ich: Hm.*
*Herr Bade: ... jemanden mit 'reinzunehmen, – ne. Kann man so sehen, dann is' man nich' mehr so ganz unter sich.*
*Ich: Hm.*
*Herr Bade: // Kommt eben drauf an, wen man dann mit drin hat. Aber jemand da zu finden, der dann zu einem paßt – vor allen Dingen zu so 'nen laufenden Betrieb – is' natürlich ziemlich schwierig. Aber im Augenblick steht dat wieder gar nich' zur Debatte!*
*Ich: Hm.*
*Herr Bade: – Läuft gut. Wie gesagt, dat sind immer nur von der Seite von meinem Onkel: „Na, soll'n wir nich'?"*
*Ich: Hm.*
*// Aber dann, wenn et mal konkret zur Sache geht, dann is' wieder nen Jahr vorbei, und plötzlich geht et wieder gut. Dann müssen wir an alles andere denken, bloß nich', an jemand noch zu beteiligen, ...*
*Ich: Hm.*
*Herr Bade: ... oder 'nen Teil zu verkaufen, – ne.*
*Ich: Ja.*

In Herrn Bades Ausspruch: „Dann is' man nich' mehr so ganz unter sich" scheinen mir die Ambivalenzen gegenüber einer Teilhaberschaft im Sinne einer Mitunternehmerschaft eines Familienfremden als auch gegenüber der geschlossenen (Familien-)Gesellschaft zu liegen.

Teilhaberschaft ist aus der Sicht systemischer Lösungen jedoch sehr differenziert zu betrachten. Grundsätzlich gilt: verändert die Teilhaberschaft die (Ursprungs-)Ordnung des Gründer-Systems ist nur eine Lösung durch *Neugründung* möglich. Ansonsten führt sie zu Verstrickungen und Destruktion. Zu dem Ursprungssystem können „Fremde" nur als Angestellte kommen; sie werden ihrer Verdienste entsprechend honoriert.[21] Externes – auch „privates" – Kapital kann nur durch eine neue (gemeinsame) Firma zur Mitunternehmerschaft führen; ansonsten ist es zwingend als Fremd-Kapital aufzufassen (und auszuweisen).

**Fremd-Management**
Mit Bezug an den Ausspruch von Herrn Bade, „Dann is' man nich' mehr so ganz unter sich", könnte man diese Form der Unternehmensleitung aus der Perspektive eines Gründerunternehmens auch „Begegnung mit dem Fremden im Management" nennen. Und zwar in einer doppelten Konnotation: einmal als Begegnung mit Managern, die aus Sicht der Familie „Fremde" sind. Zum anderen als Begegnung mit dem, was einem Unternehmer (als Unternehmer) am „Manager" (seinem Denken, seiner Rolle, seinen Methoden) „fremd" erscheint.

Zunächst sei vorausgeschickt: Fremd-Management ist zur Sicherung der Unternehmenskontinuität, seiner qualitativen und quantitativen Entwicklung *langfristig* unverzichtbar. Die Frage ist, welchen Einfluß die Familienerben und -Nachfolger Fremdmanagern geben wollen oder sollen. In erfolgreichen Familienunternehmen hat ihre Teilhabe an der Unternehmensleitung geradezu Tradition, wie das Beispiel einer Privatbank zeigt:

*„Das 1789 von dem damals siebzehnjährigen Salomon Oppenheim jr. gegründete Bankhaus Sal. Oppenheim jr. & Cie KGaA, Köln, an dem auch heute noch – mittlerweile in sechster bzw. siebter Generation – die Nachfahren des Gründers beteiligt sind, gilt als die größte reine Privatbank in Deutschland. ... Im Kreis der persönlich haftenden Gesellschafter finden sich neben den Repräsentanten der Familienstämme Oppenheim und Pferdmenges traditionell auch erfahrene familienfremde Bankiers." (FAZ Nr.194 vom 22.08.91, S. 13)*

*„Gleichzeitig mit der Neustrukturierung wurde in der Führung der Bank ein Generationswechsel vollzogen. Alfred Freiherr von Oppenheim ist – ebenso wie sein Cousin Manfred Freiherr von Oppenheim – aus der aktiven Geschäftsführung ausgeschieden und hat den Vorsitz im Aufsichtsrat und im Aktionärsausschuß übernommen. Damit ist, wie Pöhl hervorhob, erstmals nach mehr als zweihundert Jahren der Name Oppenheim zumindest vorübergehend nicht mehr im Kreis der persönlich haftenden Gesellschafter vertreten." (FAZ Nr.116 vom 21.05.93, S. 20)*

In Abgrenzung zum Familien-Management soll unter Fremd-Management im Folgenden die – volle oder teilweise – Übergabe der Unternehmensleitung in „fremde Hände" verstanden werden. Mit einer solchen Strategie wird tendenziell die Trennung von „Kapital" und „Management" betrieben. Damit soll die grundsätzliche Dominanz der Familien(-Erben) in Bezug auf die Unternehmensleitung eingeschränkt oder das Unternehmen unabhängig von Einflüssen gemacht werden, „... die nicht im Interesse des Unternehmens liegen" (J. Mittelsten Scheid 1985, 36).

Es kann unterschiedliche Anlässe geben, die Unternehmensleitung in die Hände eines *qualifizierten* Managers (mit) zu legen. An erster Stelle steht dabei die ungelöste Nachfolgefrage wenn etwa kein Nachfolger oder nur (für die

Unternehmens-Leitung) ungenügend qualifizierte Nachfolger beziehungsweise nur unqualifizierte Erben vorhanden sind. Dieser Fall tritt auch ein, wenn die (gleich stimmberechtigten) Gesellschafter keine Einigung über die Person des Nachfolgers erzielen konnten (Ch. Bechtle 1983, 149). Darin eingeschlossen ist auch die (sog.) mangelnde „Ressort-Qualifikation“ familieneigener Nachfolger (K.H. Rüßmann 1983b, 216). An zweiter Stelle stehen Konsolidierungsbemühungen aufgrund drohender Insolvenzen oder krisenhafter Entwicklung von Unternehmensphasen (einschließlich solcher, die im Generationswechsel entstehen).

Die schwierigste Aufgabe für einen Fremdmanager, der allein die Unternehmensleitung wahrnimmt, besteht vermutlich darin, seine Rolle so zu entwikkeln und zu gestalten, daß er sowohl die Belange des Unternehmens gegenüber den Eigentümern vertritt als auch die Belange des Familiensystems berücksichtigt. Im Metasystem wird er nur Autorität gewinnen können, wenn er insbesondere die Schnittstellen (und Grenzen) der Systeme managt und die Gefahr von Brüchen hinsichtlich des kulturellen Erbes im Auge behält. Zum Familiensystem benötigt er ein angemessenes Verhältnis von Nähe und Distanz. Beides wird er am Besten können, wenn er sich weder in das System der Gründerfamilie hineindrängt noch den Blick auf den Gründer verstellt!

Im Hinblick auf die Rollengestaltung des Fremdmanagers scheinen mir vor allem drei charakterisierbar, die eine Typologie der Unternehmensleitung im Familienunternehmen fortsetzen:

*5. Der Fremdmanager als Kanzler*
Der Anlaß: ein Fremdmanager wird mit der alleinigen Leitung eines Familienunternehmen beauftragt, weil die Führungsnachfolge nicht – oder auf längere Zeit nicht – gesichert ist.

Ist eine Familien-Nachfolge ausgeschlossen, weil keine Kinder oder erbberechtigte Gesellschafter vorhanden sind, kann es zu einem *Management-Buy-Out* kommen, infolgedessen der Fremdmanager das Unternehmen kauft und so selbst zum *Unternehmer* wird. Eine solche Lösung ist insbesondere auch dann vorstellbar, wenn er als Krisenmanager bei drohender Insolvenz geholt wurde. Oder er wird – etwa im Rahmen eines *Rentenmodells* – zum Erben eingesetzt und somit Nachfolger und Eigentümer *(in spe)*. Dabei kann er jedoch leicht in die Familiendynamik eines Adoptivsohnes geraten.

Das Kanzler-Management ist im Hinblick auf das Metasystem Familienunternehmen an der *Existenzerhaltung* des Systems orientiert.

*6. Der Fremdmanager als Statthalter*
Im Gegensatz zum „Kanzler“ ist der „Statthalter“ nicht auf Dauer sondern auf *Zeit* an die Spitze des Unternehmens gestellt. „Es braucht allerdings Mut, in

der Führungsnachfolge statt einer endgültigen eine nur zeitweilige Lösung zu treffen."(H. Oswald 1990, 4) Überwiegend werden allerdings Lösungen gesucht, die das Ende dieser Rolle mit einer Pensionslösung verbinden. Der „Statthalter" soll also eine Lücke in der Nachfolge füllen, die entweder plötzlich durch Tod oder schwere Krankheit des Seniors entstanden ist. Oder aber wenn die Zeitspanne bis zum frühstmöglichen Eintritt des Juniors (Abschluß der Ausbildung) zu groß erscheint. „Die Versuchung ist groß, sich mit der interimistischen Rolle im falschen Sinne anzufreunden und sich in die nur treuhänderisch auszuübende Funktion zu verlieben. Oft ist es dann von der selbstherrlichen Regierungsführung des Prinzregenten bis zu dessen Usurpation nur ein kleiner Schritt." (H. Oswald 1990, 6)

Ein Beispiel für diese Rollenausprägung aus dem Interview mit Herr Gade:

*Herr Gade: ...*
*Und das war das Jahr „1960" als mein Vetter „Toni" und ich, Peter Gade, dann hier in die Firma eintraten. Und dazwischen war einfach keiner aus der Firma Gade, / / aus der Inhaber-, von den Inhabern als Geschäftsführer hier tätig. Weil wir einfach noch zu jung waren, mein Vetter und ich. Und (.) // das wurde dann also über diese Leitenden Angestellten, wurde das abgewickelt.*
*Ich: Hm.*
*Die Geschäftsleitung. Es gab, fand dann natürlich auch (.) vierteljährliche Zusammenkünfte statt hier, also mit Beiräten.*
*...*
*Ja, „1970" – wie gesagt – kamen mein Vetter und ich (.) in die Firma und dann ein Jahr später sind also diese Leitenden Angestellten – das war auch damals vertraglich so festgelegt, das paßte dann auch gerade so mit dem Alter – sind die also auch aus der Geschäftsleitung ausgeschieden, haben uns mehr oder weniger eingearbeitet.*

Dauert diese „Einarbeitungs"-Phase zu lange, besteht die Gefahr, daß die Dynamik der familiären Nachfolge auf die Beziehung Junioren – Statthalter übergeht. Der Generationswechsel ist dann nicht allein von dem Familiensystem beeinflußt sondern auch von der Alterskohorte des jeweiligen Statthalters. Wem es als Statthalter nicht gelingt, die Grenze zum Familiensystem zu managen, gerät in die Gefahr, gegenüber den Junioren die Rolle eines Ersatzvaters einzunehmen. Die daraus resultierenden Verstrickungen kann sich der Leser sicher vorstellen, insbesondere wenn der Statthalter bereits lange Jahre im Unternehmen tätig war, zur „zweiten" (bzw. erweiterten) Familie gehört und den Junior „von klein auf" kennt.

Zuweilen wird ein Fremdmanager gemeinsam mit dem Junior (z.B. als gemeinsame Geschäftsführer) an die Unternehmensspitze berufen. Hier könnte die Rolle des Statthalters noch weiter – in einem feudalistischen Bild – differenziert werden. Wird dem Statthalter im Metasystem die Rolle eines *Reichsverwesers*, als Inhaber der zentralen „Macht" zugestanden, so wird es dem Junior schwerfallen, neben ihm im Unternehmen Autorität zu erlangen. Aus dynamischer Perspektive könnte in einem solchen Fall gefragt werden, inwiefern der Statthalter hier nicht unbewußt den Seniorunternehmer vertritt oder in einem Bühnenstück eine Rolle für die Gesellschafter einnimmt, das er selbst nicht geschrieben hat!

Im anderen Falle dient der Statthalter dazu, den Junior auszubilden, seinen Einstieg zu managen oder diesen möglicherweise zu stützen und so letztlich zu legitimieren. Dann könnte von einer Rolle als *Waffenmeister* oder *Steigbügelhalter* gesprochen werden. In kleineren Familienunternehmen ist die „undankbarere“ dieser Rollen von solchen langjährigen Angestellten zu erwarten, die zur „zweiten Familie“ des Unternehmers gehören. Sie haben – wenn auch aus der „zweiten Reihe“ – schon immer eine den Seniorunternehmer stützende Rolle eingenommen oder sind selbst im Unternehmen groß geworden und in entsprechender Dankbarkeits- und Verpflichtungsdynamik gegenüber der Unternehmerfamilie. Andererseits kann eine (absichtslose) Rolle als „Waffenmeister“ eine sehr respektvolle sein. Dafür mag ein Gründer im Gespräch mit (s)einem Leitenden Angestellten ein Beispiel geben: „Mein Sohn soll das Geschäft übernehmen: Aber das heißt nicht, daß Sie Ihren Platz im Unternehmen verlieren. Von jetzt an ist es Ihre Aufgabe, ihn so zu trainieren, daß er als Manager so gut wird, wie es seinen Möglichkeiten und Fähigkeiten entspricht. Wenn Sie dieser Aufgabe gerecht werden, wird für Sie immer ein Platz sein!“ (S. Nelton 1986, 121; eigene Übersetzung)

Ein ansonsten selten anzutreffender Fall dürfte die Berufung eines Fremdmanagers zum temporären Generalmanager darstellen, wie ihn die Unternehmerfamilie Dees berufen hat. Seine Funktion: er soll als Top-Manager einer Geschäftsführung, die ansonsten nur aus Familienmitgliedern besteht, den Generationsübergang mit dem damit verbundenen Wandel der Rechtsform sowie einen zukunftsorientierten Strukturwandel managen. Mit Erreichen der vereinbarten Ziele – und am Ende der vereinbarten Zeit – geht er „wieder von Bord“. Diese vermutlich ansonsten nur in größeren Familienunternehmen anzutreffende Rollen-Konstruktion könnte im dem Bild des *Lotsen* beschrieben werden. Es beinhaltet die besondere Kompetenz und Erfahrung – und somit auch Autorität dieser Rolle – ebenso wie ihre Grenzen: hat das Schiff sicheren Hafen oder hohe See erreicht, sind seine Kenntnisse um die zu umschiffenden Klippen und Untiefen nicht mehr lebensnotwendig.

Familie Dees hat ihren Generalmanager auf Zeit eingestellt, um durch das Zusammenwirken von Generationswechsel und Unternehmensentwicklung aufkommende Schwierigkeiten zu meistern:

*Herr Dees: ...*
*Und haben zum Zeitpunkt jetzt auch einen Geschäftsführer, Generalbevollmächtigten, der die Gesamtunternehmung leitet.*

*Ich: Ah, so.*
*Herr Dees: So jetzt in dem Übergang von der dritten zur vierten Generation.*
...
*Ich: ... Also Sie haben vorhin erzählt, sie haben 'nen Fremdgeschäftsführer, der das Unternehmen leitet.*
*Herr Dees: Ja.*
*Ich: Heißt dat, der sitzt über den Vätern, ...*
*Herr Dees: Ja, ja!*
*Ich: ... also jetzt von der Organisationsstruktur her gesehen?*
*Herr Dees: Ja, der ist von der Gesellschafterversammlung eingesetzt.*
*Ich: Ah so, ja!*
*Herr Dees: Korrekt, richtig, als eben Hauptgeschäftsführer eingesetzt und der ist hier tätig und (.) darunter // Et ist eben so organisiert, darunter arbeiten wir.*
*Ich: Ja.*
*Herr Dees: Auch die Väter sind da also (.) mit eingereiht.*
...
*Ich: Ja. Seit wann haben Se den Hauptgeschäftsführer hier?*
*Herr Dees: Seit Anfang des Jahres.*
*Ich: Ah, so. Dann ist er noch recht neu. // Is' er seit Anfang des Jahres hier 'reingekommen oder stammt er aus dem Unternehmen?*
*Herr Dees: Nein, er ist von außen. Wir haben uns darum bemüht, jemanden zu finden.*
*Ich: Ja.*
*Herr Dees: Und waren ganz froh, daß wir da hinterher jemanden gefunden haben, der also dann auch den Zuspruch von allen ...*
*Ich: Hm.*
*Herr Dees: ... bekommen hat, so daß wir also (.) glauben, daß wir da (.) mancher Schwierigkeit, die sonst wahrscheinlich aufgekommen wäre zwischen den Generationen, ...*
*Ich: Hm.*
*Herr Dees: ... da aus dem Weg gegangen sind. Das kommt vor allen Dingen daher, daß mein Onkel, der eine, ausgeschieden ist schon, und die anderen beiden noch hier sind.*
*Ich: Hm.*
*Herr Dees: Und dann sind die Jungen schon wieder da und er kann aber dann nicht mehr so 'reinarbeiten, wie er das vielleicht dann möcht'.*
*Ich: Hm.*
*Herr Dees: Und da tauchten Schwierigkeiten auf und dann haben wir gesagt: „Wollen wir das Problem versuchen, anders zu lösen!"*

Die Rolle als Statthalter kann, da sie überwiegend im Hinblick auf die familiäre Nachfolge bezogen ist – als *familienführungs-orientiert* bezeichnet werden.

*7. Der Fremdmanager als „Doppel-Partner"*

Hier wird ein Fremdmanager gleichberechtigt mit dem (oder den) Familienmanager(n) an die Unternehmensspitze gestellt. Diese Konstruktion soll die Managementkompetenz der Unternehmensleitung verstärken und gleichzeitig den Charakter des Familienunternehmens – als Vertretung des „Namens" und des „eigenen Geldes" – erhalten. Dabei können folgende Ziele verfolgt werden (Ch. Bechtle 1983, 152):

- Ziele unter dem Motto: „Frischer Wind durch Frisches Blut": dadurch soll die Einengung des Blickwinkels familiärer Manager aufgelöst und die Unternehmensleitung mit zusätzlicher Qualifikation und externer Erfahrung ergänzt werden;
- Versuch, die Familienstreitigkeiten per Objektivierung durch die Aufnahme eines Neutralen zu nivellieren;
- Sicherung der Kontinuität via Konsolidierung und Integration durch Splitting der Unternehmensleitung;
- Umwandlung in eine andere Rechtsform, in der ein Fremdmanager zum Teilhaber wird.

Ein Vorteil des „Gemischten Management" ist sicherlich in der dadurch repräsentierten Chance zu sehen, die personale Unternehmerbezogenheit des Familienunternehmens durch die Präsentation von „Professionalität" und „Kompetenz" abzulösen. Den davon betroffenen Nachfolgern dürfte sicherlich vor allem die so geteilte Verantwortung und Entscheidungskompetenz Schwierigkeiten bereiten. Denn im Hinblick auf eine lediglich tendenzielle Trennung von Management und Kapital gilt für sie häufig das Motto: „Schließlich geht es ja um unser Geld!"

Andererseits ist die in einer solchen Konstruktion angestrebte Gleichberechtigung aus einer dynamischen Perspektive interessant: so kann die Dynamik durch unterschwellige Minderwertigkeits- und Angstgefühle (der Nachfolger) vor der Qualifikation des „Fremden" nach dem Motto bestimmt sein: *„Warum haben wir keinen aus der Familie, warum müssen wir uns einen kaufen?"*

Zudem gilt für alle Fremdmanager, denen die Unternehmensleitung als Stellvertretung des Senior-Unternehmers angeboten wurde: sie geraten in Gefahr, in die Dynamik des „Back-Seat-Driving" zurückgetretener Unternehmer (oder pensionierter Fremd-Manager) zu geraten, die das Unternehmen aus dem „Hintergrund" zu regieren versuchen: „Ein solches Hineinregieren ist im Falle eines Fremdmanagers ebenso häufig anzutreffen, ja vielleicht noch ausgeprägter, da eines der Motive unternehmerischen Handelns, nämlich die Übergabe der Führung an Familienmitglieder, hinfällig geworden ist, und der zurückgetretene Unternehmer nur durch seine ständige Einmischung in die Geschäftsführung versucht, den Familieneinfluss aufrechtzuerhalten." (Ch. Bechtle 1983, 151)

Ohne einseitig Partei zu ergreifen, mag der „Steckbrief", den A. Reinhart (Gebr. Volkart AG, Winterthur) verfaßte, allen Betroffenen eine Warnung sein, die Dynamik im Verhältnis von Fremdmanagern und Familiennachfolgern zu unterschätzen:

*„Am 11. Mai 1981 wurde ich von meinem eigenen Verwaltungsrat, welcher mehrheitlich von Nicht-Familienmitgliedern beherrscht wurde, aus der Firma ‚entfernt', da mein Anspruch, die Führung übernehmen zu wollen, als* unrealistisch, ‚Harvard-inspiriert' *und nicht dem Volkart-Stil entsprechend angeschaut wurde. Die Familienmitglieder im VR blieben – mit Ausnahme meines Bruders – passiv. Ich habe in den Marmortoiletten des ehrwürdigen Rundbaus vor Wut und Enttäuschung geweint. ... Sofortige Allianz mit meinem Vater, der macchiavellisch vorher aus dem VR ‚vertrieben' worden war und Rückkehr in die Geschäftsleitung nach drei Jahren Interregnum. Der Intuition folgend Offerte für LBO an die nichtaktiven Familienmitglieder zu einem schwindelerregenden Preis ..."*
*(A. Reinhart 1990, 2 f.)*

Die Dynamik zwischen Nachfolgern und ihnen „vor die Nase gesetzten" Fremdmanagern werden offensichtlich durch Gefühle von Verletztsein, Zurückgesetztfühlen und durch wechselseitige Verachtung bestimmt. Letztere kann auf beiden Seiten als Abwehr von Neid verstanden werden: die Kinder neiden (den vom Vater gewählten Vorzug von) Qualifikationen des Fremden. Jener den Kindern die Abstammung und die Namensträgerschaft (die nicht zu „erwerben" ist) sowie die Erbschaft der Gesellschafter (wenn sie auch in der Wahrnehmung der Unternehmens-Leitung gewissermaßen ebenfalls eine Erbschaft antreten).

**Kontroll-Management durch Beirat**

Die Institution (bzw. Konstruktion) Beirat wird aus einer dynamischen Perspektive zunehmend interessant. Die Erörterung im Zusammenhang mit der Unternehmensleitung des Familienunternehmens weist dabei schon auf eine grundsätzliche Problematik hin: zunehmend scheinen mir im Generationswechsel Beirats-Konstruktionen als Kontrollinstrument Dritter gegenüber der Unternehmensleitung – und das heißt in der Regel eben auch gegenüber den *Nachfolgern* – mißbraucht zu werden. Unter Kontrollmanagement sollen hier Aktivitäten (bzw. Konstruktionen) verstanden werden, die dazu dienen, den Einfluß der Eigentümerfamilie(n) auf die Geschicke des Unternehmens einerseits zu erhalten und sie andererseits durch eine tendenzielle Trennung (oder zumindest *bewußte* Unterscheidung) von Kapital und Management zu begrenzen. Kontrollmanagement kann so eine Ergänzung zum Familien- beziehungsweise Fremdmanagement darstellen: es soll der Familie (bzw. Teilen der Familie oder Sippe) die „Sicherung" Ihrer Interessen ermöglichen. Die Rationalisierung und Begründung einer solchen Konstruktion orientiert sich am Argument der zukunftsorientierten Existenzsicherung des Unternehmens.[22] Es kann dann zurecht von einem *Kontroll-Mana-*

*gement* gesprochen werden, wenn die „eigentliche" Funktion eines Beirates – individuelle Interessen und Begehrlichkeiten unterstellend – in der Kontrolle der Geschäftsführer (gegenüber Familien- wie Fremdmanagern) besteht. Oder aber wenn seine Funktion eine generelle „Bändigung" (Kontrolle) von Familien- oder Sippenmitgliedern in ihren verschiedenen Funktionen und Rollen im Metasystem darstellt, indem man ihnen latent eine grundsätzlich den Unternehmensinteressen zuwider laufende Mentalität unterstellt. Mit dem Begriff der „Kontrolle" sollen jedoch die vielfachen Bemühungen von Beiräten, einen Beitrag zum Erhalt des Unternehmens zu leisten, nicht geschmälert werden.

Dennoch kann ich mich des Eindruckes nicht erwehren, als ob diese Gremien nur in seltenen Fällen eine „beratende" Funktion wahrnehmen, die diese Bezeichnung auch verdient. Dazu gehört eine Balance zwischen Nähe und Distanz zur Familie, insbesondere zum Beiratsstifter oder gegenüber dem Initiator dieser Konstruktion (Letztere sind häufig Fremdmanager, die durch diese Konstruktion Einfluß im Unternehmenssystem gewinnen), aber auch die zur Ausübung der Rolle unverzichtbare unabhängige Autorität, die sich nicht allein auf den rationalen Sachverstand begrenzt. Da die eigentlichen Schwierigkeiten in der Nachfolge und im Generationswechsel eher in der Familien- und Unternehmensdynamik als auf der Ebene (operativer) Sachprobleme begründet liegen, benötigen Beiräte zunehmend mehr Prozeßkompetenzen. Im Hinblick auf die Wahr-Nehmung – und Wahrung – ihrer Autorität kann sicherlich nicht nur für größere Familienunternehmen gelten: „Familienunternehmen sollten von einer bestimmten Größe an, wenn nicht durch die Rechtsform vorgegeben, Rat und Kontrolle möglichst in institutionalisierter Form nutzen. Viele tun das auch, meist mit Erfolg. Das ist umso bemerkenswerter, weil ein Beirat kein Aufsichtsrat ist. Seine Kompetenzen werden frei ausgehandelt. Der Beirat muß vornehmlich durch Überzeugung wirken." (W. Helmer 1992)

Grundsätzlich sollte die Einrichtung und Berufung eines Beirates – neben dem Fremdmanagement und dem Gemischten Management – als eine Möglichkeit angesehen werden, um die Kontinuität und Tradition des Familienunternehmen zu sichern und andererseits die Selbst-Kontrolle der Eigentümerfamilie zu verstärken. Die Beiratsfunktion kann also einen Beitrag zur langfristigen Kontinuitätssicherung des Familienunternehmen leisten, wenn sie einerseits die Selbstkontrolle der Familienerben verstärkt. Und zwar in Bezug auf das „Recht auf Eigenexistenz" des Unternehmens gegenüber dem Familiensystem – insbesondere hinsichtlich der Gewinnverwendung durch eine Beschränkung der Privatentnahmen. Andererseits stellt die Beirats-Funktion die Orientierung der Geschäftsleitung auf die langfristige Unternehmensexistenz sicher. Dies gilt insbesondere auch im Prozeß des Generationswechsels sowie für die Delegation von Autorität zwischen Gesellschaftern und Geschäftsleitung.

Ich will an dieser Stelle nicht auf die in der Literatur vorgenommene Unterscheidung zwischen Geschäftsführungs- und Gesellschafter-abhängigen Beiräten eingehen (Ch. Bechtle 1983, 313 f.; C. Löwe 1979, 109 f.). Die dynamische Optik schärft allerdings auch in diesem Kontext den Blick für die Unterscheidung von Vorder- und Hintergründigem.

So muß zum einen gefragt werden, inwiefern die Grundannahme, (sog.) „neutraler Sachverstand" – der den Beiräten grundsätzlich unterstellt wird – habe kein Eigeninteresse, kritiklos hingenommen werden muß? Es soll damit nicht bestritten werden, daß eine Delegation von Entscheidungsbefugnissen an den Beirat zur Aufrechterhaltung der kurz- und mittelfristigen Bewegungsmöglichkeit des Unternehmens in Krisensituationen möglicherweise notwendig und nützlich sein kann. Ich bezweifele aber, daß die sich hinter Patt-Situationen in der Gesellschafterversammlung verbergenden Familienkonflikte und ihr latenter Einfluß auf die Unternehmensdynamik damit einer *Lösung* zugeführt werden können! Solche Lösungen lenken vom eigentlichen ab und perpetuieren das Problem (was für einige Betroffenen durchaus „nützlich" ist!). Ein Beispiel verdeutlicht dies:

*„Die H. Bahlsen Keksfabrik KG, einer der führenden europäischen Dauerbackwarenhersteller, vor mehr als hundert Jahren gegründet und seitdem von der Familie geführt, hat seit langem einen solchen Beirat. Dafür konnte das angesehene Unternehmen Männer aus den verschiedensten Wirtschaftszweigen gewinnen, mit langjähriger Erfahrung und auch Erfolgen bei der Führung großer industrieller Einheiten. ... Diese Herren wollen die Familie Bahlsen nun aber nicht mehr beraten. Das ist ein bemerkenswerter Vorgang, der noch dadurch Gewicht gewinnt, daß der angekündigte geschlossene Rücktritt des Gremiums publik gemacht wurde. ... Da anzunehmen ist, daß die Mitglieder des Gremiums dank ihrer Lebenserfahrung nicht zu impulsiven Entscheidungen neigen, müssen die Differenzen zwischen ihnen und der Familie beträchtlich sein und seit längerem schwelen. Weiter müssen die Beiräte den Eindruck gehabt haben, daß ihr Rat nicht gefragt ist. ... Einer der besonders umstrittenen Punkte aber, so viel gilt als sicher, ist der Einfluß der Familie auf den Gang der Geschäfte. Ein Familienstamm wollte diesen offensichtlich begrenzen und fand dafür auch die Zustimmung des Beirats. ... Der Stamm Hermann Bahlsen, der die Familie langsam aus der vorderen Linie nehmen will, hat nämlich nicht die Mehrheit der Anteile. Die liegt beim Stamm Werner Bahlsen, dem die gegenwärtig in der Geschäftsführung vertretenen Werner, Michael und Lorenz Bahlsen angehören. Und dieser Stamm will keinen Außenstehenden an der Unternehmensspitze." (W. Helmer 1992)*

Auf den ersten Blick erscheint die Entscheidung des Beirates allein sachbezogen. Sie ist durch ein rationales Managementverständnis motiviert, welches einer Trennung von „Eigentum" („Kapital") und „Management" grundsätzlich positivistisch gegenübersteht. Mit der dynamischen „Optik" sensibilisiert, wird dem Leser aufgefallen sein, daß die Grundannahme dieses

Beirates auffällig mit der Auffassung der Minoritäts-Eigentümer übereinstimmt. Der – scheinbar altruistische – Vorschlag ginge somit zu Lasten der „gegenwärtig in der Geschäftsführung vertretenen" Repräsentanten der Majoritätseigner, zumal die Initiative offensichtlich von der Stimmenminorität ausgeht. „Da anzunehmen ist, daß die Mitglieder des Gremiums dank ihrer Lebenserfahrung nicht zu impulsiven Entscheidungen neigen ..." muß wohl davon ausgegangen werden, daß sie dem „Unbewußten" – etwa in Form von Neidgefühlen, Identifikation, Personifizierung, inferiorer Parteinahme, etc. – „ausgeliefert" sind oder sich in einen „politisierten" Machtkampf haben hineinziehen lassen, demzufolge „ihr Rat nicht gefragt" ist.

Zum anderen existiert in der Konstruktion einer (teilweisen) Kompetenzverlagerung auf den Beirat die Hoffnung, damit die Auswirkungen familiärer Auseinandersetzungen auf das Unternehmen abfedern zu können. Sie ist oft mit dem (unbewußten) Wunsch verknüpft, der Beirat diene der Familienharmonisierung. Da dort weniger Unternehmens- als Familienbelange „gemanagt" werden, wird eigentlich statt „Kompetenz" das „Problem" in das Beiratsgremium (oder einzelne seiner Mitglieder) verlagert. Dies gilt vermehrt dort, wo die Beiratskonstruktion eine politische Lösung (von Einflußnahme und Machterhalt) des Generationswechsels darstellt. Insbesondere da, wo dem Senior der Beiratsvorsitz in der Absicht angetragen wurde, ihn dadurch aus dem Tagesgeschäft zu entfernen und so den Weg für den Nachfolger „freizumachen". Auch hier existiert die Möglichkeit, daß sich die Nachfolge-Dynamik mit ihrem latent blockierenden Krisenpotential in den Beirat verlagert. Da somit ein struktureller Wandel nicht vollzogen werden kann, halte ich *diese* Form einer Senioren-Rolle im Grunde genommen für die *Vermeidung* des Generationswechsels. Eine solche Konstruktion hält immer eine Hintertür für das „Back-Seat-Driving" des Seniors offen. Selbst über seinen Tod hinaus:

*Ich: Wie würd' sich das auswirken, wenn Sie nich' mehr hier sind, also sei es, daß Sie ... ?*
*Herr Dame: ...*
*Dann tritt an meine Stelle ein Beirat, der heute schon benannt ist.*
*Ich: Ah ja.*
*Herr Dame: Dem dann große Kompetenzen, die auch heute schon festgelegt sind, eingeräumt werden. Zum Beispiel: Investitionsplan pro Jahr muß vom Beirat genehmigt werden. (.) Einstellungen mit Gehalt über 6000 Mark muß der Beirat genehmigen, Prokuristen sowieso. [Leise:] Und ich – also das, gibt es so 'ne Einteilung.*
*Ich: Hm.*
*Herr Dame: Und (.) – auch immer im Hinblick darauf, daß die Gruppe nach außen hin bleibt.*
*Ich: Hm.*

Die sich hinter der Beiratskonstruktion versteckenden Kontrollwünsche werden von Herrn „Dame“ hier offen geäußert: der Beirat soll die Einhaltung der Gründer-Vision – die Aufrechterhaltung einer Firmen-„Gruppe“ – beaufsichtigen (bzw. garantieren) und den Junioren – über den Tod des Gründers hinaus – „auf die Finger schauen“.

Beiräte werden nur dann die (vermeintlichen) Gefahren der Familiendynamik vom Unternehmen abwenden können, wo sie das Metasystem Familienunternehmen als *Ganzes* im Auge behalten. Ihre Tätigkeit kann nicht partikulären Interessen dienen. Sie dürfen sich ebensowenig einer delegierten Familiendynamik mittels einer Interessensvertretung Einzelner unterwerfen. Durch konsequente Orientierung an der langfristigen Existenzsicherung des Unternehmens können sie sich einem Stellvertreterkonflikt entziehen und Verpflichtungsversuchen durch einzelne Gesellschafter, Geschäftsführer oder Vertreter von Familienstämmen widerstehen. Dazu müssen sie bereit sind, ihre Position jederzeit zur Disposition zu stellen. Sobald ihnen durch ihre Rolle Entscheidungskompetenz zugestanden wird, müssen sich Beiräte darüber im Klaren sein, daß sie nicht außerhalb des Metasystems stehen: ihre Institution ist zu einem Subsystem geworden.

Anders sähe es aus, wenn der Beirat konsequent eine *Ressource* bildet, von der die Geschäftsführung und die Gesellschafter gleichermaßen „Beratung“ anfordern könnten. Beiratssitzungen dienten dann eher einem „Controlling“ im Sinne einer Chance zur Reflexion zum gegenwärtigen „Stand des Unternehmens“ denn einem „Kontroll“-Management.

**Unternehmens-Entwicklung**

Durch die Brille des Beraters gesehen, muß die Landkarte „von Unternehmen, ihren Menschen und Protagonisten“ um eine wichtige Dimension ergänzt werden. Sie trägt der Tatsache Rechnung, daß sich Unternehmenssysteme in Beziehung zu ihrer Umwelt sowie im Zeitablauf *verändern* beziehungsweise entwickeln. Die jeweilige Situation eines Unternehmenssystems muß daher immer in Relation zu seiner Entwicklung gesehen werden und als kontingentes Entwicklungsstadium (bzw. -Phase) aufgefaßt werden. Die Bedeutung dieser Sichtweise läßt sich mit den Höhenlinien einer Landkarte vergleichen, die zur Planung einer Wanderung herangezogen werden und deren Nichtbeachtung die Orientierung während der Wanderung beeinflussen (bzw. beeinträchtigen) kann.

Im Begriff der Unternehmens-*Entwicklung* wird berücksichtigt, daß das quantitative Wachstum eines Unternehmens-Systems an Integrationsgrenzen seiner „alten“ (Organisations-)Struktur stößt. Zur Vermeidung von Desintegration wird somit eine Neuorganisation der Binnenstruktur notwendig: „Diese Neuordnung hat immer eine Differenzierung und eine komplexe Struktur zur Folge.“ (B. Lievegoed 1981, 35) Dabei kann davon ausgegangen werden, daß eine Unternehmensentwicklung als ein phasenhaft und diskontinuierlich verlaufender Prozeß verläuft. „Entwicklung „wächst" von Strukturkrise zu Strukturkrise." (B. Lievegoed 1981, 36) (Der Leser wird sich bereits an dieser Stelle fragen, inwiefern nicht auch der Generationswechsel als Chance zur Strukturkrise i.S.v. „Entwicklung" angenommen werden kann?)

Organisationsforscher, welche auf die Biologie als Ideenquelle (oder *Metapher*: G. Morgan 1986, 12) zurückgreifen, beschreiben die Unternehmensentwicklung in Analogie zum Lebenszyklus mit Geburt, Wachstum, Reife, Alter, etc. vor. Dieses Denken scheint mir insbesondere im Hinblick auf die frühen Phasen der Entwicklung von Familienunternehmen sowie für ein Verstehen und Managen des Generationswechsels angemessen. So kann es (zumindest einem außenstehenden „Berater") gelingen, Krisen, Struktur-Veränderungen und die Verhaltensweisen der Protagonisten nicht lediglich zu personifizieren sondern in Beziehung zu der jeweiligen Entwicklungs-Phase des Unternehmenssystems zu setzen: bestimmte Krisen sind „typisch" und der jeweiligen Entwicklung angemessen, die das Unternehmen durchmacht.

Zudem müssen – zumindest in der Retro-Perspektive von Großunternehmen – wohl die meisten Familienunternehmen als „Jugendphase" wachsender Organisationen angesehen werden. So wird es auch verständlich wenn J. Mittelsten Scheid (1985, 6) – einer der Nachkommen von Vorwerk & Co – aus der Sicht eines „Familien-Konzerns" rückblickend die Entwicklung zur Kapitalgesellschaft als „einen natürlichen Fortgang" bezeichnet. Und doch sollte sich der Leser vor Augen halten, daß aus der Mehrzahl von Familienunternehmen nie Großunternehmen werden. Nicht zuletzt auch deshalb, weil bis zu einem Drittel der Unternehmen den Generationswechsel nicht „überleben". Oder auch, weil ein volkswirtschaftlich nicht unerheblicher Anteil von (kleinen) Mittelständlern in struktureller Abhängigkeit von Großunternehmen oder größeren mittelständischen Unternehmen steht und nie den Schritt zu einer eigenständigen Produktentwicklung und einem eigenen Marketing schafft (Stichworte sind: Lohnauftrag, Großkunden, verlängerte Werkbank, etc.).

Eine differenzierte Darstellung der Modelle und einzelner Unternehmensphasen will ich mir und dem Leser „ersparen". Zumal die Beschreibungen überwiegend aus der (Retro-)Perspektive der Entwicklung von Großunternehmen vorgenommen wurden.[23] Eine differenzierte Darstellung der anfänglichen Entwicklungsphasen, die aus der Sicht von mittelständischen Familienunternehmen von primärem Interesse sind, hat I. Adizes in der Beschreibung seiner „Passagen" vorgenommen (1979, 4 f.; 1983, 339). Er geht darin über die weit verbreitete Beschreibung in Metaphern, wie „Geburt", „Wachstum", „Reife", „Wiederbelebung" („Renaissance") oder „Niedergang" („Schrumpfung") hinaus (D. Miller und P.H. Friesen 1983, 340). Die am menschlichen Lebenszyklus angelehnten Lebensabschnitte (Phasen der „Brautwerbung", „Kindheit", „Jugend", „Erwachsenheit", „Blütezeit", „Reife", etc.) transportieren ein Bild von „Unternehmensentwicklung", das Entwicklungen und Krisen in der Größe, im Verhalten zur Umwelt, in Führung und Organisationsstruktur oder im Innovations- und Strategieverhalten des Unternehmens immer als Durchgangsstadien (bzw. -Stationen) auffaßt (I. Adizes 1979, 4 f.).

In Übereinstimmung mit anderen Autoren kann daher davon ausgegangen werden, daß die Entwicklung von Unternehmen allgemein *diskontinuierlich* verlaufen: eher stabile Phasen werden von *Krisen* abgelöst. In ihnen verhelfen revolutionäre oder evolutionäre Stadien den Unternehmen zu *strukturellen Veränderungen* (L.E. Greiner 1982, 10,11). Diese können sich als Weiterentwicklung durch Wachstum oder auch als Revitalisierung, durch Konsolidierung oder Schrumpfung von Erfolgspotentialen der Pionierzeit gestalten (S. Borner und B. Simma 1984, 34). „Das periodische Auftreten von Krisensituationen im Management ... (ist) nichts Ungewöhnliches, sondern normal und produktiv" (K.M. Magyar 1986, 27). So folgt selbst im Wachstumsmodell der Unternehmens-Entwicklung (L.E. Greiner 1982, 11) nach den Krisenarten „Führung", „Autonomie", „Kontrolle" und „Bürokratie" auch explizit: „Die nächste Krise kommt bestimmt!"

Wer sich auf eine Forschungs-Expedition zum Inselreich der Familienunternehmen begibt, sollte sich somit im Klaren darüber sein, daß der Verlauf und jeweilige Stand der Unternehmens-Entwicklung kontingent ist: manche Phasen und Krisen in der Unternehmensgeschichte scheinen eher typisch und gewissermaßen unausweichlich. Andere Phasen werden im Verlauf und in der jeweiligen Gestaltung von der Dynamik im Prozeß der Nachfolge und des Generationswechsels *überlagert* werden. Dabei wird es für „Berater", „Forscher" und „Nachfolger" unabdingbar, auf die Suche nach Verantwortlichen oder Schuldigen für diese Kontingenz zu verzichten. Sobald (mittels der dynamischen Optik) die Interdependenz beider Systeme gesehen werden kann, ist es nicht länger interessant, ob eher die Familie das Unternehmen oder das Unternehmen die Familie „kultiviert": Familien- und Organisations-Dynamiken überlagern sich und bedingen sich wechselseitig.
Ob ein Familienunternehmen

- eher mit einer Wachstums-Vision oder einer Positionsverteidigung geführt wird,
- seiner Krisenanfälligkeit eher proaktiv oder reaktiv begegnet,
- von innovativen „Unternehmern" oder stabilisierenden „Verwaltern" geführt wird (K. Bleicher 1986, 2),
- sich eher „offen" oder „geschlossen" gegenüber relevanten Umwelten verhält,

- eher den Belangen der „Familie" (einschließlich der privaten Belange des Unternehmers) oder denen des Unternehmens folgt, ist nicht zufällig sondern bewußt oder unbewußt *herbeigeführt*.

Die Kultur des Metasystems (vor allem die der Unternehmensleitung) *entsteht* (historisch) – und ist insbesondere im Verhalten der Protagonisten des Generationswechsels ablesbar:

- Tappt ein Gründer in die „Gründerfalle" (E. Schein 1983), hat dies maßgeblich mit seiner (Psycho-)Dynamik zu tun. Ist er fähig, zu delegieren, Fremdmanager ins Unternehmen zu lassen und mit Kompetenz auszustatten? Oder kann er das Unternehmen nicht aus der Zentriertheit auf seine Person entlassen?
- Kommt es zu einer Trennung von Familienteilhabern per Ausscheiden, ist das eng mit der interpersonellen (bzw. interfamiliären) Dynamik verbunden. Sind die Aufgaben und damit verbundenen Gefühle in der Unternehmensleitung gespalten, so daß der Eine mehr die kreativen, unternehmerischen, der Andere eher die konsolidierenden, administrativen Aufgaben übernimmt? Inwiefern nehmen die Teilhaber komplementäre Rollen wahr? Inwieweit gestehen sie sich Kompetenz und Autorität in den jeweiligen Rollen (und Funktionen) gegenseitig zu? Inwiefern nutzen sie diese für das Unternehmen statt für die Perpetuierung von Familienfehden?
- Inwiefern Generationswechsel und „Unternehmensentwicklung" adäquat verlaufen, ist mit der Dynamik der Nachfolge verbunden. Kann der Senior wirklich einen Rollenwechsel und die Übergabe der Unternehmer-Rolle vollziehen oder kommt es zur „Kronprinzentragödie" (A. Paulsen 1941, 278) weil er sich für unabkömmlich – und unsterblich – hält? Fällt die Auseinandersetzung mit der Sterblichkeit des Senior-Unternehmers – auch kollektiv, in Familie und Unternehmen – aus? Kann der Junior-Nachfolger keinen kreativen Beitrag zur „Unternehmensentwicklung" leisten, weil die Seniorengeneration bis ins Greisenalter das Unternehmen beherrscht?
- Ob „Schwellen der Unübersichtlichkeit" (W. Kirsch 1983, 20) in Übergängen und ob Krisenphasen rechtzeitig erkannt werden, ist mit der Dynamik des Generationswechsel verbunden. Ist die Eignerfamilie – insbesondere der jeweilige Träger der Unternehmerrolle – bereit, grundsätzlich ein „Recht auf Eigenexistenz" den privat-familiären Finanzinteressen voranzustellen? Sind die Eigentümergesellschafter bereit, Kapital im Unternehmen zu belassen oder zu reinvestieren, das für Umbrüche und Konsolidisierung des Unternehmens notwendig ist, statt Letzteres zu privatisieren („zu Geld zu machen")?
- Ob die Unternehmensentwicklung phasengerecht gestaltet werden kann, ist von der Wandelbarkeit der Unternehmenskultur abhängig.

> Inwiefern kann ein Generationswechsel im Management erfolgen oder erstarrt die Unternehmensleitung im Nachfolgedilemma einer Dynamik übergroßer Vorbilder? Für ein funktionales Verständnis von Management hat das ja nicht nur Konsequenzen hinsichtlich der Qualifikationen sondern zieht insbesondere einen Wandel der Mentalität (Unternehmenskultur) nach sich – das betrifft ebenso die Fremdmanager wie die familiären Nachfolger. Es erstreckt sich auch auf die Bereitschaft von Senioren und Nachfolgern, das Management-Know-how durch Externe den Entwicklungs-Potentialen des Unternehmens gemäß zu ergänzen. An den Schwellen der Unternehmens-Entwicklung kann ein Management des Wandels ebenso wichtig sein wie ein Management der (kulturellen) Konsolidierung (C. Siehl 1985, 139).

Damit soll die Reisebeschreibung der (organisationalen) Landkarte aus der Perspektive des „Beraters" beendet werden. In den „Expeditions"-Ergebnissen wird in den folgenden Kapiteln noch davon gesprochen werden, inwiefern die Entwicklung des Unternehmenssystems von den Entwicklungsbedürfnissen familiärer Anforderungen dominiert wird oder inwiefern die Firma die Bedürfnisse des Familiensystems strukturiert. Nicht zuletzt wird dabei solchen Aspekten große Aufmerksamkeit gewidmet werden, die dazu geeignet erscheinen, einen Zusammenhang zwischen der Struktur der (Unternehmens-)Organisation und dem Leben und Sterben der Protagonisten von Nachfolge und Generationswechsel herzustellen.

## 1.3 Durch die Brille des Nachfolgers ...

Indem ich ihn hiermit einlade, die Brille eines „Nachfolgers" aufzusetzen, wird dem Leser im dritten Teil der Reisebeschreibung ein weiteres Mal ein Wechsel der Perspektive zugemutet. Ebenso wie zuvor vom „Forscher" auf den „Berater" bedeutet dies auch hier nicht, die vergangenen Erfahrungen in den entsprechenden Rollen zu vergessen sondern sie mitzunehmen und zu *nutzen*. Der eine oder andere „Forscher" oder „Berater" mag darin eine Art Übung sehen, in welcher er einerseits Nützliches aus „Theorie" und „Praxis" miteinander verbindet. Andererseits kann er den Wechsel von „Innen"- und Außen-Sicht als Chance zur Reflexion von Rollen und Erfahrungen begreifen (lernen). Das erscheint mir für Nachfolger, die im Generationswechsel Autorität gewinnen wollen, ebenso wichtig wie der Erwerb fachlicher Qualifikationen und Kompetenzen.

Für manche („Berater") mag ein solcher Perspektivwechsel schon deshalb eine gute Übung sein, weil man in Arbeitsorganisationen – auch in Nicht-Familienunternehmen – immer wieder auf Menschen treffen kann, die persönlich von einer Nachfolge-Dynamik betroffen sind, ohne sich dessen *bewußt* zu sein. Solche potentiellen Nachfolger, deren Geschwister im familieneigenen Unternehmen eingetreten oder untergekommen sind, während sie selbst – aus welchen Gründen und Begründungen auch immer – bei der Nachfolge unberücksichtigt blieben, streiten oftmals vehement einen eigenen (biographisch-historischen) Bezug zu Familienunternehmen ab. Solcherart Leugnen und Verdrängungsarbeit kann – zum Beispiel in der Rollen-Beratung – als *persönliche* Abwehr zur Wahrung des eigenen Identitäts-Konzeptes gesehen werden. Gleichzeitig kann die Tatsache, daß sie in einem anderen (statt im familieneigenen) Unternehmen arbeiten, als *kollektive* Abwehr-Funktion des Metasystems verstanden werden.

Wenn also im Folgenden von „Familien: ihren Repräsentanten und Unternehmen" die Rede sein wird, soll der Leser durch die Wahrnehmung des Familienunternehmens aus der Perspektive (oder Rolle) des „Nachfolgers" gewinnen. Als Autor verbinde ich damit die Hoffnung, daß es dem Leser so erleichtert werden möge, sich in die Situation und (familiären) Erfahrungen von Nachfolgern hineinzuversetzen. Er kann so ein erstes Gespür dafür bekommen, welche Kräfte in den Familien, Familien-Verbänden und Sippen (die ein Unternehmen unternehmen) wirken, die einzelne ihrer Mitglieder ebenso zu „ihren" Repräsentanten erheben, wie sie die Institution zu „ihren" Unternehmen erklären.

### 1.3.1 Von Familien: „ihren" Repräsentanten und Unternehmen

Im konventionellen Verständnis wird der „Job" eines „Beraters" darin gesehen, seine Aufmerksamkeit auf das Unternehmenssystem zu richten. Wer dagegen das Metasystem durch die Brille des Nachfolgers anschaut, wird dieses naturgemäß eher von Seiten des Familiensystems her betrachtet. Mit der dynamischen Optik wird er dabei zunächst einmal die Interdependenzen – also die wechselseitigen Verwobenheiten und Bedingtheiten – von Familien- und Unternehmenssystem in Augenschein nehmen wollen. Die Unterschiede der gesellschaftlichen Institutionen können dabei unter das Motto gestellt werden (E. Kepner 1983, 59): „The purpose of the business is to make money. ... On the other hand, a family is in the business of caring for and developing people." (Der Leser wird sich angesichts der Verhältnisse in vielen Familienunternehmen allerdings fragen, inwiefern nicht auch diese für die Entwicklung von „Kindern" Sorge tragen?) Angesichts ihrer Unterschiedlichkeit wird sich der Leser schon gefragt haben, was eigentlich beide Systeme im Metasystem zusammenhält? Auf der Suche nach einer Antwort soll zunächst eine Geschichte von R. Schamir (1991, 149 f.) helfen:

*„In Latakia lebten wir wie die Bienen, der einzelne galt nichts, die Sippe alles. Das gibt dir Schutz, es bindet dir auch Hände und Füße. In Amerika leben die Leute wie Gazellen, jeder für sich allein, auch wenn sie zusammengehen. Du bist einsam, doch du bist frei, etwas neues zu wagen. Dort nimmt einer allein ein Boot und rudert über den Fluß. Hier mußt du zwei Großväter und zwei Großmütter,*

*Vater, Mutter, Brüder und Schwestern, Tanten und Onkel, Schwiegereltern und Schwager mit ins Boot nehmen, wenn du den Fluß zum neuen Ufer überqueren willst."*

Das scheint mir ein gutes Bild für die Verhältnisse von Familienunternehmen darzustellen: wer sich ins „Boot" einer „Familie, die ein Unternehmen unternimmt" begibt, muß sich darüber im Klaren sein, daß bereits Angehörige der Familie (bzw. Sippe) „an Bord sind". Die Angehörigen solcher Familien scheinen immer gleichzeitig zwischen den Welten und Kulturen hin- und hergerissen: auf der einen Seite von Ratio, Individualismus und von Progressivem angezogen, auf der anderen Seite durch Irrationales, das Kollektive und Tradierte, insbesondere die familiäre Loyalität, *gebunden*.

Das Familiensystem von Familienunternehmen scheint den Leser an eine vergangene (oder vergehende) Zeit zu erinnern, in der die Familie aufgrund ihrer Bedeutung hinsichtlich der sozioökonomischen Grundlagen für den *Einzelnen* als „unentrinnbar" galt: „Die Festigkeit der Familienbindung hing zum guten Teil zusammen mit der sehr weitgehenden Funktion der Familie, oder je nachdem auch der Sippe, als Überlebenseinheit. Der entscheidende Wandel, der sich in der Wir-Identität und der entsprechenden Gefühlslagerung gegenüber der Familie vollzogen hat, beruht in hohem Maße darauf, daß die Familie als Wir-Gruppe nicht mehr unentrinnbar ist." (N. Elias 1987b, 271)

Es scheint so, als habe N. Elias keine Familienunternehmen gekannt. Sicherlich ist unübersehbar, daß mit der „Gesellschaft der Individuen" eine Verschiebung von der „Wir-Identität" in Richtung „Ich-Identität(en)" erfolgt ist. Davon sind sicherlich auch „Familien, die Unternehmen unternehmen" betroffen. Das Potential und Vermögen, welches das Unternehmen letztlich aus Sicht der Familienmitglieder – seien sie Erben am Gesellschafterkapital oder zukünftige Unternehmer – *auch* darstellen dürfte, wird jedoch genauso als Container um den Familienverband sichtbar. Eine solche „Klammer" auf ökonomische Zwänge zu reduzieren, scheint mir zu kurz gegriffen.

Zahlreiche Beispiele aus Familienunternehmen verdeutlichen, daß dies nicht nur eine hypothetische Annahme darstellt, sondern einen wichtigen Teil der Alltagserfahrung von Betroffenen bildet. Sehr häufig wird im Zusammenhang des Familienunternehmens von „Wir" und „Uns" gesprochen. Ich möchte dies nicht als romantisierende Verklärung im Sinne einer PR-Maßnahme gewertet wissen. Es ist ein symbolischer Ausdruck einer Haltung (und Praxis) in den betroffenen Familien, eher in „Wir-" als in „Ich-Identitäten" zu denken und zu handeln. Ein Beispiel:

*„In Wilhelm Hachtels Wortschatz fehlt ein Wort fast völlig: ‚Ich' sagt der 32jährige geschäftsführende Gesellschafter der MHZ Hachtel & GmbH Co. in Leinfelden bei*

*Stuttgart so gut wie nie. Wann immer er von seinem Job und den allfälligen Entscheidungen im Familienunternehmen Hachtel spricht, beginnt er mit ‚wir'. Nur so ist ihm gelungen, daß ‚wir bei den Abstimmungen im Beirat bisher immer eine 100-Prozent-Mehrheit hatten'. Und da hatten die 30 Gesellschafter, allesamt eng verwandt, in letzter Zeit eine ganze Menge Entscheidungen mitzutragen, denn um das einst so starke Unternehmen stand es gar nicht gut."*
*(B. Schulte 1990, 258)*

Die (Forschungs-)Expedition zeigte, daß diese „Wir-Identität" in spezifischen Zusammenhängen aktualisiert wird. So zum einen in der Dimension der *Unternehmensgeschichte*, wie im Beispiel des Familienunternehmens „Bake":

*Herr Bake: Bis zu Beginn der 60er Jahre. Da ist (.) // eigentlich die erste große Zäsur nach dem Krieg zu setzen: wir haben erkannt, daß sich im Zuge der // technologischen Entwicklung, (.) und auch der, der Struktur der, des Anbietermarktes, es ratsam erschien, sich irgendwo auf weniger verbreitete Produktbereiche zu konzentrieren. Das, – was soviel zitiert wird – das Nischensuchen begann. Und wir haben sicherlich in unserer Branche als einer der ersten (.) Produzenten (.) erkannt, daß wir als kleines Unternehmen, als mittelständisches Unternehmen, eigentlich nur eine Chance haben, wenn wir uns neben den großen Anbietern also unsere Nischen suchen.*

Wenn Herr Bake hier sagt: „Wir haben erkannt", berichtet er von einem Zeitraum, in dem er *selbst* noch gar nicht im Unternehmen tätig war! In Familienunternehmen mögen die Tätigkeiten der jeweils Handelnden zu *ihrer* Zeit eine Geltung und persönliche Wertschätzung erfahren. Wenn „ihre Zeit" jedoch einmal abgelaufen ist, werden historische Beiträge Einzelner – auch der ehemaligen Inhaber der Unternehmer-Rollen – in die Geschichtsschreibung des Metasystems *integriert.* Ihr Handeln in einem bestimmten Zeitraum als „Ich" wird zu einem späteren Zeitraum zum „Wir".

Dies wird von Herrn Bake auch hinsichtlich der *Unternehmens-Existenz* unterstrichen: die „Wir-Identität" verzichtet – angesichts einer existentiellen Bedrohung des Unternehmens (und der Nachfolge) – auf die Suche nach Verdienst oder Schuld des Einzelnen zugunsten einer Lösung für das Ganze: „*wir* haben erkannt, daß *wir* als kleines Unternehmen" „eigentlich nur eine *Chance* haben, wenn *wir uns* ... *unsere* Nischen suchen."

Den Bezug zum Ganzen (Metasystem) im Blick zu halten, ist auch für Herrn „Dame" junior wichtig:

*H. Dame jun.: ...*
*Sind auch eigene Interessen. Aber irgendwo is' ja der Gedanke: „Es gehört uns allen!" Wir tun alle unser Bestes und es gehört uns allen und jeder arbeitet auf den dicken Haufen und weiß wofür er arbeitet.*

Der Leser muß dazu wissen: in diesem Beispiel arbeiten mehrere Familienangehörige – in zwei Generationen – im Unternehmen mit. Das Familiensystem weiß durchaus einzelne Beiträge zu unterscheiden: es gibt „auch eigene Interessen". Gleichzeitig existiert aber auch eine Familienkultur, die davon ausgeht, daß *alle* (d.h. jeder der Beteiligten nach *seinen* Möglichkeiten) ihr (*„unser"*) „Bestes tun". Wenn es „ums Ganze geht", „gehört es *allen*", *„jeder* arbeitet" – und „weiß wofür" – und *„jeder* auf den *dicken Haufen*". In Bezug auf das Metasystem und hinsichtlich der Beiträge Einzelner dazu gibt es sowohl Wissen als auch Bemühen um die *Balance* zwischen „Ich" und „Wir". Im Mittelpunkt steht dabei jedoch die „Wir-Identität" – und sei Letztere, wie im Beispiel von Herrn Dame junior, mit einem „dicken Haufen" identifiziert!

Drittens wird die „Wir-Identität" im Zusammenhang von *Erbschaft* aktualisiert. Erbschaft soll hier als „Erbe" im weitesten Sinne verstanden werden. Mit der materiellen Erbschaft (qua Kapital-Beteiligung) wird den Erben ein Auftrag ihrer Vorfahren erteilt, damit auch den Erhalt des familieneigenen Unternehmen als solches sicherzustellen. Erbschaft wird demnach also auch als ein Balance-Akt zwischen „Ich-" und „Wir-Identität" angesehen werden können. Ein Ausschnitt aus dem Interview mit Herrn Bake verdeutlicht dies:

*Ich: Hatte Ihr Vater Geschwister?*
*Herr Bake: Mein Vater hat eine Schwester. Die aber (.) // nie aktiv war, die bis zur Umstrukturierung unseres Unternehmens ...*
*... auch Gesellschafterin war, die aber 1960 mit der Umstrukturierung, dem Wechsel in die Rechtsform der AG, (.) Gesellschafterin war, und danach ausschied, mit dieser Umwandlung ausschied.*
*Ich: Ja.*
*Herr Bake: Heute ist noch Gesellschafterin meine Schwester – also praktisch mein Vater und beide Kinder sind Gesellschafter.*
*Ich: Hm.*

Demnach gibt es in Familie und Unternehmen Bake eine Tradition, daß die – an der Unternehmensleitung nicht beteiligten – Töchter dennoch Gesellschafterinnen werden (Das hält das Kapital „in der Familie" bzw. im Unternehmen). So *bleiben* die Schwestern am Werk der Vorfahren „beteiligt"! Ziel dieser Maßnahmen war es offensichtlich, daß „beide" (bzw. alle) „Kinder" „Gesellschafter" wurden. Angesichts dessen, daß Gesellschafter in im Unternehmen Tätige und Nur-Beteiligte unterschieden werden können, wurde so einer potentiellen Verschiebung der Balance von „Wir" und „Ich" in Richtung „Ich-Identität" qua *Erbschaft* „vorgebaut". So kann die „Gesellschafter"-Rolle „beider Kinder" als eine Strategie in Richtung Erhaltung und Stärkung der (familiären) Wir-Identität verstanden werden. Die darin enthaltene soziale Abwehr von Befürchtungen, anders sei das Metasystem nicht (mehr) überlebensfähig, zeigt auch, daß für die Betroffenen eine Verschiebung der Balance in Richtung Ich-Identität (grundsätzlich) durchaus vorstellbar ist. So kann ja das von Herrn Bake geschilderte „Ausscheiden" der Tante in der Vergangenheit – wie auch immer dies zustande gekommen sein mag – als persönlicher Verzicht zugunsten des „Wir" angesehen werden.

Offensichtlich existiert in der Wir-Identität eine *Angewiesenheit* von Betroffenen in Bezug auf das Metasystem, die über die mit der Erbschaft verbundene (potentielle) „Einnahmequelle" und materiellen Versorgung hinausgeht und auf die *Zugehörigkeit* zielt. Das Unternehmen nimmt offenbar – zumindest in wichtigen Teilen – eine *Sinn-Stiftung* für das Familiensystem vor, in der „die Fabrik als Stück vom Sinn des Lebens" angesehen wird (J. Jeske 1988, 15). Diese liegt in Zugehörigkeit, Einfluß und *psycho-sozialer* Identität begründet, die durch die Verbindung mit einem erfolgreichen Unternehmen – und mit erfolgreichen Unternehmern – entstehen. Gerade die Funktion des Metasystems als soziale, kollektiv-gesellschaftliche Identitätsstiftung stellt für die Betroffenen soziale Bezogenheiten im Sinne von Wir-Identität her, welche aus der Identifizierung mit einem kollektiven Werk stammt, das den „Namen" der Familie trägt oder gesellschaftlich eng mit diesem verbunden ist.

Angesichts der Schwierigkeiten von Grenzziehungen scheint dagegen ein „spezifischer, privater Teil der Familienkultur" (E. Kepner 1983, 65) in vielen Fällen für die „Familien mit System" kaum wahrnehmbar. Bei den Tragödien und Komödien, welche die Familien im Hintergrund oder auf der Bühne des Unternehmenssystems spielen (bzw. ausagieren), kann die eigenständige Existenz einer Familienkultur durchaus bezweifelt werden. In vielen Fällen kommen Grenzen und Chancen, die das Unternehmen den Mitgliedern der Eigentümerfamilie(n) bieten kann, eben nicht zum Ausdruck (E. Kepner 1983, 65). Dies hat dann auch zur Folge, daß oftmals die Gelegenheit verpaßt wird, das Metasystem gegenüber den Familien- und Unternehmensangehörigen hinreichend gut zu differenzieren. Es macht eben einen Unterschied, ob das Unternehmen eher wie ein Königreich oder aufgrund von Kompetenz geführt wird (E. Kepner 1983, 65). Eine deutliche Grenzziehung schaffte daher auch Raum für eine eigenständige – vom Unternehmen unabhängigere – Lebenswelt der Familie. Die bewußte Schaffung eines privaten Gestaltungsfreiraumes ermöglichte, sich nicht in dem Maße von den Erfordernissen des Unternehmens auffressen zu lassen, wie sie die Betroffenen oft selbst generieren. Im Übrigen dürfte es den Senioren weniger schwerfallen, ihre Alten-Rolle mit einer so erworbenen Kompetenz (!) rechtzeitig anzutreten und sinnvoll auszufüllen, als anderen ihrer Unternehmerkollegen, die in solcher Differenzierung keine Übung haben. Die System-Differenzierung kann damit zugleich als Zukunftsinvestition in einen erfolgreichen Generationswechsel aufgefaßt werden.

**Familien-Rollen**

Grundsätzlich kann wohl (auch für große Familienunternehmen) davon ausgegangen werden, daß die Familienkultur auf das Unternehmen hin orientiert ist. Die Familien-Rollen sind im Hinblick auf das Unternehmen – und insbesondere auf seinen Erhalt für beziehungsweise durch die Familie – beeinflußt wenn nicht sogar determiniert (Th. Siefer 1987, 125). Für die Wahrnehmung und Gestaltung von Rollen im Familiensystem bedeutet dies, daß sie immer zugleich einer *Projektion* im Hinblick auf potentielle oder tatsächliche Rollen im Unternehmenssystem ausgesetzt sind oder ihnen erliegen. Im Hinblick auf die Nachfolge ist noch gravierender, daß die Bedeutung familiärer Rollen sich hinsichtlich ihres Beitrages zu der potentiellen Rollen-Trägerschaft im Unternehmen bemißt. Die Rollen des Ehe- und Familiensystems (bzw. innerhalb der Sippe) werden somit – jenseits ihrer originären Aufgaben im Familiensystem – zu Metaphern im Metasystem (bzw. zu Metaphern von Metaphern im Unternehmenssystem). Das Zur-Verfügung-Stellen potentieller Rollenträgerschaften für Aufgaben im Unternehmenssystem führt rekursiv dazu, daß sich die Familienmitglieder kaum noch in ihren familiären Rollen wahrnehmen und verstehen können. Zumal die (Metaphern dieser) Rollen zugleich im Unternehmenssystem wirken, wenn ihre Rollenträger dort entsprechende Funktionen ausfüllen und Aufgaben ausführen. Entlang der familiären Rollen zeichnet sich damit folgendes Bild:

– Für *Mütter* von Unternehmer-Familien wird überwiegend eine bedeutende Rolle bei der Erziehung der Kinder hinsichtlich deren Enkulturation für das Familienunternehmen (bzw. die familiäre Nachfolge) herausgestellt. „Erst wo der Besitz mit einer bestimmten Erziehungskultur verbunden ist, erhöht sich die Wahrscheinlichkeit, daß die Unternehmerfamilie auch in der jeweils nächsten Generation Unternehmer hervorbringt." (H. Pross 1983, 156) Für das Fallbeispiel Vorwerk & Co. waren die Mütter, die meist selber aus Unternehmerfamilien stammten, Trägerinnen von Erziehungsentscheidungen: „Sowie ihrerseits in einem Unternehmermilieu groß geworden, waren die Frauen und Mütter der Vorwerk-Mittelsten Scheids für eine Erziehung der Söhne prädisponiert, die den Hoffnungen der Väter entsprach." (H. Pross 1983, 171) Aus der Sicht der systemischen Familientherapie hat es offensichtlich Vorteile, wenn beide Ehepartner aus einer „Familie mit System" stammen. Bert Hellinger akzentuiert: „Jedes System hat sein eigenes Gewissen" (G. Weber 1993, 46 f.) gegenüber der (Kultur der) *eigenen* Herkunftsfamilie. Eltern von „Familien mit System" mit der gleichen Sub-Kultur ihrer Herkunftsfamilien bringen ähnliche Erfahrungen mit. Ihre Überzeugung, daß Erziehung ein Prädisponieren hinsichtlich einer familiären Nachfolge darstellen „sollte", muß jedoch kein Vorteil gegenüber anderen Konstellationen sein. Sie ist vielmehr eine Erklärung für entsprechendes Verhalten. (Auch in „Familien mit System" findet der „Kampf der Geschlechter" statt!)

Die Situation ist (zumindest graduell) anders, wenn die Mütter die Unternehmerinnen in der Familie sind oder als Partnerin des Vaters im Unternehmen arbeiten, das sie gemeinsam gegründet oder aufgebaut haben. In ihrer Untersuchung „In Love and in Business" stellt S. Nelton fest, daß sich dann weite Teile des Familienlebens ins Unternehmen hinein verlagern. Eine Unternehmerin, die das Geschäft mit ihrem Mann gemeinsam aufgebaut hat, spricht über ihre Rolle als Ehefrau und Mutter (S. Nelton 1986, 56 f.; eigene Übersetzung):

*„Unsere Selbstwertgefühle sind völlig vom Wohl und Wehe des Geschäftes abhängig! ... Alle Reisen sind Geschäftsreisen: wir haben in den ganzen 11 Jahren, die wir verheiratet sind, nie einen wirklichen Urlaub gemacht. Wir nehmen uns nie Zeit (für uns) als verheiratetes Paar. Unsere Tochter (9 Jahre) hat ein eigenes ‚Büro' in meinem Büro und weiß, daß sie in unserer Prioritätenliste hinter dem Geschäft kommt. Das Geschäft nimmt unser ganzes Leben in Anspruch."*

Die Auswirkungen ihrer Erziehung auf die Individuation und Sozialisation der Kinder kann sich der Leser gut vorstellen, ohne die Rolle einer solchen Unternehmerin-Mutter zu diskreditieren: in der Mutter-Rolle scheinen Frauen in der Familie „autark funktionieren zu müssen" (C. Olivier 1988, 195). Es wird schwerfallen, den Kindern später einmal eine *eigene* Entscheidung zuzutrauen, inwiefern sie in das Unternehmen eintreten oder nicht, ohne daß sie in einer infantilen Abhängigkeit verharren. Manche werden dadurch versuchen, endlich die Aufmerksamkeit der Eltern zu erlangen, welche sie als Kind – in der „Prioritätenliste" hinten angestellt – vermißten. (Die Eltern „achten" heißt aber auch hier: ihren Beruf *achten*!)

– Den *Vätern* aus „Familien mit System" wird sicherlich oftmals die Rolle eines „peripheren Vaters" (M. Hecker 1983, 168) zugeschrieben. Durch ihre Identifikation mit dem Unternehmen und ihr Engagement finden sie i.d.R. wenig Zeit, sich ins Familienleben einzubringen. Typisch für die (familiensoziologische) Rolle des „peripheren Vaters" ist, daß er vom gesamten Familiensystem in einer Rolle „am Rande" belassen wird. „Die *Abwesenheit des Vaters* wird durch die *ständige Anwesenheit der Mutter* doppelt wirksam." (C. Olivier 1988, 207) – Man darf aus systemischer Sicht nicht die Nutznießer solcher Konstellationen vergessen, wenn (z.B.) die Beziehung der Kinder zum Vater eher durch eine (auch pekuniäre) Honorierung von Arbeit und Leistung bestimmt wird, als daß Zuwendung in Form von Zeit breiten Raum einnimmt (Th. Siefer 1987, 126). Für die Väter bedeutet dies durchaus ein schmerzvolles und kräftezehrendes Dilemma (E. Kepner 1983, 66): entweder haben sie ein schlechtes Gewissen gegenüber dem Unternehmen oder gegenüber der Familie.

Hinsichtlich der Nachfolge von – durch die vorherrschende, patronale Erbfolge bevorzugten – Söhnen verwundert es daher kaum, wenn Väter ihre Söhne allzuoft lediglich als Fortsetzung ihrer Selbst verstehen. V.E. Pilgrim hat für die „Vatersöhne" auf folgendes Hauptmotiv im Verhältnis von Vätern zu ihren Söhnen hingewiesen (V.E. Pilgrim 1993, 229):

*„Der Vater will sich im Sohn verjüngen und verdoppeln (wiederholen). Der Vater will sich im Sohn steigern und verbessern, der Vater will sich mit dem Sohn stärken und mit ihm Schlappen wettmachen. Aber nicht nur das grandiose Selbst des Vaters soll der Sohn sein, sondern manchmal auch das klägliche Selbst. Der Vater möchte abheben, erhöhen, auf dem Sohn aufbauen, auf ihn herabschauen. … Das Ärgste, was seit Hunderten von Generationen auf Sohnesseelen lastet, ist das ‚Schuf-ihn-nach-seinem-Bilde'. Das kann bedeuten: ‚Mach, was ich will, was mir im Sinn für dich ist!' oder: ‚Werde wie ich!'"*

Die Dynamik des „Werden wie der Vater" kann jedoch auch anders aufgefaßt werden. B. Hellinger hat darauf hingewiesen, daß sich dahinter die *magische* Auffassung des *Kindes* von „Liebe" verbirgt, dem der Wunsch der Eltern (bzw. des Vaters) im Widerspruch steht, „... daß es ihren Kindern besser geht". B. Hellinger folgert daher: „Man kann das Kind aus dieser magischen Haltung erlösen, indem man es zu dem hinführt, was die Eltern sich für das Kind wünschen, und indem man ihm nahebringt, daß das der Liebe keinen Abbruch tut, sondern daß es dadurch vielleicht seine Liebe sogar noch mehr zeigen kann." (G. Weber 1993, 66 f.)

– Die Rollen im *Ehesystem* werden – in Ergänzung zu den voranstehenden Eltern-Rollen – vielfach als „komplementär" hinsichtlich der Aufgabenverteilung beschrieben. Der *Ehemann* repräsentiert danach (i.d.R.) die ökonomische Sicherheit während die *Ehefrau* für das familiäre Zuhause, soziale Verpflichtungen und öffentliche Repräsentationen zuständig ist (E. Kepner 1983, 66). Frau „Dale", eine der Interview-Partnerinnen, illustriert dies am eigenen Beispiel:

*Frau Dale: ...*
*Tätig bin ich nicht im Betrieb, war ich auch früher nie. Mein Mann hatte lieber mich hier zu Hause: „Weißt Du, ich hab' et lieber Zuhause schön. Im Betrieb sind genug, die da 'rumlaufen, – ne, dat reicht!"*
*Ich: Was heißt: „die da 'rumlaufen"?*
*Frau Dale: Sei's 'rumlaufen: da arbeiten, oder wie man's so nimmt, – ne. Wie gesagt, wenn man das so nimmt, meine Schwägerin hat's ja auch nich' gelernt. Sie ist halt dann da. Und wat sollen wir zu zwei Frauen dann da sitzen, die nicht hunderprozent die Lehre dann da, vielleicht für's Büro hatten, – ne?*

Ihre Erzählung gibt ein prägnantes Beispiel für die konventionelle Rollenaufteilung zwischen Unternehmer-Ehemann und seiner (eingeheirateten) Ehefrau: er ist für das „Büro", sie für das „schöne Zuhause" zuständig. Abgesehen davon wird hier auch die (Latenz von) Rivalisierung innerhalb der Sippe (z.B. zwischen den Schwägerinnen) deutlich. Auch hier fällt die Grenzziehung im Metasystem schwer: statt das Kriterium der *Zugehörigkeit* zum Ursprungssystem gegenüber der Ehefrau zu benennen, welches die Schwester und Schwägerin als Gesellschafterin ein- und die Ehefrau ausschließt, begründet der Unternehmer die Rollenverteilung aufgrund von zweifelhafter Kompetenz („nicht hundertprozent Lehre für's Büro"). Da die Eltern die Schwägerin nicht entsprechend „für's Büro" (d.h. für eine Tätigkeit im Unternehmen) berücksichtigt hatten, öffnete diese Antwort ihres Mannes der rivalisierenden Konstellation zwischen den Schwägerinnen auch weiterhin die Tür: heute vertritt Frau Dale als Erbin und Gesellschafterin im Beirat des Unternehmens *ihre* Interessen (und die ihrer Kinder). Dieses Beispiel verdeutlicht, daß es durchaus fraglich ist, ob das Modell der konventionellen Aufgabenteilung in komplementären aber getrennten Lebenswelten eine „Garantie" dafür bietet, daß die Frauen nichts mit der Unternehmensleitung zu tun haben (H. Pross 1983, 173)?

Manche haben damit ganz offensichtlich auch als „Eingeheiratete" zu tun. Zumal wenn ihnen, wie im Beispiel von Frau „Ecke", durch einen Geschäftshaushalt der Eintritt ins Unternehmen „durch die Hintertür" leicht gemacht wird. Sie erzählt:

*Frau Ecke: ...*
*Ja, ich hab meinen Mann kennengelernt.*
*Ich: Hm.*
*Frau Ecke: Und da hab ich geheiratet dann nach 'nem Jahr – dann bin ich 'drin!*
*Ich: Dann waren Se dabei!*
*Frau Ecke: [Lacht] Ja, ...*
*Ich: Hm.*
*Frau Ecke: ... – ne!*

Wer aufmerksam die Todesanzeigen liest, aus denen eine Mitgliedschaft in einem Familienunternehmen hervorgeht, findet zudem gar nicht so selten Ehefrauen, die als „Gesellschafterin" oder als „Senior-Chefin" – oft unvorhergesehen – beim Tod des Ehemannes bei der Weiterführung des Unternehmens „einspringen".

– Die *Kinder* erleben sich – ob diese Botschaft ihnen von den Eltern *explizit* beigebracht wurde oder nicht – als „Thronerben".

– Für die *Söhne* gilt häufig auch heute noch das, was H. Pross für die zweite Generation von Vorwerk & Co feststellte: „Es war selbstverständlich, daß die Söhne in das väterliche Geschäft eintraten und ihrerseits Unternehmer wurden." (H. Pross 1983, 157) Und: „Am Ende war die Firma für beide Brüder so selbstverständlich die Lebensaufgabe, wie es für den Vater in seinen jungen Jahren selbstverständlich gewesen war, daß er in seines Vaters Unternehmen ging." (H. Pross 1983, 161)

Für das Verhältnis von Vätern und Söhnen sind die Beispiele der gefühlsmäßigen Distanzierung zwischen ihnen schon fast legendär, bei denen sich die Über-Forderung in der Erwartungshaltung beider in eine konfliktbeladene Nachfolge entlädt. Herr „Fach“ erzählt:

*Herr Fach:...*
*Er hat also gesehn, daß sein Betrieb weiterentwickelt wurde. Und er war auch sehr stolz drauf. – Ich mein', mir hat er's nicht gesagt, aber von anderen Leuten ...*
*Ich: [Lache]*
*Herr Fach: ... hat man dann gehört, daß er dann doch meinte, daß der Junior doch dann, doch dann (.) ordentlich gemacht hat, – is' auch klar.*
*Ich: Hm.*
*Herr Fach: Aber, wie gesagt, nen Jahr war nen bißchen wenig, daß er das so sehen konnte.*
*Ich: Hm.*

„Ein Jahr“ – bis zum Tode des Vaters – „war ein bißchen wenig“, daß der Vater dem Sohn sagen konnte: „Ich bin stolz darauf, daß (sich) mein Betrieb weiterentwickelt!“ – Und zu wenig, daß der Sohn dem Vater sagen konnte: „Für Dich mache ich es gerne!“ Möglicherweise hätte dem Sohn (z.B. durch einen Berater) gesagt werden sollen: „Du darfst so werden wie Dein Vater!“ – Dann kann nämlich der Sohn (und Nachfolger) seinen Vater „nehmen“, „... ohne daß er das, was das Leben des Vaters schwermacht, auch nehmen muß.“ (G. Weber 1993, 67 f.)

– Von *Töchtern* ist im Zusammenhang von Familienunternehmen oft gar keine Rede. In den (wenigen) Studien zu Familienunternehmen werden sie allenfalls als „mitarbeitende Familienangehörige“ erwähnt (A. Schlemper-Kubista 1980). Auch in Unternehmenschroniken werden sie interessanterweise kaum als „Töchter“ „geführt“, selbst dann nicht wenn sie eine aktive Rolle im Unternehmenssystem eingenommen haben. Auch dann nicht, wenn ihr Ehemann sie – als Schwiegersohn des Seniors – im Unternehmen vertreten hat, während sie selbst Gesellschafterin waren. Ebenso finden sie in matri-linearen Erbfolgen – also der Erbfolge von Seiten der Mutter – selten in der Familienrolle als „Tochter“ Erwähnung. Schon eher als „Unternehmerin“, wenn sie (auch darin) die Nachfolge der Mutter antreten.

Etwas komplizierter ist es im Beispiel von Frau „Bahn“ (senior), die als einzige Tochter das Unternehmen ihrer Mutter fortführte, welche ihrerseits als einzige Tochter des Gründers die Geschäfte von ihrem Mann führen ließ. Der Leser mag ihrer lebhaften Erzählung folgen:

*Frau Bahn: ...*
*Hab' da so nen riesen Bild im Büro hängen! So groß! Nen Portrait, wie er am Schreibtisch sitzt. Hat sein Sohn gemalt, – ne.*
*Ich: Hm.*
*Frau Bahn: Am Schreibtisch sitzt und kalkuliert „Scherenschnitte“. [Lacht]*

*Ich: Hm.*
*Frau Bahn: // [Leise:] – Ja. //*
*Ich: Was bedeutet das für Sie, so das Bild auch im Büro?*
*Frau Bahn: (.) Sagen wir mal so: es bedeutet mir sehr viel. Ich mein', es war mein Stiefvater, aber (.) für mich gab's zwei Menschen im Leben, wenn die mir was gesagt haben, das hab ich ernst genommen.*
*...*
*... – und mein Vater. Das waren so Respektpersonen, – ne. Wenn die mir was gesagt haben, das war wirklich, also da hab ich echt dran zu knacken gehabt, – ne.*
*Ich: Hm.*
*Frau Bahn: Und (.) es war ja nur mein Stiefvater, aber – war sagenhaft! // (.) Dem hab ich auch zu verdanken, daß ich überhaupt – ich mein', ich hab ja nur die Volksschule besucht und auch nur eben (.) die Berufsschule – und dann alles anderes hab ich mir ja angeeignet.*
*Ich: Hm.*
*Frau Bahn: – Und das hab ich Dank meines Vaters. Der hat von mir alles verlangt!*
*Ich: Hm.*
*Frau Bahn: Der hat nicht gefragt: „Kannst Du das?", oder // [Lauter:] „Mach' das, mach' das!"*

Die Idealisierung des „Stiefvaters" ist in den Worten von Frau „Bahn" deutlich herauszuhören! Offensichtlich hatte er es verstanden, in der Tochter seiner Frau die zukünftige (und legitime) Nachfolgerin zu sehen.

Im allgemeinen gilt jedoch: „Auffallend ist der Grad der Idealisierung des „Vaters" durch die Mehrzahl der Frauen im Vergleich zum sehr schlechten Bild von der Mutter, wie auch immer der Vater gewesen sein mag." (C. Olivier 1988, 128) Hieran kann vom Leser nachvollzogen werden, daß sich Frau „Bahn" eher als Tochter ihres Vaters statt als „Tochter ihrer Mutter" sehen mochte, obwohl ihre Mutter die Eigentümerin und Erbin des Gründers war.

– Im *Geschwister*-Subsystem von „Familien mit System" tauchen *Schwestern* vornehmlich als (sog.) „mitarbeitende Familienangehörige" auf (A. Schlemper-Kubista, 1980). Überwiegend werden sie als Schwestern benannt, die ihre Brüder hilfreich unterstützen, wie Herr „Cohn" aus der Gründungsgeschichte „seines" Unternehmens zu erzählen weiß:

*Herr Cohn: ...*
*Die Fortführung des Betriebes wär sehr schwierig gewesen damals, in der Inflationszeit und in allem, wenn Herr „Kohl" nicht drei Schwestern gehabt hätte, die praktisch umsonst // einen ganzen Haufen an Betriebsarbeit bewältigt haben. Da ist für nen Taschengeld gearbeitet worden.*
*Ich: In der Produktion?*
*Herr Cohn: In der Produktion, – ja!*

Ebenso wie es in diesem Beispiel wie selbstverständlich keiner Erwähnung bedurfte, ob denn die Schwestern auch entsprechend am Unternehmenserfolg beteiligt wurden, gelten Schwestern oft als Ergänzung ihrer unqualifizierten – oder gegenüber dem Patriarchen schwachen – Brüder.[24] Zuweilen dienen sie dem Familiensystem auch als Ersatz für Brüder, die sich der Nachfolge widersetzten oder die früh verstarben. Zur Illustration dessen möchte ich einige Ausschnitte aus der Erzählung von A. Dzuba (1983, 6–18) „Meines Vaters Haus oder Schicksalsjahre einer Unternehmertochter" anführen:

*„Als Träger der Zukunft der Familie brauchte ich, ... Laura Lengenfeld, keineswegs zu gelten. In dieser Richtung mußte mein älterer Bruder Fernand sich entwickeln, der mir sieben Jahre voraus zur Welt gekommen war. Ob es ihm gefiel, daß die mehr oder minder starren Pflichten eines Erben väterlichen Besitzes ihm schattenhaft voranliefen? Bisher fragte ihn niemand danach. [6] ... Höchstes Glück für mich war es, meinen Vater jeden Sonntagmorgen für mich allein zu besitzen. Dann nahm er mich mit in die Fabrik. ... Manchmal berührte ich die Wolle und beroch sie wie der Vater; es machte ihm sichtlich Spaß. Wir ließen die blauen Röllchen auf dem Schreibtisch liegen und gingen Hand in Hand aus dem Kontor. Fröhlich und einig. [8] ... Sie (die Mutter, A.d.V.) bewahrte dort Fernands Testament auf und sagte mir schließlich, Fernand hätte mir seinen Photoapparat bestimmt und viel mehr noch, seinen Platz in der Fabrik. So nahm ich Fernands Erbe an, wie ich Günters (der verstorbene zweite Sohn der Familie, A.d.V.) Wiege eingenommen hatte, selbstverständlich." [18]*

– Ebenso wie zwischen Vater und Sohn können die Verhältnisse „unter *Brüdern*" als legendär bezeichnet werden. Von „Kain und Abel" anfangend zieht sich dies über die Geschichte der „Patriarchen" (Abraham, Isaak, Jakob, Esau, Josef und seine Brüder) bis in die heutiger Unternehmerfamilien hinein. Ihnen ist der Komplex von Nachfolge und Erbschaft gemeinsam, die sich symbolisch in der Rivalität um das „Erstgeburtsrecht" und den „Segen" des Vaters zeigen.[25] Wie in der Geschichte von Jakob und Esau gilt nach wie vor die Nachfolge in die Rollenträgerschaft des Vaters als Beweis von „Liebe". Ein Beispiel solcher Bevorzugung liefert die Erzählung von Herrn „Fehl":

*Herr Fehl: ...*
*Aber ich hatte – da muß ich vielleicht sagen – eigentlich auch mehr, eigentlich auch immer mehr 'ne Verbindung zu meinem Vater, nen Draht zu meinem Vater, – ne. [Holt Luft] Und (.) hab mich mit den Dingen so etwas auseinandergesetzt, wenn er mal was 'rausließ, – ne.*
*Ich: Hm.*
*Herr Fehl: [Holt Luft] Und (.) wenn er mich mal mitgenommen hat in die Firma, – ne.*
*Ich: Ah ja!*
*Herr Fehl: (.) // Hab ich eigentlich mehr und mehr schon das Interesse entwickelt, als, als das bei meinem Bruder der Fall war, – ne.*

Statt in Kategorien von Bevorzugung (auf der Ebene von Ich-Identität) könnte seine Nachfolge (auf der Ebene der „Wir-Identität“) als Erbschaft verstanden werden, die er stellvertretend für seine Generation angetreten hat, wenn schon eine *gemeinsame* Nachfolge – bei einer geeigneten Unternehmensgröße – nicht infrage kam. Man sieht hier allerdings: die Nachfolge wird als mit der Beziehung zum Vater korrespondierend („Verbindung“ bzw. „Draht zu“) interpretiert und erklärt.

– Über die Rollen in der Kernfamilie hinaus dürften zudem diejenigen der *Sippe* von Bedeutung sein: also Großväter, Großmütter sowie die Geschwister der Eltern und deren Kinder. Je nach der Reichweite des Metasystems und ihrer Bezogenheit zur Wir-Identität dürften sie sozialisationswirksame Rollen darstellen, welche für die Nachfolge von Bedeutung sind. Insbesondere dann, wenn die Betroffenen sie als Unternehmer/in, Gesellschafter/in, mittätige Familienangehörige oder (potentielle) Nachfolger/innen der gleichen Generation erlebt haben. Das wichtigste daran ist wohl, daß sich die Kultur der Sippschaft auf einer umfassenden Wir-Ebene auf das Unternehmenssystem bezieht. Sie sorgt für den Zusammenhalt und für die Bezogenheit ihrer einzelnen Mitglieder zum Metasystem und nimmt so eine Sinnstiftende Funktion ein.

**Rivalisierung**

Auf das Verhaltensmuster der *Rivalisierung* zwischen Geschwistern möchte ich abschließend noch etwas ausführlicher eingehen. Sie kann bedeutende Auswirkungen auf das Unternehmenssystem nehmen und wird zuweilen über Generationen (zwischen Enkeln oder Cousins und Cousinen) geradezu perpetuiert und oftmals zu seinem Schaden im Unternehmenssystem ausagiert.

Generell gilt die Rivalisierung von Kindern von frühester Kindheit an in unserer Kultur als allgemein verbreitet – und daher als normal. Es wird dabei davon ausgegangen, daß die Kinder miteinander um die Aufmerksamkeit der Eltern rivalisieren (E. Kepner 1983, 66), was als Wurzel vieler Konflikte in Familienunternehmen angesehen wird: „Ziel der einzelnen an diesen Rivalitäten beteiligten Parteien ist es meist, die Firma allein zu beherrschen und die anderen Anteilseigner, wenn schon nicht vom Besitz am Unternehmen, so doch wenigstens von der Führung auszuschließen. Die Wurzeln solcher Konflikte sind, insbesondere wenn es sich um Geschwister handelt, oftmals in deren Kindheit und Jugend verankert.“ (C. Bechtle 1983, 130 f.)

Welche destruktiven Kräfte durch Rivalitäten und die dadurch hervorgeholten Gefühle von Zurücksetzung ausgelöst werden können, zeigt ein (hier zusammengefaßtes) Fallbeispiel von E. Kepner (1983, 67):

*Ein (amerikanischer) Hochbauunternehmer hatte seine Tochter dazu ermutigt, Ökonomie zu studieren. Sie hatte danach ihre Qualifizierung als Vize-Präsidentin für Finanzplanung unter Beweis stellen können. Daher war sie davon ausgegangen, zum engsten Kreis der potentiellen Nachfolgekandidaten zu gehören. Plötzlich und unerwartet starb ihr Vater ein Monat nachdem ihr jüngerer Bruder – der offensichtliche Thronfolger – sein Abschlußexamen gemacht hatte. Der Nachfolgeplan ihres Vaters sah vor, die Unternehmensleitung in die Hände ihres Bruders sowie einen kleinen Kreis familienfremder Manager zu überführen, ohne seine Tochter dabei zu berücksichtigen. Sie fühlte sich von ihrem Vater betrogen und tief verletzt. Ihr bisher enges Verhältnis zum Bruder wurde so getrübt, daß sie „ihm nicht in die Augen sehen konnte, ohne zu heulen". Sie überlegte in der Folge, ob sie ihren Anteil nicht verkaufen solle, um bei der Konkurrenz zu arbeiten. Selbst wenn ihr klar war, daß dadurch ein Chaos im väterlichen Geschäft verursacht wurde.*

Eine solche Entscheidung erleben die (potentiellen) Nachfolger offensichtlich als Entscheidungen zwischen den Geschwistern und deuten sie als Bevorzugung oder väterliche Zurücksetzung. Das löst offensichtlich Gefühle von Neid und Eifersucht sowie Wünsche nach Rache und Revanche aus, die bis zur Zerstörung des Unternehmens führen können. Zuweilen gelingt es den Betroffenen auch nicht, zwischen solchen Gefühlen, Phantasien und Wünschen, ihren Abwehrformen (z.B. Distanzierung und Verachtung) und professioneller Konkurrenz zu unterscheiden. Viele Nachfolger (und auch „Berater") sehen zwar den Ursprung der Rivalisierung in der Familiendynamik und ihre Übertragung in das Unternehmenssystem. Sie scheinen oft unüberwindbar und gelten als schwierig zu lösen; zudem lösen sie generationsübergreifende Dynamiken aus, welche die Rivalisierung in die nächste Generation verschiebt (und die Leiden daran verlängert). So werden von manchen Beratern die daraus entstehenden Feindseligkeiten auch als Möglichkeit verstanden, Distanzierung im Familiensystem aufrecht zu erhalten (P. Davis 1983, 52).

Daher möchte ich an dieser Stelle eine Einsicht von Bert Hellinger (1993, 68) weitergeben, wie Rivalisierungen doch gelöst werden können:

*„Rivalitäten zwischen den Kindern entstehen, wenn einem Kind der ihm gebürtige Rang streitig gemacht wird. Es ist daher wichtig, daß Eltern dem älteren Kind sagen, daß es das Erstgeborene ist und daß es daher auch zuerst kommt und gewisse Vorrechte genießt. Dem jüngeren Kind wird gesagt, daß es das jüngste ist und daß das ältere Vorrang hat. Erst auf dieser Grundlage kann man Versöhnung und Rücksichtnahme durchsetzten."*

Dies betrifft eine Lösungs-Strategie für das *Familiensystem*, die den Betroffenen durch eine „Aufstellung" der Familienkonstellation sehr einsichtig wird (G. Weber 1993, 239 f.).

Oftmals stehen jedoch die Betroffenen (und ihre Berater) den Rivalisierungen zwischen familiären Nachfolgern und Fremdmanagern ebenso hilflos gegenüber wie denen zwischen Geschwistern. Das ist ein Zeichen dafür, daß im Unternehmenssystem eine familiäre Dynamik ausagiert und auf den Fremdmanager verschoben wird. Oftmals ist dieser dann unbewußt vom Senior adoptiert (insbesondere wenn der Senior ihn für kompetenter als den Sohn oder die Tochter ansieht). Hat jeder in einer entsprechenden Konstellation des Metasystems seinen Platz gemäß der Ursprungsordnung eingenommen, sind letztlich alle Beteiligten damit zufrieden. Zumal wenn die Beiträge, die der Fremdmanager aufgrund seiner Kompetenz zum Erfolg des Unternehmens leistet, entsprechend honoriert werden.

Damit ist die Beschreibung „von Familien, ihren Unternehmen und Repräsentanten" als Überblick über die Interdependenzen zwischen Familien- und Unternehmenskultur an ein vorläufiges Ende gekommen. Nachstehend soll der Fokus noch weiter verengt werden: auf den Problem-Komplex der familiären Nachfolge.

### *1.3.2 Von Familien-Nachfolge(r)n: „ihren" Komplexen und Problemen*

Wenn nun im Folgenden – aus der Sicht des „Nachfolgers" – vom Problem-Komplex der familiären Nachfolge die Rede sein wird, ist dies naturgemäß ein zumindest zeitweise „verwirrendes" Vorhaben. Da der Autor in seiner Person gleichzeitig die Rolle eines (potentiellen) Nachfolgers einnimmt, schwingt für den Leser in einer solchen Schilderung immer zugleich die Wahrscheinlichkeit und Unwahrscheinlichkeit mit, die Erfahrung (der Nachfolge) erfahren zu haben. Soweit in den Erfahrungen der „eigenen" Nachfolge auch die Hoffnungen und Befürchtungen ihr gegenüber einbezogen sind, kann die Erfahrung komplexer Probleme und problematischer Komplexe „in" (oder mit) der familiären Nachfolge von Seiten des Autors nur bestätigt werden. Zugleich hat die (schicksalhafte) Gleichzeitigkeit von Betroffenheit und Nicht-Betroffenheit auch geholfen, aus der daraus entstehenden Nähe und Distanz einen Raum zur Reflexion (und Selbstreflexion) zu schaffen.

Auch wenn aus einer rationalistischen Weltsicht das Engagement eines Fremdmanagers a priori Vorteile gegenüber dem eines familiären Nachfolgers eingeräumt werden mögen, kommt zu den Anforderungen des Unternehmenssystems an die Nachfolge immer die familiäre (bzw. verwandtschaftliche) Bindung der Gründerfamilie hinzu. Die Nachfolgeentscheidung rankt sich um die zentrale Frage hinsichtlich „Blut versus Kompetenz" (I. Landsberg und R. Beckhard 1983, 31).

#### Blut versus Kompetenz

Zunächst eine kleine Geschichte von Bertolt Brecht:

*„Es war einmal ein Prinz, weit drüben im Märchenlande. Weil der nur ein Träumer war, liebte er es sehr, auf einer Wiese nahe dem Schlosse zu liegen und träumend*

*in den blauen Himmel zu starren. Denn auf dieser Wiese blühten die Blumen größer und schöner wie sonstwo. Und der Prinz träumte von weißen, weißen Schlössern mit hohen Spiegelfenstern und leuchtenden Söllern. Es geschah aber, daß der alte König starb. Nun wurde der Prinz sein Nachfolger. Und der neue König stand nun oft auf den Söllern von weißen, weißen Schlössern mit hohen Spiegelfenstern. Und träumte von einer kleinen Wiese, wo die Blumen größer und schöner blühten denn sonstwo."*

Die Geschichte gibt einen Ausblick auf die Problematik der familiären Nachfolge. Doppelsinnig werden hier zum einen die „Träume" des Prinzen hinsichtlich der „Thronfolge" und der damit verbundenen Privilegien und Machtsymbolen widergegeben. Auf der anderen Seite steht sein Wunsch, von den Eltern nie aus der „Prinzen-Rolle" entlassen zu werden. Denn er war „nur ein Träumer" ...

Allgemein wird in der Literatur „... eine große Bedrohung der Überlebensfähigkeit der Familienunternehmen im Nichtvorhandensein einer qualifizierten Führungsnachfolge im Falle des Ausscheidens der tätigen Unternehmensführung" gesehen (Ch. Bechtle 1983, 61). Erstaunlich oft wird dabei Verständnis für den emotionalen Wunsch des Seniors hinsichtlich der familiären Nachfolge geäußert. Er wird jedoch überwiegend auf das Kriterium der Nachfolger-Qualifikation reduziert.

*„Es ist nicht abzustreiten, daß auf diese Weise in manchen Familienunternehmen das ‚Peter-Prinzip' verwirklicht wird. Familienmitglieder steigen in der Führungshierarchie bis zu einer Stelle auf, deren Anforderungen sie nicht mehr gewachsen sind. Aus diesem Grunde liegt das Fähigkeitsniveau von Familienmitgliedern oftmals unter demjenigen von Trägern ähnlicher Aufgaben in Nichtfamilienunternehmen. Auch ist zu beobachten, daß Familienunternehmen ganz bewußt familienfremde Führungskräfte von nur mittelmässiger Qualifikation einstellen, um in der Position des Überlegenen stehen zu können." (Ch. Bechtle 1983, 126)*

Der dort inhärenten (rationalistischen) Logik folgen auch die Forderungen nach einer „Eingangsqualifizierung" (C. Löwe 1979) oder nach einem mit externen Führungskräften vergleichbarem Qualifikations-Niveau (– als ob das Wahrnehmen bzw. Nicht-Wahrnehmen von „Führung" im Familienunternehmen allein davon abhinge): „Die Wahl des Nachfolgers ist im Sinne der Unternehmenssicherung dann optimal, wenn sich der Junior der Familie aufgrund seiner Qualifikation ohne Zögern in der Reihe der potentiellen Fremdmanager um die Führungsposition bewerben kann und die Tatsache seiner familiären Bindung als zusätzliches Positivum bewertet wird." (W. Finger 1984, 296)

Eine solche Diskussion läßt meiner Ansicht nach außer Acht, daß sich die *Effektivität* der Unternehmensleitung nicht allein entlang der individuellen

Qualifikationen von Unternehmer-Nachfolgern orientiert sondern letztlich im *sozialen* Kontext der Organisation entscheidet. Im Zusammenhang von Nachfolge und Generationswechsel hat die dort entstehende psycho-soziale Dynamik schon so manchen Fremdmanager zur Aufgabe gezwungen, weil er den Zusammenhalt des Metasystems unter Aspekten von „Qualifikation" statt von *Bindung* betrachtete! Das stellt nicht die Notwendigkeit von „Qualifikation" oder „Kompetenz" des Nachfolgers in Abrede. Ob ein Nachfolger befähigt sein wird, die Rolle als Unternehmer wahrzunehmen und auszufüllen, entscheidet letztlich seine Qualifikation – wenn auch grundsätzlich vorausgesetzt – nicht *allein*. Ob er im Einstieg in die Firma und in der Übernahme der Rollenträgerschaft *Autorität* gewinnen kann, dazu trägt maßgeblich die Einstellung zum Nachfolger und das Verhalten des Seniors im Generationswechsel bei. A. Pine rät Letzteren (1992, 43 f.): „Ihr Kind ist erwachsen und verdient ebensoviel Respekt, Verständnis und Geduld wie jeder geschätzter Berufskollege, den Sie hereingeholt und zu einem Ihnen gleichgestellten Partner gemacht haben. Wenn es Ihnen schwerfällt, Ihr Kind als einen fähigen Erwachsenen anzusehen, stellen Sie sich vor, daß Sie den besten Mitarbeiter der Konkurrenz abgeworben haben – und behandeln Sie Ihr Kind dann dementsprechend."

Manche anderen Senior-Unternehmer haben ihre (rationalistische) Kopf-Entscheidung, einen fremden dem familiären Nachfolger aufgrund eines – wie auch immer begründeten – Qualifikationsvorsprunges vorzuziehen, zu einem späteren Zeitpunkt revidieren müssen. Zudem heißt die Effektivität des Unternehmens *allein* vom Nachfolger, seiner Erfahrung und Ausbildung abhängig zu machen, die Potentiale der Mit-Arbeitenden – der Manager wie der übrigen Beschäftigten – zu verleugnen und als Ressource für das Unternehmen ungenutzt zu vergeuden. Darüber hinaus bleibt die Möglichkeit unbeachtet, entsprechendes Management- Know-How von „außen" dazu zu gewinnen. Nachfolger, die sich ihrer Position im Generationswechsel sicher sind, werden keinen falschen Ehrgeiz haben müssen, auch zugleich der beste Fachmann im Unternehmen zu sein (oder zu bleiben).

Wenn der Nachfolger vergleichsweise weniger qualifiziert erscheint als der Senior oder angestellte Manager, so sagt das (aus dem Blickwinkel systemischer Organisations-Beratung) eher etwas über die Unternehmerfamilie (bzw. den Senior) als über den Junior aus. Scheint eine familiäre Nachfolge daher aus Gründen mangelnder Qualifikation auch objektiv unverantwortlich, so gehe ich von der Annahme aus, daß es dabei ganz spezifische Muster von „Gewinnern" und „Verlierern" gibt. Unter den „Gewinnern" wird man ein hohes Interesse daran finden, daß der familiäre Nachfolger zum „Verlierer" wird, weil sie andernfalls selbst zu „verlieren" fürchten; nicht selten ist das der Senior sogar selbst. Dort wird dann die „Unfähigkeit" des Systems in den Nachfolger abgespalten (personifiziert) während alle anderen von der Idealisierung der unternehmerischen Vaterfigur in dem (magischen)

Glauben profitieren, selbst vom Glanz seiner Omni-Potenz (und -Präsenz) umgeben zu werden.

**Erziehung**
Familiäre Nachfolge kann auch als in der Spannung zwischen den Bedingungen von Individuation, Sozialisation und Enkulturation und Qualifikation stehend begriffen werden. Wenn man Betroffene fragt, was ihrer Meinung nach für ihre Nachfolge ausschlaggebend gewesen sei, spitzten sich ihre Annahmen häufig auf den Bereich der (familiären) „Erziehung" zu. Ein Beispiel bietet Herr „Adam":

*Herr Adam: Ich glaube, daß man Kindern durchaus auch 'ne Richtung mitgeben muß. Nicht sie fixieren soll, jetzt: „Schlösser und nichts anderes!" Aber nicht sagen [lauter]: „Schlösser wird jetzt ganz zugedeckt, guck du dich mal völlig frei, völlig unbeeinflußt um!"*
*Ich: Hm.*
*Herr Adam: Man hat schon nen Recht, vielleicht sogar 'ne Pflicht, auch gewisse Richtungen, die man selber kennt und für gut hält, den Kindern wenigstens deutlich zu machen, damit sie also wissen, wofür oder wogegen sie sich...*
*Ich: hm.*
*Herr Adam: ...letztlich dann entscheiden.*

Demnach hat der Unternehmer, der auf eine familiäre Nachfolge hofft, das „Recht, vielleicht sogar Pflicht", „gewisse Richtungen zu verdeutlichen". Hier wird die Sinnstiftung der Institution ebensowenig wie die Beeinflussung von Kindern hinsichtlich ihrer Berufswahl geleugnet; die Bezogenheit zum Unternehmen soll über die Produkte (bzw. Branche) *aktiv* hergestellt werden. Im vorliegenden Fall entstammt das Unternehmen einer traditionellen Handwerkerfamilie, in der die Fortführung des Berufsstandes eine wichtige Rolle spielt.

Andererseits kann das Unternehmen zur Erziehung der Kinder als Erlebniswelt potentieller Nachfolger in Anspruch genommen werden. Herrn „Diel" erzählt:

*Herr Diel: ...*
*Und eins ist 'ne Tatsache, man kann an den Kindern Interesse wecken. Man kann das schon für, auch für eine Sache Interesse wecken, auch im kleinen Alter schon. (.) Man muß denen ja nicht sagen: „Du mußt jetzt schon wissen wie 'ne Zange gemacht wird!", oder wer weiß was. Aber man kann denen, wenn man mit denen hier durchgeht, (.) da ist zum Beispiel für die heute das größte Vergnügen, auf 'nem Gabelstapler mitzufahren oder sowas. Und das sind eben so Kleinigkeiten, wo Kinder schon eine Einstellung zur Firma kriegen, in meinen Augen. Und genauso kann man eben ein Nichtinteresse wecken, indem man eben zum Beispiel Kinder immer von der Firma fernhält.*

Der Bericht von Herrn Diel beruht auf einer Erfahrung im eigenen Unternehmen, daß ein Familienstamm die „Kinder immer von der Firma ferngehalten" hatte. Ob „Kinder" einmal für die Nachfolge zur Verfügung stehen werden, sehen Betroffene (wie Herr Diel) maßgeblich davon abhängig, inwiefern man dies zur Erziehungsaufgabe macht. Dementsprechend gibt es die Option, entweder den Kindern zu ermöglichen, „schon (!) eine Einstellung zur Firma" zu bekommen, oder sie von ihr „fernzuhalten". Sicherlich wird das vorrangig von den Erfahrungen mit der eigenen Nachfolge der Senioren abhängig sein: etwa ob das Familienunternehmen für sie selbst ein „gutes" oder „böses" Objekt ist? Oder ob es mehr repräsentiert und symbolisiert als eine Erbschaft, die sie selbst mehr oder weniger gezwungenermaßen angenommen haben? Oder ob in ihnen die Erfahrung überwiegt, daß ihnen eher etwas zugetraut als zugemutet wurde, so daß sie dieses Vertrauen auch ihren Kindern weitergeben möchten?

**Lebenswelt**
In manchen Familienunternehmen, in denen auch heute noch „Arbeit und Wohnen" in räumlich unmittelbarer Nähe zueinander stattfinden, ist die Firma für die (potentiellen) Nachfolger nicht lediglich Erlebnis- sondern zugleich auch ein dominanter Teil der Lebenswelt. Wo etwa durch ein angrenzendes Wohnhaus das Aufwachsen der Kinder mit dem und das Hineinwachsen in den Betrieb naheliegt. Die Kontaktmöglichkeiten mit Unternehmer-Eltern und anderen tätigen Inhabern der Verwandtschaft sowie mit Betriebsangehörigen schafft Sozialisationsbedingungen, die eine berufliche Prägung für eine Tätigkeit im Betrieb nahelegen. Ein Beispiel dafür bietet die Familie und Unternehmen „Bach", wie der Interviewpartner berichtet:

*Ich: Ja, mich würd' interessieren,...*
*Herr Bach: hm.*
*...wie Sie dazu gekommen sind, hier 'reinzugehen? So von der Familie her, und von der Ausbildung?*
*Herr Bach: [Räuspert sich] //*
*Ich: Wie Se das so, wie Sie das getroffen hat?*
*Herr Bach: Ja. (.) Ja, es ist so: ich // (.) Hier bei uns findet ja sehr intensiv dieses Leben (.) statt, was man so nennt: „Wohnen und Arbeiten", – ne.*
*Ich: Hm.*
*Herr Bach: Also wir wohnen am Betrieb, (.) oder haben früher auch hier [räuspert sich] in direkter Betriebsnähe gewohnt, oder auf dem Betriebsgelände gewohnt. Dadurch bekommt man natürlich dann als Kinder oder als Heranwachsender ziemlich viel mit aus dem Betriebsablauf.*
*Ich: Hm.*
*Herr Bach: Man wird selber auch schon eingespannt, man (.) übt mal 'nen Ferienjob aus, und (.) hilft mal hier und da und fährt mal mit Vater, Onkel (.) so in Kundschaft und sieht also dann einiges. Und dadurch wird natürlich nen gewisses Interesse (.) geweckt.*

Das „gewisse Interesse“ (– möglicherweise hat das auch etwas mit „Gewißheit“ oder „Gewissen“ zu tun) wurde hier offensichtlich durch entsprechende Maßnahmen unterstützt und gefördert. Diese bestanden in „Mithilfe“ („eingespannt werden“) oder im Anschauungsunterricht („mal mit Vater oder Onkel in Kundschaft fahren“).

Wer im Betrieb der Familie gewissermaßen auf-wächst, wird wohl kaum eine andere Möglichkeit sehen, als in die Nachfolge „reinzuwachsen“, wie im Falle von Herrn Bake:

*Herr Bake: ...*
*Also ich habe weder, (.) man hat mir weder den – expressis verbis, den Wunsch angetragen, nun hier eine Nachfolge mal eines Tages – im Falle von Eignung – anzutreten, (.) noch hat man mich irgendwo plump (.) da irgendwo // 'drauf mit der Nase stoßen müssen, daß das auch Vorteile hat, sondern // da bin ich so 'reingewachsen! Bin als Kind (.) durch den Betrieb gegangen, eigentlich (.) in den Schulferien, oder selbst vor dem, überhaupt vor meinem Schulalltag hab ich schon als Kind, (.) bin ich so stundenlang durch den Betrieb gelaufen. Hab dabei den Arbeitern zugeschaut und – das fand ich toll!*

Seine frühkindliche Lebenswelt war für Herrn Bake offensichtlich so prägend, daß später *lediglich* die *Eignung* erworben werden mußte. Offensichtlich galt Herr Bake schon als kleines Kind als Hoffnungsträger für das die Generationen übergreifende Kontinuum der Unternehmer. So hat es vermutlich noch nicht einmal die „Arbeiter“ gestört, wenn er ihnen beim „stundenlangen Laufen durch den Betrieb zuschaute“! In der (grandiosen) Verzerrung seiner „Kindheit eines Chefs“ (J.P. Sartre) fand er die Prinzen-Rolle „toll“ – ungeachtet der Nachteile einer „im Betrieb“ verbrachten Kindheit.

Auch die familiäre Kommunikation der Unternehmerfamilie ist in ihrer prägenden Wirkung nicht zu unterschätzen. Das zeigen die Gespräche am Frühstückstisch von Familie Dame:

*Herr Dame: ...*
*Sehen Se, und dat haben natürlich meine Kinder eigentlich immer erlebt, weil am Frühstückstisch auch davon gesprochen wurde, ...*
*Ich: hm.*
*Herr Dame: dat wir also Probleme hatten, dat wir Ende der Woche 'nen Wechsel fällig haben und wir noch nicht wissen, wie wir den bezahlen wollen, und so wat. Und, und: „Dat muß heute noch 'raus, damit wir dann möglicherweise dat Geld am Wochenende bei dem holen dürfen!“, – oder so wat. So wat spielt sich ja rein praktisch ab. Und da hätten schon die Blagen sagen können: „Also mit dem Laden will ich nix tu don haben!“ Haben se nie getan...*
*Ich: hm.*
*Herr Dame: ... – weiß ich nicht.*

Herr Dame erzählt hier aus den Anfängen seines Unternehmens. Offensichtlich haben seine Kinder die Sorgen der Eltern bezüglich des Weiterbestandes des Familienunternehmens mitbekommen. So kann es wohl kaum verwundern, daß sie etwas mit der weiteren Entwicklung des Unternehmens „tu don (zu tun) haben wollen"! Denn wozu sonst hätten sich Mühen, Entbehrungen und Opfer des Gründer-Vaters – und seiner Frau – sonst gelohnt, wenn nicht erst mit dem Übergang in eine zweite Generation?

Manche Unternehmerfamilien führen ihre Sprößlinge sehr früh an ökonomische Zusammenhänge – und die spezifische Abhängigkeit zum „eigenen" Familienunternehmen – heran. Folgende Anekdote aus meiner Arbeit als Organisationsberater mag dies verdeutlichen helfen:

***Stempeln lernen***
*Ein Kunde, der in vierter Generation in einem Unternehmen tätig ist, erzählte von Erfahrungen aus seiner Schulzeit, die etwas von den Bemühungen des Metasystems verdeutlicht, ihn als Nachfolger frühzeitig einzubinden. So habe sein Vater den Wunsch gehabt, daß er früh das „Stempeln" lernen müsse. Damit gemeint ist das Abstempeln – bzw. die Kontrollmöglichkeit – der Arbeitszeitkarten von Arbeitern, welche die Grundlage der Gehaltsabrechnung bzw. Entlohnung bot. So habe er oft nachmittags nach der Schule – das Elternhaus lag in unmittelbarer Nähe des Firmengrundstückes – „gestempelt" und im Betrieb den Arbeitern wie den mitarbeitenden Familienangehörigen zugeschaut, nicht ohne dafür – gegen Abrechnung der Stempelkarte – mit 25 Pfennig Stundenlohn „entlohnt" worden zu sein.*

Erziehung und Lebenswelt leistet offenbar einen wichtigen Beitrag zur potentielle Übernahme der Unternehmerrolle. Die potentiellen Nachfolger werden als kleine Kinder schon früh verpflichtet und eingebunden. Dabei kann vor Ort die eigene Anschauung – zwecks Vorbereitung auf die spätere Tätigkeit – durchaus auch „verordnet" werden. Neben der „Licht"-Seite einer (potentiellen) Sinnstiftung offenbart sich darin gleichzeitig auch die *Schattenseite* solcher Sozialisationsbedingungen: diese besteht im Konstituieren kindlicher Abhängigkeit zur Nachfolge und ihrer Perpetuierung in einer späteren Übernahme.

**Berufliche Sozialisation**

***Der Wühler***
*Ein Kunde erzählte, daß er in seiner Kindheit seinen Onkel – Mitinhaber der Firma – oft bei schwerster körperlicher Arbeit beobachtet habe. Er bezeichnete ihn – auch mit Mitte 50 – noch heute als einen „Wühler" und beschrieb ihn als einen Menschen, der die unmittelbare Erfahrung schwerer körperlicher Arbeit als besonderen Wert und Vorzug nach dem Motto in den Vordergrund stellt: „Schließlich ist damit das Geschäft groß geworden!" Er hatte offensichtlich lange Jahre durch harte körperliche Arbeit seinen Platz im Unternehmen erkämpfen müssen und findet bis*

*heute noch darin Bestätigung, die Arbeit im Zweifelsfalle „besser" als jeder andere im Betrieb tun zu können. Der Klient fühlte sich ihm hoffnungslos unterlegen. Obwohl er eine technische Lehre im Betrieb und anschließend ein kaufmännisches Studium absolviert hatte, war er geradezu besessen davon, die Anerkennung der Senioren im Betrieb durch Übernahme von Aufgabenbereichen in der Produktion zu gewinnen. Vom Ursprung dieser Unterlegenheitsgefühle berichtete er anläßlich einer Rollenberatung: Einmal habe ihn sein Onkel in der Kindheit zu einem Wettbewerb herausgefordert. Er solle die Anzahl bearbeiteter (Klein-) Teile in einem Kessel schätzen. Natürlich lag der Klient in seiner Schätzung hoffnungslos daneben, während der Onkel in dem – zu seinen Bedingungen konstruierten Wettbewerb – wohl ziemlich genau an der tatsächlichen Anzahl lag. Diese Episode – und vermutlich weitere – legte den Grundstein dafür, daß die Position des Onkels für den Neffen unantastbar und unerreichbar wurde. Trug der „Wühler" doch den Nimbus, in der Produktion „über alles" am genauesten „Bescheid" zu wissen, als einziger ein Gefühl für die Qualität der Produkte zu haben und als einziger die Preise zu kennen und sie deshalb auch allein – ohne rationale Kalkulationsgrundlage – aus dem Bauch heraus zu machen. Bis zum Zeitpunkt des Erzählens hatte er es nicht gewagt, offen Widerspruch gegen die „antiquierten Methoden" des Onkels einzulegen. Selbst in solchen Fällen nicht, wo die Nachteile, Fehler und der Schaden, der solches Verhalten für den ganzen Betrieb nach sich zog, offensichtlich wurde! In den ersten vier Jahren seiner Tätigkeit im Betrieb waren die von ihm im Studium erworbenen kaufmännischen Kenntnisse kein einziges Mal als Ressource genutzt worden, obwohl er eine – auf die Belange des Betriebes zugeschnittene – Diplomarbeit geschrieben hatte, die eine praktische Umsetzung geradezu nahelegte!*

Jenseits von Erziehung und Lebenswelt setzen sich die Bestrebungen, aus „Kindern" Nachfolge zu machen, in deren beruflicher Sozialisation fort. Bei kleinen und mittleren Unternehmen steht oft die praktische Ausbildung (bzw. Lehre) an erster Stelle der beruflichen Qualifizierung nach der Schulbildung. In Handwerksbetrieben oder Industrieunternehmen mit handwerklicher Tradition erfolgt häufig auch eine Nachfolge in die Berufe der Senioren; ähnliches gilt aber durchaus auch für technische oder kaufmännische Berufsausbildungen. Hinter der vordergründigen Notwendigkeit dieser Ausbildungswege als fachliche Qualifizierungsmaßnahme kann durchaus eine doppelte Strategie vermutet werden: Zum einen soll das Heranführen an die Wurzeln des Unternehmens erleichtern, die Junioren „bei der Stange zu halten" und ihren Eintritt nach abgeschlossener Ausbildung garantieren. In manchen Fällen sollen die Nachfolger eben nur bedingt besser als ihre Väter sein. Wie sehr die betriebliche Wirklichkeit dabei von solchen Praktiken dominiert werden kann, die unreflektiert jede theoretische Ausbildung ablehnen, zeigt das voran stehende Beispiel „Der Wühler" eines Kunden meiner Organisationsberatung.

Zum anderen verspricht sich die Mehrzahl der Senioren von der „praktischen" Ausbildung einen Autoritätsgewinn der Nachfolger gegenüber den

Mit-Arbeitenden im Betrieb (bzw. „auf dem Büro"). Über die Gewinnung (sozio-)technischer Kenntnisse hinaus scheinen mir solcherart „Lehrzeiten" eine bevorzugte Angstabwehr-Strategie beider Generationen darzustellen. Möglicherweise verstecken sich dahinter eher altgehegte Wünsche, Revanchegelüste und unerfüllte Berufsträume von Senioren. – Manche Nachfolger „folgen" den unverwirklichten Wünschen ihrer Väter, so daß hinter manchen Ausbildungszielen deren eigene, angstmachende Erfahrung und die Rationalisierung von Konflikten der Vergangenheit verborgen werden.

Das Beispiel von Herrn „Alms" zeigt, wie sehr diese Angstabwehr den Nachfolger determinierte:

*Herr Alms: Während dieser Zeit der Betriebsverlagerung studierte ich Maschinenbau und anschließend Betriebswirtschaft und hatte während meines Studiums dann auch die Möglichkeit, immer hier im Betrieb laufend vor Ort (.) den Fortgang der Entwicklung mitzumachen. Mußte selber auch tatkräftig mit zugreifen, sei's im kaufmännischen wie auch im technischen Bereich. // Dann weiter zurückliegend, muß ich noch erwähnen, daß ich nach meiner Schulausbildung dann noch eine Lehre machte. Auch während dieser Lehrzeit mußte ich also im Betrieb hier // tatkräftig mit anpacken.*
*Ich: Was für eine Lehre haben sie gemacht?*
*Herr Alms: Ich hab Maschinenbau, (.) Maschinenschlosserlehre gemacht.*
*Ich: Ah, ja!*
*Herr Alms: Und hab dann anschließend (.) – ja, auch während des Betriebsumzuges – hier mitgeholfen während der Semesterferien. (.) Während der, – ja während der Schulferien, Semesterferien hier im Betrieb mitgeholfen. Konnte dann also auch hier einige Sachen selbsttätig, selbständig durchführen. Früher als Kind hab ich schon viel (.) bei meinem Großvater im Betrieb, also viel vom Betrieb miterlebt. Hatte da also Sachen, die mich interessierten einfach, wo ich dann mitguckte und schaute und, – naja, einfach Interesse, das wuchs überhaupt.*
*Ich: Hm.*
*Herr Alms: (.) Spielte also auch mit im Betrieb [lacht:] mit meinen Freunden und lernte also alles kennen. Naja, und dann hier halt eben der Betrieb verlagert wurde, dann // war es auch so, daß ich dann eben auch alles mit kennenlernte und hier mit 'reinwuchs. Nachdem ich dann später dann nach dem Studium verschiedene Firmen dann auch nochmal besucht habe und auch dort gearbeitet habe, kam ich dann hier mit in die Geschäftsführung...*
*Ich: hm.*
*Herr Alms: ... des Unternehmens hier 'rein, und konnte dann hier also meine ersten Gehversuche mit, neben meinem Vater machen.*

Bei der Breite an persönlichen Erfahrungen und Mitarbeit seit der Kindheit und Jugendzeit sowie der Bandbreite an beruflicher Qualifikationen (Maschinenbauschlosser, Ingenieur, Betriebswirt) und den praktischen Erfahrungen intern („selbsttätig, selbständig") wie extern („verschiedene Firmen") verwundert es den Beobachter doch im Grunde sehr, wie Herr Alms den Eintritt ins Unternehmen in kindlicher Abhängigkeit beschreibt. Er „konnte (seine) ersten Geh-*Versuche* (!)" im Unternehmen *„neben* (!) dem Vater machen". Einmal mehr wird an seinem Beispiel deutlich, daß den Hintergrund dazu die Geschichte seines Vaters abbildet. Dieser hatte offensichtlich vor seinem eigenen Eintritt langjährig in einer anderen Branche die Position eines Betriebsleiters inne – er war also ein erfahrener „Praktiker". Erst als sein Vater, der Großvater des Interviewten und Unternehmensgründer, zu alt war, um das Unternehmen fortzuführen, hatte er den Betrieb übernommen. Daß eine solche Breite an Qualifikation *auch* als Angstabwehr verstanden werden kann, wird nicht zuletzt in der Interviewdynamik des folgenden Ausschnittes deutlich.

*Ich: Können Sie mir sagen, woher dat kommt, dat man dat wünscht, daß also die Kinder das fortführen. Ich mein', Sie haben ja schon so 'ne Linie bis zu sich, vom Großvater?*
*Herr Alms: Ja. Ich hab' von meinem Großvater das ja gesehen. – Gut, der hatte sich das gewünscht.*
*Ich: Ja.*
*Herr Alms: Ich hab das gesehen, hab ich gesagt: „Mensch, ich will das später mal machen können!"*
*Ich: Ja.*
*Herr Alms: Ich hab das also von daher, (.) von meinen Vater, der setzte die Hoffnung in mich 'rein, irgendwo, ...*
*Ich: hm.*
*Herr Alms: ... // (.) mit Gewalt und teilweise hab ich auch früher gesagt: „Menschenskind, alles zu viel!" Er hat Glück gehabt, daß ich gesagt hab: „Okay, ich mach' es!"*
*Ich: Hm.*
*Herr Alms: Er hätte aber genauso gut Pech haben können, daß ich gesagt hätte: „Das wird mir alles zu viel, ich mach' lieber was anderes: ich werd' lieber Lehrer!"*
*Ich: Hm.*
*Herr Alms: Da hätt' ich mehr Urlaub und (.) hätte auch mein Auskommen.*
*Ich: Ja.*
*Herr Alms: (.) // Ich mein', is' 'ne Gefahr, is' das dabei, den Weg zu finden // dazu.*

Herr Alms war mit seiner Qualifizierung von seinem Vater also immer schon mit der zusätzlichen Aufgabe befrachtet worden, es dem „Alten" (d.h. seinem Großvater) zu zeigen („der setzte die Hoffnung in mich 'rein"). Es bleibt darüber hinaus zu vermuten, daß der Großvater eher Herrn Alms als dessen Vater zur Nachfolge delegiert hatte: „der hatte sich das gewünscht"!

Zurecht kann somit die familiäre Nachfolge hinsichtlich der Erziehung, Lebenswelt und Berufssozialisation von Nachfolgern als problembehafteter Komplex angesehen werden. Dabei kann es im Spannungsfeld „Blut versus

Kompetenz" durchaus zu Überraschungen kommen: die dort sichtbaren Probleme entstammen nicht allein aus einer (vielfach befürchteten) mangelnden Kompetenz, wie mancher Leser möglicherweise vermuteten mag. Das Beispiel von Herrn Alms hat gezeigt, daß diese überwiegend aus der psychosozialen Dynamik der Übergabe selbst stammen. Dort bemißt sich Qualifikation und Kompetenz in Relation zur Autotritätsgewinnung des Nachfolgers. Die ist aber vor allem vom Übergabewillen des Seniors abhängig.

**Qual der Wahl**

In Fällen, in denen mehrere Kinder zugleich potentielle Nachfolger und Nachfolgerinnen abbilden, scheint das Spannungsfeld „Blut versus Kompetenz" darüber hinaus von Selektionsmechanismen überlagert zu werden. Dabei bin ich mir im Klaren darüber, daß der Konstruktionsmechanismus „Selektion" nur eine unvollkommene Beschreibung dessen abbildet, was sich in diesem Zusammenhang in „Familien mit System" abspielt. (Diese Feststellung beinhaltet auch, daß es so etwas wie „Selektion" in Familienunternehmen möglicherweise gar nicht gibt!) Ich will daher auch das sich daraus ergebende Spannungsfeld mit „Qual der Wahl" bezeichnen.

Hinter Forderungen, wie „Darwin sollte auch im Firmenbereich gelten" oder „ein kluger Familienvater setzt auf mehrere Pferde" (B. Seifert 1990, 60), versteckt sich meiner Ansicht nach eine Verdinglichung (Reifizierung) und Instrumentalisierung der Kinder sowie eine Institutionalisierung von Mißtrauen gegenüber sich selbst (als Familienunternehmer) und gegenüber dem „eigenen Blut". Sie können auch als Abwehr der ambivalenten Gefühle gegenüber dem Nachfolgeprozeß verstanden werden. Eine Lösung der Nachfolgefrage ist nämlich für den Senior oft von dem Zwiespalt zwischen vordergründig zweckrationalen Kriterien von „Qualifikation" (bzw. Eignung) und emotionalen „Bindungen" geprägt. (Eine gute Lösung für alle Beteiligten ist im Übrigen immer eine, der alle Beteiligten aus vollem Herzen zustimmen; sie vertrauen auf die eigene innere Führung wie auf die der anderen Beteiligten, selbst wenn dies zuweilen schmerzlichen Abschied von liebgewonnen Vorstellungen, Verwirrungen und selbsterzeugten Problemen beinhalten mag!)

Die „Qual der Wahl" bildet daher auch eine Überschrift zu den Konflikten und Gefühlen, die im Zusammenhang mit der familiären Nachfolge in einer „Familie mit System" entstehen können, wenn sie aufgrund ihrer Konstellation mehr als die „Option" zwischen einem „Fremden" und dem familiären Nachfolger offen läßt. Die nachstehend aufgeführten Selektionskriterien „Eignung" und „Geschlecht" sind im Spannungsfeld „Qual der Wahl" auch immer zugleich von den zugrunde liegenden Geschwisterkonstellation überlagert bzw. beeinflußt. Auch davon, wie die Rangfolge in den Generationen zwischen den Familienstämmen aussieht und welches Marschgepäck die Eltern beziehungsweise ein Elternteil (oder die Großeltern) den Kindern noch mit auf den Weg gegeben haben. Ich gehe dabei von der Annahme aus, daß es nicht zufällig ist, welches der Kinder letztlich ins Unternehmen als Nachfolger eintritt und welches außen vor bleibt.

**Selektion nach Eignung**

Demzufolge läßt sich fragen, inwiefern die familiäre Sozialisation und Selektion dafür Sorge trägt, daß bei den Kindern gleichermaßen Interesse und (!) Desinteresse geweckt wird? Erklärungen, wie derjenige habe „sich nie dafür interessiert", oder derjenige sei „aufgrund seiner Neigung und Begabung in einen anderen Beruf" gegangen, halte ich dabei für vordergründig: sie beschreiben eher die Folgen der getroffenen Entscheidungen statt daß sie Gründe dafür offenlegen (auch darin kann eine Rationalisierung der damit verbundenen Gefühle gesehen werden). Das Interesse am Familienunternehmen strukturiert sich in meinen Augen allzuoft – ob bewußt oder unbewußt – entlang der (individuellen) Interessensphäre der aktiven Rollenträger (Unternehmer) und wird mit vermeintlich zweckrationalen Belangen des Unternehmens begründet (bzw. rationalisiert). Folgerichtig ist somit „Des-Interesse" von (im Unternehmen nichttätigen) Kindern entweder von Seiten der Seniorengeneration gewollt und durchaus gewünscht. Oder aber es wird von Seiten der davon Betroffenen als Machtmittel mißbraucht, um es dem Alten *so* zu zeigen. In dem Spiel um Interesse und Desinteresse an der Nachfolge geht es nicht zuletzt darum, daß Nachfolge und Erbschaft letztlich *mehr* darstellen als lediglich eine „Transaktion" von Kapital und Position (sie werden maßgeblich vom Tod – als dem Ende individuellen Lebens – bestimmt).

Ein schönes Beispiel für die Selektion in „Familien mit System" stellt die 4. Generation der Sippe „Cink" dar. Herr Cink, der Jüngste von vier Geschwistern, schildert im Folgenden sehr anschaulich, wie es die Familie (bzw. das Metasystem der Sippe) trotz mancher Widerstände des Protagonisten schaffte, eine kollektive Beauftragung seiner Nachfolge zu erreichen.

Die 4. Generation besteht aus dem ältesten Bruder des Interviewten, der auch als erster ins Unternehmen einstieg. Dann folgt eine Schwester, die in einer Großstadt (weit) „entfernt" lebt, sowie ein weiterer Bruder, der – nach einem Intermezzo im Unternehmen – inzwischen in einer gehobenen öffentlichen Stellung ist. Dazu kommt der Jüngste, der Interviewte, der einige Jahre vor dem Interview ins Unternehmen eingetreten war. Der Eintritt des Ältesten in das Unternehmen war als selbstverständlich vorausgesetzt worden. Damit für ihn neben dem Senior Raum vorhanden war – und die Firma auch auf Dauer für ihn attraktiv bleiben konnte – wurde seinerseits ein Geschäftszweig „dazu genommen", welcher heute das ausschließliche Geschäft der Firma darstellt. Von sich und seinen anderen Geschwistern berichtet Herr Cink folgendes:

*Herr Cink: ...Ich bin der Jüngste, (.) mein ältester (.) ist, wie gesagt, hier in der Firma und dann haben wir noch 'nen mittleren Bruder, der ist aber auch wesentlich älter – 12 Jahre, glaube ich –, älter als ich. (.) Der war an sich auch geplant hier für die Firma, (.) ist aber in seiner Art sehr extrem. (.) Erstmal, // sehr, sehr herrisch, sehr schwierig! Zwar sehr intelligent aber kam zum Beispiel schon gar nicht (.) mit meinem Vater zurecht. Da war also schon sehr viel vorgefallen, und dann hier (.) mit den Angestellten und auch mit den Kunden gar nicht zurecht. Wenn irgend etwas schiefging, dann wurd' direkt immer geschimpft und gemotzt, und [holt Luft] – das ging also auf die Dauer nich' gut. Und da ist man zu der Entscheidung gekommen, daß er wieder 'raus sollte. Und er hat jetzt nen Studium dann, hat er dann gemacht, und is' jetzt im Forschungsministerium. Und hat da 'ne sehr gute Stellung und is' da auch mit zufrieden. Ist aber noch beteiligt, genauso wie meine Schwester, (.) die geheiratet ist und nach „München" gezogen ist. (.) Die aber auch (.) immer noch mit ihrem Anteil – wie, wie es damals mal war – beteiligt ist hier.*

Die Schwester ist „in einiger Entfernung" verheiratet – das mag auch ein Bild für ihre, offensichtlich von vornherein nicht für das Unternehmen vorgesehene, Nachfolge aussagen.

Der Dritte im Bunde, der zweite Sohn und mittlere Bruder des Interviewten, gibt ein Beispiel für „Familienplanung" hinsichtlich des Spannungsfeldes „Qual der Wahl" ab: „der war an sich geplant hier für die Firma." Seine Auflehnung gegen die väterliche Autorität – und vermutlich gegenüber der brüderlichen Konkurrenz (bzw. Dominanz) – „ging auf Dauer nicht gut": er mußte gehen. Letzteres entsprach offensichtlich einem kollektiven Wunsch der Restfamilie („*man* ist zu der Entscheidung gekommen ..."), mit ihm ein „Schwarzes Schaf" zu produzieren. In Bezug auf die Familiendynamik sei hier nur angemerkt: er tat das „Schimpfen" und das „Gehen" stellvertretend für die anderen Geschwister mit – gegenüber dem offensichtlich patriarchalen Vater (dieser hielt zum Zeitpunkt des Interviews immer noch den Daumen auf die Finanzen)! So machte der Dritte der Geschwister, der zweite Bruder, Platz für den Jüngsten:

*Ich: Ja, wie sind Sie hier, zu gekommen?*
*Herr Cink: Ja, das war, ich möchte nicht sagen: „verkrachte Existenz", aber doch etwas schwierig gewesen. Ich habe also [holt Luft] (.) Realschule gemacht, habe dann zwei Jahre Höhere Handelsschule (.) und habe dann in „Hamburg" graduierten Betriebswirt gemacht. – Alles noch so nen bißchen mit dem Hintergrund auch mal hierhin. (.) Sollte dann aber ins Ausland – was an sich jetzt im Nachhinein ja auch gar nicht schlecht gewesen wäre – längere Zeit, es war geplant ein Jahr Frankreich, ein Jahr Amerika. Da ich aber schon sehr fest liiert war, hab ich mich da ziemlich gesträubt und hab gesagt: „Nee, da hab ich jetzt keine Lust: ich hab hier die liebe Sonja!"*
...

*[Holt Luft] (.) Und hab gesagt: „Ihr könnt auf mich hier in der Firma verzichten! Ich mach' dann lieber" – da meine Frau auch Lehrerin war, (.) und da gab's damals die Möglichkeit Handelsschullehrer zu machen.*

*...*

*Dann war's aber nun so, daß der Vater nun doch ganz raus wollte und mein Bruder gesagt hat: „Verdammt noch mal, allein mach' ich das nicht so gerne! Das ist schon schön, wenn man zu zweit! Willst'e denn nun nicht doch? (.) Selbst wenn Du dann jetzt eben nicht den Aus-, (.) Auslandsgeschichte hast, und dann machst Du halt hier die Inneren, inneren Sachen und etwas entwickelt sich irgendwann mal. (.) Ich hab ja die Sprachen, es wäre schon schön, wenn wir da zu zweit wären, weil man sich doch da nen bißchen unterhalten kann!" – Ja, und dann hab ich gesagt: „Okay, mach' ich!"*

Wenn man es auf einer individuellen Ebene sehen will, hatte der Jüngste zunächst die sprichwörtliche Narrenfreiheit der jüngsten Geschwister ausgenutzt. Zumindest solange er sich noch in sicherer Entfernung zur Firma aufhielt, da eine Rolle als Nachfolger für ihn offensichtlich nicht in Frage kommen sollte, solange sich Vater und Bruder die Arbeit in der Unternehmensleitung teilten. Nach dem Anlaß seines Eintritts gefragt, bezeichnete er sich zunächst als „verkrachte Existenz", was einen Hinweis auf den Grad seiner Abhängigkeit von Firma (und Vater) gibt, denn eine solche Rolle in der Familie – und ebenso in der „Firma" – loszuwerden, kann zur lebenslangen Aufgabe werden! Die familiäre Dynamik hat dabei ihren Teil dazu beigetragen, diese Abhängigkeit zu erzeugen, indem sie durch den Zeitpunkt des Eintritts Anlaß gab, die zweite Berufsausbildung nicht zu beendigen – um sie gegebenenfalls einmal zur vorübergehenden Desorientierung einer „Spät-Adoleszenz" deklarieren zu können. Gefühle von Schuld und Dankbarkeit, die zur Aufrechterhaltung solcher Abhängigkeit beitragen, werden mit der Zuschreibung (als „Rolle") der „verkrachten Existenz" personifiziert, und die familiäre Dynamik, an der *alle* beteiligt sind, somit ausgeblendet. Denn die Narrenfreiheit und Desorientierung des Jüngsten hat durchaus etwas mit seiner zweifachen – widersprüchlichen – Beauftragung zu tun: sich sowohl für den Eintritt ins Unternehmen vorzubereiten, um für einen, der „nicht einschlägt", „einzuspringen", als auch sich auf ein Leben „außerhalb der Firma" einzurichten. (Sie wird in der Interviewdynamik auch nachvollziehbar!) Denn die „Familienplanung" des Vaters sah für ihn zunächst etwas ganz anderes vor:

*Herr Cink: ...*
*[Lauter] Also, bei mir war's halt eben etwas anders, weil schon zwei Söhne da waren: der Heinrich, der jetzt in, [holt Luft] in Kassel ist,...*
*Ich: hm.*
*Herr Cink: ...und der Karl, (.) die da, da war, // mein Vater hat immer bei mir an sich so 'ne mehr handwerkliche // Seite // geplant, um da irgendwie, quasi noch für die Familie noch nen zweites Bein aufzubauen. Wo noch jemand dann – weiß ich*

*nicht – Schreiner oder Maler is', und dann auch der „goldene Boden" da ist; das war mehr so für mich // Ich war an sich hier nich' für, für die Firma nich' so //*
*Ich: Hm.*

Mit diesen Gedanken ist Herr Cink aufgewachsen (Sie können als Prägung von Kindesbeinen an verstanden werden). Ihnen ist er auch gefolgt, denn in der gesellschaftlichen Phantasie repräsentiert auch der Lehrerberuf „goldenen Boden". Nur trat dann der Fall ein, daß sein 12 Jahre älterer Bruder nicht „einschlug" und „man zu der Entscheidung" kam, „daß er wieder „raus sollte". So kam der Interviewte ins Unternehmen, weil der Älteste es allein nicht so gerne machen wollte (– was angesichts des „Back-Seat-Driving" des Seniors verständlich wird). So gesehen hat diese Geschichte von Dankbarkeit und Abhängigkeit noch eine andere Seite: auf dem Hintergrund familiärer Selektion wurde fachliche Qualifizierung bei allen potentiellen Nachfolgern bevorratet. Es ist daher auf einem kollektiven Niveau (der Familiendynamik) nicht mehr so eindeutig, ob es in diesem Unternehmen jemanden mit einer „verkrachten Existenz" gibt (bzw. wer diese darstellt)!

Am Beispiel von Unternehmen und Familie Cink kann jedoch sehr deutlich werden, daß die familiäre Selektion von Eignung sich durchaus *auch* daran bemißt, inwiefern Nachfolger bereit sind, die eigene Autorität jenseits einer perpetuierten, infantilen Abhängigkeit zu finden, die sich dem „Wohlwollen" des Seniors entzieht.

Die Geschichte von Herrn Cink und seinen Geschwistern steht auch exemplarisch dafür, daß im Spannungsfeld „Blut versus Kompetenz" eine Nachfolgelösung nicht unbedingt auf die (rationalistisch) „beste" Qualifikation hinauslaufen muß: eine *hinreichend* „verkrachte Existenz" *genügt*. Die Nachfolge bei Cink steht darüber hinaus auch exemplarisch dafür, daß die „Qual der Wahl" in eine geschwisterliche Ergänzung von Kompetenz führen kann. Auch wenn alle Beteiligten damit nicht notwendigerweise unzufrieden sind – alle Geschwister sind Gesellschafter – soll nicht verkannt werden, daß darin auch ganz andere Facetten existieren, wie etwa das Intermezzo und Ausscheiden des mittleren Bruders. Das Schicksal der Schwester weist zudem darauf hin, daß die Selektion der Unternehmerkinder – ob bewußt oder im kollektiven Unbewußten der Familie und Sippe – bereits sehr früh (zuweilen pränatal) beginnt.

**Selektion nach Geschlecht**
Aus dem Voranstehenden dürfte für den Leser bereits klar geworden sein, daß zweckrationale Kriterien familiären Nachfolge eben nicht (nur) den vorgeblich quantifizier- und qualifizierbaren Kriterien gesellschaftlich anerkannter Berufsqualifikation und -sozialisation folgen. Das ist insbesondere im Falle der weiblichen Familienmitglieder frappant, von denen auffällig oft erklärt wird, sie seien desinteressiert, in andere Berufe gegangen oder Hausfrauen und Mütter geworden und sollten dies (bzw. dort) auch bitteschön bleiben!

Eine der Hauptannahmen, die der geschlechtsspezifischen Selektion zugrundeliegen: Frauen (Töchter, Schwestern) gehören nicht in die Unternehmensleitung, solange es Männer (Söhne, Brüder) gibt, welche die Rollenträgerschaft übernehmen können. Im obigen Beispiel von Herrn Cink klang schon eine erste Facette dieser Annahme an: Mädchen sind von Anfang an nicht für die Nachfolge „vorgesehen", Jungen wohl. So erzählt auch Herr Fass, jüngster Sohn und Nachfolger in vierter Generation über seine Schwester:

*Ich: Wie kommt dat, dat für die hier nie irgendwie war, im Blickfeld war?*
*Herr Fass: (.) Dat war von Anfang an klar, dat ich in die Firma geh'! // Wirklich von Anfang an, von klein auf. Und et war genau so klar, dat meine Schwester hier nie 'reinkommt!*

Der a priori Ausschluß dieser potentiellen Ressource (!) ist verblüffend. In diesem Zusammenhang ist fraglich, wie lange es sich auch „Familienunternehmer" noch werden leisten können, „ein gewaltiges Potential an Führungs- und Unternehmerqualitäten brachliegen zu lassen – die Frauen." (C. Demmer 1988b, 299) Die Familiendynamik der Familie Fass delegierte das feingeistige Hobby des Vaters an die Tochter, die sich ihre Meriten an einer entsprechenden Fakultät erwarb. Dieser Vorgang ist somit gleichzeitig als Abwehr weiblicher Nachfolge erkennbar. Der Clou: die Schwester nimmt inzwischen *ihre* Interessen als Gesellschafterin im Unternehmen der Familie ihres Mannes wahr, nachdem sie eine entsprechende kaufmännische Weiterbildung unternommen hatte!

Eine zweite Facette: Mädchen gehören nicht ins Unternehmen, weil Frauen als nicht *konkurrenzfähig* angesehen werden. Man kann diese Annahme natürlich auch so deuten, daß den Söhnen damit weibliche Konkurrenz – in den unglücklicheren Fällen zuweilen auch männliche Konkurrenz in Gestalt eines Schwagers – erspart bleiben soll. Darin sind sich die – in ödipalen Rivalisierungen um die Ehefrau und Mutter gefangenen – Väter und Söhne einig. Ein Beispiel bieten Vater und Sohn Cohn:

*Ich: Hm. Und wie ist dat gekommen? – Also, man könnt' sich ja heute vorstellen, dat nen Mädchen sowat auch macht, – ja?*
*Vater Cohn: Ja, natürlich, natürlich, dat is' klar. – Nee, aber unsere Tochter hätte dat nie gemacht! – Nee!*
*Sohn Cohn: Und ich war ganz froh – wenn ich dat mal so einflechten darf – dat ich hier so im Prinzip meine Zukunftsaussichten hatte, hier im Betrieb 'reinzugehen, war ich im Prinzip so ganz zufrieden mit, auch schon während der Schule.*
*Ich: Hm.*
*Sohn Cohn: So ich wußte eben: „Gut, du brauchst keine große Numerus-clausus-Hürde zu schaffen! Wat De später mal machen willst, damit biste zufrieden und dat findste auch gut!"*

Bei Herrn Cohn junior kann der Leser gut heraushören, daß männliche Nachfolger über die a priori Ausschaltung von Konkurrenz durch die – in der Schule zumeist wesentlich engagierteren und besseren – Schwestern „ganz froh" sind. „Dies ist das berühmte weibliche Leistungsdefizit. Man weiß seit langem, daß Frauen nicht erreichen, was sie aufgrund ihrer Leistung erreichen könnten. *Man hat jedoch nicht erkannt, welche Rollen die Frauen selbst dabei spielen, daß dieses Defizit bestehenbleibt.* Frauen werden nicht einfach von der Macht ferngehalten (obwohl das systematisch geschehen ist); wir *entziehen* uns ihr auch aktiv." (C. Dowling 1987, 45)

Die Möglichkeit, daß Schwestern die Unternehmerrolle ihrer Väter übernehmen könnten, wird von den männlichen Nachfolgern oftmals schlichtweg negiert (bzw. verleugnet). Selbst den darin für sie selbst implizierten Freiraum können sie nicht wahrnehmen, wie das Beispiel von Herrn Dees eindrücklich zeigt:

*Herr Dees: ...*
*Das war also bei uns eigentlich nicht so, daß man also [klopft auf den Tisch]: „So, erste Sohn – und hinein!", und so...*
*Ich: hm.*
*Herr Dees: ...Also diese Vorschriften waren nicht da.*
*Ich: Sie sind der Älteste?*
*Herr Dees: Ja, ja. Ich hab noch 'ne jüngere Schwester, also deswegen war das also bei uns (.) kein Problem.*
*Ich: Deshalb weil die jüngere Schwester 'ne Alternative gewesen wär, oder?*
*Herr Dees: Ja, unter Umständen auch. Das hätte, wär' ja dann auf den Mann angekommen, (.) den sie geheiratet hätte, (.) daß sie später vielleicht mal hier noch in die Firma gekommen wär, dat wären also auch noch Möglichkeiten, denn ich glaub', das war aber nicht vorrangig, an das man gedacht hat.*

„Unter Umständen" wäre die Schwester von Herrn Dees eine – familiäre – „Alternative" zu ihm gewesen. Jedoch nicht aus der Position einer familiären Delegation, ihrer gezielten Qualifizierung oder ihrer personalen Kompetenz. Sie wäre „später vielleicht noch in die Firma gekommen", wenn es ihr gelungen wäre, ein entsprechendes männliches Attribut als Eintrittskarte mitzubringen – das „wäre dann auf den (von ihr geheirateten) Mann angekommen"...

Unternehmertöchter scheinen generell auf – mindestens – ein fundamentales Problem zu treffen: die Auseinandersetzung mit der Über-Idealisierung des Männlichen, die ihren Ursprung in der – von Frauen wie Männern gleichermaßen – unbewußten Identifizierung des Weiblichen mit „Fehlbarkeit" hat (S. Spieler 1991, 47). Die Vorstellung, daß Töchter (bzw. Schwestern) in Unternehmen mittels männlicher Unterstützung Karriere machen können (M. Hennig und A. Jardim 1987, 177), wird dem Problem von Unternehmertöchtern nicht gerecht, sich nämlich mit dem idealisierten Vater (und der kritisierten Mutter) sowie möglicherweise mit dem Bruder auseinandersetzen zu müssen. In patri-linearen Erbfolgen werden ihnen ansonsten nur Rollen als Unterstützerinnen, „Seele des Geschäftes" oder schlimmstenfalls als „Ersatz" für „fehlende" Söhne angetragen.

Es kann daher wenig verwundern, wenn es Töchtern aus Unternehmerinnenfamilien auffällig eher gelingt, eine mit Autorität ausgestattete Leitungsfunktion im Unternehmen einzunehmen, wenn sie Nachfolgerinnen matrilinearer Erbfolgen sind. Die Auseinandersetzung mit den Müttern fällt Frauen um ein Wesentliches leichter, als aus der infantilödipalen Konstellation gegenüber dem Vater – der psychischen Position von „Vaters kleinem Mädchen" – herauszufinden.

Es sei denn, sie wählen die vermeintlich leichtere Variante und regieren aus der zweiten Reihe. Wie sagte doch Herr Dees oben: „das wär' ja dann auf den Mann angekommen". Ein drastisches – und möglicherweise in dieser Form einzigartiges – Beispiel stellt folgende Anzeige dar, bei der es sich auf den ersten Blick um eine (ungewöhnliche) Partnerschaftsannonce zu handeln scheint:

***Von Eltern zu Eltern***
*„Wir, Unternehmerehepaar, nicht unvermögend, suchen für unsere Tochter, 27 Jahre alt, 165cm groß, blond, schlank, einen seriösen Lebenspartner. Sie ist gutmütig, spontan, beweglich, künstlerisch interessiert (Graphikerin), lebensfroh, selbständig, zur Zeit im deutschsprachigen Ausland lebend. Wir wählen diesen ungewöhnlichen Weg der Partnersuche – ohne daß unsere Tochter zunächst davon Kenntnis hat – um einen Anstoß zur Partnerschaft zu initiieren. Wenn Sie Ähnliches denken, schreiben Sie uns kurz, damit wir uns einmal zwanglos treffen und unterhalten können. Zuschriften erbeten unter..." (Quelle: FAZ vom 10.11.1990, S. 39)*

Die Männer der Töchter stellen im Metasystem gewissermaßen Söhne zweiter Wahl dar. In vielen Fällen, in denen Schwiegersöhne zu Nachfolgern gemacht wurden, scheint mir die Hauptdynamik treffend mit dem Paradox beschrieben: „Wo der eigene Name für das Familienunternehmen erworben werden muß". Aus der Sicht des Ursprungssystemes kann dazu nur gesagt werden, daß Schwiegersöhne keinen Platz dort haben können, ohne gegen die Ursprungsordnung zu verstoßen. Sie machen besser etwas eigenes...

Auf der anderen Seite gilt auch für die männlichen Nachkommen weiblicher Erbinnen, welche in der Regel nicht den Namen der Gründerfamilie tragen, daß die patri-lineare Erbfolge bemüht ist, diese männliche Konkurrenz ebenso auszuschalten wie die von Frauen. Möglicherweise werden ja darin Befürchtungen abgewehrt, ihre Mütter könnten über die Söhne versuchen, sich für ihre Nicht-Berücksichtigung zu revanchieren (bzw. die Rivalisierungen an sie zu delegieren). Ein herausragendes (und prominentes) Beispiel dafür ist die Tengelmann-Nachfolge, die (nebenbei bemerkt) nicht nur branchenweit als sehr erfolgreich gilt (G. Freese 1989, 20):

*„Eine unfreundliche Übernahme hat Erivan Haub bisher nur einmal unternommen – die eigene Machtergreifung bei Tengelmann. Karl Schmitz-Scholl, bis zu seinem Tod im Jahre 1969 mächtiger Chef von Tengelmann, hatte längst beschlossen, die Familie seiner Schwester Elisabeth, die wie er fünfzig Prozent am Unternehmen hielt, aus dem Unternehmen zu drängen. Auf keinen Fall aber sollte der Sohn der Schwester, Erivan Haub, die Macht ergreifen. „Dann", so fürchtete Schmitz-Scholl, „wird der die Firma so schnell wie möglich verkaufen." Der junge Haub, ..., wurde nach einem mehrjährigen Handelspraktikum in den USA von seinem Onkel 1964 mit der Leitung einer kleinen Regionalzentrale in Wiesbaden vom Mülheimer Hauptquartier ferngehalten. Doch als Schmitz-Scholl 1969 starb, hielt Haub schließlich doch als Erbe Einzug in Mülheim."*

Inzwischen denkt Erivan Haub (62) selber „noch lange nicht an einen Rückzug aus dem aktiven Geschäft. Nicht ohne Stolz vermerkt er freilich, daß er mittlerweile starke Unterstützung von seinen Söhne erhält, die nach unterschiedlichen Ausbildungen und Werdegängen heute alle in der Unternehmensgruppe tätig sind." (B. Koch 1995, 24)

Schließlich sollte im Zusammenhang mit der geschlechtsspezifischen Selektion auch nicht die Rolle von Frauen (bzw. Müttern) übersehen werden, die oftmals als „graue Eminenzen" die Unternehmensgeschicke aus dem (familiären) „Hintergrund" aus mehr oder weniger leiten. Ihr Einfluß auf die Nachfolge kann nur begriffen werden, wenn man die Interdependenz der Rollen als ein *sich komplimentierendes* Spiel begreift. Einmal mehr stellt hier die Geschichte der Krupp-Dynastie ein – vermutlich nicht so ungewöhnliches – Beispiel dar (R. Calogeras 1989, 166):

*„Die Rolle von Alfrieds Mutter bei diesem Geschehen ist bemerkenswert, denn sie war die gesetzmäßige und wahre Eigentümerin von Fried. Krupp, Essen. Mit ihrer Zustimmung zu der Verkündigung der Lex Krupp durch Adolf Hitler verzichtete Bertha Krupp nicht nur zugunsten ihres ältesten Sohnes Alfried auf die Eigentumsrechte an dem Familienunternehmen, sondern enterbte auch alle anderen Kinder! Bertha gab so, ganz wie ihre Urgroßmutter Amalie, die Witwe Krupp, ihren Besitz auf – sie war zu diesem Zeitpunkt 57 Jahre alt und bei guter Gesundheit – um sich angeblich aus dem aktiven Leben zurückzuziehen und die Fortexistenz der Firma unter einem Alleininhaber zu sichern. Es mangelt aber nicht an Hinweisen, daß sie in Wirklichkeit nach wie vor als graue Eminenz einen beherrschenden Einfluß ausübte."*

Wenn es ihnen ansonsten verwehrt wird, einen würdigen und geachteten Beitrag zum Generationswechsel des Metasystems – über die in ihnen abgespaltene Fruchtbarkeit und Reproduktionsfähigkeit der Familie hinaus – zu leisten, scheinen die Betroffenen (Mütter) die daraus resultierenden Gefühle auszuagieren.

Hier zeigt sich wieder einmal, wie wichtig im Generationswechsel eine *gute Lösung für alle Beteiligten* ist. Sie orientiert sich nicht allein nach zweckrationalen Entscheidungen. Bei Letzteren wird zumeist nicht danach gefragt, für wen (unter den Betroffenen) sie eigentlich zweckmäßig sind. Demzufolge stellen sie sich dann als Rationalisierungen und als Abwehr der von der Nachfolgedynamik ausgelösten Gefühle heraus.

## 1.4 Resümee einer Reisebeschreibung

An dieser Stelle sind Autor und Leser am Ende der Reise-Beschreibung angelangt. Sie sollte zum Ziel haben, Klarheit über den „Weg hindurch" (der Forschungsexpedition) zu gewinnen, sich einen Überblick über die Ausrüstung (des Forschers) und die (aus der Perspektive des Beraters) bestehenden Landkarten und Reiseführer zu verschaffen. Diese Orientierungshilfe wurde (aus der Perspektive des Nachfolgers) durch einen ersten Eindruck von den Gebräuchen und Motiven familiärer Nachfolge – als besonderes Kennzeichen von Eingeborenen der Inselgruppe (Familienunternehmen) – ergänzt. Dem Leser wird dabei aufgefallen sein, daß manche Illustrationen dieser Reise-Beschreibung – insbesondere die zur Perspektive des Nachfolgers – aus dem „Photoalbum" der „Expedition" stammen. Die Ausschnitte der Interviews wurden vom Autor nicht nur aufgrund der ihnen innewohnenden Qualität zur Be-Bilderung ausgewählt. Sondern auch, weil ohne sie manche Facette von „Familien, ihren Repräsentanten und Unternehmen" und insbesondere vom Komplex der familiären Nachfolge auch weiterhin eher unterbelichtet oder ganz ausgelassen geblieben wäre. Dem Leser blieb es dabei weitgehend selbst überlassen, ob die Illustrationen eher durch Photos oder in Bildern (Metaphern) Wirkung erzielte. Manches mag dem Leser aus eigener Anschauung bekannt, anderes eher fremd vorgekommen sein. In den dadurch zutage tretenden „Lücken" sowie in der – zuweilen komplizierten – Verwendung von „Begriffen" (statt von *Worten*) wird zugleich auch der Mangel an Information und an Verstehen der sich mit Nachfolge und Generationswechsel in Familienunternehmen vollziehenden Prozesse offenbar.

Inhaltlich betrifft dies vor allem das Verständnis der interdependenten Beziehungen von Familien- und Unternehmenssystem. Denn selbst Nachkommen einer großen Unternehmerfamilie verlagern die daraus entstehende Problematik einseitig in die „Familie", wie J. Mittelsten Scheid: „Letztlich gilt, daß Familiengesellschaften nicht besser oder schlechter als ihre anonymen Schwestern sind, sondern lediglich anders. Sie bedeuten mehr Chance, aber zugleich auch mehr Risiko. Wenn das Familienunternehmen etwas zu fürchten hat, so wohl am ehesten sich selbst bzw. die Unternehmer und die Familien, die dahinter stehen." (J. Mittelsten Scheid 1985, 82)

Ich wurde mır dagegen wünschen, daß die Unternehmens-Spezies Familienunternehmen weniger von der Furcht vor ihren Familien und Repräsentanten beherrscht ist. „Familien, die Unternehmen unternehmen", stellen keine „Exoten" dar. Sie repräsentieren dagegen Organisationen, die weniger von der „Ratio" allein beherrscht werden, wie es in anonymen Unternehmen gerne vorgegaukelt wird. Dagegen tritt im Generationswechsel offen „Emotionales" und Irrationales zutage. Das läßt Familienunternehmen jedoch *nicht mehr* als andere Organisationsarten durch das Irrationale konstituiert erscheinen, wenn man einmal die komplexen und paradoxen Probleme in Arbeitsorganisationen als (menschliche) Möglichkeiten zur *Problembewältigung* begriffen hat. Das Unbewußte ist nur in Familienunternehmen spezifischer auf die *Primärbeziehungen* der Herkunftsfamilien zugeschnitten. Das hat nicht nur Auswirkungen auf die „Familien mit System" selbst sondern auch auf die relevante Umwelt: die familiäre Nachfolge prägt die spezifische Kultur des Unternehmens, zuweilen dominiert sie diese auch. Auf eine noch näher zu bestimmende Art und Weise scheinen sich darüber hinaus Familie und Unternehmen wechselseitig Sinn zur Verfügung zu stellen, der in der Nachfolge (bzw. im Generationswechsel) besonders hervortritt.

Im Folgenden werde ich die Ergebnisse der (Forschungs-) Expedition darstellen. Der Leser mag sich dabei vergegenwärtigen, daß die darin vorgenommenen Wirklichkeitsbeschreibungen mit der dynamischen Optik vorgenommen werden. So können „Unternehmen kultivieren Familie", „Generationen delegieren Familie(n-)Nachfolge(r)" und „Familien (-Unternehmen) unternehmen Un-Sterblichkeit" als Dimensionen der psycho-sozialen Dynamik von Familienunternehmen aufgefaßt werden. Auf dem Weg zum Verstehen stehen „Auswertung" und Interpretation der Interviews im Mittelpunkt. Dabei habe ich nicht nur die Rolle eines „Forschers" eingenommen sondern auch Erfahrungen aus der Rolle des „Beraters" nutzen können. Wenn ich dabei (als potentieller Nachfolger eines Familien-Unternehmens) aus der Perspektive des „Nachfolgers" Nachfolger, Gründer, Senioren und andere Betroffene interviewt habe, mag für manchen Leser entscheidend sein, ob die – aus dieser speziellen Optik stammenden – Verzerrungen und Spiegelungen eher mit einer Makrolinse oder einem Fisheye-Objektiv (oder anderen photographischen Hilfsmitteln) erzielt worden sind. Andernfalls mag er bedenken, daß die aus Interpretation und Reflexion der Interviews erzielten Ergebnisse möglicherweise doch eher ein „Spiegelbild" oder den Resonanzboden der (psycho-sozialen) Dynamik des Forschungsobjektes darstellen.

# 2 UNTERNEHMEN KULTIVIEREN FAMILIE

Die Wertschätzung der Kultur von Familienunternehmen wird in der Literatur in Chancenpotentialen, wie „Humanität am Arbeitsplatz", „Langzeit-Perspektive" oder „Qualitäts-Verpflichtung" beschrieben (P. Davis 1983, 54). Man könnte allgemein vermuten, daß die Kulturforscher Eigenschaften,[1] welche allgemein einer Unternehmenskultur zugeschrieben werden, in Familienunternehmen abgelesen haben: „Kultur ist das implizite Bewußtsein eines Unternehmens" (C. Scholz 1988, 81). Die Kultur des jeweiligen Familienunternehmens ist – ebenso wie die spezifische von Familienunternehmen generell – auch immer eine Selektion möglicher Kulturformen; sie *„ist"*, da sie *„Sinnfestlegung"* vornimmt (N. Luhmann 1984, 224). Mithilfe der dynamischen Optik sieht sich der Leser im Folgenden mit einer spezifischen Beschreibung der Kultur in (bzw. von) Familienunternehmen konfrontiert. Ich werde sie als eine Kultur wechselseitiger (inter-dependenter) Abhängigkeit von Unternehmens- und Familiensystem kennzeichnen, die zumeist von *Unreife* geprägt ist.

Zunächst soll die Erzählung „Die Kindheit eines Chefs" von J.P. Sartre (1991, 117,118) helfen, was hier mit Abhängigkeit und Unreife gemeint ist, zu erläutern:

*„Einmal, als sie vom Spaziergang zurückkamen, nahm Papa Lucien auf den Schoß und erklärte ihm, was ein Chef war. Lucien wollte wissen, wie Papa mit den Arbeitern sprach, wenn er in der Fabrik war, und Papa machte es ihm vor, und seine Stimme war ganz verändert. ‚Werde ich auch ein Chef?' fragte Lucien. – ‚Aber natürlich, mein Kerlchen, deshalb habe ich dich ja gemacht.' – ‚Und wem werde ich befehlen?' – ‚Nun, wenn ich tot bin, wirst du der Fabrikherr und wirst meinen Arbeitern befehlen.' – ‚Aber sie werden auch tot sein.' – ‚Nun ja, du wirst ihren Kindern befehlen und wirst wissen müssen, wie man sie dazu bringt, dir zu gehorchen und dich zu lieben.' – ‚Und wie bringe ich sie dazu, mich zu lieben, Papa?' – Papa dachte ein bißchen nach und sagte: ‚Als erstes mußt du alle bei ihrem Namen kennen.'"*

Die Kindheit von Lucien kann als Bedingung dafür verstanden werden, daß sich später Papas Nachfolger Lucien an den „kleinen" Lucien erinnern wird – und an das, was ihm sein Vater zum Thema „Familien-Unternehmer" erzählt hat. So kann zum einen die Kindheit des Nachfolgers als Bedingung für seine Nachfolge gelten als auch für die Wahrnehmung und Ausgestaltung seiner Nachfolgerrolle gegenüber seinem Vater und den Mit-Arbeitern. Diese Episode illustriert daher auch, daß die Entwicklung des Individuums aufgefaßt werden kann als ein „ ... lebenslanger Prozeß des Sich-Losmachens von der einseitigen Abhängigkeit früher Beziehungen und eine Bewegung hin zu

Beziehungen, die durch gegenseitige Abhängigkeit gekennzeichnet sind" (S. Cashdan 1990, 23). „Unreife" (Abhängigkeit) ist von kleinkindlichen Wünschen nach Verschmelzung (d.h. Nicht-Unterscheidbarkeit) dominiert: das kann der Leser in der oftmals unterlassenen Differenzierung von Familie und Unternehmen wiederfinden. „Reife" (Abhängigkeit) ist dagegen durch die Anerkennung gegenseitigen Angewiesenseins und die Fähigkeit charakterisiert, Andersartiges zu ertragen. (S. Cashdan 1990, 23) Auch die Unterlassung dessen wird der Leser für Familienunternehmen nicht gerade untypisch finden. In einer Abhängigkeits-Kultur sind die Betroffenen (oder Protagonisten) somit in einem gemeinsam inszenierten Spiel auf die Aufrechterhaltung (bzw. Wiederherstellung) der Abhängigkeitsformen primärer Beziehungen aus.

Der Behauptung, „Unternehmen kultivieren Familie", unterliegt demnach eine doppelte Bedeutung. Zum einen, daß die Kultur von „Familien-Unternehmen" Tendenzen des Unternehmenssystem aufzeigt, familiale Strukturen der Inhaberfamilie widerzuspiegeln oder sogar generell familiäre Strukturen zu rekonstruieren. In „Unternehmen spielt Familie" wird daher an Beispielen aus den Interviews nachgespielt, inwiefern Familienunternehmen „als Familie" unternommen werden und welche Konsequenzen dies für die Betroffenen nach sich zieht. Dabei verstehe ich „Spielen" durchaus in einem doppelten Sinne: sowohl als Gesellschafts-Spiel wie auch im Sinne von „ein Stück spielen" (aufführen).

Zum anderen heißt „Unternehmen kultivieren Familie" auch, daß die Abhängigkeitskultur zu einer Perpetuierung der familiären Nachfolge – und zur Unreife der Beteiligten – beiträgt. „Unternehmen spielt Familie" heißt in Bezug auf die Organisation des Metasystems schließlich auch, daß sie in erster Linie entlang familiärer Bedürfnisse und zur Sicherung der familiären Nachfolge strukturiert wird.

## 2.1 Unternehmen spielt „Familie"

Wenn „Unternehmen Familie kultivieren" heißt dies, daß in Familienunternehmen bestimmte „Spiele" (und Spiel-Regeln) bevorzugt werden, in denen das Bild der Familie dominiert. Dieser Gedanke folgt der Überzeugung, daß Menschen ihre Innen- und Außenwelt insbesondere durch Bilder (Metaphern) wiedergeben, verstehen und verständlich machen. Wir verhalten uns sozusagen zu den von uns wahrgenommenen Wirklichkeiten in Bildern; die gewählten Bilder geben Auskunft über unsere Wirklichkeitsauffassung und Wahrnehmung sowie zugleich auch darüber, welche Wirklichkeiten wir *nicht* wahrnehmen.

### *2.1.1 Familie spielt „Unternehmens-Leitbild"*

Das gilt auch für die Wirklichkeiten und Wahrnehmungen in und von Organisationen (wie z.B. Familienunternehmen). In seinem Buch „Images of Organization" hat G. Morgan (1986) aufgezeigt, wie die Bilder, mit denen wir an die Gestaltung und Wahrnehmung von Organisationen herangehen, unser Denken über, Verstehen von und Handeln in Organisationen beeinflussen. Jede gewählte (dominierende) Metapher ist für sich einseitig und schränkt die Sicht der Organisationsmitglieder ein. Sie verstellt zugleich den Blick für andere Facetten (und Metaphern) und läßt daher alternative Vorstellungen und Handlungsmöglichkeiten nicht gelten.

Wenn also hier davon gesprochen wird, daß „Familie Unternehmens-Leitbild spielt", dann im Sinne einer – die Wirklichkeit von Familienunternehmen – dominierenden Metapher der „Organisation als Familie". Indem der Leser wahrnimmt, daß somit nur eine einseitige und eingeschränkte Sichtweise von Familienunternehmen produziert wird, können die in diesem Bild implizierten aber unangemessen Analogien zwischen „Familie" und „Unternehmen" aufgedeckt werden. Damit tritt jedoch auch die Schattenseite der Metapher „Familie" zutage, welche allzu gerne vom romantisierendem Familien-Bild (Insel, Hort, Paradies, Nest, kleine Welt, etc.) verdeckt wird.[2]

Andererseits scheint es naheliegend, daß viele Unternehmer Bilder von (bzw. über) Familie sowie die damit verbundenen Vorstellungen von Autorität und Führung auf ihre Selbständigkeit und ihr Unternehmen übertragen.[3] Darüber hinaus stellen die Mitglieder der Inhaberfamilie in den Augen ihrer Umwelten gewissermaßen *kollektive Protagonisten* einer „glücklichen Familie" dar, zumal Unternehmer (und ihre Familien) kollektive Versorgungs- und Wohlstandsphantasien repräsentieren. So wird es den Leser auch kaum verwundern, wenn im Metasystem das „Bild der Familie" die Vorstellungen des Familienunternehmens von sich selbst dominiert.

**Wir denken immer zunächst mal in der Familie ...**

Die Vorstellung, ein Unternehmen als Familie zu managen, drückt Herr Dame so aus:

*Herr Dame: ...*

*Joo, und heute sind wir also dann ein Unternehmen, das ohne jede fremde Hilfe lebt. Reines Familienunternehmen: meine Söhne sind alle drei im Unternehmen tätig. Seit „Januar" dieses Jahres bestehen vier Unternehmen, drei GmH's: für meinen Sohn Albert, für meinen Sohn Berthold und für meinen Sohn Carl. Die KG gehört meiner Frau und mir; ist die Immobiliengesellschaft.*

Mit anderen Worten: Herr Dame träumt vom „klassisch-unternehmerischen Streben nach nur auf sich bezogener Autonomie und Un-Abhängigkeit;

wohlwissend, daß dies in unserer arbeitsteiligen Wirtschaft ein unerfüllbarer und destruktiver Traum ist" (W. Häfele 1994, 102). In seiner Vorstellung, man könne „ohne fremde Hilfe leben", artikuliert er in einem hohen Maße den Wunsch nach Unabhängigkeit der Familie (bzw. des Metasystems). Ein „reines Familienunternehmen" ist demnach eine Unternehmensform, in der Autorität und „Herrschaft" eindeutig auf die Protagonisten der Inhaberfamilie verteilt werden. Familienunternehmen sind demnach Unternehmen, die Mithilfe des Kapitals der Unternehmerfamilie und „unter" der Führung einzelner ihrer Mitgliedern „unabhängig" geworden sind. Unzweifelhaft macht Herr Dame aber (nicht zuletzt mit der Vermögensaufspaltung) deutlich, daß die Unabhängigkeit letztlich *nicht* dem Unternehmen sondern der *Inhaberfamilie* gilt: die GmbHs sind *für* die Söhne und die KG *gehört* den Eltern. Zudem sind die Firmen sind mit Kapital der *Familie* in nennenswertem Umfang ausgestattet: sie sind „keine 50 Tausend-Marks GmbH"!

Im „(Unternehmens-)Leitbild Familie" ist der Unternehmer auch „Familienoberhaupt" (zumal wenn er, wie im Falle von Herrn Dame, Gründer ist). So liefert Herr Dame auch eine interessante Variation zum Thema „Betriebsrat":

*Herr Dame: ...*
*[Zitiert aus Firmenbroschüre:] „Nicht reines Management, sondern Unternehmertum im Sinne der freien Marktwirtschaft bilden die Leitlinien des Familienunternehmens." – Das ist bis heute noch meine Meinung. Noch nie 'nen Betriebsrat gehabt! Doch – hatte mal einen, hatte hier so nen paar Kloken hier, haben sich nach zwei Jahren aufgelöst. Obwohl wir ca. 100 Leute haben, gibt's keinen Betriebsrat. Ich habe ihn nie verhindert, ich würd' ihn nicht verhindern, weil's manchmal sehr angenehm ist. Macht aber keiner! – Warum? Weil ich der Meinung bin, daß ich nicht nur Familienvater von fünf Kindern bin, sondern auch so etwas, der die Not meiner Mitarbeiter kennen muß, wenn sie da ist, und der sie vielleicht auch viel besser beurteilen kann als ein Gesetz. Und so gibt's keinen Betriebsrat bei mir! Wie Sie auch darüber denken, is' mir Scheißegal! [Lacht]*

Aus seiner Sicht kennt eben ein Familienvater „von 5 Kindern" im Zweifelsfalle die Nöte *seiner* Lieben – über „100 Leute" – „besser als ein (BVerf)Gesetz"! Die Folge: bei ihm („mir") „gibt es keinen Betriebsrat!" „Sein" *Unternehmen* stellt gewissermaßen die Erweiterung *seiner* Persönlichkeit dar, es ist Spiegelbild seiner *inneren* Verfassung. Ein Unternehmer „im Sinne der freien Marktwirtschaft" hat als Familienoberhaupt demzufolge 100 und 5 „Kinder"! Denn der Unternehmer repräsentiert im Familienunternehmen nicht nur in der Phantasie der Unternehmensangehörigen das Imago eines Familienvaters (wie die Elternfiguren im allgemeinen *Autorität* schlechthin), sondern er *ist* zugleich ja für die Umwelt sichtbar Familienvater – wenn (auf der Realitätsebene) auch lediglich der Inhaberfamilie! Für ihn selbst ist allerdings eine Trennung und Differenzierung nur schwer möglich. Das wird deutlich, indem Herr Dame meine Frage, inwiefern das *Unternehmen* eine (metaphorische) „zweite Familie" – *neben* der realen Familie des Interviewten – darstellt, völlig auf die Inhaberfamilie bezieht:

*Ich: Also, könnte man sagen, daß das Unternehmen (.) so 'ne Art zweite Familie ist?*
*Herr Dame: Wenn Sie die Familie, den Begriff Familie nicht eng fassen: ja.*
*Ich: Hm.*
*Herr Dame: Also Sie müssen jetzt nit sagen: Mann und Frau, das ist ja die Familie und ein Kind. Sondern die Großfamilie: (.) da is' sicher eine Identität und ein Trennen kaum so genau möglich.*
*Ich: Hm.*
*Herr Dame: Das kann man nicht sagen.*
...
*Hängt auch sicher so nen bißchen damit zusammen, daß sie alle hier wohnen und daß es auch zu meinen Aufgaben gehört, die Familie und das Unternehmen in einem positiven Einklang zu halten. Das ist meine Aufgabe, da muß man ab und zu auch mal wat für einfallen lassen, (.) wat wieder alles zusammenhält.*

Das Metasystem wird hier fast ausschließlich in familiären Kategorien benannt: „eine Identität und ein Trennen ist kaum ... möglich!" Das „Unternehmen" wird für die Inhaberfamilie ebenso instrumentalisiert wie die „Familie" umgekehrt für das Unternehmen. Das „Familienleben" spielt sich in erster Linie im Unternehmen und auf das Unternehmen bezogen ab. Wie aus seinen weiteren Erzählungen hervorgeht, wohnt die ältere Tochter, die „eigentlich gar nix mit dem Unternehmen zu tun hat", in einem „firmeneigenen Haus". Zudem wird der „Zukünftige" der jüngsten Tochter, welcher glücklicherweise „auch Kaufmann" ist, „demnach" (nach der Eheschließung, sobald auch er *Teil* der Familie geworden ist) vermutlich einen Teil des Vertriebes „übernehmen".

Herr Dame, der Gründer des Unternehmens hat sich aus dem Tagesgeschäft weitgehend zurückgezogen. Seine Aufgabe sieht er darin, „die Familie und das Unternehmen in einem positiven Einklang zu halten". Anders kann der Wunsch kaum stärker ausgedrückt werden, daß Unternehmen und Familie sich zu weitgehend kongruenten Systemen entwickeln!

Sein Resümee zu diesem Thema:

*Herr Dame: ...*
*[Lacht] Wir denken also immer zunächst in der Familie!*
*Ich: Hm.*

**Weil da besondere Regeln gelten ...**
Der Preis für solch ein Unternehmensleitbild sind die verschiedenen Formen von Rücksichtnahmen aufgrund der familiären Verbindungen zwischen den Beteiligten. Hier kann man sich oft des Eindrucks nicht erwehren, daß in

erster Linie nicht das Unternehmen sondern die *familiäre Harmonie* gemanagt wird. Dies spiegelt sich insbesondere in der Einbeziehung nicht beteiligter, nicht tätiger Geschwister oder anderer mittätiger Verwandten wider. So erzählt Herr Dees:

*Ich: Ja. Finden Sie das wichtig, dat Sie (.), – ja, miteinander gut klarkommen, oder?*
*Herr Dees: In 'nem Familienunternehmen halt' ich das für ausgesprochen wichtig.*
*Ich: Hm.*
*Herr Dees: (.) Weil ja da besondere Regeln irgendwo (.) gelten, die (.) unter Familienmitgliedern, // Auch wenn's 'nen Vetter ist, (.) hat man ja // Während man keine (.) verwandtschaftlichen Beziehungen zu jemanden hat, man klarer und deutlicher miteinander verkehren kann, ohne dann (.) vielleicht so 'ne Rücksicht zu nehmen. Da kann ich mir vorstellen, daß da also eher Reibereien sind, die dann klar und deutlich ausgefochten werden.*
*Ich: Hm.*
*Herr Dees: Dat also da so nen bißchen vielleicht doch unter'n Teppich gekehrt wird, dat is' schon möglich, – dat seh' ich sogar!*

In der Familie (bzw. im Familienverbund) des Familienunternehmens Dees „gelten besondere Regeln", die aber „irgendwo" unaussprechlich und unausgesprochen bleiben. Sie reichen über die Bemühungen zur Rekonstruktion der Familie im Unternehmen hinaus und dienen zur *Aufrechterhaltung* der Generationen übergreifenden Wir-Identität der Inhaberfamilien. Die Abhängigkeit voneinander ist so groß, daß mit jedem Streit der familiären Repräsentanten untereinander sich der Zusammenbruch des Metasystems anzubahnen scheint. Die (überdimensional wahrgenommene) Abhängigkeit der Inhaber voneinander führt dazu, daß die Betroffenen Auseinandersetzungen eher „unter den Teppich kehren" statt sie „klar und deutlich ausfechten" zu können.

### 2.1.2 Unternehmen spielen „Eltern und Kinder"

Zum Leitbild der Organisation „als Familie" gehört auch, daß Nachfolger (bzw. Erben) und Mit-Arbeitende *lebenslänglich* zu *Kindern* verurteilt scheinen. In ihren Versorgungswünschen dienen die potentiellen Nachfolger oder Erben (Kinder) des Unternehmers und die Mit-Arbeiter einander wechselseitig zur Projektion von „Unselbständigkeit" und Unreife. Die folgende Anekdote eines Kunden aus meiner Beratungspraxis mag dieses illustrieren:

#### *Rückgrat brechen*

*In einem kleinen mittelständischen Unternehmen nimmt einer der Senioren mehrfache Funktionen (von der Auftragsannahme über die Betriebsleitung bis zum Versand) wahr. Er ist für seine „rauhen" Umgangsformen mit Mitarbeitern und Kunden bekannt. Bei der Einstellung von neuen (zumeist ungelernten) Mitarbeitern geht er nach der Devise vor: „Dem muß erst mal das Rückgrat gebrochen werden!" Mit seinem Credo: „Unsere Wettbewerbsnachteile müssen wir mit Fleiß wettma-*

*chen!" werden neue Mitarbeiter in der Probezeit solange konfrontiert, bis sie entweder wieder gehen – oder bis wiederum ein Neuling kommt. Von da an gelten sie als integriert.*

*Über die Mitarbeiter sagt der Junior: „Kaum einer von denen hat noch seinen Führerschein!" Ein hoher Krankenstand und eine hohe Fluktuationsquote innerhalb des ersten Halbjahres nach Arbeitsantritt (90%) sind dem Senior Beweis für die Unzuverlässigkeit und Faulheit der Mitarbeiter. Sie legitimiert (und nährt) gleichzeitig das hohe Maß an (Selbst-)Verachtung des Systems.*

*Auf der anderen Seite gibt es eine hohe Angst im Unternehmen, von langjährigen, erfahrenen Mitarbeitern so abhängig zu werden, daß diese unverzichtbar für das Unternehmen werden könnten. Dieser Phantasie liegt die Annahme zugrunde, ihr Ausscheiden könne die Existenz des Betriebes in Frage stellen. So wird alles Expertenwissen jenseits der Unternehmer selbst gefürchtet: man vermutet, daß es ansonsten nur unter weitaus höheren Personalkosten wiederbeschafft werden könne. Wegen der Arbeitsbedingungen und des Arbeitsklimas steht die Aussicht auf Ersatz in den Augen des Juniors von vornherein schlecht, er sagt: „Wer fachlich etwas kann, der kommt entweder gar nicht zu uns, oder bleibt nur zwei Tage!"*

*So kommt es beispielsweise vor, daß in der Urlaubszeit der Junior die Auslieferung übernimmt und der Senior in der Produktion aushilft. Der Senior spielte in der Vergangenheit auch schon einmal über einen längeren Zeitraum den Chauffeur für einen langjährigen – und daher unverzichtbaren – Mitarbeiter: er holte ihn in aller Frühe persönlich mit seinem PKW ab, damit dieser wenigstens bis mittags in der Produktion arbeitete.*

*Die Alterspyramide der Belegschaft – insbesondere unter den Know-how-Trägern – hängt wie ein Damoklesschwert über dem Unternehmen: innerhalb der nächsten 5 Jahren wird diese Gruppe in Rente gegangen sein – selbst wenn der eine oder andere von ihnen noch „ein Jahr dranhängen" sollte!*

*Insbesondere der Junior wagt es nicht, den Senior anzusprechen und die Konsequenzen solchen Verhaltens für die Unternehmensentwicklung zu verdeutlichen. In der Sippe herrscht große Angst, der Senior könne dies nicht verkraften und dadurch „verrückt" werden.*

Die Unentrinnbarkeit der Abhängigkeitskultur in Familienunternehmen wird hier drastisch vorgeführt. Die Angst, jede Veränderung könne das sensible Geflecht der – als intakt wahrgenommenen – familiären Kultur des Unternehmens zerstören, führt zu einem Netz von wechselseitiger Abhängigkeit, Infantilisierung, Neid, Verachtung und von Versorgungswünschen.[4] Der Ausbeutungscharakter des „patriarchalen Vertrages" (P. Block 1992, 38), wie oben im Beispiel des Seniors vorgeführt wird, holt die Unternehmer andererseits in *ihren* einseitigen Abhängigkeitsphantasien gegenüber den Mitarbeitenden wieder ein.

**Dann macht man das in Ordnung ...**
Wo „Unternehmen Familie spielen" nimmt der Unternehmer neben seiner Funktion als Familienvater zugleich auch nährende (mütterliche) Anteile wahr, welche über die Bemühungen zur Aufrechterhaltung von Arbeitsplätzen und Gehaltszahlungen hinausgehen. So etwa wenn Herr Dame sich um das private Wohl seiner Mitarbeiter sorgt:

*Herr Dame: ...*
*Ich hab mehrere Mitarbeiter hier im Hause, die // jedenfalls irgendwie in Schwierigkeiten geraten sind. Das weiß ich aber nur, und die kommen zu mir und sagen: „Hören Sie Chef, det is' mir so und so gegangen!" – Und dann macht man dat in Ordnung! – Nicht nur das: hier nen Mitarbeiter, is' nen Italiener, will nen Haus bauen. Bringt mir die ganzen Unterlagen mit und sagt: „Chef mußt'e mal bei gucken, Du kennst mehr davon als ich!" – Ich mein', det is' dat: nehm' ich mir dat über's Wochenende mit und guck' mir dat ziemlich genau an, ob der nich' beschissen wird, da. Sonst werd' ich dat zum Anwalt! // Können Sie sich 'drauf verlassen! [Lacht] – Ja, sowas zahlt sich aus! Das hat zur Folge, daß wir eine ganz geringe Fluktuation haben. Wenn hier einer aufhört, dann gibt's da ganz besondere Gründe für!*

Das Bild des treusorgenden Familienvaters, der für seinen „Mitarbeiter" in der Not „zum Anwalt" geht, macht allzu schnell vergessen, daß „Mitarbeitern" darin auch als unselbständige *Kinder* angesehen werden. Das „soziale Netz", welches der Patriarch in Form von Zeit, Beratung und notfalls auch Geld bietet, stellt zugleich auch das Netz dar, in der die Unreife gefangen bleibt (bzw. perpetuiert wird: B. Sievers 1989a). Er bringt „in Ordnung", wozu die unreifen, unselbständigen „Kinder" nicht in der Lage sind.

Das gleiche gilt auch für die „Eigenen":

*Herr Dame: ...*
*Wir haben eigentlich nen ganz anderes Problem: wir hatten das Problem der Abnabelung. – Möcht' ich mal ganz offen sagen: da war also immer die Familie und wenn et kritisch wurd': „Macht et de Aule!", – ne, „Dann regelt der dat!"*

„Der Alte regelt das!" – man kann sowohl die von ihm getragene Last als auch zugleich den von ihm geäußerten Wunsch heraus hören, diese den Betroffenen abzunehmen: die Abhängigkeitswünsche und -phantasien sind wechselseitig. Das im Hinblick auf seine Nachfolger von ihm geäußerte „Problem der Abnabelung" gilt für das System der Mit-Arbeitenden ebenso.

**Weil man da zum Chef gehen konnte ...**
Herr Eber, ein Unternehmerkollege von Herrn Dame macht deutlich, daß die in der „persönlichen" Zuwendung enthaltenen Versorgungswünsche von Mit-Arbeitenden denen des Unternehmers entsprechen. Er sieht folgende Vorteile in Familienunternehmen:

*Herr Eber: ... ich persönlich habe in Konzernen gearbeitet früher – bei Kramer im Außendienst, irgendwo 1500 Mann. (.) // Hab aber auch in ganz kleinen Familienunternehmen schon gearbeitet. Ich persönlich, wenn Se jetzt meine persönliche Meinung (.) [klopft mit Stift auf den Tisch] haben möchten – hab ich mich in Familienunternehmen ganz einfach wohler gefühlt.*
*Ich: Hm.*
*Herr Eber: Weil man da zum Inhaber oder Geschäftsführer oder Chef gehen konnte, und seine persönlichen Dinge // bereden kann: das is' im Konzern nich' möglich!*
*Ich: Hm.*
*Herr Eber: [Holt Luft] ...*

Herr Eber „kennt" es von sich nicht anders: im Familienunternehmen „fühlt er sich wohler"! Gleichzeitig gewährt der Wunsch, „persönliche Dinge" zu „bereden", auch einen Einblick auf die – von den Betroffenen selbst auferlegten – Belastungen einer solchermaßen gestalteten Unternehmer-Rolle. Daß sich der „Inhaber, Geschäftsführer oder Chef" mit den „persönlichen" Belangen „seiner" Mitarbeiter beschäftigt, geht offensichtlich über das Interesse an den jeweiligen Personen selbst hinaus. Die darin enthaltene Versorgung durch persönliche Zuwendung scheint mir den Preis für die beiderseitige *Unreife* der Abhängigkeitskultur darzustellen: im Unternehmensleitbild „Familie" stellt Liebe (der „Eltern") das primäre Kommunikations- (und Zahlungs-)Mittel dar.

**Da nuckeln ganze Familienstämme ...**
Der Infantilisierung von Mit-Arbeitenden und ihren Versorgungsansprüchen steht die der Nachfolger und Erben gegenüber. So wußte Herr Eber zu berichten:

*Herr Eber: ...*
*Oder auch, wenn Se sich große Firmen angucken, // funktioniert, – so reine, so Familienclans, – ne, – paßt ja irgendwo nich', – ne! Dann sind zuviel Leute! [Holt Luft] – Ich hab jetzt noch so schön gelesen: „Da nuckeln ganze Familienstämme an so 'ner Firma 'rum!"*
*Ich: Hm.*
*Herr Eber: [Lacht] – Dat hält die Firma dann letztlich auch nich' aus, – ne!*
*Ich: Ja.*

Die Kapitalbeteiligung symbolisiert hier die milchspendende Brust, an der „ganze Familienstämme nuckeln". – Das „hält letztlich" die „beste Mutter" „auch nicht aus!"

**Auf dem Stuhl werden Sie landen ...**
Für familiäre Nachfolger ist die Versorgung insofern verführerisch, als daß sie letztendlich eine „sichere" Karriere erwarten können:

*Herr Carl: ...*
*Also ich war damals überhaupt noch nicht geprägt – von meiner Ausbildung her – für 'nen Werdegang in diesem Unternehmen. (.) Nun beguckt man sich natürlich dann diese Position, die man dann in so 'nem Laden zwangsläufig relativ flott erreichen würde. – Das ist ja das Schöne, wenn Sie da in den Familienbetrieb kommen, dann wissen Sie direkt: auf dem Stuhl werden Se landen. Und Sie können auch den Arbeitsplatz überschauen. Und dann is' natürlich der Reiz einer solchen selbständigen (.) // Arbeit, is' natürlich groß.*
*Ich: Hm.*
*Herr Carl: – Jeder strebt heute nach Selbständigkeit oder nach, nach (.) freien Entscheidungsspielräumen. Wie Se sich die in der Industrie oder an anderen Plätzen erwerben können, dat is' offen, – ne.*
*Ich: Hm.*

Sowohl im Hinblick auf die Selbstbestimmung und Verantwortung von Entscheidungsspielräumen als auch hinsichtlich des damit verbundenen Einkommens ist eine „Selbständigkeit" im Familienunternehmen attraktiv. Nachfolger kennen den „Stuhl, auf dem sie landen werden", die „Position" im eigenen „Laden" ist vorgezeichnet. Sie ist zudem „zwangsläufig" und „relativ flott" zu erreichen (falls der Senior den Platz freimacht). Der Weg „auf den Stuhl" des Unternehmers wird von Vorgängern und Vorfahren „gebahnt": das macht für Herrn Carl den „Reiz einer solchen Selbstständig(keit)" aus.

**Ins gemachte Nest setzen ...**
Ein weiteres Beispiel dafür, wie die Wirklichkeit durch das Unternehmensleitbild Familie konstruiert wird, bietet die Beschreibung von Herrn Adam zu seiner Nachfolge:

*Ich: ...*
*Wie sind sie überhaupt dazu gekommen? // Also hier einzutreten, auch?*
*Herr Adam: (.) Wenn ich das salopp ausdrücke: ich hab mich sicherlich in nen gemachtes Nest setzen können – wobei das ...*
*Ich: hm.*
*Herr Adam: ... auch immer [betont:] attraktiv gewesen ist, da die Firma gesund war, auch zu der Zeit wie ich eingetreten bin und auch heute noch ist – ist das sicherlich (.) nen [betont:] gutes gemachtes Nest gewesen.*

Nachfolger bauen die Unternehmen nicht selbst auf – eben dies zeichnet Nachfolge ja auch aus. Das von Herrn Adam verwendete Bild des „gemachten Nestes" bringt seine Ambivalenzen gegenüber den Versorgungswünschen zum Ausdruck. Vögel bauen ein Nest aus Gründen ihrer (biologischen) Reproduktion. Diese verläßt der Nachwuchs, sobald er „flügge" geworden ist. Dagegen fand Herr Adam als Nachfolger ein vom Vater hinterlassenes, „gut gemachtes Nest" vor, das für die Dauer eines Berufslebens vermeintliche

Sicherheit bietet. Daher wird auch verständlich, inwiefern das Vorbild der Vorangegangenen zur Bedrohung für die Nachfolger werden kann: die in *solchen* Versorgungswünschen aktualisierte Abhängigkeit verurteilt sie selbst zu lebenslanger Unreife. Indem der Nachfolger das Werk der Vorfahren idealisierend überhöht, als hätten diese die Welt erfunden – und nicht eine kleine Welt erschaffen – fürchtet er sie eher als daß er sie würdigen könnte. Das Unternehmen als „gut gemachtes Nest“ zu befinden, heißt ja auch, den *elterlichen* Einflußbereich nie verlassen zu haben. Das Unternehmen als von den Vorfahren eingerichtetes „Nest“ ist nur dort „attraktiv“, wo Nachfolge als „Privileg“ und Chance konstruiert wird, welche eine entsprechende Versorgung sicherstellt. Dafür bekommt der Nachfolger eine unausgesprochene „Verpflichtung“ zu „spüren“: das Unternehmen „am Laufen“ zu halten.

### *2.1.3 Unternehmen spielen „Familien-Monopoly“*

Während das Unternehmensspiel „Eltern und Kind“ Dynamiken von Infantilisierung und Versorgung auslösen, wirken im Spiel „Familien-Monopoly“ Dynamiken von Herrschaft und Kontrolle. Wie im gleichnamigen Gesellschaftsspiel wird im „Spiel“ um Vorherrschaft und Kontrolle die Tendenz zur Monopolisierung von Macht, Interesse und Einflußnahme mit der „Übersichtlichkeit“ verharmlost: die Karten liegen ebenso auf dem Tisch wie die Spielregeln. Solange die zugrundeliegende Beziehungsstruktur – vor allem in kleinen und mittleren Unternehmen – überschaubar bleibt, scheint die Angst vor einer übermächtigen Dominanz der Familie nicht so bedrohlich, zumal die subtilen Einflußmöglichkeiten familiärer Spiele allgemein bekannt und jedem zugänglich sind.

**Laß mich Küstenschiffer bleiben!**

Die Überschaubarkeit kann andererseits ebenso als Wunsch zur Aufrechterhaltung patriarchaler Herrschaft und familiärer Kontrolle verstanden werden. Das macht Herr Dame (senior), der den Leser bereits mit seinen Überlegungen zum „Unternehmertum im Sinne der freien Marktwirtschaft“ erfreut hat (s.o.), im Bild der Seefahrt deutlich:

*Herr Dame: …*
*Ja, wat soll ich noch sagen? Ich hab mal zu diesem Manager, Godefried gesagt, der da mal Kommanditist war: „Mein lieber Karl, Du bist sicher der Kapitän eines großen Öltankers oder Ozeanriesens, weiß ich wat. Bitte laß mich Küstenschiffer bleiben, ich fühl' mich da wohler!“ Das ist auch bis heute meine Meinung. Bin kein Manager. Will auch keiner sein.*

Herr Dame wollte als Unternehmer „Küstenschiffer bleiben“ anstatt „Kapitän eines Ozeanriesen“ zu werden. Dieser Wunsch (bzw. eine solche Absichtserklärung) entspricht nicht nur den Vorstellungen von „Überschaubarkeit“, „Dezentralisierung“ und „flachen Strukturen“ (wie sie vom sog. Lean Management propagiert werden). Das Bild drückt ebenfalls den Wunsch nach der Unmittelbarkeit der sozialen *Kontrolle* eines (patriarchalen) Unternehmervaters aus, welcher sicherstellen will, daß er im Zweifelsfalle „das Ruder in der Hand hält". Der romantisierende Eindruck vom „Küstenschiffer" verbirgt vordergründig die Nachteile einer solchen Konstruktion: die *personale* Abhängigkeit. Denn in der Küstenschiffahrt wird die Rolle des „Kapitäns" und des „Steuermanns" häufig in Personalunion von einer Person wahrgenommen! Während sich – angestellte – „Manager" zuweilen eines Lotsen bedienen müssen, wollen sie in fremde Häfen einlaufen, bleiben „Küstenschiffer" im dem Kapitän (und Eigner) bekannten Fahrwasser.

**Alle Eckposten besetzt ...**
Gewissermaßen in Ergänzung der väterlichen Ausführungen zum Bedürfnis einer Inhaberfamilie, das Unternehmen (und seine „Ecken und Kanten") zu kontrollieren, berichtet Herr Dame junior:

*H. Dame jun.: ...*
*Das macht nen Familienunternehmen stark, ...*
*Ich: hm.*
*H. Dame jun.: ... – das ist ganz klar, – ja. Weil man diese Eckposten, wie bei uns in Hamborn, als wir alle noch zusammen in einer Firma waren, da hatten wir also alle Eckposten besetzt. Da gab es keine Schwachstellen irgendwo in der Abteilung. Da gab's keine schwachen Abteilungen, weil die Führung da nich' da war, oder so. Da war einer von uns. Und damit war die Abteilung ganz klar kontrolliert, man konnte genau, man wußte ganz genau, was da los war!*

Nach Ansicht des Interviewten wird „ein Familienunternehmen" dort „stark", wo die „Eckposten der Firma" von Familienmitgliedern „besetzt" werden. Dem unterliegt die Annahme, daß ein (expandierendes) Unternehmen nur durch Vertreter der Inhaberfamilie beherrschbar *bleibt*. Ähnlich wie in einem Schachspiel, bei dem die Offiziere des Königs die „Linien" und „Felder" kontrollieren. „Führung" wird aus diesem Blickwinkel nur *dort* ausgeübt, wo sie von Familienvertretern wahrgenommen wird; somit nur durch den Unternehmer und seine (durch die patriarchale Erbfolge) legitimierten Nachfolger. Eine Führung durch Angestellte scheint in diesem Verständnis nicht existent, sie käme einem *Kontrollverlust* der Inhaberfamilie gleich. In diesem Beispiel war daher „einer" aus der Familie „da", der „genau wußte, was los war!" Solcherlei Annahmen entspringen der Angst, die Kontrolle über das Unternehmen – und die Herrschaft über die Mit-Arbeiter – zu verlieren. Der Metapher der „Organisation als Familie" unterliegt wohl zugleich das (politische) Bild feudaler Herrschaft.

In „Unternehmen, die Familie kultivieren", ist die Kultur offenbar stark vom *gegenseitigen* Wunsch der Unselbständigen und Selbständigen nach abhängigen Beziehungen geprägt. Wo „Unternehmen Familie spielt" (bzw. „phantasiert") werden auf einer unbewußten Ebene die Abhängigkeitsphantasien wiederhergestellt (rekonstruiert), welche jedem der Beteiligten aus seiner Herkunftsfamilie (bzw. Biographie) bestens bekannt sind. Die (Verhaltens-)Strukturen sind dabei nicht zufällig sondern erzeugt. So sarkastisch dies in Einzelfällen klingen mag: das Familien-Monopoly genießen *alle* Beteiligten![5]

**Tun und lassen, was sie möchten ...**

Die projektiven Wünsche können dabei so stark werden, daß die Beteiligten den wechselseitigen Erwartungen entsprechend agieren: die „abhängig Beschäftigten" kultivieren die Hilflosigkeit und die „unabhängig Selbständigen" die Omni-Potenz (indem sie z.B. das Unternehmen durch Omni-Präsenz dominieren). Das äußert sich auch in der Motivation, durch die Übernahme der Unternehmerrolle „sein eigener Herr" zu sein, wie es Herr Diel, einer der Interviewten, ausdrückte:

*Herr Diel: Und sie müssen sich ja immer vorstellen, daß sie natürlich den ganz großen Vorteil haben in so 'ner kleinen Firma: sie sind immer ihr eigener Herr, – ne.*
*Ich: Hm.*
*Herr Diel: Sie können letztendlich tun und lassen, was Sie möchten.*

Der Wunsch, „sein eigener Herr" zu sein, beschränkt sich jedoch auf den Bereich der *personalen* Machtausübung, die der jeweilige Rolleninhaber mit der Wahrnehmung und Gestaltung seiner Unternehmerrolle (und Funktion) verbindet. Dem Bild vom Familienunternehmer wird so ein rigides Herrschaftmuster unterlegt, in dem der eine, der „sein eigener Herr" ist, „letztendlich tun und lassen kann, was er möchte", während der andere vom „Tun und Lassen" dieses Herrn abhängig *bleibt*. Den Spaltungsprozessen (M. Klein 1986) liegen Phantasien zugrunde, in denen die Selbständigen (Unternehmer) als reife Erwachsene die eigene Autorität („sein eigener Herr") vertreten können, während ihre Mitarbeiter „unreife, unselbständige Kinder" repräsentieren, welche mit wenig (bzw. ohne jegliche) Autorität auftreten.[6]

Diese Dynamik begegnet den Protagonisten der Nachfolge im Generationswechsel in Form von Spaltung (Projektion und Introjektion), Fragmentierung sowie Identifikationen. Zumeist sind es dann die *Nachfolger*, welche sich Projektionen der „Unselbständigkeit" gegenüber sehen. Die Komplexität von „Unternehmen, die Familie kultivieren", tritt in der zugrundeliegenden Abhängigkeitskultur hervor, sobald sich der Leser die Interdependenzen im Metasystem anhand der beteiligten Systeme (bzw. Subsysteme) vor Augen führt: zwischen Inhaberfamilie(n), Unternehmer, Nachfolger, Unternehmensleitung und Mit-Arbeitenden. Der Leser muß sich zudem vergegenwärtigen, daß die zur Nachfolge delegierten Kinder der Inhaberfamilie erst mit ihrem *Eintritt* eine *Rolle* im Unternehmenssystem einnehmen. Zuvor nehmen sie nur eine Familienrolle in der Unternehmerfamilie ein (– und insofern auch eine im Metasystem). Ihre *potentielle* Rolle im „Unternehmen" kann somit zu dieser Zeit lediglich als *projektiv* gelten. Am Beispiel seines Familienunternehmens und der Erzahlungen, die seine Nachfolge umgeben, verdeutlicht das Herr Diel:

*Ich: Wie war das bei Ihnen als Sie 'reinkamen?*
*Herr Diel: Kein Problem, hab nie Probleme hier gehabt. Es ist natürlich so, ich bin den meisten unserer Leute schon vertraut, seit Kind auf. Die kennen mich also von ganz klein.*

Herr Diel verknüpft hier die Erfahrungen seiner (introjizierten) Nachfolgerrolle mit seiner – aus der Kindheit herrührenden – Rolle des projektiven Nachfolgers. Aus Letzterer ist er „den meisten der Leute schon vertraut". So hat Herr Diel auch „kein Problem" bei seinem Eintritt *erwartet* und schreibt die (Kindheits-)Erfahrungen mit der Belegschaft auf seine Übernahme der Unternehmerrolle fort. Seine Erwartungen an die Mitarbeiter begegnen diesen somit auf der Ebene von Kindheitserfahrungen: „die kennen" ihn „seit Kind auf". Herr Diel berichtete im Interview, er habe nach seinem Studium ein Jahr im Betrieb gearbeitet, um die Produktion kennenzulernen. Er hat also im Unternehmen auf der gleichen Ebene, mit vergleichbaren Erfahrungen wie die Mit-Arbeiter angefangen. Auf diese Weise kam es dazu, daß er „nie Probleme" hatte. Sein Eintritt ins Unternehmen kann gewissermaßen als Korridor- und Erniedrigungs-Ritual (J.M. Beyer und H.M. Trice 1987, 11) aufgefaßt werden. Denn von Seiten der Senioren konnte er „letztendlich" *nicht* „Tun und Lassen", was *er* mochte – eher schon was *sie mochten*! Die Umstände seines Eintrittes gelten jedoch primär der Generationenfolge und sind weniger eine Gleichstellung gegenüber den Mit-Arbeitenden.

Deren Abhängigkeit von den Unternehmern wird in dem Bild der patriarchalen Versorgung und Herrschaft („*unserer* Leute") gekennzeichnet. Unmittelbar an den voranstehenden Abschnitt erzählt Herr Diel nämlich weiter:

*... Wir haben ja hier auch eine sehr traditionelle Belegschaftsstruktur, das heißt, wenn wir heute sagen, ich bin die fünfte Generation im Unternehmen, dann haben wir viele Leute, die auch schon in dritter Generation bei uns beschäftigt sind. Wo also schon Großvater und Vater waren, so daß das hier doch, in, auch in – geprägt durch diesen kleinen Ortsteil – (.) 'ne sehr, ja gewachsene Struktur ist.*
*Ich: Hm.*
*Herr Diel: (.) So hab ich also nie Probleme gehabt.*

Es existieren Parallelen zwischen Unternehmerfamilie und Belegschaft. Beide Gruppen haben Familientraditionen sowie gemeinsame Erfahrungen aus der sozialen Lebenswelt einer dörflichen Struktur. Somit spricht vieles dafür, daß die „gewachsene Struktur" aus einem dichten Netz von Beziehungen und Abhängigkeiten besteht. Dort *darf* es *„nie"* zu „Probleme(n)" kommen, ansonsten wäre die „traditionelle" Struktur gefährdet. Auf einem solchen Hintergrund wird auch die Funktion der oben angedeuteten betrieblichen Sozialisation des Juniors verständlich. Sie entspringt offenbar einem grundlegenden Bedürfnis des Metasystems, die „traditionellen" Strukturen wechselseitiger Abhängigkeit durch Identifikationsmöglichkeiten zu *erhalten*. Eine über mehrere Generationen „gewachsene Struktur" schafft „Sicherheit" für alle Beteiligten. Beispielsweise wenn der Großvater eines Mit-Arbeiters nicht nur den Großvater und Vater des Nachfolgers in ihren Rollen als Familienmitglieder und Unternehmer sondern auch den Nachfolger selbst „seit Kind auf" kennt (solange sich die Beziehungsstruktur nicht *grundlegend* verändert, wenn die Inhaberfamilie z.B. keinen Nachfolger mehr „stellen" kann).

So gesehen trägt die (familiäre) Nachfolge entscheidend zur Aufrechterhaltung der „traditionellen" Struktur bei. Zumal Herr Diel nie als „Notstopfen" ins Unternehmen „hineingegangen" ist, sondern seinen „problemfreien" Eintritt *durch* seine Ausbildung bedingt sieht. Der Zusammenhang von Qualifikation und problemlosem Eintritt interessierte mich dabei näher:

*Ich: Gab's vorher – ich sag das mal in Anführungszeichen – (.) sowas „Feines" von der Ausbildung nicht, oder warum war da kein // ?*
*Herr Diel: Das weiß ich nicht. Das hat's auch vorher bei meinem Vater nicht gegeben, ...*
*Ich: ah ja.*
*... dieses Problem, in die Firma zu kommen.*
*Ich: Hm.*
*Herr Diel: Wahrscheinlich ist das doch, irgendwo wird da gesehen, daß das so die natürliche Abfolge ist. Und ich mein' die Leute, für die Leute ist da ja auch 'ne gewisse Sicherheit drin, zu sehen, daß 'nen Unternehmen weitergeht.*
*Ich: Hm.*

Hier macht Herr Diel deutlich, der Grund dafür, daß es dieses Problem nicht gegeben habe, sei *nicht primär* im Zusammenhang mit seiner Qualifikation zu sehen. *Diesen* Zusammenhang „hat es vorher beim Vater auch nicht gegeben". Seinem Bericht im weiteren Verlauf des Interviews zufolge brachte sein Vater *keine* vergleichbare Qualifikation als Startbedingung ins Unternehmen mit: er trat ins Unternehmen aufgrund familiär konstruierter Notwendigkeiten ein und mußte so auf eine vergleichbar qualifizierte Ausbildung verzichteten (Zuweilen dienen solche familiären Notwendigkeiten der Abwehr von befürchteter De- bzw. Über-Qualifizierung). Indem er sagt: „dieses Problem, in die Firma zu *kommen*", statt: „in die Firma zu *gehen*" (bzw. „einzutreten") sieht Herr Diel dagegen einen *anderen* Zusammenhang, nämlich den *jeweils* durch familiäre Umstände bedingten eigenen Einstieg. Auf eine *solche* Art und Weise in die Firma hineingekommen zu sein, hat in Bezug auf die Autoritätsgewinnung – insbesondere der Legitimation als familiärer Nachfolger – *kein* Problem gemacht: das ist „die natürliche Abfolge". Er spricht damit auf einer unbewußten Ebene an, daß es im Metasystem eine unausgesprochene Annahme über „die natürliche Abfolge" (bzw. Erbfolge) gab. Ein vorausgegangener Schlaganfall des Vaters muß im Unternehmen eine Bewußtheit von der Sterblichkeit des Unternehmers ausgelöst haben. Angesichts dessen war der Eintritt des familiären Nachfolgers *legitimiert*, zumal er *zudem* für die Unternehmensleitung qualifiziert war und ihn *darüber hinaus* „alle von klein auf kennen". Zwischen Inhaberfamilie, Unternehmensleitung und „unseren Leuten" existiert also eine unausgesprochene *Vereinbarung*, welche unbewußt den traditionellen und gewachsenen Strukturen unterliegt und grundlegende „Sicherheit" verschafft. Sie besteht darin, „daß ein *Unternehmen* weitergeht", wenn die Nachfolge gesichert ist. Und die „Sicherheit sehen die Leute", wenn die „natürliche Abfolge" „gewiß" ist. Eine andere können sie nicht sehen (bzw. wahrnehmen), zumal das Beziehungsnetz durch die Ortsansässigkeit von Inhabern und Mitarbeitern bei der Firma Diel verstärkt wird. Im „Familien-Monopoly" kann eben nicht jeder „Tun und Lassen", was er möchte.

Das kann der Leser auch im folgenden Abschnitt nachvollziehen, wo der interviewte Repräsentant die Kontrollwünsche der Unternehmensleitung gegenüber den Mit-Arbeitenden ausdrückt:

*Herr Diel: ...*
*Sie haben also zu jedem Mitarbeiter letztendlich noch 'ne, // das sind keine Nummern, sondern sie haben noch 'ne persönliche Beziehung und sie können da vielleicht anders in der Motivation wirken, als daß in 'nem Großunternehmen ist. Da wird niemals der, // wird es, // oder nur schwer, werden Teile der Belegschaft irgendwie ein Eigenleben gegen den Betrieb, oder so als Gruppe bilden. Weil sie immer noch jeden da 'rausnehmen können und persönlich in die Verantwortung nehmen können.*

Hier wird dem Leser „letztendlich" klar, warum in Familienunternehmen die Unternehmer „letztendlich tun und lassen können, was sie möchten". Sie haben „letztendlich noch eine persönliche Beziehung zu jedem Mitarbeiter". Und diese tragen dazu bei, daß der Charakter von Arbeit nicht in dem Maße als entfremdet wahrgenommen wird und die Arbeitsverhältnisse nicht als Tauschbeziehung von Arbeitsware gegen Entgelt abstrahiert werden, in deren Folge Mit-Arbeitende selbst zur Ware verdinglicht werden. „Motivation" muß nicht zwangsläufig einen in der Arbeit verlorengegangenen Sinn ersetzen (B. Sievers 1984). Im Unternehmen der Familie Diel müssen Mitarbeiter nicht motiviert *werden*. Die sinnhaft erfahrbare Präsenz in den Repräsentanten der Inhaberfamilie macht es möglich, „anders in der *Motivation* zu wirken": sie wird Mit-Arbeitenden nicht abgesprochen, muß nicht geweckt werden, sondern gilt als vorhanden: *auf* sie kann eingewirkt werden. Die Basis dafür bilden allerdings *„persönliche* Beziehungen", also *nicht* in erster Linie die *Rollen*-Beziehungen. In „Unternehmen, die Familie spielen", kultiviert das Unternehmen eine Haltung, hinter der „Funktion" (und *Arbeitskraft*) des Mit-Arbeiters den *Menschen* zu sehen. Das „Familien-Monopoly" basiert auf einem *personifizierenden* Charakter von „persönlichen" Ansprechmöglichkeiten: man kann „jeden da rausnehmen und persönlich in die Verantwortung nehmen" (gerade in betrieblichen Konflikten). Die „gewachsene, traditionelle Struktur" besteht im Konstituieren „persönlicher Beziehung(en)" als Fundament eines kollektiven Systems *individualisierter* Herrschaft und Kontrolle.

### *2.1.4 Familien-Nachfolge als „Perpetuum mobile"*

Bereits aus dem Voranstehenden wird deutlich, daß die Dynamik der familiären Nachfolge starke Züge unreifer (Über-)Abhängigkeit trägt. Dies zeigt sich, wo Unternehmen „Eltern und Kind" spielen, in den starken Wünschen der elterlichen Beauftragung zum Eintritt ins Unternehmen als auch in deren Annahme durch ihre (erwachsenen) Kinder. Gleiches gilt für die von Versorgungsphantasien gekennzeichneten Beziehungen zwischen den im Unternehmen tätigen und nicht tätigen Angehörigen der Inhaberfamilie(n). Das Unternehmenspiel „Familien-Monopoly" wird gelegentlich von infantilisierenden Strategien, wie Bestrafung (z.B. durch latente Drohung der Enterbung) oder Belohnung (z.B. tatsächliche oder in Aussicht gestellte Gratifikation, persönliche Vergünstigungen, private Zuwendungen, Unterstützung, etc.) begleitet. Dies dient dazu, ein System von Dankbarkeit und Verpflichtung aufrechtzuerhalten: unter der Annahme, daß ihnen „nichts Besseres passieren könne", wird die (unreife) Abhängigkeit der Nachfolger verstärkt. – Wie sollte sich etwa ein Nachfolger dem Senior im Unternehmen noch „quer" stellen (ohne daß ihm dies als „grober Undank" ausgelegt wird), wenn der Vater maßgeblich dazu beigetragen hat, daß der Sohn ein Haus erwerben konnte? Zuweilen wird man (z.B. als Berater) den Eindruck nicht los, als ob den Nachfolgern nichts Schlimmeres hätte passieren können, als ein Einstieg unter einer Prämisse, wie „Lebenslänglich bei Abhängigkeit und Dankbarkeit!"

Ein „Generations-Wechsel" bringt unausweichlich Brüche mit sich, die im sozialen System und bei den Protagonisten der Nachfolge zwangsläufig Angst auslösen müssen. R.L. Shapiro und J. Zinner (1976, 291) haben darauf hingewiesen, daß Familien in angstmachenden Situationen Parallelen zu den Bionschen Grundannahmen für das Verhalten von Kleingruppen-Mitgliedern aufweisen.[7] Es kann daher davon ausgegangen werden, daß der (sich ankündigende) Wechsel der Unternehmensleitung bei den Betroffenen Gefühle von *Hilflosigkeit* sowie den vermehrten Wunsch nach Abhängigkeit von starker und verläßlicher *Führung* entstehen läßt. Dieses gilt für Senior,

Junior und Mit-Arbeitende, wenn auch nicht für alle Betroffenen im gleichen Maße. Manchmal kann so der Eindruck entstehen, als personifiziere der Junior im Generationswechsel geradezu *die* Angst. Dabei werden unbewußt von den anderen Betroffenen die eigenen, angstmachenden Anteile im Nachfolger *deponiert* (abgespalten), so daß er allein Gefühle von Hilflosigkeit und Verzweiflung für das Metasystem trägt. So können die anderen Betroffenen weiterhin phantasieren, daß ohne den Nachfolger im bestehenden System kein Wandel vonnöten wäre. Er gilt als der Einzige, der sich im Transformationsprozeß Generationswechsel zu bewähren hat. Der Leser wird daher meiner Behauptung sicherlich zustimmen, daß dort, wo Unternehmen „Familie spielen", die familiäre Nachfolge als „Perpetuum mobile" der zugrundeliegenden Abhängigkeitskultur angesehen werden darf. So bezeichnet J.L. Ward (1987, 15) zurecht den Generationswechsel selbst mit „Family *Perpetuation*". Nachfolge dient somit der Aufrechterhaltung des Familienspieles (bzw. der Organisation als Familie).

**Mein alter Herr ...**

Inwiefern der – sich im Übergang der Generationen vollziehende – Herrschaftswechsel einen Beitrag zu diesem „Perpetuum mobile" leistet, macht das Beispiel von Herrn Clar deutlich. Die Interviewdynamik läßt dabei einiges von den Schwierigkeiten nachvollziehen, welche vermutlich der rückblickend als „gut" bezeichnete Übergang für den Betroffenen mit sich brachte.

*Ich: Und wie war es so mit dem Übergang, wie sind Sie hier 'reingekommen, ...*
*Herr Clar: Das hat ganz gut ...*
*Ich: ... der Anlaß, so?*
*Herr Clar: (.) // Ja, der Anlaß war, der konkret, Anlaß war, daß damals ein langjähriger Mitarbeiter meines Vaters [holt Luft] (.) // ausschied und ich dann eigentlich früher als geplant von der Firma in die eigene Firma wechselte. Das war der konkrete Anlaß. [Holt Luft] Ja, und dadurch bin ich dann eben sehr schnell da reingewachsen.*
*Ich: Hm.*
*Herr Clar: [Holt Luft] Um meinen Vater dann zu entlasten und seine Nachfolge anzutreten.*
*Ich: Ja.*

Das „Ausscheiden eines langjährigen Mitarbeiters des *Vaters*" war Anlaß für seinen Eintritt. Bemerkenswert ist, daß er seinen „Antritt der Nachfolge" wie einen *Wechsel* zwischen zwei Angestelltentätigkeiten beschreibt. Es ist daher durchaus vorstellbar, daß er den Verlust ausgleichen sollte, den das „Ausscheiden" dieses Mitarbeiters wohl für seinen Vater bedeuten haben muß. Entgegen der ursprünglichen – vermutlich seiner eigenen – „Planung" wechselte er die Firma, um „schnell da reinzuwachsen". „*Dann*" (bzw. nur so) konnte er den „Vater entlasten" und „seine Nachfolge antreten." Darüberhinaus weist der Kontext des gesamten Interviews auf die Möglichkeit hin, daß das Ausscheiden des langjährigen Mitarbeiters des Vaters einen Eintritt eines familiären Nachfolgers erst *ermöglichte*. Denn Herr Clar ließ im weiteren Verlauf des Interviews die Möglichkeit einer alternativen Karriere in der *anderen* „Firma" erkennen. Insofern wird es verständlich, wenn er seinen Eintritt distanziert als „Wechsel in die eigene Firma" bezeichnete. (Möglicherweise „schied der langjährige Mitarbeiter des Vaters aus", weil er selbst keine Aussicht auf die Nachfolge hatte?) Jedenfalls kam Herr „Clar" in eine „Firma", die ganz auf die Person und Kompetenz des Vaters zugeschnitten war. Daß er „früher als geplant wechselte", kann funktional als „Perpetuum mobile" der bestehenden Verhältnisse von Macht und „Herr"-schaft verstanden werden. Trotz seiner zweijährigen Erfahrung mußte Herr „Clar" in der „Praxis" des *väterlichen* Unternehmens „erstmal lernen":

*Herr Clar: ...*
*Und (.) // das war natürlich sehr (.) // positiv von der Erfahrung (.) meines Vaters dann profitieren zu können, wo ich ja heute gern' noch von profitiere. [Holt Luft] Ich mein', mein alter Herr ist immerhin 78, is' ja auch in der Gesch-, in der Firma nicht mehr tätig, aber seine // beratende Funktion nutze ich gerne aus.*
*Ich: Hm.*
*Wie lange ist der Vater noch geblieben?*
*Herr Clar: [Leise:] (.) Rund 10 Jahre.*
*Ich: Ja.*
*Herr Clar: // So dann nach und nach die Tätigkeit immer mehr abgebaut hat, ...*
*Ich: hm.*
*Herr Clar: // (.) über-, (.) übergegangen.*

Die positiven Anteile dieses „Lernens" bestanden darin, „von den Erfahrungen des Vaters profitieren zu können". So konnte Herr Clar für die Übernahme der Unternehmerrolle „lernen". Die eher schmerzlichen Anteile dieses – immerhin 10jährigen – Überganges verstecken sich hinter der Formulierung, der Senior habe seine „Tätigkeit immer mehr abgebaut". Dabei ist zu vermuten, daß dieser „Abbau" eher mit dem altersbedingten Nachlassen der Kräfte als mit einer bewußt geplanten Übergabe an den Junior zusammenhing. Der Übergang zwischen den Generationen läßt sich somit durchaus als *Herrschaftswechsel* bezeichnen. Die Abhängigkeit des Juniors von seinem „alten Herrn" wird im 10jährigen Abbau (von Tätigkeiten) des Seniors symbolisiert. „Dann eben" konnte Herr Clar junior – zumindest was das operative Tagesgeschäft angeht – sein *eigener Herr* werden. Wie immer hat auch hier die Kultivierung familiärer Abhängigkeit am Beispiel des zögerlichen Herrschaftswechsels eine andere Seite: sie bestand (zum Zeitpunkt des Interviews) in der „Ausnutzung der beratenden Funktion" des 78jährigen Seniors. Die Abhängigkeit des Unternehmens von seinem „alten Herrn" besteht „lebenslang".

**Nun seid schön brav ...**

Das „Perpetuum mobile" läßt sich insbesondere dort nachvollziehen, wo selbst langjährig im Unternehmen mitarbeitende Nachfolger vom „Wohlwollen" des Seniors abhängig bleiben. Herr Cink berichtet im Interview von der Einflußnahme des Seniors auf das „Finanzielle":

*Herr Cink: ...*
*Es wird dann immer schon mal nen bißchen gedroht: „Nun seid schön brav!", und (.) „Wie machen wir's?", und so. Das steht natürlich immer so nen bißchen dahinter und das hat schon irgendwo dann dieses Finanzielle beeinflußt. (.) Zumal er diese ganzen finanziellen Dinge macht, zumindest (.) wenn wir zu, // nen bißchen knapp laufen, steckt er wieder Geld 'rein und wenn wir zuviel (.) Geld haben, dann zieht er wieder nen bißchen was ab. Das ist also ganz im, (.) in den Händen vom Vater und dadurch sind wir da schon nen bißchen abhängig! [Holt Luft] (.) Und können da auch nicht hüpfen und springen wie wir wollen. Das ist natürlich schon irgendwo 'ne Abhängigkeit, die da finanziell zu sehen ist.*

Liquidität repräsentiert im ökonomischen System den Wunsch (und die Notwendigkeit) nach Steuerung und Kontrolle ökonomischer (bzw. finanzieller) Ressourcen. Sie kennzeichnet somit die Grenze ökonomischer Gestaltungsmöglichkeiten. Liquidität symbolisiert im ökonomischen (Sub-)System das *Überleben* des Familienunternehmens beziehungsweise die *Eigenständigkeit* des Unternehmers. Wenn der Senior in diesem Beispiel das „Finanzielle" schlechthin „beeinflußt", wird der Handlungs- und Gestaltungsspielraum der Nachfolger so eingeengt, daß nicht mehr klar ist, wer *eigentlich* Einfluß auf die unternehmerischen Entscheidungen hat. Hinsichtlich der Beziehungsdynamik kann man hier durchaus den Eindruck gewinnen, als gehe es um die Verteilung von Taschengeld oder von Vergünstigungen an Heranwachsende und nicht um unternehmerische Entscheidungen und den „Gewinn" von *Eigenständigkeit* von Nachfolgern. Indem der Vater nach seinem Ermessen „Geld reinsteckt oder abzieht", werden seine Nachfolger klein gehalten (infantilisiert). Die Folge: sie können nicht „hüpfen und springen, wie sie wollen!" und ihnen wird wie kleinen Kindern gedroht, bloß „brav zu sein". Die Frage: „Wie machen wir es?" weist offensichtlich eher auf ein hierarchisches „Vorschlagswesen" als auf eine kooperative Konsensbildung unter Partizipation der Nachfolger hin. Die Nachfolger leisten offensichtlich ihren Beitrag dazu, daß es so bleibt:

*Herr Cink: ...*
*Also, im Grunde, [holt Luft] ich mein'(.) // solang es hier die Investitionen nicht hemmt, halt' ich das wohl sogar für gar nicht so schlecht. Es ist durchaus ja möglich, daß da mal sowas charakterlich Schwächeres ist, der sehr geneigt ist, hohe Investitionen zu tätigen und da sind ja schon einige Firmen „dran zugrunde gegangen, daß sehr, sehr viel Geld 'rausgenommen wird. Und es ist schon ganz schön, daß da so nen bißchen immer noch aufgepaßt wird.*
*Ich: Hm.*

Die Junioren Cink trauen offenbar ihrem eigenen „Charakter“ (bzw. der Beziehungsdynamik unter den Geschwistern) nicht. Meine Kenntnis ihres Kerngeschäftes (es ist kein Unternehmen mit Bedarf an großem Anlagevermögen) läßt mich vermuten, daß „Investitionen“ keine einschneidenden Auswirkungen auf die Liquidität nehmen. Offenbar gedenkt der Senior, die Privatentnahmen („Geld *rausnehmen*“) zwecks persönlichen Konsums zu begrenzen: damit die Kinder hier keinen Unsinn machen, „wird da ein bißchen immer noch aufgepaßt!“

Meiner Erfahrung nach kommen Nachfolger nur dann in Versuchung, die Firma durch „zu hohe Investitionen“ (via Privatentnahmen!) „zugrunde gehen zu lassen“, wenn ihre übermäßige *Gier* (oder auch Neid) sie dazu führt, das (geliebte) Objekt der Begierde zu zerstören (H. Segal 1974, 61). Dies dürfte meines Erachtens nach nur in solchen Fällen zu erwarten sein, wo ein Ausgleich im Familiensystem versäumt wurde. Insbesondere dort, wo die materiellen Vorteile („Finanzen“) des Unternehmens – die Erbschaft der Eltern – zum Gegenstand der Gier von Erben wird, scheinen mir die unerfüllten Wünsche und Ansprüche nach Anerkennung im Familiensystem als stellvertretender Ausgleich ins Unternehmenssystem verlagert (bzw. verschoben).

Die Dynamik ist ähnlich, wo die Nachfolge aufgeschobenen wird (wenn die Junioren z.B. erst mit dem Tod des Seniors die Unternehmerrolle in vollem Umfang einnehmen). Auch dort werden die nicht berücksichtigten Wünsche nach eigener Gestaltung und eigener Autorität durch Übernahme der Unternehmerrolle mit Begehrlichkeiten („charakterlich Schwächeres“) und Gratifikationen durch private Entnahmen („sehr, sehr viel Geld 'rausgenommen“) sublimiert oder substituiert.

Im Falle von Herrn „Cink“ steht außer Frage, daß die Nachfolger bis zu seinem Tod vom Vater abhängig bleiben:

*Ich: ...*
*Wie stellen sie sich das vor, oder – (.) Sie haben da sicher auch schon drüber gesprochen – wie's weiter geht, wenn der Vater nicht mehr lebt?*
*Herr Cink: (.) Das ist schon nen bißchen so vorgeplant, auch mit uns besprochen, zwecks Testament, (.) wer welche Anteile erbt, das ist also ziemlich genau schon alles vorgesehen. Ob es dann nun so erfolgt, ist dann immer noch die Frage, wie [lacht] „lieb“ man sich – in Anführungsstrichen – verhält. Es kann immer noch sein, daß man sich mal mit dem Vater überwirft, das ist natürlich ...*
*Ich: hm.*
*Herr Cink: ... auch so nen gewisses Druckmittel – muß man immer sagen – was dahinter steht. [Holt Luft] (.) Oder sich nicht adäquat verhält, daß das Testament geändert wird, und man guckt plötzlich in die Röhre. [Holt Luft] Aber es is' im*

*Grunde geplant, daß die Stämme (.) Karl und Ludwig irgendwann mal paritätisch 50 % hier in der Firma haben. [Holt Luft] (.) Ja, und das ist eben testamentarisch so // vorgesehen und auch vertragsmäßig fixiert.*

Die Entscheidungsfähigkeit der Junioren für das operative und strategische Geschäft des Unternehmens bleibt vom Wohlwollen des Vaters abhängig. Die Junioren werden so im Sinne kindlichen Gehorsames infantilisiert und unter „Druck" *gesetzt*: sie fürchten den Widerspruch – der „testamentarischen" und „vertragsmäßigen Fixierung" zum Trotz. Sie entsprechen der konventionellen, gesellschaftlichen Positionierung von Kindern und bleiben angemessen „lieb" und „brav". Das eigene Engagement bleibt von den „adäquaten" Schranken väterlicher Herrschaft begrenzt. Bei Zuwiderhandlung sind sie ansonsten davon bedroht, daß der Lohn der Anpassung und Unterwerfung – das Erbe der Kapitalanteile des Vaters – durch „Testamentsänderung" ausbleibt.

Die in diesem Beispiel aufgezeigte Abhängigkeit der Nachfolger von Senior Cink mag durch die Interpretation eine gewisse Zuspitzung erfahren haben. Ihre Auswirkungen mögen von den Junioren im Alltag nicht als so dramatisch erfahren werden, wie sie hier erscheinen. Dennoch ist ihr Beispiel meiner Ansicht nach dazu geeignet, das „Perpetuum mobile" aufzuzeigen, das „Unternehmen, die Familie kultivieren" (bzw. spielen), durch die Entscheidung zur *familiären* Nachfolge auszulösen hoffen. Gewissermaßen ist die Dynamik der Nachfolge ein Spiegelbild der „Perpetuierung von Unreife" der als unmündig projizierten Mit-Arbeitenden (B. Sievers 1989a).

Wo „Familie ‚Unternehmens-Leitbild' spielt", kann die familiäre Nachfolge von Kindern (der Inhaberfamilie) als „Perpetuum mobile" *persönlicher* Abhängigkeit auf dem Niveau kindlich-unreifer Entwicklung verstanden werden. Obwohl der Eintritt in die Unternehmensleitung eine Übernahme der Unternehmerrolle bezwecken soll, gelingt es vielen der Betroffenen nicht, sich aus dem psychischen Gefängnis *familiärer* Rollen im Unternehmensspiel „Eltern und Kind" zu lösen. Zur Lösung (des Generationswechsels sowie der Infantilisierung) bedarf es jedoch eines Verstehens der unterliegenden psycho-sozialen Dynamiken, damit beispielsweise die entsprechenden Projektionen (bzw. Introjektionen) als solche aufgedeckt werden können. Erfolgt eine solches Verstehen nicht, können der Annahme von Außenstehenden, der Nachfolger habe seine Stellung nur aufgrund seines „Namens" und nicht aufgrund seiner Qualifikation erhalten, nichts entgegen gestellt werden. Unglücklicherweise nehmen die Betroffenen – ob bewußt oder unbewußt – solcherlei (projizierte) Annahmen an (E.J. Miller und A.K. Rice 1970, 112). Gerade das Ausagieren ihrer Kindrollen und der damit verbundenen Gefühle ermöglichen nämlich das „Perpetuum mobile" der familiären Nachfolge.

## 2.2 Familie spielt Unternehmen

Im Spiel Familien-Nachfolge als „Perpetuum mobile“ wurde schon angedeutet, daß die Spiele im Metasystem Familienunternehmen über den metaphorisch konstruierten Rahmen der Organisation „als Familie“ hinausgehen. Wo „Unternehmen Familie kultivieren“ existieren auch solche Familienspiele, die das Unternehmenssystem selbst (oder zumindest bedeutende Teile) zum Gegenstand des Spiels haben. Andere Unternehmensspezies sind äußerst bemüht, ihre Strategie, ihre Unternehmensentwicklung und ihre Bemühungen um Reorganisation als rationale Entscheidungen darzustellen. Bei einer Vielzahl von Familienunternehmen kann man sich dagegen des Eindruckes nicht erwehren, als ob die organisationale Struktur (in Aufbau, Ablauf und Prozeß) ein Abbild der Familienverhältnisse *produziere*. „Organisationsstrukturen und Marktstrategien beispielsweise, die vordergründig rational begründet werden, sind oft das Ergebnis offener oder nicht ausgetragener Konflikte in der Unternehmerfamilie über verschiedene Generationen hinweg.“ (Th. Siefer und B. Sievers 1993, 135)

Mit der Überschrift „Familie spielt Unternehmen“ will ich nicht nur aufzeigen, daß die Inhaberfamilie (bzw. einzelne ihrer Mitglieder) *im* Unternehmen als Fortsetzung ihrer Kindheit spielen. Sie spielen gewissermaßen auch so *mit* dem Unternehmen, daß dieses sich eher entlang *ihrer* Bedürfnisse strukturiert statt den Anforderungen des Unternehmenssystems oder seines Geschäftes zu dienen. In Familienunternehmen scheint oftmals die Annahme vorzuherrschen, daß strategische und strukturelle Überlegungen und Entscheidungen im Interesse der *Inhaberfamilie* zu erfolgen hätten. Funktionale Gesichtspunkte erfüllen dann oftmals den Zweck zur *Rationalisierung* familiärer (bzw. individueller) Wünsche. Um es einmal plakativ in einem (architektonischen) Bild auszudrücken: Der Bauhaus-Grundsatz „form follows function“ wird in „Familien, die Unternehmen spielen“ zu *form follows familiy* umgedeutet.[8] Ob dies zu Glück oder Unglück des Metasystems führt, läßt sich dabei auch im Nachhinein selten eindeutig entscheiden. Man kann jedoch damit das „Perpetuum mobile“ der familiären Nachfolge als Restriktionen der Entwicklungspotentiale des Unternehmens verstehen.

**Dadurch ergaben sich natürlich gewisse Aufgaben ...**
In „Unternehmen, die Familie kultivieren“, sollen Veränderungen in der Organisation den Generationswechsel managen helfen. Im Beispiel von Herrn „Bach“ geschah dies durch Expansion und Ausweitung des Geschäftsfeldes:

*Herr Bach: Das war, Sie hatten gefragt, ob [räuspert sich] das nun von frühe an schon klar gewesen ist, hier einzusteigen oder nich'? Also, es war an sich nich' klar. (.) Ich bin dann zunächst mal hier eingestiegen, weil ich diese kaufmännische Ausbildung gemacht hatte, weil mich schon der Betrieb im Prinzip interessierte. Und*

*dann kam allerdings diese Übernahme des (.) nachbarlichen Betriebes dazu, und dadurch ergaben sich natürlich gewisse Aufgaben.*
*Ich: Hm.*
*Herr Bach: [Räuspert sich] Und dadurch ergaben sich natürlich auch hier in der Familie freie Arbeitsbereiche für einen Nachfolger. Und (.) genau, und dann hab ich, dann haben wir uns ja so entschieden, daß ich also (.) zunächst mal (.) hier mit einsteige und mal sehe, (.) um mal zu sehen, (.) wie (.) die Entwicklung ist. Und (.) gut, die Entwicklung war dann zunächst ansatzweise auch positiv, und dann (.) ist man eben halt bei diesem Entschluß (.) geblieben, ...*
*Ich: Hm.*
*Herr Bach: ... – ne. Das hat ja im Prinzip dann auch die weitere Entwicklung gezeigt, daß dieser, diese Vorstellung eigentlich richtig war, ...*
*Ich: hm.*
*Herr Bach: ... und auch die Zielrichtung eigentlich richtig war, [räuspert sich] (.) sich, (.) den Betrieb zunächst mal zu stabilisieren und mit frischen Kräften – eben halt aus der Familie (.) – und eben halt weiter auszubauen, – ne.*

Für den Leser ist nicht zuletzt in der Interviewdynamik erkennbar, daß der Einstieg von Herrn Bach ins Unternehmen unter schwierigen Umständen erfolgt sein muß. Herr Bach macht hier deutlich, daß zwar sein Eintritt ins Unternehmen unter unsicheren Bedingungen der zukünftigen Unternehmensentwicklung stattfand, seine *Nachfolge* im Grunde genommen jedoch durchaus als geplant und erwünscht angesehen werden kann. Der „Betrieb interessierte" ihn „im Prinzip", er hatte eine „kaufmännische Ausbildung" gemacht, die ihn dafür qualifizierte, also stieg er ein. Inwiefern die „Übernahme eines nachbarlichen Betriebes" aus der gleichen Branche auch *zeitlich* mit seinem „Einstieg" zusammenfiel, geht aus dem Interview nicht präzise hervor. Allerdings sieht er durchaus einen Zusammenhang, indem er sagt, daß sich daraus „gewisse Aufgaben" und „Arbeitsbereiche für einen Nachfolger (d.h. auch für ihn) ergaben". Der Erwerb des nachbarlichen Betriebes muß zugleich für die damaligen Inhaber (Senioren) ein erhebliches Maß an Risiko und Unsicherheit mit sich gebracht haben. Aus der Unternehmensgeschichte geht hervor, daß sich an die „Übernahme" eine Konsolidierungsphase anschloß. Denn die weitere Entwicklung mußte sich erst stabilisieren, bevor die Nachfolge als sichergestellt gelten konnte. So hatte die mit der Übernahme des nachbarlichen Betriebes einhergehende Erweiterung des Unternehmens ein doppeltes Ziel: zum einen stellte sie eine langfristige Existenzsicherung des Familienunternehmens Bach durch die „Akquisition von Marktanteilen" dar. Zum anderen ergab sich so die Möglichkeit, „in der (von der) Familie" beanspruchten Einfluß- und Gestaltungssphäre des Unternehmens „freie Arbeitsbereiche" zu schaffen. Auch im Falle von Herrn Bach fällt die Unterscheidung zwischen den Belangen der Familie und denen des Unternehmens schwer: es „ergaben sich ... *in der Familie* freie Arbeitsbereiche"! Die Unternehmerfamilie Bach deutet die Unternehmenserweiterung so, daß man damit zugleich Platz *in der Familie* schuf: somit auch für ein

Nebeneinander von Senioren und Junioren im Übergang. Denn auch die „Stabilisierung" des Unternehmens wurde sowohl *mit* den „frischen Kräften" – den Nachfolgern – als auch *für* sie – „betrieb(en)". Der „weitere Ausbau" diente nämlich über den Eintritt von Herrn „Bahn" hinaus auch dazu, den Einstieg eines Cousins zu ermöglichen: das Unternehmen Bahn besteht (um in der hier immanenten Logik zu sprechen) aus zwei Familienstämmen. Der Leser kann an dem Beispiel „Dadurch ergaben sich natürlich gewisse Aufgaben ... " die wechselseitige Abhängigkeit von Unternehmensentwicklung und familiärem Generationswechsel (bzw. der Gewinnung von Autorität) nachvollziehen. Im Hinblick auf die Ermöglichung familiärer Nachfolge sind „Job-Enlargement" und „Job-Enrichment" *mehr* als eine Metapher für die durch den Aufkauf eines Konkurrenten ermöglichten „freien Arbeitsbereiche" der Familie Bahn (nach dem Motto: „Management for Beginners").

**Weil er immer eine Nasenlänge vor den anderen war ...**

Auch im folgenden Beispiel geht es darum, für die Betroffenen im Generationswechsel „Raum" zu schaffen. Anders als bei Herrn Bahn ist die im Familienunternehmen Dame vorgenommene Unternehmensteilung nicht geschaffen worden, um den Weiterbestand des Unternehmens zu sichern, sondern um der Geschwister-Konstellation der (drei) Nachfolger-Söhne gerecht zu werden. Die dazu getroffenen Maßnahmen sind ein anschauliches Beispiel dafür, daß die (Re-)Organisation von „Familien, die Unternehmen spielen", letztendlich zur Stärkung der Autorität und Position von familiären Nachfolgern und zur Abgrenzung persönlicher Territorien (sowie der Versorgung der familiären Erben) dient. Ganz offensichtlich sind die Maßnahmen zur Unternehmenserweiterung (bzw. -teilung) hier primär mit dem Ziel vorgenommen worden, eine (familiäre) Nachfolge-Lösung zu erzielen.

Herr Dame hat – unter Mitarbeit seiner drei Söhne – im Laufe der Jahre neben dem von ihm gegründeten Stammhaus in dessen Nachbarschaft eine zweite Produktionsstätte eröffnet. Wenige Jahre vor dem Interview hat er darüber hinaus die Gelegenheit ergriffen, ein drittes Unternehmen zu erwerben. Im Hinblick auf den Generationswechsel wurde eine „Betriebsaufspaltung" in drei Firmen vorgenommen und die Immobilien in eine KG eingebracht. Die Nachfolge- und Erbregelung der Unternehmens-Gruppe Dame (wie sie seitdem vom Senior genannt wird) bezieht folgende Aspekte ein:

- Eintritt und Nachfolge der Söhne;
- jeder Sohn wahrt als Mehrheitsgesellschafter „seines" Unternehmens die Eigenständigkeit (als Unternehmer);
- jeder der Söhne ist an den Firmen der Brüder als Gesellschafter mit dem Ziel beteiligt, so im Interesse der „Gruppe" – und der Sippe – zu handeln;
- der Senior ist für den Übergang zwischen den Generationen Mit-Geschäftsführer (nicht Gesellschafter) in jeder Firma und nutzt diesen

Freiraum, um eine Seniorenrolle jenseits des Tagesgeschäftes zu gestalten;
- die Familienangehörigen sind durch Beteiligung aller (!) Kinder an der Immobilien-KG im Hinblick auf die Erbschaft „versorgt“;
- die Senioren (Eltern) sind abgesichert, sie bleiben Haupt-Eigentümer der Immobilien-KG bis zu ihrem Tod.

Ich will im Folgenden aufzeigen, daß ich diese Lösung *eigentlich* für *familiär* motiviert halte. Möglicherweise dient eine solche Unternehmenskonstruktion eher dem Zusammenhalt der Familie und den Interessen einzelner ihrer Mitglieder als denen des Unternehmens. Der Leser sollte daraus jedoch nicht schließen, ich hielte sie daher für unsinnig oder konterproduktiv! Jedoch ist es offensichtlich, daß durch die Familienorientierung keine alternative Konstruktion (mehr) angestrebt werden *konnte*. Hinter den „vernünftigen“ Argumenten, die diese Lösung primär dem Fortbestand des Unternehmens gewidmet sieht, verbirgt sich hier das Interesse, in erster Linie eine gute Lösung für die *Familie* zu finden. (Das ist in erster Linie nicht gut oder schlecht, sondern vor allem bemerkenswert!)

Herr Dame ist dem Leser ja bereits mit der Äußerung vertraut, daß er Firmen *„für“* seine Söhne geschaffen hat. Seine Vorstellung von einem „reinen Familienunternehmen“ kann man dementsprechend auch so deuten, daß dieses Unternehmen rein (ausschließlich) für die Familie da zu sein habe. Von seinem jüngsten Sohn berichtet er:

*Herr Dame: ...*
*Im übrigen hat er die Anlagen, ein Unternehmer zu sein: (.) interessiert keine Arbeitszeit oder sowat.*
*Ich: Hm.*
*Herr Dame: Dat können mal 15, 18 Stunden sein, dat is' ejal, Hauptsache dat Ziel wird erreicht! Sein großes Ziel – und deshalb mußten wir den auch absondern – ich will dat mal ganz offen sagen: er hat hier viel Unruhe geschaffen, weil er immer 'ne Nasenlänge vor den anderen war.*
*Ich: Hm.*
*Herr Dame: Wenn die da morgen von sprachen, sprach er gestern schon von derselben Sache und hat dann viel Unruhe hier gemacht, – ne. Die fühlten sich etwas, vom Jüngsten etwas in die Ecke geschoben. Und – hab ich jedacht: „Mensch, also“, – es gehört 'ne Menge Psychologie dazu, dat will ich Ihnen nur damit sagen, – ne, „der Carl braucht wat für sich!“ – Und der ist auch heute etwas ganz für sich!*

Der Jüngste „war den anderen immer eine Nasenlänge voraus“. Für die Logik des Leitbildes Familie selbstverständlich (– Angestellte bezog er in seine Erörterung nicht mit ein) versteht der Senior mit „den anderen“ die beiden älteren Söhne. Der (Innovations-)Druck, den sein Sohn Carl durch seine

Ideen und seinen Ehrgeiz ausübte, drängte seine Brüder „in die Ecke“: sie fühlten sich ab-„geschoben“. Das mag den Leser nicht sehr verwundern, zumal der Senior vor allem ihm das Zeug zu einem „richtigen“ „Unternehmer“ zutraut: „Hauptsache das Ziel wird erreicht!“ Seine anderen Söhne werden damit implizit davon ausgenommen, „Anlagen zu einem Unternehmer“ zu haben. So ist der Leser wohl kaum darüber erstaunt, daß sich Herr Dame senior Gedanken darüber macht, wie er den Jüngsten vom Rest der im Unternehmen tätigen Familie „absondert“. „Der braucht was für *sich*!“ Was liegt näher, als für *ihn* ein Unternehmen zu erwerben, das räumlich und vom Geschäftsbereich her (in Kenntnis der Entfernung und Produkte) „ganz für sich ist“! Auf diese Weise konnte es gelingen, die in der Juniorengeneration vorhandene Rivalität – vor allem um *seine* Aufmerksamkeit und Anerkennung – durch die Aufspaltung zu entzerren.

Aus der Sicht von Herrn Dame junior stellt sich diese Trennung als Konsequenz der durch die Mitarbeit der drei Junioren und des Seniors verursachten Enge dar. Wie er im Interviewverlauf erzählte, traten dadurch „Abgrenzungsprobleme“, durch mangelhafte Rollenaufteilung verursacht, auf, die bei den Mitarbeitern bereits „Orientierungsschwierigkeiten“ ausgelöst hatten. Er fährt fort:

*H. Dame jun.: ...*
*Und dieses Problem war uns lange bekannt und (.) wir haben das vorher natürlich versucht über Kompetenzen und Bereichseinteilungen zu regeln, aber irgendwo bleibt da ein Bereich, der sich überlappt. – Gut. Daraus folgernd haben wir dann gesagt: „Okay, wir machen drei Unternehmen“, zwei hatten wir schon, „Wir machen also drei Unternehmen, für jeden einen [!] !“*

(Der Versprecher „für jeden einen“, weist auch auf die unbewußte Dynamik der Rivalisierung hin: statt „drei Unternehmen ... für jeden *eines*“ sagt der Interviewte „für jeden einen“ – und man ist versucht zu ergänzen: „Bereich“, oder: „Vater“!) Der Leser wird sich hier des Eindruckes kaum erwehren können, als ob vor der Betriebsaufspaltung im väterlichen Unternehmen an die Junioren eher Regierungsbezirke *verteilt* worden wären, statt daß die Kompetenzen der Brüder entsprechend ihrer Qualifikationen für verschiedene Funktionsbereiche genutzt worden seien. Eine verbindliche Rollenaufteilung oder Vereinbarung von Management-Funktionen war wohl nur schwer zu erreichen. (Sie entsprächen auch kaum dem Idealbild des Seniors vom „freien Unternehmertum“!) Hier hat das Unternehmen wohl unter der geheimen Annahme gelitten, es sei ein Abbild der Inhaberfamilie. Die vorgefundene Lösung der Nachfolgeregelung stellt Herr Dame junior hier auch als logische Folgerung dieser *Fiktion* dar: „wir machen drei Unternehmen – für jeden eines!“ Da in der Übergangsphase des Generationswechsels der Senior-Vater in jedem Unternehmen der Söhne Mitgeschäftsführer ist, kann sich somit jeder der Söhne dem heimlich gehegten Wunsch hingeben, etwas *allein* mit dem Vater zu haben: „für jeden einen“!

Der hier gewählten Lösung einer Unternehmens-Teilung (Betriebsaufspaltung) lag primär nicht ein Konflikt im Arbeitsalltag des Unternehmens sondern einer in der *Inhaberfamilie* zugrunde. In einer „Familie, die Unternehmen spielt" beziehungsweise in einem „Unternehmen, das Familie kultiviert", wird in solchen Fällen das Unternehmen gewissermaßen zur Bühne *familiärer* Problematiken umgewidmet (das betrifft insbesondere die Unternehmensleitung in der Frage der Nachfolge). Wenn der *Mißbrauch* der Arbeitsebene nicht als solcher verstanden wird, werden alle Anstrengungen scheitern, auf der Aufgabenebene des Unternehmens zu arbeiten (bzw. zu managen). Die mit der familiären Problematik verbundenen, emotionalen Blockaden können letztlich nicht überwunden werden (auch nicht durch Kompensation und Rationalisierung). Im weiteren Verlauf des Interviews sprach ich dann auch den Zusammenhang von Rivalisierung und Unternehmensführung an:

*Ich: Heißt dat: (.) „Ja, da ist irgendwo nen Stück weit immer auch Rivalität, auch zwischen den Brüdern" ... ?*
*H. Dame jun.: Ja, sicher!*
*Ich: ... – Wer ist der Beste?, – oder so?*
*H. Dame jun.: Kann man sicher nicht (.) ausschließen. Ich meine, das geht ja schon unter Geschwistern los, wenn sie ganz klein sind. Kann man sicher nicht verhindern, auch als Eltern nicht, das ist eben drin, irgendwo, und das setzt sich fort.*

Die brüderlichen Rivalitäten werden hier von Herrn Dame junior durchaus zugestanden, wenn auch als unvermeidlich dargestellt: die „kann man nicht ausschließen"! Auch ihre Historizität wird (zumindest in der Interviewsituation) nicht angezweifelt: sie rühren aus der Zeit, als er (sie) noch „ganz klein" war(en). Selbst die „Eltern konnten dies nicht verhindern". – Was man allerdings hätte verhindern können, ist das unreife *Ausagieren* der durch die Rivalität ausgelösten Gefühle von *Eifersucht* und *Neid* in den Unternehmens-Rollen, indem man ihre Bearbeitung an das Familiensystem (zurück) delegiert. Aufgrund des Mangels an familienfremden Managern war die personale Kongruenz zwischen Inhaberfamilie und Unternehmensleitung groß. Eine solche Konstellation (ver-)führt bei Führungsentscheidungen dazu, die geschwisterliche *Rangfolge* immer wieder zu aktualisieren. Zumal im Falle des Familienunternehmen Dame insbesondere der Senior versuchte, das familiäre Subsystem der Söhne (bzw. Brüder) in der Unternehmensgruppe zu rekonstruieren. Unter solchen Umständen sind die Übergänge von einem System ins andere sowie der Rollenwechsel zwischen Nachfolger und Sohn aus Sicht der Betroffenen fließend. Sie merken es kaum, wenn der Wettstreit um Führung im „Unternehmen" der geschwisterlichen Rangfolge in der Familie entgegensteht (zumal sie hier mit der *Seniorität*, der Dauer der sozialen Zugehörigkeit im Unternehmen, korrespondiert).

Aus der Rekonstruktion des vom Junior angedeuteten Spieles „Und willst Du nicht mein Bruder sein ... " wird das auch deutlich:

*H. Dame jun.: Ich hab altersmäßig zwei Jahre Unterschied zu meinem nächsten Bruder, nach oben, altersmäßig. Die beiden haben nur ein Jahr Unterschied. Die waren also irgendwo immer schon zusammen. Ich als dritter kam etwas später, war von daher, von der Kindheit schon, irgendwo mehr auf mich selber gestellt.*

„Zwei Jahre Unterschied zum nächsten Bruder" sind gewöhnlicherweise keine Welten für Geschwister. Jedoch bewirkt der sehr enge Altersabstand der beiden älteren Brüder hier eine verzerrte Wahrnehmung: „die waren immer schon zusammen". Diese nehmen ihren Ausgang von der Wahrnehmung der Eltern: ein Vierteljahr nach der Geburt des ersten bereits ein zweites Kind zu erwarten, muß von den *Eltern* zur Zeit der *Familien*-Gründung so erlebt worden sein, als wären die Jungen „schon immer zusammen gewesen"! Daß bei einem Altersabstand von einem Jahr (bzw. von zwei und drei Jahren) zwischen Brüdern der Jüngste „mehr auf sich selber gestellt" ist, ist keine natürliche oder notwendige Folge einer solchen Konstellation; sie ist ebenso vom Familiensystem konstruiert wie die Paarbildung der älteren Söhne.

Aus dem Interview geht hervor, daß Herr Dame junior als Kind eher eigenständige Umweltkontakte aufnehmen konnte, während die zwei „anderen" „immer zusammen waren". Seiner Wahrnehmung zufolge müssen die Großen eine brüderliche Symbiose gegenüber ihrer Umwelt eingegangen sein (d.h. auch *ihm* gegenüber). Dies wird erst verständlich, wenn sich der Leser die Gesamtsituation dieses Familiensystems zu der Zeit vergegenwärtigt, auf die sich dieser Erzählstrang bezieht. Folgt man den Angaben des Interviewpartners, muß der Vater vor seiner Geburt aufgrund seiner Verkaufstätigkeiten schon sehr viel unterwegs gewesen sein: für die beiden Älteren – und die Ehefrau und Mutter – war er vermutlich wenig wahrnehmbar. In einer solchen Familiensituation kann man die Umwelt gewöhnlicherweise sagen hören: „Gut, daß die zwei (Brüder) immer zusammen sind!" (Dann vermissen sie den Vater nicht so sehr!) So führt der Interviewpartner die Rivalitäten im Geschwistersystem auch weniger auf die Geschwisterkonstellation als auf die *Situation* der Familie zurück. Im übrigen wurde *er* im gleichen Jahr *geboren*, in dem sein Vater die Firma Dame *gründete*.

Aus seiner Erzählung geht hervor, daß er als der Jüngste (ungeachtet einer jüngeren Schwester: in Bezug auf die potentielle Rolle als Nachfolger „zählen" in dieser Arithmetik nur die Söhne) die Familienrolle als „Pfiffikus" (als Schlaukopf bzw. Fuchs) *delegiert* bekam. Er „tanzte denen (seinen Brüdern) auf der Nase herum". – Und dies tut er im Grunde genommen noch heute, wie aus der Interviewdynamik mittels eines Versprechers („rumtanze") zu schließen ist! Wen wundert es da, wenn der Vater von ihm sagt, daß er von den anderen „abgesondert" werden mußte?

„Frust" tauchte für den Jüngsten im Unternehmen nur dann auf, wenn seine „Pfiffigkeit" von den Brüdern aus „emotionalen" Gründen „stark geblockt" wurde! Und diese Blockaden wurden durch das *familiäre* Delegieren der Pfiffikus-Rolle an ihn verursacht. Die geschwisterlichen Rivalitäten wurden in der Familie Dame vom Senior wohl eher forciert als unterbunden. (Wie Rivalitäten gelöst werden, hat der Leser ja bereits im Zusammenhang mit „Familien: ihren Repräsentanten und Unternehmen“ nachvollziehen können!)

Seit der Unternehmensteilung – und Trennung – verstehen sich die Brüder besser:

*H. Dame jun.: ...*
*Und es ist, je weniger wir uns sehen, also je weniger man solche Reibungspunkte jetzt hat, umso besser verstehen wir uns. Wir verstehen uns nach der Trennung also wesentlich besser als vorher.*
*Ich: Hm.*
*H. Dame jun.: Weil man kommt sich nicht mehr so hautnah, – ja.*

Der zugrundeliegende Konflikt ist jedoch nicht gelöst. (Dazu müßten die Protagonisten ein – lösungs-orientiertes – gutes Bild der Familie beziehungsweise des Metasystems auf sich wirken lassen können!) Jedoch sind die Folgen der Rivalisierung wesentlich abgemildert, weil es „weniger Reibungspunkte“ gibt. „Man kommt sich nicht mehr so (haut-)*nah*!“

Die Distanz zwischen den Brüdern (bzw. ihren Firmen) ermöglicht dem Interviewten auch, die Systeme „Familie“ und „Unternehmen“ besser zu differenzieren; Privates und Geschäftliches läßt sich besser trennen:

*H. Dame jun.: ...*
*Ist ganz klar, – ja. Man trifft sich auf „ner anderen Ebene: „Hallo!“, und, „Wie ist es?“ – Und hauptsächlich privat. Und das, was wir geschäftlich zu vereinbaren haben, sind Rahmendinge. Da wird halt verhandelt aber sehr sachlich. Da geht es um reine Interessen: „Wenn Du das machst, dann mach' ich für Dich das!“ Da wird verhandelt und das läuft sehr gut ab, – ja.*

„Geschäftlich“ geht es um gemeinsame *Vereinbarungen*, welche vordergründig rein „sachlich“ und rational dargestellt werden. Sie folgen den „reinen Interessen“ der drei – nun eigenständigen – Unternehmer und werden in der „Sache verhandelt“. „Daneben“ können sie „sich auf einer anderen Ebene treffen“: auf der Ebene als Geschwister. Herr „Dame“ junior macht noch einmal deutlich, daß diese Trennung insbesondere für *ihn* wichtig war! Sie ermöglichte ihm, aus der familiären „Umklammerung“ des „Clans“ herauszukommen:

*H. Dame jun.: ...*
*Ich wollte das. Ich wollte immer schon etwas weiter weg aus dem Clan, etwas 'raus*

*aus der Umklammerung, aus dieser ganzen familiären, ...*
*Ich: hm.*
*H. Dame jun.: ... sagen wir mal: Gemeinschaft. Ich bin eben vielleicht etwas mehr freiheitsliebend [lacht], ich brauch' etwas mehr Luft, – mag sein.*

Das wird auch an der räumlichen Trennung und der geographischen Distanz der Unternehmen deutlich, die als Metapher der Beziehungen der Brüder verstanden werden kann. Während die Unternehmen der älteren Brüder in unmittelbarer Nachbarschaft liegen, ist sein Betrieb eine Autostunde vom „Stammwerk" – und Elternhaus – entfernt.

So konnte durch die Aufteilung von Kompetenzen und Eigentum sowie die Trennung eine *unternehmerische* Eigenständigkeit der Brüder hergestellt werden. Inwiefern sie auch langfristig dazu dient, die Rivalisierung der Brüder in eine Konkurrenz *unter Brüdern* umzuwandeln, wird noch abzuwarten sein. (Im Übrigen hat der Senior die Teilung entlang der Unternehmensentwicklung und parallel zur familiären Rangfolge seiner Söhne vorgenommen: dem Ältesten gab er das Stammwerk, dem Mittleren das Zweitwerk und dem Jüngsten den jüngst erworbenen Betrieb!) Jedoch bleibt die „Luft" im Familienverband auch mit dieser Lösung noch knapp: die eigene Autonomie und Handlungsfreiheit wird auch weiterhin durch den „Clan" einengt. Die Unternehmensteilung half, der „Umklammerung" durch das romantisierte Familienbild („Familie spielt Unternehmens-Leitbild) ein stückweit zu entkommen. Die in der Interpretation enthaltene Assoziation, „Keine Luft mehr bekommen", kann als Metapher für die auf den Jüngsten (und Pfiffikus) gerichteten Projektionen verstanden werden. „Weiter weg vom Clan" *darf* er als *Unternehmer* erfolgreich – und möglicherweise auch *erfolgreicher* als seine Brüder – sein. Dort wird dann nicht in erster Linie der Vergleich zwischen Brüdern sondern zwischen Unternehmen gezogen!

**Sachen, die mir nicht so sehr liegen ...**

Im voranstehenden Beispiel des Familienunternehmens Dame besteht die vom Senior vorgezogene Nachfolgelösung in einer Unternehmensteilung mit dem Ziel, Distanz zwischen den Brüdern herzustellen und eine Differenzierung und Eigenständigkeit der Söhne zu ermöglichen. Im Unterschied dazu befindet sich das Familienunternehmen „Gall" im folgenden Beispiel im Übergang zwischen der dritten und vierten Generation. Im „Übergang" heißt hier nicht nur, daß bisher noch *keine* Nachfolgelösung fixiert ist, sondern auch, daß möglicherweise noch nicht alle Protagonisten der Nachfolge „auf der Bühne" des Generationswechsels stehen (es gibt auch hier einen jüngsten Bruder, von dem seine Geschwister noch „nicht genau wissen, womit sie bei ihm dran sind"). Von der Tendenz her kann der Leser jedoch davon ausgehen, daß die Tätigkeit *aller* Kinder im Familienunternehmen der Sippe Gall erwünscht ist. Und zwar im Unterschied zur Unternehmensgruppe Dame in Form direkter *Zusammenarbeit* der Betroffenen.

Ich bekam die Gelegenheit, mit den zum Zeitpunkt des Interviews im Unternehmen tätigen Vertretern der vierten Generation zu sprechen. Bei Herrn und Frau Gall handelt es sich um ein Geschwisterpaar: er ist der Älteste, sie seine in der Geschwisterreihe nachfolgende Schwester. Beide arbeiten mit Vater und Onkel im Unternehmen. Die Sippe – zumindest trifft dies auf ihre im Unternehmen tätigen Mitglieder zu – wird vom Senior, dem Vater von Herrn und Frau Gall, dominiert. Er ist der *Unternehmer* unter den Senioren, während der Onkel sich eher auf seine Rolle als „Gesellschafter" zurückzuziehen scheint: der steht allerdings im öffentlichen Leben und bekleidet ehrenamtliche Ämter.

Das Geschäft der Sippe ist in den letzten Jahren sehr expandiert. Das Unternehmen selbst ist ein Konglomerat mehrerer Klein- und Mittelbetriebe. So besteht für die diversen Angehörigen der beiden Inhaberfamilien grundsätzlich genug Gelegenheit zur Mitarbeit. Die Struktur dieser (weitverzweigten) unternehmerischen Aktivitäten der Sippe Gall läßt dabei durchaus vermuten, daß sie neben Rentabilitätsüberlegungen auch schon einmal den jeweiligen Neigungen von Familienmitgliedern entsprechen können. Sie dienen sowohl dazu, die interessierten Kinder zu beschäftigen als auch einzelne von ihnen bei der Stange zu halten. Bei manchen Geschäften kann man sich jedoch des Eindruckes kaum erwehren, daß die strategische Begründung der Geschäftsentscheidung eher einer Professionalisierung *privater Interessen* dienlich ist.

Damit der Leser von den Verhältnissen eine konkretere Vorstellung bekommt, konstruieren wir einmal (hypothetisch) folgenden Fall:

Wir nehmen darin an, das Stammgeschäft der Sippe Gall bestehe in einem „Warenhaus". Seit einigen Jahren betreibe sie eine „Tennishalle", für deren Bewirtschaftung der Junior – ein leidenschaftlicher Tennisspieler – nebenbei zuständig sei. Nehmen wir weiter an, seit Neustem errichte man ein „Bistro" neben dem „Warenhaus", das zugleich einen Eingang am Parkplatz der „Tennishalle" habe. Die Sippe Gall begründet *letztere* Entscheidung damit, daß sie sich aufgrund der Laufkundschaft des „Warenhauses" und des Bedürfnisses der Tennisspieler, abschließend eine Kleinigkeit zu essen und zu trinken, ein gutes Geschäft erhoffen. Herr Gall hat eine kaufmännische Lehre gemacht und packt in allen Unternehmen an, wo gerade „Not am Mann" ist. Nach seinem Bekunden nimmt er dies als „Feuerwehrfunktion" wahr. Frau Gall drückte es dagegen etwas drastischer aus: ihr Bruder habe „in den letzten Jahren richtig die Ochsentour gemacht". Daneben kümmert er sich um die „Tennishalle" und wird zukünftig dem „Bistro" auch seine Aufmerksamkeit widmen. Frau Gall hat nach ihrer Graduierung als M.A. – ohne kaufmännische Vorkenntnisse – zunächst die Leitung eines „Parfümeriegeschäftes" übernommen. Inzwischen ist daraus ein „Einkaufsverbund" für Parfümerien geworden, deren Zentrale das Flaggschiff unter den Firmen der Sippe darstellt. Die unternehmerische Entscheidung dazu geht auf die Senioren zurück. Frau Gall nimmt dort inzwischen die Buchführung und das Controlling wahr, nachdem sie sich zu Letzterem durch entsprechende Fortbildung qualifiziert hat. Außerdem ist sie bevorzugte Ansprechpartnerin der Mit-Arbeitenden, wie sie sagt: „wenn einer hier was hat, die kommen meist zu mir!"

In vielen Aspekten illustriert diese (hypothetische) Beschreibung des Hintergrundes schon, wie hier „Familie Unternehmen spielt". Ich möchte mich hier daher nur noch den Aspekten zuwenden, die im Zusammenhang mit Nachfolge und Generationswechsel *spezifisch* sind. Die hier vorgenommene Lösung – der Leser bedenke, daß sich die Protagonisten im Übergang des Generationswechsels befinden – erinnert mich ein wenig an das Märchen von „Hänsel und Gretel" der Gebrüder Grimm. Es ist so, als ob es ihnen mit der Nachfolge so ergeht, wie den Geschwistern im Märchen mit dem Wald: die Eltern führen Hänsel und Gretel bekanntlich in den (angstauslösenden und todbringenden) Wald „wo er am dicksten ist", daß sie den „Weg nach Haus nicht mehr finden". Die Eltern wollen sich so selbst davor bewahren, daß sie ihren – am Hungertod verstorbenen Kinder – „Bretter für die Särge hobeln" müssen (Gebr. Grimm 1989, Bd.1, 100). Wie bei allen Familiengeheimnissen *wissen* die Kinder natürlich darum und machen sich auf die Suche nach einer Lösung (– Kinder tun eben alles für ihre Eltern)!

Der folgende Abschnitt gibt dem Leser in Inhalt und Interviewdynamik einen guten Eindruck von der geschwisterlichen Symbiose und ihrer spezifischen Arbeitsteilung:

*Frau Gall: ...*
*Und (.) jetzt bin ich eigentlich Controller.*
*Ich: Ah so.*
*Frau Gall: [Lacht] Für alle Firmen!*
*Ich: Ah ja!*
*Frau Gall: Also ich beschäftige mich mit den Erfolgsrechnungen, ...*
*Herr Gall: Ja, dat is' natürlich auch hier, ...*
*Frau Gall: ... mit Planungen und allgemeiner Verwaltung – wat anfällt, – ne.*
*Ich: Ja.*
*Herr Gall: ... dat is' natürlich hier auch, dat is' also so groß geworden, und so, so explodiert, wir müssen da jemanden haben, der das macht.*
*Ich: Hm.*
*Herr Gall: Ich hab dat vorher, bevor sie hier war, immer so nebenbei gemacht, ...*
*Ich: hm.*
*Herr Gall: ... aber – dat ging einfach nich' mehr.*
*Ich: Ja.*

Aus Sicht des sozio-technischen Systemverständnisses kann die Rolle, die Frau Gall als „Controller" einnimmt, als eine spezifische Angstabwehr des

Metasystems verstanden werden. Sie soll die Angst der Sippe bannen, die *Kontrolle* über die Steuerungs- und Regelungsfähigkeit des Unternehmens (und möglicherweise gleichzeitig über die Familie) zu verlieren. *Controlling* dient einem Unternehmen als Funktion zur Steuerung „kapitaler“ Unsicherheiten: um ökonomische Risiken zu begrenzen, den Kapitalfluß des Unternehmens zu steuern und Entscheidungen hinsichtlich der Unternehmensplanung vorzubereiten. Wenn also die Angst vor einem Steuerungs- (bzw. Kontroll-)Verlust sehr groß ist, ist die Rolleninhaberin in der Funktion als Controller die *eigentlich* Mächtige.

Gleichzeitig drückt Herr Gall (stellvertretend für die Inhaberfamilie insgesamt) seine Ängste deutlich aus, daß das Wachstum des Unternehmens außer Kontrolle geraten könne und – vor lauter (bombigem) Erfolg – „explodiert“. Herrn Gall ist dieser Bereich – in quantitativer wie qualitativer Hinsicht – „über den Kopf gewachsen“. „Nebenbei“ läßt sich eine solche Funktion „nicht mehr“ ausfüllen: weder neben anderen Aktivitäten noch ohne fundierte Kenntnisse. An dem Punkt, an dem die Potentiale vom Erfolg eingeholt zu werden schienen, weil die erforderliche Managementkompetenz nicht mehr von ihm selbst zu generieren war, „ging das einfach nicht mehr“.

Diese Funktion mit einem familienfremden Manager zu besetzen, war offensichtlich für die familiäre Nachfolge zu bedrohlich. Es mußte also eine Lösung gefunden werden, welche die familiäre Nachfolge sicherstellt, statt sie durch Fachkompetenz zu bedrohen. In Frau Gall fand das Inhabersystem eine Person, die qualifiziert war (bzw. willig war, sich gegebenenfalls weiter zu qualifizieren), gleichzeitig die familiäre Nachfolge der „Kinder“ nicht *gefährdet* und darüber hinaus den Protagonisten der Juniorengeneration *unterstützt*. Nicht zufällig wird dazu Frau Gall als (nachgeborene) Schwester delegiert: einerseits ist sie im Hinblick auf den Eintritt aller Kinder „die Nächste“. Andererseits wird hier neben ihrer Familienrolle (zu ihrer individuellen Dynamik, eine solche Delegation anzunehmen) auch die Dynamik der *Geschlechtsrolle* in Form der Gewährung von *Unterstützung* aktualisiert. Diese wird im Prozeß des Erwerbs der Geschlechtsrolle primär von Frauen durch Spaltung der Regressionsbedürfnisse erlernt: Frauen gewähren, Männer genießen Unterstützung (S. Nelton 1986, 136 f.).

Herr Gall fährt entsprechend fort:

*Herr Gall: Vor allen Dingen waren dat Sachen, die mir nich' so sehr liegen. Ich mach' also lieber anderes: ...*
*Ich: hm.*
*Herr Gall: ... raus oder verkaufen, oder ...*
*Frau Gall: [Lacht:] Der hat nich' soviel Sitzfleisch wie ich!*
*Ich: Hm.*

*Herr Gall: ... bauen, oder so, // [unverständlich]*
*Ich: Hm.*
*Herr Gall: Ich kann mich also nich' stundenlang da über nen paar Zahlenblätter legen, – ne.*
*Ich: Hm.*
*Herr Gall: Ich kann das zwar, aber // nich' so viel Interesse 'dran, – ne.*
*Ich: Hm. Widerstrebt Ihnen nen bißchen?*
*Herr Gall: Ja, deshalb bin ich also froh, daß sie das macht!*
*Ich: Ja.*

Während der Bruder seinen „Interessen" (und Neigungen) nachgehen kann, hat Frau Gall die entsprechenden Qualifikation für die Tätigkeiten erworben, die ihm „nicht so sehr liegen". Die Einstellung zu dieser geschwisterlichen Arbeitsteilung ist von Dankbarkeit und Verpflichtung geprägt: „*Deshalb* bin ich froh, daß sie das macht!" Ihre Zwischenbemerkung zum „Sitzfleisch" verstärkt den Eindruck, daß hier die Geschlechtsrollen stereotyp nach dem Motto aktualisiert werden: „Mädchen können sich beschäftigen, Jungen brauchen Bewegung!" Auch wenn Frau Gall eine entsprechend an sie gerichtete Frage verneinte, vermute ich, daß die Übernahme dieser „sitzenden" Tätigkeit nicht so *ganz* ihren Neigungen entspricht. Aber für „*ihn* macht (sie) es ganz *gerne*"!

*Frau Gall: Ich mach' das auch ganz gerne.*
*Ich: Hm.*
*Frau Gall ...*
*Ja, und wenn einer hier wat hat, die kommen meist zu mir, – ne. [Lacht]*
*Ich: Hm.*

In der Gewährung ihrer Unterstützung wird sie ebenso von den Mit-Arbeitenden wie von ihrem Bruder gebraucht. Zugleich aktiviert sie darin ihre „mütterlichen Anteile": sie braucht die Anfragen der nach Unterstützung Suchenden ebenfalls.

Ich frage beide nach *ihrer* Annahme zu der Aufgabenteilung:

*Ich: Woher kommt das, daß (.) Se so 'ne Aufgabenteilung haben?*
*Frau Gall: [Zu ihrem Bruder:] Hat sich so ergeben, – ne?*
*Herr Gall: Die hat sich, die hat sich eigentlich auch etwas aus der Interessenlage ergeben.*
*Ich: Hm.*
*Herr Gall: – Ich war also ganz froh, als sie kam und das gemacht hat.*
*Ich: Hm.*
*Herr Gall: Und dat war also auch auf die Dauer für mich zuviel bei dem ganzen anderen, was ich hier machen mußte.*

*Ich: Hm.*
*Herr Gall: – Dat war also wirklich sehr, sehr haarig hier.*

Symptomatisch für die *wechselseitige* Unterstützung des Geschwisterpaares weist Frau Gall an dieser Stelle ihrem Bruder die Rolle des Antwortenden zu. Ihre „Aufgabenteilung" ist notwendig, um in einem latent politisiertem Umfeld, welches durch die (jeweilige) „Interessenlage" bestimmt ist, handlungsfähig zu bleiben. Aufgrund des „explodierenden" Wachstums und den damit einhergehenden Kontrollbedürfnissen des Metasystem vollzieht sich hier ein Generationswechsel unter Hochspannung. Die Geschwister – die ältesten von fünf Kindern – werden im Familienunternehmen Gall zu einer sehr spezifischen Nachfolgelösung delegiert. Denn ihr Familiensystem scheint (angesichts der Dominanz des Senior *über* den Junior) zwischen Junioren- und Senioren-Generation gespalten, als ob *nur so* ein Generationswechsel *überhaupt* vollziehbar wäre. So ergibt sich aus der Interessenlage der Nachfolgedynamik eine explosive Mischung: bevor es so „haarig" wird, daß es Herrn Gall junior „auf die Dauer" mit dem *Unternehmen* „zuviel" wurde, kam die Schwester, um als Controller mitzuhelfen. Generell ist für eine solche Politisierung kennzeichnend, daß die Beteiligten sich wünschen, den Konflikt „unter Kontrolle" zu bekommen. Das Gesamtsystem war somit – bei all dem „ganzen Anderen" (der Überforderung von Herrn Gall junior angesichts der mit Blick auf seine Nachfolge überzogenen Erwartungen) – „ganz froh". Mit der Unterstützung der Schwester hat es nämlich eine Lösung gefunden, welche die Nachfolge sicherzustellen scheint. Als sicher kann dieser Wunsch bei einer solchen Arbeitsteilung zwischen familiär delegierten „Funktionären" allerdings nicht unbedingt bezeichnet werden. Deren „Interessenlage" bemißt sich am Controlling des *Erfolges*, zumal sie eine Autorität in den Nachfolgerollen kaum gefunden haben. Solange Herr und Frau Gall ihre Autorität – und dazu gehört eine transparente Lösung des Generationswechsels – nicht selbst managen sondern sich von derzeitigen Inhabern *verordnet* lassen, kann es *wirklich* jederzeit (wieder) „sehr, sehr haarig" werden!

Ich möchte noch darauf hinweisen, daß die sich in der Symbiose der Geschwister verdeutlichende Aufgabenteilung von gegenseitigen Abhängigkeitswünschen geprägt sind. Daß Frau Gall parallel zu der Rangfolge im Geschwistersystem hier eine Funktion in der zweiten Reihe einnimmt, nutzt nämlich nicht nur Herrn Gall als älterem Bruder, der ihre Unterstützung genießt, sondern letztlich *allen* Beteiligten. Als ich mich daran erinnerte, *wie* ich an dieses Interview gekommen war, wurde mir klar, daß dies nicht zuletzt Frau Gall selbst nutzt. Von einem (dem Unternehmen geschäftlich eng verbundenen) Bekannten war *sie* mir als Ansprechpartnerin empfohlen worden. Ohne zu wissen, daß es einen anderen Nachfolger gab, hatte ich den Interviewtermin mit *ihr* ausgemacht. Als ich mich verabredungsgemäß im

Flaggschiff des Unternehmens vorstellte, um sie aufzusuchen, wiesen mich die Angestellten darauf hin, ich könne sie im „Warenhaus" finden. Nachdem ich sie dort gefunden hatte, nahm sie mich mit zum „Bistro", um mir ihren Bruder, Herrn Gall, vorzustellen, der gerade bei der Einrichtung des Mobiliars tatkräftig anpackte. Der Leser wird sich meine Verwunderung vorstellen können, als sie mir *wie selbstverständlich* eröffnete, das Interview *mit* ihrem Bruder *gemeinsam* machen zu wollen, ohne daß wir dies vorher abgesprochen hatten! Die Vermittlung durch den ihnen geschäftlich eng verbundenen Bekannten mag im Vorfeld Ängste und Besorgnisse ausgelöst haben. So meinten beide möglicherweise, daß sie ein Gespräch zu zweit besser unter „Kontrolle" hielten. Jedoch macht dieses Entree ins Interview die geschwisterliche *Symbiose* deutlich, welche durch gegenseitige Stützungs- und Sicherheitsbedürfnisse charakterisiert werden kann. Beide sind von der Sippe zur Nachfolge delegiert. Aber so, als ob sie gemeinsam – Hänsel und Gretel gleich – in den „Wald, wo er am dicksten ist", geschickt worden wären. Ob die geschwisterliche Symbiose zur Bewältigung der dadurch ausgelösten Ängste eher den „Bröcklein vom Brot" oder den „weißen Kieselsteinen" im angesprochenen Märchen gleichen, scheint noch unentschieden. (Gebr. Grimm 1989, Bd.1, 102 f.).

In einer „Familie, die Unternehmen spielt", profitiert letztlich auch Frau Gall davon, daß die Rollenaufteilung den Begabungen und Neigungen der familiären Nachfolger entsprechen. Im Familienunternehmen Gall werden die Aufgaben offensichtlich nach der Rangfolge der Geschwister verteilt. Für Frau Gall heißt das „vor allem": die „Sachen", zu übernehmen, die ihrem ältesten Bruder „nicht so liegen".

**Dann ist die ganze Familie hier beschäftigt ...**

Schon die voranstehenden Beispiele der Familienunternehmen Dame und Gall haben gezeigt, daß „Familien, die Unternehmen spielen", tendenziell das „Perpetuum mobile" der familiären Nachfolge als „Perpetuum der Familie" konstituieren. In beiden Fällen gab es Tendenzen, daß möglichst alle Kinder am Unternehmen beteiligt sind beziehungsweise darin tätig werden. Die familiäre Nachfolge kann so auch als ein Auftrag an das Familien-*Kollektiv* angesehen werden, an dem nach Möglichkeit alle Betroffenen einer Generation beteiligt sind. Die Bemühungen galten dabei – der patronalen Erbfolge entsprechend – primär den männlichen Nachfolgern, zumal in den beiden angesprochenen Fällen jeweils älteste Söhne vorhanden waren.

Im Beispiel des Familienunternehmens „Bahn" steht insbesondere die familiäre Organisation der Qualifizierung von Nachfolgern im Vordergrund. Indem sie der Angst entgegenwirkt, der einzige männliche Nachkomme könne mit einer unternehmensfremden Qualifikation nicht ins elterliche

Unternehmen eintreten, trägt sie dem Sicherheitsbedürfnis der Familie (und einzelnen ihrer Mitglieder) hinsichtlich eines zukünftigen Generationswechsels Rechnung. Die darin sichtbar werdende Organisation des Familienspiels „Familie spielt Unternehmen" ist jedoch nur zu verstehen, wenn sie als psycho-soziale Angstabwehr des Familienkollektivs verstanden wird. Man fürchtet nämlich *eigentlich* um den Fortbestand des Unternehmens „in Familienhand", weil man Angst vor dem Sterben der Inhaber (Eltern) hat. Zum Zeitpunkt des Interviews wurde das von den Kindern als „Ausfall" der Unternehmens*führung* verstanden. (Beide Eltern arbeiten noch im Unternehmen mit, wenn sie auch als gesundheitlich angeschlagen angesehen werden müssen.)

Im frühen Eintritt der beiden Töchter ins Unternehmen und ihrer beruflichen Sozialisation kann durchaus bereits ein wesentlicher Beitrag zur Sicherung der Nachfolge gesehen werden (zumal ihr Eintritt und der Zuschnitt *ihrer* Qualifikationen entlang der Bedürfnisse des Unternehmens ihre Nachfolge auch gegen mögliche De- oder Überqualifizierung zu sichern scheint). Die folgenden Ausschnitte sind aus dem Interview mit Frau Bahn junior, der ältesten Tochter (bzw. Schwester). In ihrer Erzählung geht es um die Ausbildung und den möglichen Eintritt ihres Bruders, des Dritten (und Jüngsten) im Bunde:

*Fr. Bahn jun.:*
*Und mein Bruder, der wird also auch nächstes Jahr die Schule beendet haben, dann wird der hier 'ne Schlosserlehre machen. Wir haben jetzt 'nen Schlossermeister eingestellt, so daß der dann also auch mit in der Firma tätig sein wird, – ne. [Leise:] Dann ist die ganze Familie hier – beschäftigt.*

Wie sich im Verlauf des Interviews herausstellte, ist ihr Bruder von der Familie ausersehen, die – aus ihrer Sicht – „praktische" (technische) Seite im Unternehmen zu vertreten. Und zwar mit dem Ziel, einmal die Betriebsleitung wahrzunehmen und übernehmen zu können. Um sich dafür zu qualifizieren, soll er eine technisch-handwerkliche Ausbildung machen und damit so schnell wie möglich im Betrieb nützlich werden. Da es aber offensichtlich bisher keinen entsprechenden Ausbilder gab, wurde ein Meister eingestellt, damit „*der* (Bruder) auch mit in der Firma tätig sein" kann. Der Schlossermeister wird also nicht etwa dazu eingestellt, um die Betriebsleitung zu unterstützen (bzw. auszufüllen: es handelt sich um einen kleineren Mittelständler). Sondern einzig darum, dem Bruder eine Ausbildung im *elterlichen* Betrieb zu ermöglichen! Dagegen ist offensichtlich für eine Meisterfunktion *genügend* Bedarf vorhanden, wie Frau Bahn junior – allerdings mit Blick auf eine zukünftige Rolle ihres Bruders – zugesteht:

*Fr. Bahn jun.: ...*
*Und (.) ich merk' das ja jetzt schon, wenn irgendwas an der Maschine ist, dann*

*erzählen die mir die tollsten Sachen, aber ich hab da keine Ahnung von, deshalb kann ich ihnen auch nicht sagen: „Das stimmt nicht!", – ne.*
*Ich: Hm.*

Das Bedürfnis, alle entscheidenden Funktionen im Unternehmen durch Familienmitglieder zu besetzen, entspringt hier nur zum Teil den familiären Kontrollbedürfnissen (bzw. einer paranoiden Unternehmenskultur). Auch wenn ein institutionalisiertes Mißtrauen der Unternehmerfamilie Bahn herauszuhören ist: hier wirkt die unbewußte elterliche Beauftragung, die Nachfolge als geschwisterliches Trio gemeinsam wahrzunehmen. Die Nachfolger der Familie sollen ganz mit dem beschäftigt sein, was *deren* Lebensinhalt und -Sinn ausmacht: dem Familienunternehmen. Dort kann möglicherweise (re-)inszeniert werden, was vielleicht Zuhause nie Realität im Erleben der Familie werden konnte: eine „ganze Familie". Man nähert sich einem paradiesischen Zustand: „dann ist die ganze Familie hier".

Der Verwirklichung dieses Zustandes ordnen sich die Angehörige der Familie mit ihren persönlichen Wünschen unter. Gleichzeitig werden unternehmensbezogene Aufgaben, Anforderungen und Strukturen dementsprechend angepaßt. Beides fällt in der Person und der Ausbildung des Bruders zusammen:

*Fr. Bahn jun.: ...*
*Er möchte halt, am liebsten würd' er Kfz-Mechaniker machen! Aber – mein Gott, da können wir halt nicht so sehr viel mit anfangen. Und wenn wir nicht die Möglichkeit gehabt hätten, diesen Schlosser einzustellen, den Meister, den wir halt für den Maschinenpark brauchen, weil wir unheimlich viele Maschinen haben, (.) hätte sich das gar nicht ergeben. Dann (.) hätt' er von mir aus Kfz-Mechaniker lernen sollen, da kann er später trotzdem mit Maschinen umgehen, – ne.*
*Ich: Hm.*

Die Wünsche ihres Bruders im Hinblick auf eine Ausbildung laufen dem Interesse der Familie und seiner Verwendbarkeit im Unternehmen entgegen: da können sie (als Familie und Unternehmensleitung) nicht so sehr viel mit anfangen". Aber selbst, wenn dieser unglückliche Fall (hypothetisch!) eingetreten wäre, hätte(n) sie ihm stattgegeben. – Solange er keine Ausbildung macht, die ihn dem technisch-handwerklichen Bereich entfremdete, „kann er später trotzdem mit Maschinen umgehen". Glücklicherweise hat es sich anders ergeben: die Unternehmensleitung (Mutter, Vater und Frau Bahn junior) hat eine „Möglichkeit" *gefunden*. Der neue Meister wird entsprechend instrumentalisiert: er wird „für den Maschinenpark gebraucht". Er wurde in Bezug auf seinen praktischen Einsatz primär als „Schlosser" eingestellt; daß er „Meister" ist, wird für die Unternehmens-Leitung nur zur Ausbildung des Bruders „gebraucht".

*Daß* ihr Bruder ins Unternehmen eintreten wird, steht für die Familie – einschließlich des Bruders – außer Frage:

*Ich: Ja, Du sagst: (.) „Nen Kfz- Schlosser können wir nicht brauchen!" (.) Das heißt: im Prinzip, (.) ja: Will er gerne (.) hier ins Unternehmen! Und: Unbedingt? Oder könnte dat auch heißen: „Na, wenn der erstmal Kfz- Schlosser ist, dann macht er vielleicht 'ne Tankstelle auf!", oder so?*
*Fr. Bahn jun.: Nee. Der wollte also sowieso in die Firma.*
*Ich: Hm.*
*Fr. Bahn jun.: Er wollte noch nicht mal 'ne Lehre machen. Da haben wir also alle gesagt: „Kommt überhaupt nicht in Frage!" Er wollte also nur sofort in die Firma und die Maschinen warten ...*
*Ich: hm.*
*Fr. Bahn jun.: ... und mit bedienen.*
...
*Also er wollte schon von vornherein da 'rein und käme auch nicht auf die Idee 'ne Autowerkstatt oder so aufzumachen, – ne. Bloß, wir haben gedacht, daß wir ihm dadurch vielleicht 'nen Gefallen tun würden, wenn er halt nicht woanders 'ne Schlosserlehre machen würde.*

Die Familie ist sich ziemlich sicher, daß keines ihrer Mitglieder auf die „Idee" käme, *nicht* ins Unternehmen zu wollen! Von daher kann es kaum verwundern, daß der Junior – aus Sicht seiner ältesten Schwester – „nicht auf die Idee käme, eine *Autowerkstatt* aufzumachen". Als Mitglied *dieser* Inhaberfamilie ist solches Denken und Wünschen für die Protagonisten völlig abwegig. So denkt „die Familie", sie täte ihm „einen Gefallen" damit, wenn er „nicht woanders eine Schlosserlehre machen" müßte. So *schafft* sie eine Möglichkeit, die entsprechende Lehre im *eigenen* Betrieb zu machen. Zur Realisierung dieser familiären Fiktion wurde ein Schlossermeister eingestellt, der die Ausbilder-Eignungsprüfung hat. In „Familien, die Unternehmen spielen", gilt eben: *„form follows family, not function"*! Oder: es ist noch kein Meister vom Himmel gefallen!

Ich möchte an dieser Stelle noch einen Nachtrag zu dieser Geschichte machen: ich hatte 1993 noch einmal Gelegenheit, mit Frau Bahn junior zu sprechen. Dabei ergab sich folgendes Bild des Familienunternehmens: beide Elternteile arbeiten nach Kräften immer noch mit. Allerdings erlaubte ihre (altersbedingte) Konstitution nur noch einen begrenzten „Einsatz". Inzwischen arbeiten alle drei Geschwister im Unternehmen. Ihr Bruder ist im Betrieb tätig, ohne eine Ausbildung gemacht zu haben (mit dem Schlossermeister hatte es offensichtlich nicht geklappt)! Außerdem arbeitete ihr Ehemann – ohne eine betriebsbezogene Ausbildung – im Unternehmen mit. Darüber hinaus war sie inzwischen mit *ihrer* Familie in das „Geschäftshaus" des Familienunternehmens, worin auch die Büros untergebracht sind, eingezogen. (Nach dem Motto: „Endlich ist eine *ganze Familie* hier!")

## 2.3 Resümee einer Unternehmens-Kultur

Familienunternehmen stellen sich als „Unternehmen dar, die Familie kultivieren". Die Kultivierung gilt dabei sowohl den *Familien* der Inhaber als auch gleichermaßen den *Unternehmen*. Letzteren droht allzuoft, zum Objekt der Bedürfnisse von Inhaberfamilien instrumentalisiert zu werden. Das gilt in besonderem Maße im Zusammenhang der familiären Nachfolge (bzw. zu ihrer Gewährleistung). Das wird in den „Spielen" deutlich, *die Familie* und *Unternehmen* wechselseitig miteinander „unternehmen".

Die Kultur in Familienunternehmen folgt dabei insbesondere dem Unternehmensleitbild „Familie". Dem Unternehmenssystem wird darin ein (metaphorisches) Leitbild unterlegt, das vor allem durch eine lebenslange (Über-)Abhängigkeit der Unselbständigen (Kinder und Mit-Arbeiter) von den selbständigen Senioren charakterisiert ist. Die Abhängigkeit zeigt sich in der Infantilisierung und den Versorgungsphantasien des Unternehmensspieles „Eltern und Kind". Andererseits ist die (abhängige) Unternehmenskultur mit dem Dominieren des Unternehmens durch Herrschaft und Kontrolle der Familie im Unternehmen im Unternehmensspiel „Familien-Monopoly" gekennzeichnet.

Darüber hinaus kann die familiäre Nachfolge zurecht als das „Perpetuum mobile" der Abhängigkeitskultur in Familienunternehmen betrachtet werden. Darin wird der zweifache Anspruch der „Familie" (bzw. Sippe) an die „Kinder" deutlich: die Nachfolge anzutreten und gleichzeitig im Verhältnis zu den Senioren in ihren Rollen als „Kinder" gefangen zu bleiben und deren Begehren nach lebenslangem Einfluß auf die Unternehmensgeschicke nachzugeben. Die im „Perpetuum mobile" zwischen Senioren und Junioren wechselseitig auftretenden Ansprüche hinsichtlich Herrschaft und Versorgung können als Spiegelbild der Beziehungen zwischen Unternehmensleitung und Mit-Arbeitenden gelten. Andererseits zeichnet die Nachfolgedynamik aus, daß die in Gefolge des Generationswechsel auftretenden Gefühle von Hilflosigkeit und der vermehrte Wunsch nach Abhängigkeit von starker und verläßlicher Führung dazu führt, die negativen Folgen und Gefühle des Gesamtsystems im Nachfolger zu deponieren. Ihm bleibt dann nichts anderes, als die Projektion anzunehmen (und auszuagieren), er sei doch nur wegen seines *Namens* und *nicht* wegen seiner Qualifikation auf dem Stuhl des Unternehmers gelandet.

Unter den Bedingungen familiärer Nachfolge kultivieren Familienunternehmen auch Familienspiele, indem „Familie Unternehmen spielt". So kann die Unternehmensentwicklung desöfteren nicht von den Bedürfnissen der Inhaberfamilie getrennt werden, die Nachfolge über entsprechende strukturelle Maßnahmen – etwa der Ausweitung des Geschäftes durch Unternehmenskauf oder eine Unternehmensteilung – zu legitimieren. Die strategischen Maßnahmen zur Unternehmens-Entwicklung sind in Familienunternehmen oftmals unbewußt und dienen in erster Linie der Sicherung der *familiären* Nachfolge sowie der *Aufrechterhaltung* der Abhängigkeit des Unternehmens von der „Familie". So werden Nachfolgelösungen gefunden, die eine Übernahme der Unternehmerrolle durch die familiären Nachfolger, die Beteiligung oder die Mitarbeit möglichst aller Unternehmerkinder ermöglichen sollen. Zuweilen müssen sich die Strukturen im Unternehmen den Bedürfnissen von Familienmitglieder beziehungsweise den Beziehungen der Familie unterordnen. Dies zeigt sich etwa, wenn mit der Organisation des Unternehmens die Rivalität von Brüdern in Schach gehalten werden soll, wenn eine Schwester zum Controller wird, um den Bruder als Nachfolger zu unterstützen, oder wenn die Familie davon ausgeht, die Nachfolge nur bewerkstelligen zu können, indem sie die „ganze Familie" im Unternehmen beschäftigt.

# 3 GENERATIONEN DELEGIEREN FAMILIE(N)-NACHFOLGE(R)

Wir wenden uns hiermit der zweiten Dimension der psycho-sozialen Dynamik von Familienunternehmen zu. Darin werde ich das Bild der Nachfolge weiter entfalten, indem ich die Wirkungskräfte familiärer *Delegation* auf die Nachfolge darstelle. Zunächst aber eine kleine Geschichte, die dem Leser helfen soll, sich dem Kern von „Generationen delegieren Familie(n-)Nachfolge(r)" zu nähern (R. Schamir 1993, 21 f.):

*„Ich, der Sohn des Bäckers, bin Klassenbester! Die ganze Welt könnte ich umarmen!!! ... Ich konnte es kaum erwarten, meinem Vater mein tolles Zeugnis zu zeigen. Denn ich dachte, jetzt könnte ich ihm beweisen, daß es richtig ist, weiter zur Schule zu gehen ... Ich weiß genau, er wollte mir nicht zuhören. Er mag die Schule nicht. Wütend schnappte ich einige Brote und knallte sie ins Regal. Nach ein paar Stunden in dieser Hitze klebten mir meine verstaubten Kleider am Leib. Erst auf dem Weg nach Hause, kurz vor der Haustür, meinte er: ‚Du bist der Erste? Das ist gut, aber die Bäckerei ist eine Goldgrube.' ... Meine Mutter bemerkte natürlich gleich meine schlechte Laune, und während des Abendessens erzählte sie von den Nachbarn, die ihr gratuliert hatten. Mein Vater wollte aber wie immer das letzte Wort haben: ‚Was verstehen diese blöden Beamten vom Leben? Er wird Bäcker, und damit Schluß!'"*

Diese Geschichte macht dem Leser deutlich, daß sich in einer „Familie mit System" die Frage der Berufswahl von Kindern aus der Sicht von Senioren „eigentlich" nicht stellt. Wie selbstverständlich folgen viele Kinder (insbesondere Söhne) ihren Vätern in den Beruf. Sicherlich gibt es Fälle, bei denen die Inhaber (z.B. solche kleiner Handwerksbetriebe oder kleiner Handelsgeschäfte) eine andere Berufswahl der Kinder mit deren sozialen Mobilität verbinden. Dann sehen sie gerne, wenn es den Kindern besser geht als ihnen selbst. Auch müssen zunehmend mehr Senioren mit Bedauern zusehen, wenn ihre Kinder dem Handwerk beziehungsweise dem Geschäft den Rükken kehren.

Andererseits scheint „Familie, die ein Unternehmen unternimmt" den Betroffenen einen Sinn zu geben. In „Unternehmen kultivieren Familie" klang ja bereits in den Unternehmens- und Familienspielen an, daß die Betroffenen Ihr Leben – und Arbeiten – untrennbar mit dem Familienunternehmen verknüpft sehen (bzw. das „Unternehmen" gewissermaßen als *Verlängerung* der „Familie" betrachten). Die der Beschreibung „Familie mit System" innewohnende, doppelte (und doppeldeutige) Konnotation macht diesen Zusammenhang deutlich. Dieser ist sicherlich auch davon beeinflußt, daß Familie mit System Verantwortung für die im Unternehmen tätigen Mit-Arbeiter (und deren Familien) sieht und sich nicht so einfach davon befreien kann (und will)! Man kann diese Verantwortung auch als die andere Seite der Abhängigkeitskultur verstehen: das Unternehmensleitbild „Familie" entspricht ja gerade den Erwartungen von Betroffenen nach Bindung, Verantwortung und Sicherheit. Und die (scheinbare) Unentrinnbarkeit dieser Abhängigkeit ist ja in der Annahme begründet, die Zugehörigkeit zur Unternehmensfamilie sei ebenso schicksalhaft wie die Zugehörigkeit zur eigenen Herkunftsfamilie.

Anders ist dies bei den (potentiellen) familiären Nachfolgern: ihre Zugehörigkeit zur „Familie mit System" *ist* ebenso unentrinnbar wie die Tatsache, daß ihre „Familien Unternehmen unternehmen". Was mich im Folgenden beschäftigt, ist die Frage, wie es Unternehmer (und ihre Familien) schaffen, die eigenen Kinder zur Nachfolge zu bringen?

Wie ich in der Einleitung bereits dargelegt habe, ging meine Beschäftigung mit Familienunternehmen ursprünglich von der eigenen Betroffenheit und den eigenen Erfahrungen mit Unternehmen meiner Umgebung aus. Das verhalf mir zu dem Einblick in das mangelnde Management von individuellen wie institutionellen Grenzen (G. Lawrence 1979). Erste Ahnungen, daß dieses Missmanagement vielleicht mehr mit den Familien als mit den Unternehmen zu tun haben könnte, führte zur Beschäftigung mit Familientherapie. Als ich in dem Zusammenhang auf das „Heidelberger familiendynamische Konzept" (H. Stierlin 1982) stieß, erinnerte mich die Beschreibung der Delegation assoziativ (bzw. heuristisch) an die „Gestalt" und „Bewegungen", die mir von Familien mit System vertraut waren (Th. Siefer 1987).

Der Leser mag mir den *kurzen* Ausflug in die Theorie nachsehen, wenn ich im Folgenden das Konzept der Delegation kurz vorstelle, um es dann anschließend mit der Nachfolge in Familienunternehmen zu verbinden.[1] Ich bin nämlich der Überzeugung, daß die Delegation einen Schlüssel zum Verständnis der Nachfolgedynamik von Familienunternehmen liefern kann.

*Delegation* beschreibt H. Stierlin als einen Prozeß, welcher auf der einen Seite in einem ermutigenden und gewährenden Vorgang seitens der Eltern besteht, Kinder mit dem Ziel *auszusenden*, daß sie aus ihrem „... Umkreis herauszutreten – aber nur bis zu einem gewissen Punkt." Auf der anderen Seite wird das Kind mit einer „Mission betraut" (H. Stierlin 1982, 24). Kennzeichnend für die Mission ist eine bleibende *Verpflichtung* des Delegierten (Kind) gegenüber dem Aussendenden (Eltern). Dieser Verpflichtung nachzukommen, „ist nur möglich auf der Grundlage einer starken, obwohl oft unsichtbaren und selektiven Loyalität. Im typischen Fall hat der Delegierte lebenswichtige Aufgaben für seine Eltern zu erfüllen." (H. Stierlin 1982, 24)[2] Das (psychologische) Konzept der „Mission" unterscheidet er von den soziologischen Konzepten „Sozialisation" und „Rolle" (Letztere im traditionellen Verständnis von „Umwelt-Erwartungen"): „Mein Argument geht von den Wortstämmen *lex* (Recht, Gesetz) und *ligare* (binden) aus, die in „delegieren" enthalten sind. Es ist in diesem Begriff eine Dimension des Vertrauens, der Verpflichtung, der persönlichen Bedeutung und Treue enthalten, kurz eine vertragsartige, ethische Dimension, die in den Worten Rolle und Sozialisierung nicht enthalten ist. Zwei Aspekte dieser ethischen Dimension sind auffallend: Die persönliche Loyalitätsbindung, auf der die Missionen sich gründen, und die seelische Ausbeutung, die in den Missionen oft impliziert ist." (H. Stierlin 1982, 27)

Die in der Delegation implizierte persönliche (bzw. personifizierte) Loyalitätsverpflichtung ruft dabei im Delegierten ein „Gefühl von Wichtigkeit und Sinnhaftigkeit" hervor (H. Stierlin 1982, 29):[3] „Indem wir delegiert werden, erhält unser Leben Richtung und Sinn, es verankert sich in einer Kette von Verpflichtungen, welche die Generationen überspannt. Unsere Dienste als Delegierte geben uns die Möglichkeit, unsere Loyalität und Integrität zu beweisen und Aufträge zu erfüllen, die nicht nur eine unmittelbare persönliche, sondern auch überpersönliche Bedeutung haben."

Gleichzeitig kann darin eine besondere Dimension „seelischer Ausbeutung und Gegen-Ausbeutung" gesehen werden: „Diese hängt von der Art der (mehr oder weniger verhüllten) Abmachung oder des Vertrages ab, den Delegierter und Delegator miteinander schließen: Während der Delegierte in der Ausführung seiner Mission (oder seiner Missionen) den Sinn seines Lebens und ein Gefühl seiner Wichtigkeit findet, willigt er zugleich in eine Abhängigkeit ein, die oft seine Freiheit beschneidet, seine Initiative beschränkt und sein Wachstum unterdrückt." (H. Stierlin 1982, 30)

Entsprechend kann Delegation auch auf verschiedene Art „entgleisen" (H. Stierlin 1982, 25–27). Wenn:

- die Aufträge der Eltern *miteinander* in Konflikt stehen,
- die Aufträge der Eltern einen *Loyalitätskonflikt* ergeben oder
- die Aufträge den Delegierten *paralysieren*,
- weil der Delegierte zwar mit einer Mission beauftragt, aber nicht ausgesendet wurde und somit durch *Infantilisierung, Bindung* oder *archaische Treueverpflichtung* im Umfeld der Eltern gebannt bleibt beziehungsweise weil er *ohne Mission* ausgesendet wurde.

J. Willi (1985, 171) hat zu Recht auf die Interdependenz der *Beziehungsgestaltung* hingewiesen. Delegationen stellen keine *einseitigen* Aufträge von Eltern an Kinder dar: „Kinder und Jugendliche nehmen das Ideengut ihrer Eltern und Familienangehörigen in sich auf, tradierte Einstellungen und Werthaltungen, Bilder und Vorstellungen, Bewußtsein familiärer Identität. Eltern und Kinder sind sich verbunden im Bemühen, dieses familiäre Ideengut in den Kindern bestmöglich zur Entfaltung zu bringen."[4]

Delegationen können somit als *sinnstiftende* Beauftragung von Kindern einer Familie aufgefaßt werden, die eine Tradierung, Weiterentwicklung und ein Transzendieren familiärer Identität (bzw. Wir-Identität) ermöglichen. An diesem Prozeß arbeiten alle Beteiligten des Systems – und zwar *generationsübergreifend* – mit.

Der Leser wird sicherlich die Bedeutung und Evidenz der Delegation(-shypothese) hinsichtlich der familiären Nachfolge von Familienunternehmen bereits erkannt haben. Sie ist offenbar anderen Konzepten des Verstehens der Nachfolge-Dynamik insofern überlegen, als daß hier der verpflichtende und sinnstiftende Charakter von Nachfolge miteinbezogen wird. Zugleich richtet die *über-persönliche* Bedeutung der Beauftragung (Mission) den Blick von der einseitigen, individuellen Bedeutung der auf die *Interdependenzen* von Handlungen und Verhalten der Beteiligten (bzw. Betroffenen) als auch auf die trans- beziehungsweise inter-generationale Dimension des Generationswechsels.

Der Wunsch von Eltern, daß eines oder mehrere ihrer Kinder die Nachfolge im Familienunternehmen antreten sollte, kann daher auch als Delegation von Kindern aus „Familien mit System" verstanden werden, eine Familien-(bzw. Sippen-)Identität zu tradieren (bzw. zu transzendieren). Es kann daher wohl *grundsätzlich* von einer *Delegation* der Nachfolger mit dem Auftrag ausgegangen werden, durch die Übernahme der Unternehmerrolle Sorge für den Erhalt des Unternehmens zu tragen. Diese Übernahme erfolgt zum einen transaktional innerhalb der Inhaberfamilie (und bei erfolgtem Eintritt innerhalb der Unternehmensleitung). Zum anderen erfolgt sie inter- beziehungsweise transgenerational im Sinne der Fortführung einer „Erbschaft", welche vom Gründer ausgeht. Die Delegation mit der Mission „Nachfolge" bildet gewissermaßen eine generationsübergreifende (überpersonale) Klammer. So kann „Generationen delegieren Familie(n-)Nachfolge(r)" als ein *Kontinuum* (d.h. als fließender Prozeß) verstanden werden, welches sich – von der Gründung ausgehend – mit jeder neuen Generation der Unternehmerfamilie (vertikal und horizontal) erweitert.

## 3.1 Familien(-Unternehmen) delegieren Nachfolge(r)

Ich werde im Folgenden darstellen, inwiefern die „Kinder" von „Familien mit System" (bzw. von „Familien, die Unternehmen unternehmen") mit der Delegation zur familiären Nachfolge beauftragt und verpflichtet werden. Die Beauftragung der Nachfolger zum Eintritt ins Unternehmen kann dabei als Wunsch der Eltern verstanden werden, welcher mehr oder weniger ausgesprochen wurde. Manche der Nachfolger erinnern sich an die *Botschaften*, die ihnen vom Elternhaus (und anderen Bezugsgruppen der Umwelt) mehr oder weniger deutlich mitgeteilt wurden. Vielen der potentiellen Nachfolger ist jedoch dieser Wunsch gar nicht bewußt. Oft wird er von den Betroffenen nicht wahrgenommen; und zwar in der Überzeugung, ihr Eintritt sei völlig *unbeeinflußt* von den elterlichen Wünschen. In der *Fiktion*, die Qualifikation sei die „ultima Ratio" ihrer Nachfolge, glauben sie ihr Selbstkonzept schützen zu müssen. Dabei unterschätzen sie jedoch die Wirkungen von Systemkräften, die auf die Nachfolge einfließen. Sie sind in dem – zugegebenermaßen weit verbreiteten – Irrglauben befangen, es komme beim Generationswechsel darauf an, den *besten* Nachfolger zu finden. Nachfolge muß jedoch von den Nachfolgern in erster Linie als *Schicksal* angenommen werden. Wenn sie sich dem stellen, verändert sich die Priorität: es kommt dann darauf an, den *richtigen* Nachfolger und das Unternehmenssystem als Ganzes *bestmöglich* auf den Generationswechsel (bzw. die Übernahme durch den Nachfolger) *vorzubereiten*.

Der Leser wird an den folgenden Beispielen erkennen, daß die Botschaften an die Nachfolger sehr unterschiedlich sind. Sie werden zum Teil von Kindesbeinen an sehr direkt ausgesprochen, wie in den Beispielen „Solange ich denken kann" oder „Du kommst später in die Firma!". Dabei mag es dem Leser manchmal so ergehen, daß er nicht so recht unterscheiden kann, inwiefern sich ihr Charakter eher in Unterstützung oder in Zwang ausdrückt. Zum Teil sind die Botschaften auch recht subtil: sie werden auf indirektem Weg vermittelt – etwa durch die Verankerung von frühen Erfahrungen in Elternhaus oder im Unternehmen selbst, wie in den Beispielen „und mußte Weihnachtsgedichte aufsagen" oder „Vater hat es immer verstanden". Manche der Botschaften, wie „Daß man da mitmachen müßte", verdeutlichen das oben angesprochene Kontinuum, indem sie die Nachfolger in eine Reihe mit den Vorgängern und dem Gründer stellen. Und andere Botschaften legen wiederum den Prozeßcharakter der Delegation offen, wie „Es gab immer nur Firma", „Die Entscheidung war dann ziemlich plötzlich" oder „Ich bin eigentlich ganz gezielt".

**Solange ich denken kann...**

In Familienunternehmen, in denen der Wechsel in die mindestens dritte Generation bevorsteht, existiert ja bereits Erfahrung von vorangegangenen Generationswechseln. Die Nachfolger haben möglicherweise schon den

Übergang vom Großvater auf den Vater miterleben können. So gilt ihnen der Wunsch, das Familienunternehmen in die dritte, vierte oder fünfte Generation zu führen, als selbstverständlich. Der Auftrag beziehungsweise die Mission gilt dem Nachfolger dann, wie im Beispiel von Herrn Fass, „solange ich denken kann“:

*Herr Fass: …*
*[Leise:] Solang' ich denken kann als Blag sollt' ich hier in den Betrieb.*
*Ich: Hm.*
*Herr Fass: „Soll“ oder – dann kannste irgendwann nicht mehr sagen, ob et nen „Muß“ is', ob et willst, oder ob – et is' irgendwie, // Womöglich hat man mir dat auch irgendwann dann mal, oder haben meine Eltern mir über die Jahre beigebracht, oder mir nahegebracht, dat halt nen Familienunternehmen über die Generationen erhalten bleibt.*
*Ich: Hm.*
*Herr Fass: Nun hat man sich, dat ich mich so, vielleicht auch so in der Pflicht sehe, – ne, …*
*Ich: hm.*
*Herr Fass: … so 'nen Betrieb weiterzuführen, – ne. – Das is' also zumindest nen Aspekt mit. Ich bin (.) in meiner Ausbildung bisher also ja voll auf den Betrieb eingestiegen.*
*Ich: Hm.*
*Herr Fass: Und dat fing in der Schule schon an, …*
*Ich: hm.*
*Herr Fass: … da hab ich mich mit „Biologie“ beschäftigt. // Ja, dat sagt man dann: irgendwann [klopft auf den Tisch] „Is' dat mal klar!“*
*Ich: Hm.*

Hier liegt ein schönes Beispiel für die Delegation zur Nachfolge vor: die Eltern gaben den Auftrag des Gründers an den Urenkel weiter – ein Familienunternehmen „bleibt über die Generationen erhalten“. Wenn sich der Leser vorstellt, Herr „Fass“ könnte hier den über-persönlichen Charakters der „Mission“ wahrnehmen, ist auch durchaus vorstellbar, daß er Herrn Fass auch hätte sagen hören: *bevor* „ich denken konnte“, statt: *„solange* ich denken kann“! Von Kindesbeinen an („als Blag“) gilt sein „Denken“, daß er „in den Betrieb *sollte*“. „Sollen“, „Müssen“ und „Wollen“ des potentiellen Nachfolgers ist dabei kaum noch zu unterscheiden. Darüber hinaus gibt es wenig abzuwägen oder zu diskutieren. Die Entscheidung zur – in Aussicht gestellten – Unternehmer-Rolle ist „Pflicht“: *„so einen* Betrieb“ *muß* einer aus der Familie „weiterführen“! Angesichts der Interviewdynamik hört man die Eltern – oder einen seiner anderen Vorfahren – mit den Worten „auf den Tisch klopfen“: „Ist das klar!“

Die Schwierigkeiten, wenig oder gar nicht unterscheiden zu können, inwiefern der Eintritt eine eigene oder oktroyierte Entscheidung darstellt, läßt auch einiges von der Dynamik erahnen, in der Herr Fass zum Zeitpunkt des Interviews steckte. Er fährt fort:

*... Wobei ich zur Zeit, wenn ich hier, wenn die Probleme hier (.) weitergehen, oder extremer werden, oder ich merke, dat 'ne Arbeit überhaupt nich' fruchtet hier, – ne, ...*
*Ich: hm.*
*Herr Fass: ... dat ich mir schon vorstellen könnte, hier mal auszusteigen. Aber // wahrscheinlich nur bis zu dem Zeitpunkt, wo mein Vater sich dann richtig zurückziehen würde.*
*Ich: Hm.*
*Herr Fass: – Ich wär' also für den Betrieb schon immer da.*
*Ich: Hm.*

Die Auseinandersetzung mit der elterlichen Beauftragung fängt für Herrn Fass spätestens mit dem Zeitpunkt seines Eintritts an. Erst hier werden für ihn die Ambivalenzen gegenüber der Delegation in den „Problemen", die mit dem Generationswechsel verbundenen sind, spürbar. Die „Ablösung" von den Eltern bekommt eine neue Dimension: die diffusen und ambivalenten Gefühle gegenüber dem Eintritt müssen ausgelotet und „gewichtet" werden, um selbst der *eigenen* Nachfolge zuzustimmen. Erst die Entscheidung, im Unternehmen zu verbleiben, versöhnt mit den Einschränkungen. Sie kann jedoch letztlich erst gelingen, wenn der Nachfolger seiner Nachfolge (dem „Sein") die anderen Möglichkeiten (das „Nicht") zur *Seite* stellt (B. Hellinger 1994, 51). Herr Fass *ist* entsprechend „für den Betrieb immer da"!

Zugleich besteht offensichtlich für die Seniorengeneration die Aufgabe, den Übergang zur nächsten Generation zu *managen*. Das heißt für sie vor allem: sich mit der eigenen Ablösung vom Unternehmen zu befassen. Wo der Nachfolger schon „solange er denken kann" für die Nachfolge „vorgesehen" war, droht sein „Ausstieg", sollte der Generationswechsel nicht in einem *absehbaren* Zeitraum vollzogen werden. Im anderen Fall kann die beste Lösung für einen Nachfolger nur heißen, (so-)lange *außerhalb* des Familienunternehmen zu bleiben!

**Du kommst später in die Firma! ...**
Schon im Beispiel von Herrn Fass blieb eher diffus, inwiefern die Eltern (bzw. der Vater) die Entscheidung zur Nachfolge direkt oder eher subtil beeinflußt haben; zumindest deutete Herr Fass einen latenten Zwangscharakter dieser Botschaft an. Eine Delegation zur Nachfolge wird dabei oftmals mit anderen Wünschen der Eltern verwechselt, *ihnen* nach-zu-folgen (bzw. nachzugeben). Diese doppeldeutigen Botschaften überlagern oftmals die Delegation (mit einer Tendenz zur „Entgleisung") und führen oft zu Verwirrungen bei den Betroffenen. Ihre manipulatorische Seite zeigt sich in den Interviewtexten an der Art und Weise, *wie* die Interviewpartner ihre Beauftragung und

Verpflichtung ausdrücken. Etwa wenn die Nachfolger – auch als „gestandene Unternehmer" noch – auf ihren *passiven* Anteile hinsichtlich der Übernahme bestehen (und darin ihre große Abhängigkeit von den *elterlichen* Wünschen und Entscheidungen eingestehen). Um in einem Bild zu sprechen: der Leser stelle sich den prozeßhaften Charakter der Delegation einmal als Baustelle vor, die von der Wiege über die Übernahme der Unternehmerrolle vom Vorgänger bis zur Übergabe an einen Nachfolger (bzw. den eigenen Tod) betrieben wird. Dann stehe in einem solchen Fall ein Schild mit der Überschrift: „Beim Betreten der Baustelle: Kinder haften für ihre Eltern!" Und gleichzeitig vermittelt die passive Haltung in der Abwehr einer eigenverantwortlichen Entscheidung dem Beobachter auch lebenslang: „Eltern haften für ihre Kinder!"

Dementsprechend stellt Herr „Gade" nachstehend die eigene Nachfolge auch als „Produkt" elterlicher Vorstellungen dar:

*Ich: …*
*Is' ja auch kein Zufall dat Sie hier sitzen, …*
*Herr Gade: Ja.*
*Ich: … dat is' ja irgendwo auch entstanden, – ne. Also nich' nur deshalb weil, – weil Ihnen nix besseres eingefallen wär', sitzen Se heute hier!?*
*Herr Gade: Nee, das is' richtig, – ja. Das is' eigentlich praktisch das Produkt (.) aus dem heraus, daß ich also praktisch [lacht] von meinem Vater schon 'drauf hingewiesen worden bin (.): „Du kommst später mal in die Firma!" – Und daraufhin hat sich meine ganze Ausbildung (.) eigentlich (.), // …*
*Ich: hm.*
*Herr Gade: … is' dadrauf ausgerichtet worden, – ne. (.) Man mag da vielleicht jetzt heutzutage sagen: „Na gut, also" // Wir haben vielleicht – ich sag jetzt mal ganz offen und ehrlich – früher noch nen bißchen mehr gehört auf unsere Eltern, als wie die heutige Jugend.*
*Ich: Hm.*

Der Leser muß dazu wissen: der Vater von Herrn Gade ist früh gestorben. Er erzählt also hier in der Rück-Erinnerung an seine „Jugendzeit": dort *wurde* er vom Vater „darauf hingewiesen"; er sieht ihn heute noch vor sich und hört ihn, selbst bereits in mittleren Jahren, dem Jugendlichen sagen, daß er „später mal in die Firma *kommt*". Seine „ganze Ausbildung *hat sich*" beziehungsweise „*ist* darauf ausgerichtet *worden*". Im Grunde genommen hört der Leser hier *nichts* von Herrn Fass, was für eine *eigene* Entscheidungsmöglichkeit spricht, zumal man „früher noch ein bißchen mehr auf die Eltern hörte" als heute.

Herr Fass fährt fort:

*… Auf der einen Seite – muß ich aber auch ganz ehrlich sagen – find' ich dat heute aber auch nich' schlecht, // weil – ob ich das heute noch mal machen würde? …*

*Ich: hm.*
*Herr Fass: … – Um das mal ganz ehrlich zu beantworten: dat würde ich mit einem sehr großem Fragezeichen beantworten, – ne. // Das heißt, wenn ich in der heutigen Situation wäre – als Jugendlicher – dann (.) muß ich ganz ehrlich, – nich', nich' weil ich jetzt scheue die Verantwortung oder so, …*
*Ich: hm.*
*Herr Fass: … sondern // da würde ich vielleicht mehr nach meinen anderen Neigungen schauen.*
*Ich: Hm.*

Vom „Schlecht(en) des Guten“ (P. Watzlawik 1986) bleiben die eigenen Zweifel: inwiefern wäre eine Nachfolge durch ihn wohl *ohne* diesen väterlichen Hinweis auf den „späteren“ Eintritt zustande gekommen? Seine berufliche Orientierung wäre dann „vielleicht anderen Neigungen“ *gefolgt!?* Sachrationale Argumente hinsichtlich der Verwendung im Familienunternehmen haben jedoch damals seine Ausbildung bestimmt. Sie war auch von doppeldeutigen Absichten elterlicher Botschaften mit Blick auf die Kompetenzen anderer, tätiger Mitglieder der Sippe Gade, beeinflußt: denn warum sonst sollte eine, den *Neigungen* folgende, Ausbildung eine Nachfolge von vornherein ausschließen?

Im weiteren Interviewverlauf wurde deutlich, daß Herr Gade damit ein Beispiel für die vielfach unterschätzten Systemkräfte (des Metasystems) abgibt. Durch die Umstände der Weltkriege bedingt, hatte nämlich der Großvater und Gründer der Firma Gade schon seine „Mission“ (und die seines Cousins) festgelegt:

*Herr Gade: …*
*Und meine Mutter hat da also allergrößten Wert 'drauf gelegt, daß ich einfach in die Firma. Das war also bei uns Tagesthema [betont:] numero eins! Also wenn irgendwie über die // Firmen-geschichte der Firma Gade, dann heißt es: [betont:] „Du wirst da 'reinkommen!“ [Lauter:] Und kurioserweise war es auch schon so, daß mein Großvater [betont:] nachdem – das war auch wichtig, das is' nen ganz wichtiges Argument jetzt …*
…
*Darum, das war auch noch der Grund, weil das quasi schon von meinem Großvater festgelegt war, daß die dann, seine beiden Enkelkinder Kurt, Konrad mit dem 21. Lebensjahr die Firma Gade, dann als Eigentümer, in die Firma Gade, eintreten … //*
*Ich: hm.*
*Herr Gade: … sollen. – Das hat er damals schon festgelegt. Das war auch der, [holt Luft] der Grund immer, wo man dann Zuhause 'drauf hingewiesen wurde: „Hörmal, mit dem 21. Lebensjahr“ – oder eventuell auch später, wenn es noch nich' so hingehauen hat mit der Ausbildung, oder wenn man noch gerade irgendwo 'drinsteckt – [klopft auf den Tisch; betont:] „… gehst Du in die Firma!“*

*Herr Gade: Hm.*
*Dat war also, war wie nen Gebet zuhause – sag ich jetzt mal!*

Die Delegation der Enkel ging somit im Familienunternehmen Gade direkt vom Gründer aus (Ich will auf dieses Phänomen an dieser Stelle nicht näher eingehen sondern möchte den Leser auf „Gründer (-Nachfolger) delegieren Generationen Nachfolger" unten verweisen). Die doppeldeutige Botschaft, die seiner Mission unterliegt, ist jedoch gut herauszuhören. Die großväterliche (bzw. väterliche) Delegation wurde von einer entsprechenden Indoktrination begleitet. Seine Mutter, die früh Witwe eines Unternehmernachfolgers geworden war, machte *seine* Nachfolge zum „Tagesthema numero eins"! Sie „legte allergrößten Wert darauf", ihm immer wieder zu sagen, er *werde* in die Firma „reinkommen". Vermutlich in dem Glauben, ein Vermächtnis ihres Mannes zu verwalteten, wurde diese Botschaft zu *dem* „Gebet zuhause". Aus meiner näheren Kenntnis der Verhältnisse beider Familienstämme läßt sich durchaus schließen, daß dieses „Gebet" vor allem einer *Abwehr* der (befürchteten) Alleinherrschaft des anderen Familienstammes diente. So läßt sich auch die oben angesprochene „Ausbildung" von Herrn Gade, die den „anderen Neigungen" nicht entsprach, als *Abwehr* verstehen. Ob diese wirklich notwendig war oder die Cousins zum Spielball der Phantasien ihrer (alleinstehenden) Mütter wurden, mag dahin gestellt bleiben. Die Legitimation des elterlichen Ehrgeizes wurde jedenfalls durch wiederholte „Hinweise" auf die großväterliche „Festlegung" begründet.

**Und mußte Weihnachtsgedichte aufsagen ...**
Ähnlich wie bei Herrn Gade geht die Rekonstruktion[5] der Delegation im folgenden Beispiel auf Kindheitserinnerungen zurück. Anfänglich verneinte Herr Dees, Nachfolger in vierter Generation, die für eine Delegation kennzeichnende, enge Bezogenheit von Elternhaus und seiner Rolle im Unternehmen (bzw. im Metasystem). Im weiteren Verlauf des Interviews wurde dann deutlicher, daß Herr Dees in seiner Kindheit und Jugend doch Erfahrungen im Kontext des Unternehmens gemacht hat, die ihren prägenden Einfluß auf ihn nicht verfehlt haben können. Für Letzteres spricht, daß er die von ihm beschriebenen Situationen (zumindest einen Teil von ihnen) mit anderen Vertretern seiner Generation (Cousins und Cousinen) gemeinsam erlebt haben muß. Dabei ragt ein Bild aus seinen Erzählungen heraus, bei dem der Leser nachvollziehen kann, daß es eine sehr starke Wirkung auf ihn als Kind gehabt hat:

*Herr Dees: ...*
*Ich weiß, ich hab als Dreijähriger, hab ich hier schon vor der Mannschaft gestanden und mußte Weihnachtsgedichte aufsagen – so was, – ne.*
*[Wir lachen.]*
*Herr Dees: Das war damals, also nach dem Krieg war das einfach üblich! Da mußten also dann alle zusammen, dann kamen die Rentner noch dazu, ...*

*Ich: hm.*
*Herr Dees: … und das war einfach so.*

Selbst wenn sie für Herrn Dees eine einmalige Episode (bzw. Anekdote) darstellte: sie muß einen nachhaltigen Eindruck bei ihm hinterlassen haben! Die Vermittlungs-Leistung der Sippe (bzw. des Metasystems), das Aufsagen von „Weihnachtsgedichten“ stelle ein „Muß“ dar, kann ihm ja nur als *Vertreter* seiner *Generation* gegolten haben! Spätestens seitdem muß er gewußt haben, daß den Angehörigen (bzw. Repräsentanten) von „Familien, die Unternehmen unternehmen“ eine „andere“ Beauftragung und Verpflichtung für das Leben auferlegt ist als der „Mannschaft“! Das „Dazukommen“ der Rentner betonte die Delegation zur Weiterführung der Geschäfte in die nächste Generation noch. Diese repräsentierten doch für die (derzeit) Mit-Arbeitenden die lebenslange „Versicherung“ der Abhängigkeitskultur. Darüberhinaus symbolisiert ein solches „Setting“ – im Leser steigen möglicherweise Erinnerungen an alte Photos von Belegschaften zur „Gründerzeit“ auf – den Willen zum Weiterleben des kollektiven, sozialen „Werkes“ über den Tod des Einzelnen hinaus (auch davon ist die Sinnstiftung der Delegation begleitet)!

Gegen Ende des Interviews kommen wir noch einmal darauf zu sprechen, wie er rückblickend seinen Werdegang bezüglich seiner Nachfolge sieht:

*Ich: …*
*Wie würden Sie so rückblickend (.) sehen: Sind da Wünsche der Eltern dagewesen, (.) die gesagt haben: „Ja, wär schön, wenn Du da 'reingehst?“, oder: „Ich möcht' das auch gerne!“?*
*Herr Dees: Nee, – nee. Die haben's mir immer offen gelassen.*
*Ich: Hm.*
*Herr Dees: Die haben gesagt: „Natürlich fänden wir's schön, wenn Du dat machen würdest!“, aber nie vordergründig gesehen. Sondern immer nur, (.) die Ausbildung war wichtiger, 'ne gute Ausbildung zu haben …*

Herr Dees bezieht meine Frage auf seinen beruflichen Lebenslauf. Aus seiner Sicht hatte er die „freie“ Wahl, *mit* einer „guten Ausbildung“ in das Unternehmen *einzusteigen*. Die entsprechenden Wünsche haben die Eltern „natürlich“ offen kundgetan. So gesehen kann die seiner Beschreibung vorangestellte doppelte Verneinung auch als eine Abwehr der *eigenen* Wünsche verstanden werden, ins Unternehmen der Familie einzutreten. Aus dem weiteren Interviewverlauf wird nämlich nicht deutlich, inwiefern eine „gute Ausbildung“ *an sich* (lediglich) „vordergründig“ war. Er fährt fort:

*… … und (.), die den Neigungen auch entsprach.*
*Ich: Hm.*
*Herr Dees: Daß diese Neigung jetzt das sind, was mein Vater gemacht hat, das mag daran sein, daß eben hier 'ne Familientradition oder was auch immer dann*

*Vererbung, ...*
*Ich: hm.*
*Herr Dees: ... sonst was is', ...*

Die „gute Ausbildung" von Herrn Dees und seine Berufswahl verlaufen mittels „Frühförderung" („Vererbung") und orientieren sich deutlich an den *väterlichen* „Neigungen". Zu der Delegation in die nächste Generation wurde mittels Ausbildung eine zweite Familientradition eröffnet: Herr Dees folgt ihm auch in die Unternehmens-*Funktion*. Es spricht also einiges dafür, daß ihm so noch eine zusätzliche Beauftragung mitgegeben wurde. Die „vererbten Neigungen", die (ihn) zu seiner Rolle und Funktion im Unternehmen führten, betrachtet er zunächst losgelöst von seiner Eintrittsentscheidung. Die von ihm vorgenommene *Trennung* zwischen Familientradition und Eintritt in den „Betrieb" ist jedoch eine künstliche, wie die Fortsetzung seiner Beschreibung zeigt:

*... ... aber (.) das hat (.) nichts damit zu tun, daß mich die Eltern dahin gedrängt haben, in den Betrieb zu gehen. „Und wenn Du in den Betrieb gehst, dann nur den Job vom Vater!" [Lacht]*
*Ich: Hm.*

Hier wird nun für den Leser wohl unzweifelhaft, daß sein Familienstamm *ihn* zur Nachfolge ins Familienunternehmen beauftragt hat. Letztlich ließen ihm die „offenen" *Wünsche* der Eltern *keine* Wahl. Wenngleich sie ihm ermöglichten, eine begabungsbezogene Ausbildung zu machen. Doch diese Ausbildung war davon unabhängig, daß „die Eltern ihn dahin *gedrängt haben*, in den Betrieb zu gehen"! Herr Dees wählt hier – anders als von mir erwartet – nicht den Konjunktiv: er sagt: „gedrängt *haben*" und nicht: „gedrängt *hätten*"! Selbst wenn er hier kognitiv den Konjunktiv vor Augen gehabt haben mag – wie der Leser dem vermeintlich ironisch gemeinten Schlußsatz des obigen Abschnittes „Und *wenn* Du in den Betrieb gehst, dann *nur* den Job vom Vater" entnehmen könnte – so hat er ihn hier nicht *benutzt*!

Offensichtlich ist hier nicht von Zwang (im Sinne von Gewalt) die Rede. So führen Mechanismen zur Nachfolge von Betroffenen, wie Herrn Dees, welche im *familiären* Unbewußten liegen. Sie bestehen offenbar aus sehr starken Wünschen, die den Betroffenen oft nicht bewußt (bzw. nicht einsichtig) sind, zumal sie mit sehr intensiven Gefühlen verbunden sein müssen. Deren Vorhandensein *muß* von den Betroffenen zum Schutz der eigenen Integrität (z.B. in Rationalisierungen) abgewehrt werden. Die Delegationshypothese bedroht ja auch ein Welt-Bild: mit ihr stellt sich heraus, daß das Ideal einer völlig freien Berufswahl eine Illusion (bzw. Fiktion) darstellt! Denn die Unternehmerkinder repräsentieren in der gesellschaftlichen Phantasie auch unbegrenzte Möglichkeiten hinsichtlich ihrer Ausbildung sowie durch geeignete, gesellschaftliche Beziehungen der Eltern bedingte, privilegierte Ein- und Aufstiegschancen in der (bzw. die) Wohlstandsgesellschaft.

Wenn es für Herrn Dees *überhaupt* eine freie Wahl hinsichtlich seiner Berufsrolle gegeben hat, dann jedenfalls keine, ob er jemals ins Familienunternehmen eintrat oder nicht! Auch seine Ausbildung unterlag lediglich einer hypothetischen (kognitiven, rationalistischen) Wahlfreiheit. Er bezeichnete selbst im weiteren Verlauf des Interviews die Neigungen als „irgendwie familiengebunden". Indem er deutlich macht, daß weder die Nachfolge in den Beruf noch in den Berufsstand des Vaters eine Eigentümlichkeit des Unternehmerstandes sei, relativiert er dann auch seine Negierung:

*Herr Dees: …*
*Aber ich glaube, das ist (.) nicht so bezogen alleine nur auf 'nen, hier jetzt auf Familienunternehmen! Sondern das glaube ich, daß das durchgängig irgendwo in allen Familien irgendwo, so daß man sich sehr intensiv mit dem Beruf des Vaters auseinander gesetzt hat.*
*Ich: Hm.*
*Herr Dees: Weil das eben derjenige war, wo man am ehesten dem, einen Beruf, (.) durch (.) seinen persönlichen Draht hin zum Vater hat einschätzen können, hat [räuspert sich] einschätzen gelernt, is' damit so konfrontiert worden zu Hause, in der Familie. Bestimmt, so 'ne Tradition, wenn Se dann also sehen – sagen wir mal – so Ärztefamilien, einfach mal.*
*Ich: Hm.*
*Herr Dees: Oder – ganze Familienstämme, die dann also – sagen wir mal – eine Ausbildung oder wirklich viele das Gleiche gemacht haben.*
*Ich: Hm.*
*Herr Dees: So das ist nicht, glaub' ich nicht, so unbedingt typisch nur für den, für et Unternehmertum.*

In der Rollenberatung wird immer wieder deutlich: die Herkunft übt – insbesondere im Hinblick auf die Bezogenheit von Eltern-Figuren und Autorität – einen entscheidenden Einfluß auf die Berufswahl, die Wahl der Institution und auf die Wahrnehmung und Gestaltung der Berufsrolle aus (V. Auer-Hunzinger und B. Sievers 1991; B. Sievers und W. Weigand 1986). So macht hier Herr Dees auch deutlich, wie wichtig es für seine Entscheidung war, „sich sehr intensiv mit dem Beruf des Vaters auseinanderzusetzen". Dieser war der derjenige, bei dem „man am ehesten … einen Beruf … einschätzen konnte". Die Einblicknahme geschah einmal durch das distanzierte aber unmittelbare Erleben des Vaters („seinen persönlichen Draht") und zum anderen durch die „Konfrontation Zuhause" beziehungsweise in der Familie. Sowohl Berufsrolle und Tätigkeit als auch der Berufsstand wurden durch das Zuhause und die Sippe als Vor-Bild weitergegeben. Das in diesem Zusammenhang gebrauchte, starke Bild der „Konfrontation" scheint mir einen deutlichen Hinweis darauf zu geben, wie prägend – und unausweichlich – dieses Vorbild für den Interviewten gewesen sein muß.

Auf diesem Hintergrund erscheinen dann auch die von Herrn Dees im Interviewverlauf geäußerten Ambivalenzen hinsichtlich seines Einstieges und Verbleibes in der Firma in einem anderen Licht:

*Herr Dees: …*
*Daß dann Probleme auftauchen, daß man also auch – sagen wir mal – hier, wenn man dann angefangen hat und sieht, das ist nicht das Vorkommen, Vorankommen, wie man sich das eigentlich vorgestellt hat, daß man dann mit dem Gedanken spielt, auch da die Sachen wieder hinzuwerfen, und woanders hinzugehen, das ist schon richtig, das passiert. Das find' ich aber auch gut, daß das so is', damit man sich selber auch da nen bißchen – sag' ich mal – auch da wieder anders (.) einstellen kann, um die Sachen dann entsprechend anzugehen.*
*Ich: Hm.*
*Herr Dees: Ob die Entscheidung richtig ist, dageblieben zu sein oder nich', das läßt sich dann nicht mehr diskutieren.*

Hin und wieder bleibt die „Konfrontation" mit der eigenen Situation nicht aus: wenn „Probleme auftauchen" und die Verhältnisse nicht so sind, „wie man sich das *eigentlich* vorgestellt hat". Um arbeitsfähig zu bleiben, ist es in solchen Situationen für den Nachfolger geboten, sich der Situation zu stellen – statt ihr zu entfliehen – und sich (kognitiv) auf Enttäuschungen einzustellen, um „die Sachen dann entsprechend anzugehen". „Ob die Entscheidung richtig ist, dageblieben zu sein oder nicht, das läßt sich dann nicht mehr diskutieren"! Eine andere Wirklichkeit ist aber auch, daß sie für ihn nie „diskutabel" war, da sie keine *Wahl* sondern die familiäre *Beauftragung* mit eine Mission darstellt. – Und das alles unter dem Eindruck eines Unternehmers, der als „Dreijähriger … vor der Mannschaft gestanden (hat) und Weihnachtsgedichte aufsagen mußte" …

**Vater hat es immer verstanden …**

In anderen Familienunternehmen ist die Distanz zwischen Familie und Unternehmen nicht so groß, wie sie von Herrn Dees geschildert wurde. Im Familienunternehmen Dame kann vom Leser geradezu eine Mangel an System-Differenzierung ausgemacht werden. Auch wenn diese damit verknüpft ist, daß es sich hierbei um ein Gründerunternehmen im Übergang zur zweiten Generation handelt, kann die fehlende Differenzierung – und Distanz – als Funktion der Delegation verstanden werden. Das geht nicht zuletzt aus der Interviewdynamik des folgenden Abschnittes hervor, bei dem Herr Dame junior und ich durch seine jüngere Schwester unterbrochen werden, welche die Rolle seiner Assistentin (bzw. Sekretärin) einnimmt:

*Ich: Und (.), – ja, so die, der Blick Richtung Vaters Unternehmen war sowieso immer da?*
*H. Dame jun.: Na klar. Ich mein', das hat unser Vater auch immer sehr gut verstanden.*

*[Pause: Wir werden von seiner Schwester unterbrochen]*
*H. Dame jun.: Ja, das hat der Vater ja sehr gut verstanden, uns – sagen wir mal – so zu motivieren, zu lenken, zu leiten, zu erziehen, ...*
*Ich: hm.*
*H. Dame jun.: ... wie man das auch immer sagen will, daß wir, eben das immer als unseres gesehen haben, nicht als seins, sondern als unser aller // Lebenswerk. Und, und Unternehmen oder/ und Familie und das, das war eins: Familie, Unternehmen, Betrieb, das war immer eins. Das war nie getrennt: Familie – Unternehmen, ...*
*Ich: hm.*
*H. Dame jun.: ... das war immer eins, das hat er sehr gut verstanden.*

Der Gründer, Herr Dame senior, ist dem Leser ja bereits gut bekannt. Er „hat es verstanden", sein Werk frühzeitig zur „Familien-Stiftung" umzuwidmen. Seine Kinder sind von klein auf mit dem Gedanken aufgewachsen, daß es sich beim Unternehmen um einen *Familienzweck* handelt: das Unternehmen als Lebensmittel der Familie – und umgekehrt. Die Einheit von „Arbeiten und Wohnen", die sich als Kopie der Gründungsverhältnisse in der Enklave des „Betriebes" des Jüngsten der Junioren wiederholt, entlarvt sich jedoch selbst als romantisierende Fiktion. Wo eine Differenzierung zwischen Familien- und Arbeitsleben nicht erwünscht ist, dient sie vor allem dazu, die Schattenseite eines solchen „Eins"-Seins zu *ignorieren*. Aus einer solchen Perspektive läßt sich auch verschleiern, daß viele Bedürfnisse – gerade in der Kindheit der Juniorengeneration – sich dem Aufbau des Unternehmens unterzuordnen hatten. Gleichzeitig verbergen sich so auch die Wünsche und Manipulationen („motivieren, lenken, leiten, erziehen") des Gründers (bzw. der Eltern) im Hinblick auf die Mitarbeit und den Eintritt hinter dem Altruismus, es handele sich um das „Lebenswerk der Familie". Damit wird den Kindern eine Entscheidung über *ihren* Werdegang abgenommen. Denn welches der Kinder wollte schon gegen das „eigene" „Lebenswerk" verstoßen? Der väterliche Dekalog beginnt mit dem Gebot: dies ist „unser *aller* Lebenswerk!" (und Du sollst kein anderes neben ihm haben).

Herr Dame sieht jedoch nur die paradiesischen Seiten einer vollkommenen Symbiose zwischen Familie und Unternehmen: „Familie, Unternehmen, Betrieb war immer eins!" Kein Wunder – bei seinem „Werdegang". Er fährt fort:

*... Nun ich meine als //, sie müssen den Werdegang da auch nen bißchen berücksichtigen: das Unternehmen ist, // oder er hat sich selbständig gemacht 1955, da bin ich geboren in diesem Jahr. Das heißt, ich bin also die ganze Zeit, // meine ganze Kindheit ist mit dem, mit der Firma oder mit seiner Selbständigkeit, mit dem Größer-Werden, mit den ganzen Aufbaujahren, vollkommen verbunden.*
*Ich: Hm.*

Er und die Firma sind miteinander aufgewachsen: die Firma wurde im gleichen Jahr gegründet, in dem er in „*diese* Welt" kam. *Sein* Heranwachsen diente der Gründerfamilie (bzw. dem Metasystem) gewissermaßen als Bild (Metapher) für das „Größerwerden" des Unternehmens.[6] Der Bericht von Herrn Dame springt im obigen Abschnitt zwischen den verschiedenen Systemen; so liegt die Vermutung eines dysfunktionalen Analogieschlusses nahe.

Denn die vollkommene Verbundenheit zwischen Unternehmen und Kindheit zeigt eine weitere Schattenseite dieser Symbiose auf: es kann nur schwerlich zwischen Person(en) und Rolle(n) unterschieden werden. In einem „Lebenswerk aller" fällt es – insbesondere Kindern in der Entwicklung – schwer, Personen und Organisation zu differenzieren: die Familie droht daher „im Unternehmen aufzugehen".[7] Herr Dame fährt fort:

*... Denn das ist klar, daß da ein Unternehmer nicht im Büro sitzt mit 'nem weißen Hemd, da nen Job macht als Gründer, nach Hause geht und sagt: „So jetzt wollen wir mal Familienleben machen!"*
*Ich: Hm.*
*H. Dame jun.: – Ja! Meine Mutter hat genau wie meine Frau die Lohnabrechnung gemacht, hat sich um die ganzen Löhne gekümmert und ich saß da irgendwo mit im Büro auf'm Boden und hab mit den Büroklammern gespielt, woran ich mich sehr gut erinnern kann. Und mit Telefon und mit allem drum und dran, das war meine Kinderstube: diese zwei gemieteten Büroräume, – ja!*

In diesem Erzählstrang wird erstmalig deutlich, daß die Schattenseite dieser „vollkommenen Verbundenheit" für die Familie Dame eine weitgehende Aufgabe des „Familienlebens" bedeutete. Selbst wenn der Vater nach Hause kam, gab es kein „gemachtes Familienleben". Das elterliche Vorbild zur Delegation in den „Familienstift" wurde von der aktiven Mitarbeit der Mutter im Unternehmen verstärkt. Seine gute „Kinderstube" hat er – dem Erleben von Herrn Dame junior nach – in den Büroräumen erworben! Wenn man die Verzerrung seiner Darstellung durch die Momentaufnahme einer solch prägenden Erinnerung be-rück-sichtigt, drückt er damit im Grunde auch aus: es hat für ihn keine Kindheit jenseits des Unternehmens gegeben!

*... Und da fällt's natürlich auch leicht, das Ganze irgendwo in einen Topf zu sehen, das ist nicht zu trennen. Und so ist das also gewachsen und da das auch immer interessant war, ist da keine Aversion gegen gewachsen oder so, oder: „Ich will damit nix zu tun haben!"*

Wie auch aus dem untenstehenden Abschnitt hervorgeht, konnte es für eine „Aversion" gegenüber einem Eintritt ins Unternehmen in den Augen des Juniors keine Gründe geben: „der Vater hat es verstanden", die Kinder „dafür zu interessieren". Drohte mal einer vom vorgesehenen Pfad der Nachfolge „abzudriften", hat der Vater sich Gedanken gemacht, denjenigen „wieder beizuholen". Der Aufwand, den er dazu betrieb, war geradezu „fürchterlich"

– so getraute sich auch keiner ernsthaft, den Vater mit einem anderen Lebensweg zu enttäuschen:

*H. Dame jun.: ...*
*Er hat uns immer dafür interessiert, er hat alles Mögliche gezeigt und gemacht, und auch viel Aufwand betrieben, daß wir dabei bleiben.*
*Ich: Hm.*
*H. Dame jun. Und wenn er merkte, daß irgendeiner abdriftet, dann hat er sich fürchterlich damit beschäftigt, daß er den wieder dabeiholt, und daß wir wieder irgendwo zusammen sind.*
*Ich: Hm.*

Auch in dieser Passage bleibt es letztlich wieder doppeldeutig, inwiefern hier das Unternehmen oder die Familie gemeint ist: die Grenzen *verschwimmen* zunehmend. Das löst Verwirrung aus, die in der Interviewdynamik des folgenden Abschnittes vom Leser nachvollzogen werden kann. Herr Dame junior zeigt darin auf, daß es bei den Aktivitäten, die der Vater als „Motivationskünstler" mit seinen Kindern unternahm, nicht um die Unterscheidung geht, ob sie unternehmens- oder familienrelevant waren.

*... Wir haben also alles Mögliche gemeinsam gemacht: von, von Bootsfahrten und Zelt und Camping über, über ein, ein, ein kleines Häuschen haben wir gebaut irgendwo inner Wiese, und Teiche gebaut. Und das war alles irgendwo – jetzt nicht direkt mit dem Unternehmen verbunden, kann man nicht sagen – aber er hat sich sehr viel // Trotz seiner, trotz wenig Zeit, die er hatte in der Aufbauphase, hat er sich doch sehr stark mit uns, hat er sich sehr viel mit uns beschäftigt. Und daraus ist natürlich auch 'ne sehr starke Bindung gewachsen zu unserem Vater und daraus auch irgendwo das Interesse an seiner Arbeit, seinem Lebenswerk, oder unserem Lebenswerk. Man kann nicht sagen seinem, [lauter] es war immer unseres, unser aller.*

Das Interesse an der „Arbeit und dem Lebenswerk" des Vaters (!) ist durch die „starke Bindung zum Vater gewachsen". Das ist für Kinder „natürlich", deren Vater trotz wenig Zeit es verstanden hat, sie so an sich zu binden, daß *gerade* aus den familiären Beschäftigungen Interesse für seine Arbeit – und das bedeutet auch für „sein Lebenswerk" – entstehen konnte.

Am Ende des Abschnittes wird auch deutlich, daß „unser aller Lebenswerk" eine Fiktion ist, die der familiären Ideologie der Familie Dame entspringt. Sie ist etwa mit einer vergleichbar, in der Eltern ihren Kindern „be-deuten", sie täten alles nur für sie. Im vorliegenden Fall hat „der Vater" – in den Augen seiner Kinder – „es offenbar immer verstanden", seine Gründerfunktion hinter seiner Vaterrolle zu *verbergen*. Das *eigene* Lebenswerk macht für ihn nur dann einen *Sinn*, wenn es von den Kindern weitergeführt wird. Daher unterschied die „Familie" nie zwischen sich und dem „Unternehmen": man war immer *Unternehmer-Familie*. Diese Einheit bewirkte, daß man immer im Metasystem dachte und handelte – allerdings ohne die Systemgrenzen zu *managen*. Gemanagt wurde dagegen eine familiäre Kultur, die durch die Fiktion bestimmt wurde, das Familienunternehmen als Ganzes sei „aller Lebenswerk" – und nicht nur das Werk der im Unternehmen Lebenden. Die fehlende System-Differenzierung diente der Delegation der Kinder zur Nachfolge: *das* hat der Vater „immer verstanden"!

Auch wenn im Voranstehenden eher die Schattenseiten der Delegation von Herrn Dame junior hervortrat, muß der Leser sich von einer individualistischen (bzw. atomistischen) Betrachtung lösen und den Kontext der „Familie mit System" (wieder) miteinbeziehen: Herr Dame junior ist hier nur Repräsentant der Juniorengeneration – möglicherweise aufgrund seiner exponierten Stellung im Familiensystem deren Protagonist. Wie dem Leser bekannt ist, hatte ich ja auch die Gelegenheit, seinen Vater zu interviewen. Die hier gewählte Konstruktion des „Familienstiftes" (vom „Lebenswerk aller") stellt nämlich auf der anderen Seite auch den *überpersonalen* Charakter der Delegation heraus. Auf dem Hintergrund der generationenübergreifenden (bzw. Generationen umschließenden) Delegation tritt die Person zu großen Teilen *hinter* die Rolle zurück. Ohne die dominante Figur des Gründers zu verleugnen, läßt sich feststellen: auch *das* hat im Familienunternehmen Dame „der Vater immer verstanden" ...

**Daß man da mitmachen müßte ...**

Der verpflichtende Charakter der Delegation tritt natürlich in einem Gründerunternehmen wie im Beispiel Dame anders hervor, als in einem Unternehmen, das in die vierte Generation „geht". Auf dem Hintergrund mehrerer Generationen von Familienunternehmern seit der Gründung kann die Delegation dort als Fortführung einer Reihe von temporär delegierten Rolleninhabern verstanden werden. So übernimmt jeweils einer (bzw. mehrere) die Unternehmerrolle für die Dauer einer Generation beziehungsweise für die jeweils ihm „zugemessene" Lebenszeit (und in Anbetracht seiner altersbedingten Schaffenskraft).[8]

In manchen „älteren" Familienunternehmen folgt die Delegation einer Strategie, den Übergang von einer Generation zur nächsten dadurch sicherzustellen, daß die Delegierten sich „in eine Reihe" mit den bisherigen Rolleninhabern gestellt sehen. Ebenso wie bei den anderen Botschaften ist die darin enthaltene Verpflichtung den Betroffenen nur bedingt bewußt. Die Schätze der Kindheit und Jugend, in der die Verpflichtung früh „verankert" wurde, können jedoch gehoben werden. Im folgenden Beispiel von Herrn Bade, Nachfolger in vierter Generation, wurde die durch den Großvater geschaffene Verpflichtung des Enkels, in die Reihe der Rolleninhaber zu treten, durch die Erzählung der Unternehmensgeschichte ins Bewußtsein gerufen:

*Herr Bade: ...*
*... man hat früher – selbst wo wir in der Schule waren – hier mitgeholfen. Mal wat, ...*
*Ich: hm.*
*Herr Bade: ... mal das und das zu machen, – ne.*
*Ich: Ja*
*Herr Bade: Vielleicht is' der Eindruck irgendwie vermittelt worden, dat man da mitmachen müßte, ...*
*Ich: hm.*
*Herr Bade: ... oder mitmachen sollte. Allein draus, weil mein Opa // das gewesen ist. – Ja, ich glaub', ja: der Urgroß-, // ja, ja, sicher – schon gewesen is'.*
*Ich: Hm.*
*Herr Bade: Um dat einfach fortzusetzen.*
*Ich: Hm.*
*Herr Bade: Obwohl ich mich – wie gesagt – nie bewußt // jetzt erinnern könnte, dat mir gesagt: „Hier: der und der, und der hat dat schon gemacht – mußt Du dat auch machen!"*
*Ich: Hm.*

Die von Herrn Bade geschilderte „Vermittlung", er „müsse da irgendwie mitmachen", kann als eine erste Annäherung an den Charakter seiner Rolleninhaberschaft (als Delegation) verstanden werden. Wie wohl die meisten meiner Interviewpartner hat vermutlich auch Herr Bade hier zum erstenmal die Geschichte des Unternehmens – und insbesondere die des eigenen Eintritts – erzählt. Daher kann es nicht verwundern, wenn sich dem Leser in der Interview-Dynamik diese erste Annäherung an die un-"bewußten" Anteile der Delegation eher „diffus" darstellen! Die Vermittlungsleistung der Delegation steht nicht in erster Linie in einem Sinnzusammenhang mit der „Mithilfe" von Familienangehörigen sondern „allein daraus", weil „der, und der, und der das schon gemacht haben". (Die diffuse, wohl eher unbewußte, Aufzählung der Reihe von drei Vorgängern macht im übrigen deutlich, daß der Gründer des Unternehmens der Urgroßvater gewesen sein muß!) Ein „bewußtes Erinnern" daran, daß dies *explizit* so vom Vater (oder von anderen Verwandten: es sind zwei Familienstämme beteiligt) an ihn herangetragen wurde, ist gar nicht notwendig. Die Delegation „vermittelt" das den Betroffenen auch anders, wenn die Botschaft nur eindeutig genug ist (z.B. indem der Sohn dem Vater in die Kultur (s)einer „Familie, die Unternehmen unternimmt", folgt). Die damit verbundenen Gefühle und Systemkräfte sind stark genug, sie in eine Reihe mit ihren Vorgängern zu stellen! Im Beispiel von Herrn Bade mag das Ursprungssystem nicht eindeutig sein: seine diffuse Aufzählung kann darauf zurückzuführen sein, daß möglicherweise aus den Geschichten der Sippe nicht eindeutig hervorgeht, wer der Gründer des Unternehmens ist: die Familientradition hat einen handwerklichen Ursprung. Wann die selbständige Tätigkeit in eine *Institution* überging, ist in manchen Familienunternehmen nicht klar. Es herrscht dann eher ein diffuser Eindruck der Nachfolger vor, „daß man da mitmachen müßte“ …

**Es gab immer nur „Firma“ …**

Die bisher aufgezeigten Geschichten von Betroffenen mögen im Leser die Vermutung hervorgebracht haben, bei der Delegation handele es sich um einen einseitigen Prozeß der Beauftragung von Kindern durch die Eltern. Dementsprechend könnte man der Delegation(-shypothese) eine kausalistische Determinierung von Berufsrollen und Institutionen unterstellen, die in Betroffenen aufgrund der Befürchtungen einer „fatalistischen“ Unausweichlichkeit abgewehrt werden muß. Dies ist jedoch von mir nicht intendiert! Neben dem Beauftragungs- und Verpflichtungscharakter der Delegation existiert ja auch die *Annahme* durch die „Kinder“: ob sie ins Familienunternehmen eintreten oder nicht, ist letztlich eine Entscheidung, die sie als *Erwachsene* treffen. Ich bin durchaus davon überzeugt, daß es für die Betroffenen mehr Freiheiten hinsichtlich der Wahl ihrer Berufs-Rollen gibt, als sie selbst wahrnehmen oder wahrgenommen haben. Aber ich bezweifele, daß ihre *Entscheidungen*, ins Unternehmen *einzutreten, zufällig* sind! Angesichts der generationsübergreifenden Wirkungskräfte *familiärer* und *institutioneller* Dynamiken (im Metasystem) ist es ebenso fraglich, inwiefern diesen Entscheidungen ein solch *beliebiger* Freiheitsgrad zugrunde liegt, wie ihn die meisten Beteiligten vorgeben, um letztlich die Verantwortung für die *eigene* Entscheidung *nicht* nehmen zu müssen. Meine Annahme, daß die Betroffenen ihrem Schicksal *zustimmen* müssen, einer „Familie, die Unternehmen unternimmt“, zu entstammen, bleibt davon unberührt.

Das Beispiel des Familienunternehmens Bahn ist sehr geeignet, den prozeßhaften Verlauf der Delegation von Nachfolgern aufzuzeigen. Schon das Interview mit Frau Bahn senior hatte gezeigt, daß hier alle Kinder zur Nachfolge delegiert wurden. Zum *Vollzug* werden dabei wechselseitig die Kinder im Hinblick auf ihre Verwendbarkeit und ebenso das Unternehmenssystem im Hinblick auf die Gestaltung unternehmensbezogener Rollen instrumentalisiert. Schon zu Beginn des Interviews mit Frau Bahn junior, der Ältesten der Familie, wird dem Leser die Delegation deutlich:

*Ich: Mich würd' interessieren, wie Du hier so 'drangekommen bist?*
*Fr. Bahn jun.: …*
*Und ich bin eigentlich immer schon als Köttel hier in der Firma mitgewesen. Wenn ich aus der Schule kam, bin ich hier zu meiner Oma gegangen, die im Bürohaus wohnte und die (.) hat mich da hinten also auch betreut. Ich bin also auch zu meiner Mutter gegangen, hab auf der Schreibmaschine 'rumgehämmert und solche Sachen, – ne. Ich konnte also schon – bevor ich überhaupt 'nen Schreibmaschinenkurs gemacht hab – unheimlich schnell Schreibmaschine schreiben, einfach nur so mit zwei Fingern. Und daher bin ich dann so ziemlich reingewachsen, die ganze Zeit, – ne. War ich also ständig damit konfrontiert …*

Ihre Beschreibung, „die ganze Zeit reingewachsen“ zu sein, könnte als grandiose, kindliche Phantasie abgetan werden. Jedoch entsprechen die Bedingungen von Familie und Unternehmen – die Großmutter, von der die Mutter einst das Unternehmen geerbt hatte, wohnte im Bürohaus – ihrem Erleben, „eigentlich immer schon in der Firma“ gewesen zu sein. (Angesichts der Dynamik ihrer Mutter ist es durchaus vorstellbar, daß sie „eigentlich“ schon im Mutterleib – pränatal, „als Köttel – in der Firma gewesen“ ist!) Jedenfalls war sie schon als kleines Kind („Köttel“) – von der Großmutter betreut – damit „konfrontiert“. Auch damit, die *Aufmerksamkeit* der Mutter, der Unternehmerin und Nachfolgerin, über Mitarbeit und Leistung zu gewinnen: so ist sie „reingewachsen“.

Im Verlauf des Interviews wurde dann deutlich, daß ihre Eltern Befürchtungen um ihren Eintritt hatten, weil Frau Bahn junior „auf jeden Fall studieren“ wollte, während die Eltern eine „Lehre“ für sie bevorzugt hätten. Frau Bahn arbeitete vor Beginn und während des Studiums im Unternehmen mit. Angesichts der dort entfalteten Aktivität und der Anstrengung, die sie unternahm, um auf die Bedürfnisse des Unternehmens zugeschnittene Fertigkeiten zu erwerben, scheint das Studium für sie eher eine Angst-Abwehrfunktion gehabt zu haben. Es hielt die Illusion aufrecht, sich letztlich vom Unternehmen unabhängig machen zu können, während eine Lehre sie mehr ans Unternehmen gebunden hätte. Allerdings: „heute würde sie vielleicht anders denken“! Anderseits kann auch der Wunsch der Eltern, sie solle eine Lehre machen, ebenfalls als Angstabwehr aufgefaßt werden. Von der Annahme ausgehend, daß der Eintritt ihres Kind ins Unternehmen in hohem Maße in *ihrem* Interesse liegt, „steuern“ sie so das ihrige dazu bei, daß dies Aussicht auf Erfolg hat und so *ihre* innigsten Wünsche erfüllt werden. Sie wollten nicht nur dafür Sorge tragen, daß ihre Tochter eine gute Ausbildung erhält, um die gewünschte Funktion im Unternehmen ausfüllen zu können. – Sondern darüber hinaus alles dafür tun, daß diese Ausbildung dem (kleinen) Unternehmen *angemessen* ist.

Gegen den – durch ein Studium heraufbeschworenen – vermeintlichen (bzw. potentiellen) Verlust einer aussichtsreichen Nachfolgerin sorgte die „Familie“ vor, indem sie mehrfache Sicherheitsleinen einzog. Die erste davon heißt *Mitarbeit*, wie Frau Bahn junior berichtet:

*Fr. Bahn jun.: Aber (.) in dem Moment, wo ich also gesagt habe: „So, ich geh' mit in die Firma!“, da mußt' ich dann auch, – ne. Also ich hatte mein Abitur in der Tasche, [lacht] dann hieß es: (...) „Dann hast Du mitzuarbeiten!“, – ne. Und da mußte ich also auch alles machen, so wie das wirklich nen Lehrling macht, – ne.*
*Ich: Hm.*
*Fr. Bahn jun.: ...*
*Und (.) also in dem Moment, wo ich gesagt hab: „Ich möchte mit in die Firma!“, da mußte ich dann auch wirklich kommen, – ne.*
*Ich: Hm.*

*Fr. Bahn jun.: Und nicht nur sagen: „Jetzt studier' ich erstmal schön vor mir [!] hin!", – das war also nicht der Fall, – ne. Fand' ich eigentlich auch besser, denn (.) Studium ist ja immer schön Theorie, aber in der Praxis sieht's anders aus, – ne.*

Ihre Mitarbeit gestaltet sich dabei anfänglich so, daß sie – vermutlich in der Übergangszeit zwischen Schule und Universität – die betriebliche „Praxis" der Produktion wie ein (gewerblicher) „Lehrling" kennenlernen mußte („Dann hast du mitzuarbeiten!"). Zudem gewinnt sie so grundlegenden Einblick in das Beziehungssystem der Belegschaft: durch ihre Mitarbeit ist sie dort – zumindest in gewissem Umfang – akzeptiert. Dies wird ihr sicherlich später im „Umgang" mit den Leuten helfen. So etwas hätte sie auf einer Universität nie lernen können! Denn: „in der *Praxis* sieht's anders aus". So hört sie von Beginn – ihrer Mitarbeit und ihres Studiums – an die Eltern sagen, daß der Gebrauchswert des Studiums *für das Unternehmen* eher in der ästhetischen Anschauung („schöne Theorie") als in der Anwendung im „anderen" Alltag liegt. *Dort* werden *praktische* Fähigkeiten von ihr erwartet, die allerdings ihre sprachlichen Begabungen zu nutzen wissen.

Die zweite Sicherheitsleine betrifft die *kollektive Sinnstiftung* der eigenen Mitarbeit:

*Ich: Und wie gefällt Dir dat so, dat Arbeiten hier?*
*Fr. Bahn jun.: Sehr gut. Zum einen weiß man im eigenen Betrieb, warum man das Ganze macht. Warum man halt auch mal abends um 9 oder 10 Uhr noch hier sitzt, wenn's halt sehr eng wird.*
*Ich: Hm.*

Der Sinn ihres Eintritts liegt im Erhalt und Fortkommen des *„eigenen"* Unternehmens unter der Flagge des Familiennamens. Hier steht das Ganze – die Institution, der Betrieb – im Vordergrund. Diese Sinnstiftung wird „geschwisterlich" geteilt und durch den Wunsch der Gesamtfamilie aufrechterhalten, daß die nachfolgende Juniorengeneration es *gemeinsam* schaffen möge:

*Ich: Ist da noch mehr, wo Du weißt: wofür?*
*Fr. Bahn jun: Ja, wir haben ja auch vor, das später weiter zu führen, – ne.*
*Ich: Hm.*
*Fr. Bahn jun: – Also wir drei. Meine Schwester, die ist also auch voll dabei, – ne.*
*...*
*Und wenn ich dann also weiß, daß ich im Betrieb auch jemand hab, auf den ich mich verlassen kann, und der mir da keinen Blödsinn erzählt, – ne, wenn mein Bruder dann da unten auch ist, dann hoff' ich ja, daß das so bleiben wird!*

Ohne daß es notwendig wäre, die Beauftragung der beiden anderen Geschwister individuell aufzuzeigen, wird dem Leser hier deutlich geworden sein, daß die Delegation zur Nachfolge im Beispiel der familiären Nachfolger der Familie Bahn in einer *kollektiven* Beauftragung der Kinder besteht, das

Unternehmen „weiterzuführen". Diese korrespondiert mit der Phantasie von der glücklichen Familie – Frau Bahn junior berichtet davon, daß sie „auch im Privaten ganz gut harmonisieren". Daraus wird die Fiktion abgeleitet, die Weiterführung der „Firma" könne nur durch ein kollektives Management der *Geschwister* aufrechterhalten werden.

Dem vermeintlichen Paradies auf Erden wird alles untergeordnet: sowohl die Alternative möglicher (individueller) Erfahrungen (und Erfolge) außerhalb der „Firma" als auch der „Profit", den das Unternehmen im Hinblick auf die *Kompetenzen* seines Führungsnachwuchses daraus ziehen könnte.

*Fr. Bahn jun.: ...*
*Ja und dann bild' ich jetzt meine Schwester aus, – ne.*
*Ich: Hm.*
*Fr. Bahn jun.: ...*
*Dann haben wir überlegt, ob sie woanders die Ausbildung macht, aber da is' se ja erstmal drei Jahre weg und dann kann ich wieder von vorne anfangen, – ne, mit ihr! – Muß ja alles, – klar, die ist dann zwar schnell drin, aber so wird se, kommt se von vornherein in die ganze Sache rein.*
*...*
*Also mußte ich (.) diese Ausbildereignungsprüfung machen. Die hab ich auch gemacht. Und die in Verbindung mit dem Studium.*

„In Verbindung mit dem Studium" heißt, daß die Aussicht auf den Abschluß ihres Studiums ihr – auch ohne Lehre – ermöglichte, die „Ausbildereignungsprüfung zu machen", *damit* ihre Schwester „von vornherein in die Sache hereinkommt" (und nicht etwa woanders bleibt)! So blieb zum Zeitpunkt des Interviews für Frau Bahn als einzige „Verbindung" zum „Studium" die vage Hoffnung, eines Tages – neben der Firma – Zeit zu finden, um ihre Abschlußarbeit anzufertigen (was inzwischen allerdings hinter ihr liegt)!

Im Hinblick auf *ihre* Delegation befragte ich Frau Bahn junior im Verlauf des Interviews, inwiefern sie einen Zusammenhang zwischen ihrer Mitarbeit und dem Aufwachsen mit der Firma sehe:

*Ich: Ja, der Grund, warum Du hier arbeitest: hat vielleicht (.) auch damit zu tun, was Du so erlebt hast von Zuhause aus mit der Firma?*
*Fr. Bahn jun.: Ja. Also so lang ich denken kann, gab's immer nur Firma, – ne.*
*Ich: Hm*
*Fr. Bahn jun. Wir haben (.) ja ganz früher „Absperrbänder" gemacht, für das „Bauamt". – Hat meine Mutter, glaub' ich, erzählt, – ne.*
*Ich: Ja!*
*Fr. Bahn jun. Und das weiß ich also auch noch so ganz verschwommen.*

Ihre Erfahrungen mit der Firma rühren von frühester Kindheit' her: sie erinnert sich „verschwommen" an die Zeit, in der für sie das „Denken" begann. Während sie in einem obigen Ausschnitt davon erzählte, daß sie zu ihrer Schulzeit im „Bürohaus" von der Großmutter betreut wurde, bezieht sie sich hier auf Erfahrungen, die noch davor liegen, welche sie im *Elternhaus* in Zusammenhang mit der Firma gemacht hat. Sie verweist darauf in einer Redewendung, die in einer biographischen Erzählung gemeinhin im Zusammenhang mit *Essens*-Erfahrungen verwendet werden. Etwa so: „Ich erinnere mich, daß es bei uns immer ... gab!" In der Familie Bahn „gab's immer nur Firma", oder pointierter ausgedrückt: Mutter brachte „immer nur Firma" auf den Tisch! Der Kontext, in den sie diesen Erzählabschnitt stellt, belegt auch, daß dies mehr als lediglich eine assoziative Verknüpfung ist, sondern einen durchaus „realen" Gehalt hat. Sie führt in diesem Zusammenhang hier nämlich ihre frühste, eigene *sinnliche* Erfahrung mit Produkten der Firma an. Die „Absperrbänder" sind ein Produkt, deren Herstellung – wie ich aus dem Interview mit ihrer Mutter wußte – auf dem *Eßtisch* im Elternhaus hergestellt wurden. Dabei glich die „Produktion" in den von Frau Bahn junior erlebbaren Teilen der „Fertigung" eher einer Aufgabenstellungen aus dem *Haushalt* als der eines Industriebetriebes: unter anderem mußten die „Absperrbänder" auch gebügelt werden.

Die Dichte von Familie und Unternehmen, in der Arbeitszeit und Familienleben nur „verschwommen" zu unterscheiden war, verstärkt hier die Wirkung der Delegation auf die Nachfolgerin. Das vermeintliche Paradies auf Erden kann jedoch nur zum Preis großer Anstrengungen – für die Beteiligten und das Familienkollektiv insgesamt – erreicht werden. In einer solchen *Fiktion* muß die Angst, die Nachfolger könnten nicht „einschlagen", entsprechend kollektiv abgewehrt werden. In auffälliger Weise erinnert die folgende Erzählpassage an die, mit der Vertreibung aus dem Paradies des biblischen Schöpfungsmythos verbundenen, Errungenschaften der Menschheit: „Arbeit im Schweiße des Angesichts" und „Sterblichkeit".

*Ich: Kannst Du Dir vorstellen, daß sich Deine Eltern (.) das auch gewünscht haben, daß Du hier // ?*
*Fr. Bahn jun.: Ja, mit Sicherheit, mit Sicherheit. Letztendlich (.) sagen sie sich ja: „Dann wissen wir, wofür wir das alles tun! Wofür wir uns abrackern!", – ne. „Damit die Kinder das weiterführen können!", – ne. – Sagt man so. [Lacht] Wird wohl so auch sein.*

Ihre Nachfolge – und die Mitarbeit ihrer Geschwister – gibt den Eltern die „Sicherheit" gegenüber den „letztendlichen" (transzendenten) Dingen. Dafür lohnt sich *deren* harte Arbeit, wenn „die Kinder das weiterführen". Hier wird von Frau Bahn junior im Symbol der Firma das Über-Leben des Familienkollektivs – über den Tod der Eltern hinaus – angesprochen. Mit der Delegation ist dem Nachfolger- (bzw. Geschwister-)Kollektiv gleichzeitig auferlegt, das Sich-zu-Tode-arbeiten („abrackern") der Eltern einmal zu legitimieren. In einer Familie, in der es „immer nur Firma gab", wird dem Tun der Vorfahren also mit der *eigenen* Nachfolge (noch nachträglich) ein *Sinn* verschafft.

Ich möchte zu der bisherigen Betrachtung noch etwas ergänzen: die Anstrengungen, welche in der Delegation des Familienkollektivs Bahn unternommenen werden, werden letztlich dem Leser verständlicher, wenn man einen Bruch in der Unternehmensentwicklung mit einbezieht. Frau Bahn senior stand nämlich in der Vergangenheit mit dem von ihrer Mutter ererbten Unternehmen vor dem Scheitern. Die Gründe und möglichen Ursachen dafür will ich hier nicht erläutern; nicht zuletzt, um die Anonymität der Interviewten sicherzustellen. Die Folge war jedenfalls, daß die Familie unter dem Namen des Mannes (bzw. Vaters) eine neue Firma mit den Gebäuden und Anlagen des Stammhauses aufmachten, während sie alle anderen Betriebsstätten – sowie den gemeinsamen *Namen* der „Markenartikel" und Gründerfamilie – verlor. Der Delegation des Geschwisterkollektivs unterliegt demnach auch eine latente, zweite („doppelte") Botschaft, die Tradition einer Unternehmer(innen)-Familie *wiederherzustellen*. Die Delegation zur Nachfolge an sich scheint dadurch nicht gefährdet: es spricht alles dafür, daß der Leser auch von den Kindern von Frau Bahn junior einmal hören wird: „bei uns gab's immer nur ‚Firma'!" ...[9]

**Die Entscheidung war dann ziemlich plötzlich ...**

Die bisherigen Beispiele gingen alle von einem mehr oder weniger kontinuierlichen Prozeß der Delegation aus. Er war daran gekoppelt, daß die Weitergabe der Unternehmerrolle nicht durch eine diskontinuierliche Entwicklung des Unternehmens gefährdet wurde. Selbst im Beispiel des Familienunternehmens Bahn schien die Unternehmenskontinuität vor allem durch eine scheiternde Delegation bedroht.

Anders im Beispiel von Herrn „Kahn" junior: dort war der Fortbestand des Unternehmens von seinem Vater *infrage* gestellt worden. Seine Nachfolge war zwar gewünscht, aber bis zur Entscheidung, „weiter zu machen", für Senior wie Junior unsicher geblieben. Der Leser muß dazu wissen, daß das Familienunternehmen „Kohl & Kahn" aus zwei – gleichberechtigten – Stämmen besteht, die nicht miteinander verwandt sind. Vater Kahn betreut einen Unternehmensbereich, dessen Zukunft lange Zeit aussichtslos schien, so daß er nicht wußte, inwiefern er diesen einmal einem „eigenen" Nachfolger werde übergeben können. Sein Sohn erzählt rückblickend:

*Ich: Was haben Sie gemacht, als Ausbildung?*
*H. Kahn jun.: Industriekaufmann. Industriekaufmann gelernt, dann 'ne Ausbildung in 'ner größeren „Schlosserei" in „Läutersberg". Ich, – na ja, ich wollte Wirtschaft studieren hinterher und dann haben se gesagt: „Bleib' doch noch 'nen bißchen, wir brauchen grad' einen!" – Und ruck-zuck waren nen paar Jahre um. Und an sich wollt' ich noch gar nicht hier rein. Weil bei uns ist die Sache gar nicht so klar gewesen immer, (.) welches von den Kindern, und ob überhaupt wollen. Ich mein', ich hab, wir sind (.) 'ne olle „Schlosser-Meister"-Familie, sämtliche Verwandtschaften, Vettern und wat, alle in der Richtung, alle in sämtlichen Schlossereien in Läutersberg verteilt.*

*Ich: Hm.*
*H. Kahn jun.: (.) Irgendwo dat wir die Richtung schon machen, dat ich auch den Beruf in der Richtung weitergehen würde, war an sich immer schon klar.*

Eine Delegation des ältesten Sohnes der Familie Kahn wird dem Leser recht schnell deutlich: er sollte sich offenbar für den möglichen Einstieg in das Unternehmen bereit halten. Herr Kahn junior sieht sich als Repräsentanten der Familie. Rückblickend kann man wohl davon ausgehen, daß er – gesetzt den Fall, er könne dem Vater nicht in die Selbständigkeit folgen – ihm doch zumindest in die „Branche" des Familienclans gefolgt wäre. Irgendeine der familiären Traditionen hätte er aufrechterhalten: die Nachfolge in die Branche nahm er auf und bereitete sich für die ins Familienunternehmen vor. Gleichzeitig hält er mit seiner „Ausbildung" eine andere berufliche Tradition aufrecht: sein Großvater war einst zum Kompagnon des Unternehmers Kohl geworden, weil er – entgegen Herrn Kohl, der eher technisch versiert war – sich in kaufmännischen Dingen auskannte. Seitdem heißt die Firma auch „Kohl & Kahn".

Herr Kahn junior fährt fort:

*... (.) Aber mein Vater hat zu der Zeit, wo die Berufswahl eben anstand, in dieser Zeit dat nicht so klar gesehen, ob's so weitergehen würde ... ( ... ) ...*
*Ich: hm.*
*H. Kahn jun.: Oder ob die Sache – sagen wir mal – auslaufen würde.*
*...*
*Hätte er mit 32/33 [!] den Laden zugemacht oder liquidiert. (.) Und hat's also nicht so positiv gesehen, dat et weitergehen würde, – ne.*
*Ich: Ja.*
*H. Kahn jun.: – Zumal „Schrauben und Muttern" ist die abgehende Seite und die andere Seite geht hoch. Die Entscheidung war ja dann erst ziemlich plötzlich gekommen, weiter zu machen.*

Die Entscheidung, „weiter zu machen", war für den Junior unberechenbar: sie war „plötzlich" gekommen. Sie hatte sich über 10 Jahre hingezogen, in denen hohe Unsicherheit über die Zukunft des Unternehmenszweiges und seine eigene berufliche Zukunft herrschte! Wieweit er sich von der Entscheidung der Seniorengeneration zur Weiterführung abhängig gemacht hatte, zeigt auch, daß er das von ihm geplante „Wirtschaftsstudium" nicht aufnahm. Man könnte sagen: er hielt sich in Rufbereitschaft, um jederzeit beim geringsten Signal, daß es „weiter ging", in die Generationenreihe von Unternehmern einspringen zu können.

Die Entscheidung der Senioren, „weiter zu machen", kann dabei durchaus im Sinne des die Generationen übergreifenden Delegationsprozesses gesehen werden. Zumindest der Vater von Herrn Kahn junior hatte das „*Weitermachen*" dem „Zumachen" oder „Liquidieren" *vorgezogen*, obwohl ihm möglicherweise Letzteres eine *sicherere* Altersversorgung geboten hätte, als noch einmal das Risiko von größeren Neuinvestitionen einzugehen. Im Unternehmen „Kohl & Kahn" mußten nämlich 10 Jahre aufgeholt werden, in denen Investitionen für die Zukunft des Unternehmens (ebenso wie für die der Nachfolge) aufgeschoben worden waren. Das unbewußte *Kontinuum* der Delegation war den Diskontinuitäten individueller Entscheidungen und Wünsche übermächtig. In einer Verlagerung und Zusammenlegung der Betriebsstätten schafften Senioren und Junioren einen gemeinsamen Neuanfang für eine zukunftsorientierte Unternehmensentwicklung. Die Entscheidung dazu war wohl angesichts eines 10 Jahre dauernden Prozesses objektiv – und nicht nur für den Interviewten – „ziemlich plötzlich gekommen". Der Leser wird sich auf dem Hintergrund von (systemischen) Wirkungskräften einer generationenübergreifenden Delegation sicherlich fragen, inwiefern der Eintritt von Herrn Kahn junior wirklich infrage gestellt war? „Plötzlich" war vielleicht nur sein Eintritt, die Entscheidung, „weiter zu machen" vermutlich nicht ...

**Ich bin eigentlich ganz gezielt ...**

Die Gründe für eine diskontinuierliche Entwicklung der Delegation bei Herrn Kahn junior beziehen sich vorgeblich ausschließlich auf die äußere Unternehmensentwicklung. Das folgende Beispiel zeigt, daß mit einer geeigneten Ausbildung und Qualifikation die Delegation noch nicht an ihr Ziel gekommen ist. Ein *familiär* induzierter Anlaß dient hier dazu, den Nachfolger zum Eintritt zu veranlassen, um ein befürchtetes Scheitern der Delegation zu vermeiden.

Der Leser muß sich zuvor vergegenwärtigen, daß der *Eintritt* eines Nachfolgers immer einen tiefen Einschnitt in die Biographie von Nachfolger und Senior (sowie eine gewisse Zäsur für das Gesamtsystem) darstellt. Selbst dann, wenn der Nachfolger seine Ausbildung und Berufssozialisation „praxisorientiert zugeschnitten" hat und er selbst „nie Zweifel gehabt (hat), irgendwann ins Geschäft zu gehen", wie bei Herrn Diel, Nachfolger in fünfter Generation:

*Ich: Ja, wie sind Sie hier 'reingekommen?*
*Herr Diel: Ja ich bin eigentlich ganz gezielt. Ich hab schon als Kind ... , natürlich kriegt man sehr viel mit über das Geschäft und so weiter. Mein Vater hat das eigentlich immer auf gute Art verstanden, mir das Geschäft nahe zu bringen und es mir nicht (.) zu vergraulen, so daß ich eigentlich (.) in meinem ganzen Berufsweg nie Zweifel gehabt habe, hier irgendwann ins Geschäft zu gehen.*
*Ich: Hm.*

Andererseits kann Ausbildungszeit und „Berufsweg" in der Seniorengeneration Befürchtungen auslösen, daß der potentielle Nachfolger dadurch möglicherweise entfremdet werden könnte, hat der Betroffenen einmal die große, weite Welt gesehen. Herr Diel fährt fort:

*Herr Diel: Ich hab dann nach dem Abitur, hab ich zunächst 'ne Banklehre gemacht bei der (Bank) und (.) dann Betriebswirtschaft studiert. Und zwar hab ich mir dafür 'rausgesucht: „Internationale Wirtschaftshochschule", weil (.) die eben speziell zugeschnitten, erstmal sehr praxisorientiert gearbeitet haben und (.) speziell auch zugeschnitten auf mittelständische Unternehmen, und eben (.) sehr auslandsorientiert. Und das ist für uns wichtig; wir haben heute 'nen Exportanteil von ungefähr 45 % unseres Umsatzes. War letztendlich europäisch in der Hauptsache, – ne. (.) Und da war für mich dieses Studium, war es, also Auslandsaufenthalt oder Studium in Paris und London beinhaltete, ausgesprochen wichtig, – ne.*
*Ich: Hm.*
*Herr Diel: Und das habe ich dann 1982 abgeschlossen und bin dann hier in die Firma eingetreten.*

Die Auswahl des Ausbildungsinstitutes hat er mit beratender Unterstützung des Vaters vorgenommen, wie Herr Diel konzedierte. „Für uns" bedeutet hier nämlich *auch*: die väterlichen Wünsche zur Nachfolge sind Antrieb des Studiums, das „speziell auf mittelständische Unternehmen zugeschnitten" ist. Neben seinen „maßgeschneiderten" Vorzügen für eine Unternehmernachfolge bergen die *Studieninhalte* – insbesondere die „Auslands-Orientierung" – dennoch eine gewisse Gefahr für die väterlichen Delegation: das Studium begann für den Junior „ausgesprochen *wichtig*" zu *werden*. Getreu dem Sprichwort „reisen bildet" kann hier vermutet werden, daß die „Auslandsaufenthalte in Paris und London" auch für die Persönlichkeitsentwicklung des *Juniors* „ausgesprochen wichtig" wurden. Auf dem Hintergrund dieser (Neben-)Bedeutung wird sich der Leser daher sicherlich fragen, *was* mit dem Eintritt in die Firma eigentlich „abgeschlossen" wurde?

*Ich: Warum sind Sie dann direkt in die Firma gegangen?*
*Herr Diel: Ja das hatte auch Gründe, die in der Gesundheit meines Vaters lagen. Der hatte, damals hatte er 'nen Schlaganfall gehabt und (.) – gut die Folgen hat er überwunden – aber dann war es doch für mich wichtig, hier auch in die Firma zu gehen.*

„Direkt" nach der Ausbildung „in die Firma" einzutreten, war also primär vom *Familiensystem* (bzw. in letzter Konsequenz: vom Metasystem) veranlaßt. Die Erkrankung des Vaters war ein erstes Signal seiner Sterblichkeit – und zugleich ein „wichtiger" Hinweis für den Sohn (und einziges Kind seiner Eltern), „auch in die Firma zu gehen". Offensichtlich mit der Annahme, so *gemeinsam* die Übergabe und Übernahme der Unternehmensleitung vorbereiten zu können.

Einen ähnlichen Verlauf erzählt Herr Diel über den Eintritt seines *Vaters* beim Wechsel auf die vierte Generation aus der Nachkriegszeit:

*Ich: Wissen Sie so, (.) wie Ihr Vater noch hier 'reingekommen ist?*
*Herr Diel: …*

*… hat dann das Abitur nachgemacht und hat dann bei einigen Firmen, soweit das überhaupt möglich war, (.) volontiert, bei einigen unserer Kunden. Und ist dann in die Firma gegangen, weil eben mein Großvater sehr krank wurde und hier eben einer von der Familie hier sein mußte.*

Hier wird deutlich, daß mein Interviewpartner, was die Umstände *seines* Eintritts betrifft, *auch* dem Beispiel des Vaters folgt. Ebenso wie dieser ist er einziger Sohn, einziger Hoffnungsträger der Familie auf die Weiterführung des Unternehmens in die nächste Inhabergeneration. Herr Diel (junior) ist nämlich darüber hinaus zugleich Protagonist seiner Generation: die Nachkommen der Mitinhaber sind (vom Metasystem) im Hinblick auf die Nachfolge desinteressiert worden (aber das ist eine andere Geschichte).

Der Leser wird mit mir darin übereinstimmen, daß beim Eintritt von Herrn Diel durchaus davon ausgegangen werden kann, daß der durch die Krankheit des Vaters „verursachte" Eintritt eine *Wiederholung* der Situation im vorangegangenen Generationswechsel darstellt. Zudem wirft die Erzählung des Interviewpartners – aus heutiger Sicht verständlich – Fragen hinsichtlich der erfolgten Qualifizierung seines Vaters als Unternehmernachfolger auf, die aus einer rationalistischen Sichtweise berechtigt erscheinen. Sie legen die Vermutung nahe, daß eine *andere* Berufssozialisation als die vorgenommenen „Volontariate bei einigen Kunden" die Nachfolge seines *Vaters* hätten infrage stellen können! Möglicherweise befürchtete der Vater gleiches von seinem Sohn.

Die Krankheiten der jeweiligen Senioren im Wechsel von der dritten auf die vierte sowohl von der vierten auf die fünfte Generation dieses Familienunternehmens können daher durchaus als *funktional* hinsichtlich der familiären Delegation verstanden werden. Und zwar mit dem Ziel, die familiäre Nachfolge in der Unternehmensleitung *sicherzustellen*. Die systemischen Wirkungskräfte – in der Wiederholung sichtbar – holen gewissermaßen die Nachfolger ein. Auf diesem Hintergrund lassen sich dann auch die Umstände verstehen, die den Eintritt von Herrn Diel begleiteten. Der Eintritt „direkt nach dem Studium" wurde ihm insofern schmackhaft gemacht (und daher auch erleichtert), als daß ihm damit auch die Reisetätigkeit des Vaters in Aussicht gestellt wurde. Diese interessierte Herrn Diel ja seit den im Rahmen seines Studiums verbrachten „Auslandsaufenthalten". Zumal der Senior sie selbst aufgrund seiner Krankheit nicht mehr in gewohntem Umfang wahrnehmen konnte:

*Herr Diel: …*
*– Gut, ich wäre vielleicht noch gerne irgendwohin gegangen, aber auf der anderen Seite hat's mir dann auch Freude gemacht, hierhin zu kommen. Mein Vater, der betreute immer traditionell auch die ausländische Kundschaft und diese Geschäftsreisen, das wurde ihm dann zu viel, – ne.*

*Ich: Hm.*
*Herr Diel: Das sind so die Sachen, die ich ihm dann sehr schnell abgenommen hab.*
*Ich: Ja.*

Der Eintritt hatte auch seinen Preis: für den Senior wurden die „Geschäftsreisen zuviel" – und der Junior „nahm sie ihm dann sehr schnell ab". Den mit seinem Eintritt angestrebten Erleichterungen des Vaters zum Trotz mußte sich Herr Diel „zunächst ein Jahr lang" mit der „Technik" des Unternehmens vertraut machen, wie er weiter berichtet:

*... Hab aber dann zunächst – bevor ich – wie ich dann hier im Betrieb war, (.) mich nen bißchen in unserer Technik weitergebildet. Das heißt, ich habe eigentlich ein Jahr lang im Betrieb alles das gemacht, was anfällt: an den Maschinen da gestanden und gesessen, um überhaupt dann technisch auch nen bißchen Ahnung zu kriegen.*

Das war nicht nur der Preis dafür, daß Herr Diel nicht „vielleicht noch gerne irgendwohin gegangen" wäre. Zum Zeitpunkt des Interviews schien alles darauf hinauszulaufen, daß er aufgrund des schon angedeuteten „Desinteresses" des anderen Inhaberstammes einmal alleiniger Geschäftsführer werden würde. Daher wurde eine „technische Weiterbildung" für unverzichtbar gehalten (– es ist wohl schwer zu erraten, von wem)! Nach meinem Dafürhalten ist es allerdings kaum einsichtig, daß qualifizierter Führungs-Nachwuchs mit „praxisorientiertem Studium" sich für die Dauer *eines Jahres* mit der Produktionstechnologie auseinandersetzen *muß*! In Kenntnis der Produkte und der Produktionstechnologie dieses Unternehmens kann diese *Notwendigkeit* zu Recht bestritten werden! Und erst recht eine „Weiterbildung" in der hier geschilderten *Weise*: sie erinnert eher an ein „erstes Lehrjahr" als an ein „Trainee" und diente wohl eher als Eintrittsritual eines „Unternehmens, das Familie kultiviert" (zudem erinnert sie den Leser fatal an das „Volontariat" des Vaters). Die sachrationalen Gründe für den Anlaß seines Eintritts werden damit ad absurdum geführt.

Der Leser kann aber darin auch einen Beleg dafür sehen, daß die Kognition „Gründe, die in der Gesundheit des Vaters lagen" bezüglich des Zeitpunktes seines Eintritts als Angstabwehr des Metasystem angesehen werden kann. Die Krankheit des Vaters als Anlaß des Eintritts zu benennen, kann als eine familiäre *Intervention* – zur Sicherung der Nachfolge – verstanden werden. Im generationenübergreifenden Kontext der Delegation stellt sie darüber hinaus auch ein *gelerntes* Verhaltensmuster dar. (Auf der individuellen Ebene verdeutlicht die Psychosomatik auch die systemischen Wirkungskräfte, welche hier nicht näher zu bestimmen sind!) Die Angst bestand darin, der Junior könne „auf seinem Berufsweg" doch in „Zweifel" geraten, so daß der Unternehmerfamilie der einzige Familiennachfolger von der Fahne gehen könne. Die mehr oder weniger unbewußte Strategie einer „Familie, die Unternehmen unternimmt", war jedoch „eigentlich ganz gezielt" ...

## 3.2 Nachfolger(-Familien) delegieren Nachfolger

Ich will nun die Aufmerksamkeit des Lesers auf (ausgesuchte) Aspekte der Delegation von Familienunternehmen mit *mehreren* Inhaberstämmen (bzw. Unternehmer-Familien) lenken. Die Bedeutung dieser Dimension klang ja in manchen der voranstehenden Beispiele und Interpretationen bereits an. Es geht dabei also um „Familien-Unternehmen", deren Inhaberstruktur zum einen mehrere Familien oder Zweige (wie im Falle nicht miteinander verwandter Kompagnons) aufweist. Zum anderen ist die Problematik auch dadurch charakterisiert, daß in der Repräsentation der jeweiligen Familien oder Zweige gleichzeitig mehrere Nachfolger im Unternehmen tätig sind. Die Basis der Nachfolge verbreitert sich damit gewissermaßen „horizontal". In dem Falle, daß die Nachkommen von einem Gründer abstammen, setzt die Nachfolge von Familienstämmen also mindestens den Generationswechsel in die dritte Generation voraus.

Während es in „Familien(-Unternehmen) delegieren Nachfolge(r)" zunächst darum ging, die Beiträge der Herkunftsfamilie zum Delegationskonzept aufzuzeigen, kommt in den Fällen, wo „Nachfolger(-Familien) Nachfolger delegieren", noch das interdependente Zusammenspiel zweier oder mehrerer Familien(-stämme) hinzu. Das Metasystem hält dabei im aktuellen Generationswechsel nicht nur historische Erfahrungen von Nachfolge und Generationswechsel. Sondern darüber hinaus tragen die Nachfolger der Nachfolgerfamilien auch „Geschichte" und Geschichten mit sich herum, die oftmals ihrer Delegation eine zusätzliche Last aufbürden. Oft genug stehen sie nämlich in der Versuchung, sich die Last (und Schuld) ihrer Väter oder gar Großväter anzumaßen und im Familienunternehmen eher die zweit- oder drittrangigen Botschaften, die sie ihre Eltern auch heute noch sagen hören, auszuagieren, statt sich dem Gründer zuzuwenden und die vom Ursprungssystem ausgehende Energie für das Unternehmen zu nutzen! Statt den Segen des Gründers nehmen sie dann – aus (kindlich-magischer) Treue zu den Eltern – den Fluch von Streitigkeiten und Rivalisierungen seiner Erben!

Folgende Aspekte scheinen mir für die Delegation der Nachfolger von Nachfolgerfamilien bedeutsam:

- Der Familienverbund (bzw. die Sippe) erfordert für die betroffenen Repräsentanten eine erweiterte Integrationsfähigkeit der Wir-Identität. Den Hintergrund dazu bilden ihre jeweiligen Herkunftsfamilien und ihre – von der Gründerfamilie delegierten – Vorgänger.
- Die Nachfolger der Nachfolger werden von ihren Familien als Repräsentanten delegiert; manchmal in Übereinstimmung aller Beteiligten auch vom Metasystem als Ganzes.
- Mehrere von ihren Familien delegierte Repräsentanten erfordern eine

Differenzierung oder Funktionalisierung der Unternehmensleitung; manche der Nachfolger folgen den Vätern in die Funktion, andere in die ihnen unerfüllt gebliebenen Berufswünsche und wiederum andere in die von ihnen angestrebten Positionen.

- Ungelöste Konflikte werden von der einen auf die nächste Generation verschoben und wirken im Unternehmenssystem weiter. Sie perpetuieren Familienstreitigkeiten und Rivalisierung und produzieren künstliche Konflikte im Unternehmenssystem (bzw. im Metasystem), welche die Energie von der Zukunftssicherung des Familienunternehmens abzieht und so das kollektive „Werk" gefährdet.
- Unternehmensentwicklung und die Anzahl potentieller Nachfolger verlaufen manchmal nicht synchron, so daß für eine entsprechende Aufgabenteilung im Unternehmen kein Raum bleibt. Die Delegationen der tatsächlichen und der potentiellen Nachfolger konkurrieren möglicherweise somit miteinander. Zuweilen überwiegen auch die sekundären Botschaften, so daß die Nachkommen von Nachfolgern nicht zur Übernahme delegiert werden. Entscheidend dabei ist, daß dort systemische Wirkungskräfte wirken, denen die Protagonisten „ausgeliefert" sind, beziehungsweise die sie in Projektion, Spaltung und Fragmentierung systemisch ausagieren.

Nachstehend wird das Beispiel „Da ist halt eine große Anhänglichkeit noch drin!" die kollektive Verführung einer Delegation im Familienverbund aufzeigen, die sich auf einen einzigen Nachfolger fokussiert. Das Beispiel „Als wollte einer von der Seite rein ..." zeigt, wie Nachfolger als Repräsentanten ihrer Herkunftsfamilien „benutzt" werden können und welche Verwirrung sekundäre Botschaften im Metasystem auslösen, so daß gegenseitig Strategien zur Abwehr der „anderen" Nachkommenschaft entwicklet werden. Schließlich ist das Beispiel „Sonst gehört dem ja alles allein! ..." ein geradezu klassischer Fall für ein psychisches (mentales) Gefängnis familiärer Konkurrenz.

**Da is' halt 'ne große Anhänglichkeit noch drin! ...**

Im vorliegenden Fall ist sehr deutlich, daß mein Interviewpartner, Herr „Haak", von dem gesamten „Familienverband" zur Nachfolge delegiert wurde. Er selbst war zum Zeitpunkt des Interviews Nachfolger in vierter Generation. Allerdings war er (noch) nicht in die Unternehmensspitze berufen worden, die mit langgedienten Fremdmanagern besetzt war. Er stellte gewissermaßen eine zweite Führungsebene dar, indem er konsensgemäß Projekte managte, welche die Effizienz und Effektivität des Unternehmens und seiner Entwicklung steigern sollten. Aus den insgesamt fünf Inhaberstämmen der Generationen davor repräsentiert er als einziger Vertreter der Junioren die vierte. Teilweise aus Mangel an eigenen Kindern und teilweise aus Desinteresse blieb er gewissermaßen übrig. In einem Abschnitt bilanzieren wir die Annahmen zu seiner Delegation:

*Ich: Ja, so // die Perspektive von der Kindheit her, kann man da so sagen: „Da zieht sich so nen roter Faden bis heute hin, daß ich hier sitze, // im Geschäft, in der Arbeit!"?*
*Herr Haak: // Sicher, sicher! Also die Entscheidung // [Klopft auf den Tisch] Ich wäre hier nie hergekommen, // wenn ich jetzt, nicht jetzt der Familie angehört hätt', ...*
*Ich: hm.*
*Herr Haak: – ne. (.) // Ich würde, also ich stell' auch schon die Frage – ich kann sie nich' beantworten –, ich stell' die Frage schon, (.) ob ich überhaupt in dem Beruf wär', ...*
*Ich: hm.*
*Herr Haak: ... wenn's die Perspektive nich' gäb!*

Herr Haak sieht seine Nachfolge ohne Illusion: er ist *nur* aufgrund seiner „Familienangehörigkeit" in *dieses* Unternehmen, in dieser *Branche*, in dieser *Funktion* eingetreten! Die selbst-„gestellte Frage", inwieweit sein „Beruf" (bzw. seine Ausbildung) eher eine *Folge* dieser „Perspektive" – nämlich der familiären Nachfolge des Familienverbundes in die Unternehmerrolle – darstellt, war zum Zeitpunkt des Interviews noch zu *bedrohlich*, als daß er sie „beantworten" konnte. (Wie sich einige Monate nach dem Interview herausstellen sollte, war eine Bedrohung seiner Nachfolge auch ganz *real*: das Familienunternehmen gehörte nämlich eigentlich schon den *Kreditgebern*, ohne daß Herr Haak eine solche Bedrohung direkt erwähnte!)

Im weiteren Verlauf des Interviews wird seine Rolle als Hoffnungsträger der Seniorengeneration deutlich. Von deren Kindern hat zu seiner Verwunderung „keiner Ansprüche" auf eine Mittätigkeit im Unternehmen erhoben. Herr Haak sieht daher im Hinblick auf seine Nachfolge eher „unkritisches Wohlwollen" seitens der Sippe:

*Herr Haak: ...*
*... daß wichtig is', daß überhaupt jemand sich in der Familie dafür engagiert, daß das weitergeht. // Im Familienverband natürlich, denn da is' halt 'ne große, [holt Luft; betont:] große Anhänglichkeit noch 'drin!*

Die „Anhänglichkeit" gilt hier sowohl den Familienmitgliedern als auch dem Familienunternehmen als einer Erbschaft der Sippe, die über die materielle Beteiligung hinausgeht. Einmal mehr fiele es hier schwer, daran zu „glauben", daß eine solche Wahl (bzw. Selektion) *zufällig* sein könne! Hier ist klar, daß sich „überhaupt" nur *„einer"* im „Familienverband" in vierter Generation dafür interessiert (bzw. dafür interessiert *wird*): nämlich der Sohn des einzigen im Unternehmen tätigen Nachfolgers der dritten Generation! Die Formulierung des Interviewten, „in der Familie dafür engagiert" scheint mir dabei eher auf einen Auftrag auf der Ebene der *Sippe* – und nicht auf der des Unternehmens – hinzuweisen. Als ob sein Eintritt von den Senioren damit verbunden wurde, sich *„in* der Familie zu engagieren", statt daß sich einer *aus* der Familie im *Unternehmen* „engagierte".

Rückblickend sieht Herr Haak die Umstände seines, vom „Familienverband" induzierten – ich möchte fast eher sagen: *inszenierten* – Eintritts eher kritisch:

*Herr Haak: ...*
*Ich denk', da // – Deswegen – sag' ich heute – würd' ich heute, (.) würd' ich eher 'drauf dringen – weil ich das mehr irgendwie sehe jetzt, auf 'ne, // auf ganz andere Einstiegsbedingungen. Also da würd' ich auch, das war auch von mir sehr unprofessionell! Also nich' sehr unprofessionell, aber es, das hätt' man besser machen können!*
*Ich: Hm.*
*Herr Haak: Da hat man sich wirklich zu sehr (.) von der Familie // verführen lassen.*

Zwar bezieht Herr Haak seine Bemerkung auf die näheren Umstände seines „Einstiegs". Dennoch kann wohl seine Delegation durch den Familienverband als kollektive „Verführung" bezeichnet werden. Die Sippe war durch „unkritisches Wohlwollen" und „große Anhänglichkeit" überfroh, daß „sich *überhaupt* jemand in der Familie dafür engagierte". Schon aus der Distanzierung des „dafür" (gemeint ist die Nachfolge im Familienunternehmen Haak) kann man schon die Enttäuschung heraushören, daß die bedrohliche Lage des Unternehmens zum Scheitern führen könne.[10]

Ich möchte jedoch noch auf einen Aspekt dieser „familiären Verführung" hinweisen, die auf dem Weg zu einer Lösung bedeutsam wäre. Ich bin darauf gekommen, als mir auffiel, daß hier zurecht von einer Organisation gesprochen werden kann, die als „Theater für Dramen der Kindheit und Dramen der Arbeit" (B. Sievers 1992) bezeichnet werden kann:[11]

Ich bin an das Interview mit Herrn Haak durch Empfehlung eines Beraters gekommen, von dem ich wußte, daß er mit Herrn Haak an der Dynamik seines Generationswechsels gearbeitet hatte. Von dem Berater hörte ich später auch von der Aufgabe des Familienunternehmens durch die Inhaber und den Verzicht von Herrn Haak auf die Nachfolge und seine Tätigkeit dort. Zudem berichtete er mir davon, daß Herr Haak einen Onkel hatte, der Opfer der nationalsozialistischen Diktatur geworden war. Die Interviewdynamik spiegelte also die familiäre Dynamik – und eigentliche „Verführung von der Familie" – wieder, indem der Onkel auch mir verschwiegen wurde. Dieser hat also weder in der Sippe noch im Metasystem des Familienunternehmens Haak einen würdigenden Platz bekommen! Die systemischen Wirkungskräfte solch unterlassener Würdigungen sind in Familiensystemen ausreichend dokumentiert (B. Hellinger 1994, 96 f., 299 f.; G. Weber 1993, 146 f., 150 f.). Bert Hellinger bezeichnet das Fundament dieser systemischen Verstrikkungen als „Sippengewissen", welches *unbewußt* bleibt und der „Ordnung der Liebe" in der Sippe dient (G. Weber 1993, 150): „Dieses Sippengewissen nimmt sich der Menschen an, die wir aus unserer Seele und aus unserem Bewußtsein ausgeschlossen haben, sei es, daß wir sie fürchten oder verdammen, sei es, daß andere in der Familie oder Sippe ihnen gegenüber schuldig wurden, ohne daß die Schuld benannt, geschweige denn angenommen und gesühnt worden ist, sei es, daß sie bezahlen mußten für das, was wir genommen und bekommen haben, ohne daß wir es ihnen gedankt oder sie dafür gewürdigt hätten".

Für den Familienverband der Sippe Haak bildet der ausgeschlossene Onkel meines Interviewpartners den Hintergrund dafür, daß sich nur „einer *in* der Familie *dafür* engagierte": vermutlich ist Herr Haak mit seinem totgeschwiegenen Onkel identifiziert! Denn von dessen Tod haben zumindest in der Vergangenheit die anderen profitiert. Herr Haak spricht auf diesem Hintergrund möglicherweise zurecht aus: „Ich wäre hier nie hergekommen". Eine solche Identifizierung kann wohl generell nur zu „Unprofessionalität" führen, bleiben den Betroffenen doch die systemischen Zusammenhänge verborgen! Eine entsprechende Dynamik taucht auch immer wieder in den Brüchen und Pausen seiner Erzählung auf. Die Verführung galt jedoch dem Repräsentanten der Sippe nicht in der Nachfolge in die vierte Generation des Familienunternehmens sondern der heimlichen Nachfolge des *vergessenen Onkels*: da war *noch* „jemand in der Familie"! Den Hintergrund der Delegation im Familienverband bildet die familiäre Dynamik der Sippe: da war „große Anhänglichkeit noch drin!" ...

**Als wollte einer von der Seite rein ...**

Während sich im Falle des Familienunternehmens Haak die Delegation auf die Nachfolge eines Repräsentanten fokussierte, geht es im folgenden Beispiel um die Delegation der Repräsentanten zweier Familienstämme. Hier wird offensichtlich, inwiefern die sekundären Botschaften die generationsübergreifende Delegation überlagern oder sogar verdecken können. Diese doppelten – und doppeldeutigen – Botschaften bedeuten den Betroffenen zum Beispiel, die Interessen der Familie *gegen* die der *„Anderen"* wahrzunehmen. Der Leser wird nachvollziehen können, wie groß die Last solcher Familienaufträge für die Betreffenden sein kann! So können die Bevollmächtigten beispielsweise Interessen vertreten und Konflikte weiterführen, die in der Zeit der Senioren und innerhalb *deren* Generation, wie mit Geschwistern, deren Ehepartnern oder adoptierten beziehungsweise langgedienten Fremdmanagern, entstanden sind. So er(w)erben manche Junioren Konflikte – und die damit verbundenen Gefühle – ohne unterscheiden zu können, welche Anteile daran die eigenen sind und welche „delegiert". Die Delegation solcher Repräsentanten ist somit eine *doppelte*: zum einen werden sie mit der Mission „Nachfolge" betraut, zum anderen mit sekundären Botschaften, indem sie *stellvertretend* für deren Absender spezifische Aufträge übernehmen.

Im Falle des Familienunternehmens „Dale" hatte ich Gelegenheit, aus dem einen Familienstamm einen der Junioren und seine Mutter zu interviewen.

Zum Zeitpunkt des Interviews war niemand aus diesem Familienstamm direkt im Unternehmen. Das Unternehmen war vom Schwiegervater und Großvater meiner Interviewpartner gegründet worden. Der Gründer hatte die Firma zu gleichen Teilen seinen beiden Kindern, einem Sohn und einer jüngeren Tochter, vermacht. Die Geschäftsführung des Unternehmens wurde zum Zeitpunkt des Interviews von einem Fremdmanager und der Schwägerin und Tante meiner Interviewpartner wahrgenommen.

Frau Dale ist als Erbin ihres verstorbenen Mannes Mitgesellschafterin und im Beirat des Unternehmens vertreten. Sie hat zwei Söhne: der Ältere war in der Vergangenheit im Unternehmen, war aber in Gefolge der Schließung einer Betriebsstätte ausgeschieden. Der jüngere Sohn, mein Interviewpartner, wird daher von Frau Dale als der letzte Namensträger angesehen, der die „Nachfolge" im Unternehmen wahrnehmen kann. Seine Delegation, die Nachfolge von Großvater und Vater anzutreten, wird daher offensichtlich. Dabei ist es für ihn in dem eher latenten als politisierten Familien-Konflikt diffus, wie die Interessen „der Familie" eigentlich aussehen und wessen Interessen er eigentlich (einmal) vertreten soll. Er hat eine technisch-praktische Ausbildung zu der Zeit im Familienunternehmen gemacht, als sein Vater dort noch arbeitete. Zum Zeitpunkt des Interviews schloß sich eine kaufmännische Ausbildung an.

Auf meine Frage, ob er Vorstellungen von einer Zukunft im Familienunternehmen Dale hat, konzediert Herr Dale junior, er nehme insbesondere seine zweite Ausbildung vor, um das Kriterium der „Verwendungsfähigkeit" zu erfüllen und „Durchsetzungsvermögen aufgrund fachlicher Eignung" zu erwerben. Er strebe damit Qualifikation an, welche die Voraussetzung für einen späteren Eintritt ins Unternehmen darstellen. Seine Abhängigkeit von der „Familie mit System" (im doppelten Sinn) ist unverkennbar; ebenso ist die Frage seines Eintritts keine selbstautorisierte Entscheidung. Seine Ausführungen spiegeln das durch die sekundären Botschaften verursachte Durcheinander wider:

*H. Dale jun.: …*
*Was denn jetzt genau damit passiert, also ob ich jetzt wirklich in die Firma 'reinkomme, oder ob ich jetzt vielleicht irgendwo 'ne gute Stelle so finde, das laß ich mal einfach in den Raum gestellt. Ich geh' jetzt nun mal davon aus, die Firma kommt und steht. Und das wär natürlich irgendwo unsinnig, wenn irgendwann ich jetzt sagen würde: „Ich geh' jetzt nich' 'rein!", oder: „Geht überhaupt keiner von uns 'rein, und wir lassen die ganze Sache eine, wir haben halt eine, – aber damit war et!"*
*Ich: Hm.*
*H. Dale jun.: Das macht man einfach nicht, man läßt ja einfach keine, keine Werte einfach unbeaufsichtigt irgendwann so liegen, nicht, – mal so gesagt.*
*Ich: Hm.*
*H. Dale jun.: Wie gesagt, wobei es also wirklich freigestellt ist, ich weiß et also nich',*

*et kommt vielleicht auch ganz einfach darauf an, ob von meiner Tantes Seite vielleicht jemand 'rein will ...*
*Ich: hm.*
*H. Dale jun.: ... und da also die Führung übernimmt. Diese ganzen Sachen, ich mein', sowat muß ja erstmal sich entwickeln, – ne.*

Mein Interviewpartner äußert sich hier auffallend passiv. Die Frage ist nicht, ob er „jetzt wirklich in die Firma 'rein *geht*", sondern ob er 'rein *kommt"!* Seine Entscheidung ist nicht „freigestellt": hier entscheiden andere. Und zwar sowohl darüber, ob er als Repräsentant seiner Familie *versucht* in die Firma zu *gehen*, als auch, ob er gegenüber der Familie der Tante hinein *kommt*. Die Botschaft lautet: „keine Werte" (wie es die Beteiligung seiner Familie darstellt) „einfach unbeaufsichtigt irgendwann so liegen" zu lassen! Das Mißtrauen gegenüber der „anderen Seite" ist groß und von der Familie an ihn übertragen. Man fühlt sich derzeit unterlegen und recht ohnmächtig: die Entscheidung wird wohl eher von „Tantes Seite" fallen als von seiner: die „Entwicklung" muß abgewartet werden!

Herrn Dale junior ist lediglich „freigestellt", ob er irgendwo eine Alternative findet, falls er *nicht* „reinkommt"! – Und dies kommt seiner Einschätzung nach „ganz einfach darauf an, ob von Seiten der Tante *vielleicht* jemand 'rein will." Diese Möglichkeit muß jedoch von Mutter und Sohn *abgewehrt* werden. So zählen sie auch die Wahrscheinlichkeit einer solchen Möglichkeit anhand der „Seite der Tante" wie einen Abzählreim ab:

*Frau Dale: ...*
*Der Älteste geht wahrscheinlich ja nich' 'rein, der hat ja so das gleiche Wissen wie sein Vater, – ne.*
*H. Dale jun.: Sein Vater ist bei der Expro, ist einer der führenden Männer. (.) Sein Sohn hat also studiert, ist also vom Gang her, von der Ausbildung her, genau das Gleiche und versucht momentan also bei einer größeren Firma direkt in die Geschäftsleitung 'reinzukommen.*
*Frau Dale: Eventuell noch wat im Ausland. Der war nen halbes Jahr in Amerika, das reizt ihn natürlich auch sehr, – ne. Also der ist eigentlich schon abgesichert. Ja, die Tochter hat sowieso kein Interesse, der zweite Sohn, der hat nen eigenes Geschäft, ...*
*Ja und der dritte Sohn, der studiert noch.*
*H. Dale jun.: Politikwissenschaften!*
*Frau Dale: Seine Frau macht das gleiche, beide in gleichen Gebieten haben sie studiert. Von daher sieht's im Moment gar nicht so aus, als wollte einer von der Seite 'rein, – ne!*
*Ich: Hat auch keiner erkennbare // ?*
*Frau Dale: Nee, eigentlich nich'.*
*H. Dale jun.: Der Einzigste wär an sich, // (.) überhaupt derjenige, der 'reinkommt, wär also der älteste Sohn. Wie gesagt, dat wird also, ich schätze, daß er bei einer*

*von diesen Firmen genommen wird und direkt in die Geschäftsleitung 'reingeht. Von daher wird also sich da dann nichts tun.*

Die Abwehr von Neid und die zumindest latente Rivalisierung der Schwägerinnen äußert sich in der Verachtung der anderen Protagonisten und in der impliziten Selbstverachtung der Interviewpartner ebenso wie der gegenüber dem Unternehmen. Wer, wie die Kinder der Tante, das „Wissen" hat, wer durch eine aussichtsreiche, externe Karriere „eigentlich schon abgesichert ist", wer als „Tochter *sowieso* kein Interesse" zu haben hat, wer schon ein „eigenes Geschäft" hat, oder wer etwas Fachfremdes studiert, um sich möglicherweise mit seiner Frau im „gleichen Gebiet" selbständig zu machen, wird doch nicht so dumm sein, in das Familienunternehmen einzutreten! – „Von daher" werden *die* seiner Nachfolge „doch nichts tun"!

Eher stehen seiner Nachfolge die aus der sekundären Botschaft übertragenen Projektionen im Wege: Mutters Wunsch, daß wenigstens der zweite Sohn in die Firma geht, um dort einmal die Nachfolge ihres Mannes (bzw. seines Vaters) in der Geschäftsleitung anzutreten, stellt eine sehr große Anziehungskraft für den Sohn dar. Sie macht in der Rationalisierung und Abwehr blind für andere Optionen von „Tantes Seite". Dies zeigt sich auch darin, daß seine Cousinen (!) – die jüngste Tochter der Tante wurde in der Aufzählung erst gar nicht erwähnt – nicht in die Abwägung miteinbezogen werden. Als ob Mutter und Sohn aus der Geschichte des Familienunternehmens nichts gelernt hätten: denn seine Tante, die jetzige Mitgeschäftsführerin war vom Gründer offensichtlich auch nie für eine Nachfolge „in Betracht" gezogen worden! Gleichzeitig wird von ihnen aus dem anderen Familienzweig derjenige als potentieller Nachfolger in Betracht gezogen, dessen Eintritt aufgrund seiner Überqualifikation (in der Logik der Nachfolge qua Qualifikation) am *wenigsten* wahrscheinlich erscheint. – Das heißt ja nicht, daß seine Annahmen über die Karrieren von „Tantes Seite" unbedingt falsch sein müssen. Sie werden jedoch als Abwehr im Spiel der Sippe gebraucht!

Zudem wird diese Abwehr vermutlich von der Phantasie angetrieben, den frühzeitigen Rücktritt des Vaters sowie den Austritt des älteren Bruders rächen zu können (von beidem profitierten letztlich die Tante und der Fremdgeschäftsführer). Da wirkt Frau Dales Beschwichtigung nicht gerade beruhigend auf die „freigestellte" Entscheidung des Juniors, zumal sie die latenten Phantasien hinsichtlich der Erwartungen seines verstorbenen Vaters mit einbezieht:

*Frau Dale: Ich würde nie jemanden zwingen, zu seinem Glück oder Unglück zwingen.*
*Ich: Hm.*
*Frau Dale: Hätte wohl keiner von uns gemacht, der Papi auch nich'!*

So kann es den Leser wohl kaum verwundern, wenn Frau Dale annimmt, die Beurteilung, ob das Familienunternehmen „Glück oder Unglück" des Juniors darstelle, sehe „anders aus, wenn die Schwägerin tatsächlich 'raus ist":

*Frau Dale: Ja und wir haben jetzt auch noch sehr viel Theorie. Im Moment is' die Schwägerin drin und der Geschäftsführer.*
...
*Im Moment sagen wir noch: „Klaus kann noch lernen!" und: „Is' egal wat er macht!" Wenn tatsächlich meine Schwägerin mal 'raus ist, dann sieht's ja auch anders aus. Dann wird auch schon das Interesse vom Klaus auch wieder anders sein, dann wird er von sich aus wahrscheinlich ja auch sagen: „So jetzt is' keiner mehr von unserer Familie drin!", und dann wird vielleicht der Wille, // doch versuchen, irgendwie da 'reinzukommen, größer sein als heute!*
*Ich: Hm.*
*Frau Dale: – Wie gesagt, dat is', augenblicklich is' et ja Theorie, – ne: es sind ja welche drin. Und da kann ich noch überlegen: „Möcht' ich, möcht' ich nicht, oder möcht' ich was anderes?" Aber wenn man nachher davor steht und et is' keiner mehr drin, nur Fremde, sieht ...*
*H. Dale jun.: Sagen wir mal so ...*
*Frau Dale: ... es bestimmt anders aus!*

Herrn Dale juniors „Freistellung" ist „sehr viel Theorie": „im Moment" läßt seine Mutter ihn noch lernen – mit dem moralistischen Unterton der unausgesprochenen, väterlichen Befürwortung („sagen *wir* noch")! Solange der Rücktritt der Tante (bzw. Schwägerin) hypothetisch bleibt, kann der Junior noch die Illusion aufrecht erhalten, es sei ihm „freigestellt", in die Firma „reinzukommen". Doch sieht die Mutter den Tag schon kommen, an dem *sein* „Interesse schon noch anders sein wird!" Die Botschaft enthält zudem einen latent politisierten Unterton: ihr Sohn soll „versuchen *irgendwie* da 'reinzukommen". Juniors Motivation wird „größer sein als heute", wenn er erst einmal einsieht, daß „keiner mehr von unserer Familie drin ist"! Im Ernstfall sieht es bestimmt anders aus: da kann die Mutter (ich!) noch so sehr überlegen: „Möcht' ich, möcht' ich nicht, oder möcht' ich was anderes?"!

In Richtung einer Lösung des sich im Familienunternehmen Dale abzeichnenden Dramas, wird sich der Leser allerdings nicht von der sekundären Botschaft ablenken oder gar täuschen lassen. Denn sie verdeckt hier offensichtlich die Delegation des *eigentlichen* Repräsentanten des Familienstammes. (Die Strategie des Familienstammes führt im übrigen für Herrn Dale junior auch dazu, von der passiven Entscheidung gegenüber „Tantes Seite" wiederum auf das eigene – und eigentliche – Problem zurückgeworfen zu werden.) Wie im Beispiel der Sippe Haak fehlt auch hier wiederum einer der Protagonisten. Denn die Abwehr, die vordergründig „Tantes Seite" gilt, vermeidet die Trauer um das Fehlen des älteren Sohnes und Bruders meiner

Interviewpartner! Er ist gemäß der Ursprungsordnung zuallererst zur Nachfolge in die dritte Generation legitimiert. Ich nehme an, daß die ganze Sippe – einschließlich Herrn Dale junior und der Kinder von „Tantes Seite" – autatmen würde: den (anderen) Nachkommen blieben dann nämlich alle Optionen offen: „Möcht' ich, möcht' ich nicht, oder möcht' ich was anderes?" Möglicherweise wäre Herr Dale junior *„dann* gewillt", den älteren Bruder mit seinen praktischen Fähigkeiten zu unterstützen. Sogar der Konflikt der Familienstämme könnte gegenstandslos werden und als obsolet gelten.

So könnte auch die Überschrift dieses Falles, deren Ausspruch vermeintlich der Abwehr von Tantes Seite gilt, eine neue Bedeutung erfahren. Dann gilt sie nicht mehr der Beschreibung der sekundären Botschaft nebensächlicher Konkurrenzen und Rivalisierungen sondern dem Einstieg von Herrn Dale, dem Jüngeren. Seine (sippenbezogene) Dynamik, den älteren Bruder zu passieren, gewissermaßen an ihm vorbei ins Familienunternehmen zu „kommen", sieht dann so aus, als wollte einer „von der Seite rein" …

**Sonst gehört dem ja alles allein! …**
Ähnlich wie im Familienunternehmen der Familie Dale ist der Delegation von Herrn „Gade" und seinem Cousin Konrad im nachstehenden Beispiel ebenso eine zweite Botschaft unterlegt. Sie hat ebenfalls eine vermeintlich „vererbte", aber wohl eher *übertragene*, Konkurrenz zweier Familien über zwei Generationen zum Inhalt.

Der Leser hat Herrn „Gade" bereits schon im Beispiel „Du kommst später in die Firma!" kennengelernt. Schon dort habe ich deutlich gemacht, daß die Delegation seiner Generation bereits vom Gründer, dem Großvater, ausging und maßgeblich von Überlegungen getragen war, die Nachfolge gegenüber den Kriegswirren des Zweiten Weltkrieges abzusichern. – Und das mit gutem Grund, wie der Leser von Herrn Gade erfahren wird, denn der eine seiner Söhne blieb im Unternehmen „zurück" – und der andere „im Krieg".

*Herr Gade: …*
*… weil wir eben – wie gesagt – Rüstungsbetrieb waren. Und die, die wichtigsten Leute, // (.) die wurden dann freigestellt, …*
*Ich: hm.*
*Herr Gade: // – nich'. Und das war erstmal, (.) mein Großvater – ich glaube, der war im Ersten Weltkrieg, – ja, – und der hat dann, – im Zweiten Weltkrieg war er wohl schon zu alt, nich'– und, – ja, ja, der war schon zu alt, – richtig, – genau!*
*Ich: Hm.*
*Herr Gade: Und (.) dann wurde, (.) wie gesagt, ein Sohn aus der Familie – ein Sohn arbeitete im Betrieb – ja, und dann muß der Johann, mußte gehen. Er war der Jüngste …*
*Ich: hm.*

*Herr Gade: ... – und ist dann auch leider gefallen.*
*Ich: Hm.*
*Herr Gade: // ... – Hätte genauso gut mein Vater sein können. Aber irgendwie hat man sich damals, – wie das dann zustande gekommen is', warum Johann hat gehen müssen, ...*
*Ich: hm.*
*Herr Gade: ... oder der Groß–, ...*
*Ich: hm.*
*Herr Gade: ... vielleicht der Großvater gesagt hat: „Hör mal, Heinrich is' schon, – kann mir mehr helfen!" Ich weiß es nicht, ...*
*Ich: ja.*
*Herr Gade: ... das weiß ich also auch nich'! Johann hat sich auf keinen Fall // , – Ja, Moment: – doch! Der Johann, der war schon, hatte schon seinen Militärdienst gemacht, und mein Vater war überhaupt nich' beim Militär gewesen.*
*Ich: Ah so!*
*Herr Gade: – Und deswegen is' der, ...*
*Ich: hm.*
*Herr Gade: ... mußte der gehen, – ne. – So war das // , – ne!*

In der Zeit der nationalsozialistischen Diktatur war es nicht nur attraktiv, „Rüstungsbetrieb" zu sein, weil damit ein entsprechendes Auftragsvolumen sichergestellt wurde. Im Zweiten Weltkrieg wurden zudem auch die wichtigsten Mitarbeiter solcher Unternehmen vom Kriegsdienst freigestellt. Die Entscheidung, wer „im Unternehmen arbeitete" und wer „gehen mußte", konnte daher zu einer Entscheidung über Leben und Tod werden. – Und dessen waren sich die Betroffenen auch bewußt! Bei der „Freistellung" wurden die Inhaberfamilien von „Rüstungsbetrieben" also nicht gänzlich verschont. Bei der Familie Gade ergab es sich so: der Gründer selbst „war schon zu alt" zum „Militärdienst", der Älteste schon „in der Firma"– also mußte der Jüngste gehen. Das hatte bereits eine Vorgeschichte. Letzterer hatte schon Militärdienst abgeleistet, während der andere „überhaupt nicht beim Militär war": die familiäre Entscheidung war hier bereits lange vor dem eigentlichen Ereignis „gefallen".

Anstelle, daß die Beteiligten (bzw. Hinterbliebenen) dem Schicksal zustimmten, wurden die Grundlage dieser familiären Entscheidung zum Gegenstand unüberprüfbarer Phantasien der Sippe. Die Auswirkungen dieser Phantasien und Rationalisierungen, wie sie hier in den Inhaberfamilien über die „Ursache" der Entscheidung und im Bedürfnis nach Schuldigen angestellt und tradiert wurden, waren im Ergebnis destruktiver als das tragische Ereignis selbst. Sie wirken – von den Witwen und Müttern transportiert – auch heute noch:

*Herr Gade: Ja, und [lacht:] so is' es wirklich auch geblieben zwischen mir und zwischen meinem Vetter!*

*Ich: Hm.*
*Herr Gade: Weil man immer wieder noch die alte Bürde, die alte Last wieder weitergegeben hat, oder weiter mitgetragen hat.*
*Ich: Hm.*
*Herr Gade: …*
*Ja, also das sollte man eigentlich überhaupt nich' machen, in der heutigen Zeit. Daß man also sagt: „Mensch, früher!", oder: „Dein Vater!", oder wat weiß ich auch immer. Solche alten Sachen ausgräbt! Die bringen also überhaupt nichts.*
*Ich: Hm.*
*Herr Gade: // Und, (.) // das wurde hier schon mal gemacht, …*

Solcherart Phantasien stellen sich als „Alt-Lasten" dar, wenn man ihren fiktiven Charakter aufrecht erhält: die Suche nach einem Schuldigen nutzt niemandem der Betroffenen! Im weiteren Interviewverlauf hatte Herr „Gade" die Tendenz, die von den Eltern (bzw. Müttern) zugeschobenen und zugemuteten Gefühle und Belastungen zu rationalisieren. Er machte deutlich, man könne sich ja schließlich im Unternehmen *nicht* primär in den Familienrollen als Cousins begegnen, die an der Bewältigung alter (Familien) Geschichten der Eltern arbeiten, sondern eher in Unternehmens-Rollen als *„Kompagnons"*, wenn man „merkt, daß man *ohne* den *anderen* eigentlich *nichts* machen kann". Die Rationalisierung entlarvt sich in der Konstruktion der „Kompagnons": diese können zumindest davon ausgehen, daß ihre Zusammenarbeit auf – wie auch immer begründeten, unternehmensbezogenen Zwecken basiert. Aber wie sollen Cousins sich in einer „Familie, die Unternehmen unternimmt", wo „Unternehmen Familie kultiviert" und „Nachfolger (-Familien) Nachfolger delegieren" (bzw. „Gründer (-Nachfolger) über Generationen delegieren") sich anders begegnen als Cousins? – Zumal wenn sie von Jugend auf ihre Eltern sagen hören, wie Herr „Gade" seine Mutter: „Dein Vetter geht in die Firma!"? So wurde die Sicht auf eine Zusammenarbeit von den sekundären Botschaften versperrt:

*Herr Gade: …*
*Ja, und – dann war dat irgendwie auch, – naja, ich mein', mit meiner Mutter, und willst deiner Mutter auch keine Sorgen machen! Und, und // dann hieß et immer: „Ja, der Konrad geht in die Firma!" – Und dann war für mich natürlich auch schon wieder das kleine Konkurrenzden, // , -denken da!*
*Ich: Hm.*
*Herr Gade: „Na", // ich denk, „wenn der 'reingeht, mußt du ja auch 'rein!"*
*Ich: Hm.*
*Herr Gade: – „Sonst gehört dem ja alles alleine!", oder: „Da kann er ja tun und lassen, was er will!", – ne. Und dadurch war ich einfach immer // dadrauf // aus, in die Firma zu gehen, – ne.*

In der Sippe Gade existierte offensichtlich eine wechselseitige Delegation zur familiären Konkurrenz und Rivalisierung. Der Leser wird sich bestimmt in ihre Lage hineinversetzen können: vermutlich hörten *beide* Cousins ihre Mütter (die Witwen der Nachkommen bzw. der Nachfolger des Gründers) Botschaften sagen, wie: „Da kann er ja tun und lassen was er will!“ oder: „Sonst gehört dem ja alles allein!“ So werden die Vettern zum Spielball der Macht- und Kontrollphantasien der Generation ihrer Eltern und müssen deren (in sie projizierten) Gefühle ausagieren (wie der Leser an der Interviewdynamik nachvollziehen kann). Sie werden so zu Stellvertretern ihrer Eltern im Unternehmen *gemacht* – und tragen „Bürde und Last“ anstelle der „Alten“.

Die in der sekundären Botschaft verborgene Beauftragung von Konkurrenz und Rivalität an die dritte Generation des Familienunternehmens Gade ist natürlich nur auf der Ebene der Sippe zu lösen. Angesichts der zugrundeliegenden Delegation der Cousins durch den Großvater und Gründer der Firma Gade ist eine Lösung auf der Ebene des Unternehmenssystems (bzw. des Metasystems) nicht unbedingt zu erwarten. In einer Aufstellung der Organisationsdynamik müßten die Vertreter der zweiten Generation – der Vater von Herrn Gade und der jüngste Sohn des Gründers, der Vater seines Vetters, welcher im Krieg gefallen ist – in ein Lösungsbild mit aufgenommen werden, damit alle Beteiligten ihren Platz – und Frieden – finden. Ohne eine Lösung dieser Dynamik steht es allerdings zu befürchten, daß beim Übergang auf die nächste Generation die „alte Last“ den neuen Nachfolgern *aufgebürdet* wird und man wiederum einen Nachfolger oder eine Nachfolgerin über die eigene Nachfolge sagen hört: „Sonst gehört dem ja alles allein!“ ...

## 3.3 Gründer(-Nachfolger) delegieren Generationen Nachfolger

Im Voranstehenden ging es bei „Nachfolger(-Familien) delegieren Nachfolger“ darum, die Delegation der Nachfolger von Familienstämmen (zumindest in einigen Aspekten) aufzuzeigen. Ich will im Folgenden die Aufmerksamkeit des Lesers auf einen weiteren Aspekt der Beauftragung von Nachkommen zur Nachfolge richten, welche im voranstehenden Beispiel der Firma Gade bereits anklang: die transgenerationale[12] Delegation, in der „Gründer(-Nachfolger) Generationen Nachfolger delegieren“.

Wie bei der von Familienstämmen umfaßt auch hier die Delegation mindestens drei Generationen: die Aufträge der „Mission“ stammen aus der Generation der Großeltern (seltener der Urgroßeltern). Zumindest stammt der Anlaß zu *dieser* Beauftragung aus deren Zeit (Generation). Das „Kontinuum“ der Beauftragung wird hier besonders deutlich: eine solche Delegation bildet gewissermaßen eine Klammer um mehrere Generationen der Sippe (und bei vielen Familienunternehmen heißt das auch zugleich: um mehrere *Familienstämme*), die für die verschiedenen Generationen aus Herkunfts- *und*

Gegenwartsfamilien bestehen. Gegenüber „Nachfolger(-Familien) delegieren Nachfolger" kann die Fokussierung von „Gründer(-Nachfolger) delegieren Generationen Nachfolger" als „vertikale Vertiefung" bezeichnet werden. Wenn die transgenerationale Delegation auch Familienstämme umfaßt, wie im Beispiel des Familienunternehmens Gade, wird das Phänomen der Nachfolge zunehmend komplexer. Ich möchte jedoch bereits hier behaupten, daß die transgenerationale Beauftragung – zumindest, wenn sie vom Gründer ausgesprochen wird – im Hinblick auf die systemischen Wirkungskräfte den Vorrang hat. (Sie orientiert sich an der Ursprungsordnung des Systems!) Für die *Lösung* der Dynamiken hat sie jedenfalls *Priorität.* Ich vermute auch, daß die Delegation der Repräsentanten von Familienstämmen primär mit familiendynamischen Problematiken behaftet ist und in den sekundären „Botschaften" wiederzufinden ist.

Solcherlei horizontale Umklammerung ist aus der systemischen Therapie als unbewußte Wirkung einer Familiendynamik über drei, in seltenen Fällen über vier, Generationen bekannt (G. Weber 1993; B. Hellinger 1994). Überwiegend wirken sie sich als unbewußte Identifikationen der Betroffenen mit einem (typischerweise: ausgeklammerten) Vorfahren (oder anderen wichtigen Personen) in den nachgeordneten Familiensystemen aus. Der Identifizierte lebt dann im Familiensystem *stellvertretend* für den Vorfahren mit entsprechend bedrohlichen Auswirkungen auf seine Identität (bzw. Ich-Stärke).

Im Hinblick auf die organisationale (psycho-soziale) Dynamik von Familienunternehmen scheint es mir fraglich, inwiefern die „zwischengeschalteten" Generationen lediglich Stellvertreterfunktion ausüben? Sie scheinen mir dadurch gewissermaßen zu Verwaltern der Delegation ihrer *Kinder* zu werden. Beispielsweise wirkte sich das in der Familie Gade so aus, daß der vom Großvater delegierte Herr Gade die – vom Vater hinaus gezögerten – (privaten) Erbzahlungen an die Tanten leisten mußte.

„Gründer(-Nachfolger) delegieren Generationen Nachfolger" scheint mir eine *familiäre* Strategie darzustellen, die von den Betroffenen zu unternehmenskonformen *umgewandelt* oder rationalisiert werden. Sie sind zwar keine Erbaussetzungen scheinen aber in ihren Wirkungen ähnliche Dynamiken auszulösen. Erst im Einzelfall kann entschieden werden, ob sich diese Delegation der Enkel als Segen oder als Fluch für die Betroffenen erweisen wird! Letzteres zumindest dann, wenn die „zwischengeschalteten" oder übergangenen Väter dem innerlich *nicht* zustimmen! In manchen Fällen ist es den Betroffenen jedoch nicht bewußt, daß ihre Beauftragung eine weitere Generation zurückliegt. So manche Delegation der Väter muß daher in einem drei Generationen umfassenden Kontext gesehen werden. So kann, wie im Beispiel der Familie Eber, manchmal nur die Rekonstruktion der Unternehmensgeschichte zur Erkenntnis helfen, daß „Vater hatte sich immer vorgestellt" eigentlich heißen müßte: „Vaters Großvater hatte sich immer vorgestellt". Oder aber der delegierte Enkel weiß den Rückenwind der großväterlichen Beauftragung nicht recht zu nutzen, wie im Beispiel von Herrn Carl, wo „Dieser Bub soll den Laden machen" gegenüber der Nachfolge des Vaters sehr ambivalente Gefühle auslöst.

**Vater hatte sich immer vorgestellt ...**

Ich will die Geschichte des Geschäftes der Familie Eber überwiegend nacherzählen. Ich paraphrasiere daher im folgenden die Erzählung von Herrn Eber, um die Aufmerksamkeit des Lesers auf die Aspekte der Gründerdelegation an die Enkel und Urenkel zu richten.

Herr Eber ist Nachfolger in der vierten Generation seiner Familie. Seine Familie betreibt seit der Gründung ein – inzwischen recht großes – Haushaltswaren-Geschäft. Herr Eber ist inzwischen Alleininhaber des Unternehmens. Seine drei Geschwister, einen älteren Bruder, eine Schwester und einen jüngeren Bruder, hat er direkt nach dem Tod des Vaters ausbezahlt. Ebenso inzwischen seinen Onkel, den Bruder des Vaters, welcher selbst keine Kinder hatte.

Über die Umstände seiner Nachfolge berichtet er:

*Ich: Ja, wie is' gekommen, daß Sie hier 'rein gekommen sind?*
*Herr Eber: Ich habe, // (.) wenn man heute Kinder hat – ich hab' selbst Kinder – irgendwann hat mein Vater natürlich, // da denkt man irgendwo so nen bißchen weiter.*
*Ich: Hm.*
*Herr Eber: Mein Vater hat, hatte sich immer vorgestellt, daß wir, (.) sicherlich mit ihm zusammen noch – mein Vater ist also mit 57 verstorben – (.) zusammen so nen Geschäft mal, oder [betont:] dies' Geschäft führen, und dann auch entsprechend weiter ausbauen.*

In der anfänglichen Konfusion und den gehäuften Brüchen der Erzählung läßt sich an der Interviewdynamik bereits ablesen, daß diese Beauftragung Verwirrung und Ambivalenz ausgelöst haben muß. (Beides kennzeichnete in der Vergangenheit die Dynamik der gesamten Sippe, mein Interviewpartner spiegelt sie also nur wider!) Indem Herrn Ebers Erzählung hier zwischen seinem Vater, ihm selbst und seinen Kindern wandert, stellt er hier unbewußt einen Sinnzusammenhang zwischen seinem Eintritt und der *familiären* Dynamik *mehrerer* Generationen her. Die Verwirrung entsteht im Zusammenhang damit, daß er die „Vorstellung" seines Vaters wiedergibt, das Unternehmen einst von seinen Kindern („wir") fortgeführt zu sehen. Dem entsprachen die „Kinder" jedoch nicht, da sie aus der Erfahrung der Vergangenheit gelernt zu haben glaubten:

*Herr Eber: Und (.) wir waren damals der Meinung – auch weil (.) [holt Luft] in den vorangegangenen zwei oder, beziehungsweise drei Generationen immer wieder Zwistigkeiten waren, wenn zwei Geschwister so nen relativ kleines Geschäft führen – (.) daß wir gesagt haben: „Wenn, dann macht es nur einer weiter!"*
*Ich: Hm.*
*Herr Eber: – Also nach dem Tode meines Vaters.*

Der Betreiber dieser Lösung ist für den Leser unschwer zu erraten: es war Herr Eber selbst. In gewisser Weise spiegelt die Verwirrung von Herrn Eber die typische Auseinandersetzung in Familienunternehmen zwischen „Emotion" und „Ratio" wider. Die „Zwistigkeiten" der Vergangenheit hatte den Geschwistern – und vor allem ihm selbst – gezeigt, daß es vermeintlich „nicht geht", wenn „zwei Geschwister so ein relativ kleines Geschäft führen"! Andererseits *verstoßen* die Kinder damit gegen die „Vorstellung" des Vaters (der ja das „Geschäft zusammen auch entsprechend weiter ausbauen" wollte).

Die „Zwistigkeiten zwischen zwei Geschwistern" beziehen sich auf Erfahrungen verschiedener Generationen. Aus meiner Rekonstruktion der Unternehmensgeschichte – mein Interviewpartner hat diese sehr fragmentiert und ziemlich verschleiert erzählt – geht hervor, daß der Gründer des Geschäftes, der Urgroßvater von Herrn Eber, vier Söhne hatte. Denen vererbte er das Unternehmen. In der Folge kam es in dieser zweiten Generation zu einer Teilung des Unternehmens: seither existierten zwei Geschäfte in derselben Stadt. Es entwickelte sich jedoch keine direkte Konkurrenz, da sich beide Geschäfte durch unterschiedliche Käufergruppen und voneinander verschiedene Angebote auszeichneten (Letztere repräsentierten die mit dem Geschäft eng verbundenen Handwerksberufe der „Vier"). Herrn Ebers Geschäft repräsentiert daher den einen Zweig seit der zweiten Generation. In der dritten Generation führten dann der Vater und der Onkel von Herrn Eber das Geschäft weiter.

Den Wunsch seines Vaters im sich abzeichnenden Generationswechsel von der dritten auf die vierte Generation, daß „wir zusammen dies Geschäft führen", kann damit als *Wiederholung* verstanden werden. Und zwar als Wiederholung des Generationswechsels vom Gründer auf die zweite Generation.

Die angesprochenen „Zwistigkeiten" der Zweier-Konstellationen gehen weniger auf den „kleinen Laden" zurück: zur Zeit des Interviews hatte Herr Eber sicherlich an die 60 Angestellte. Sie stellen vielmehr (systemische) Verschiebungen und Verstrickungen dar, die aus der Unternehmensteilung der zweiten Generation herrühren. Ich will sie hier nicht im Einzelnen ausbreiten (das ist eine andere Geschichte). Andererseits mag manches auch im Gesamtsystem – vom Ursprungssystem ausgehend – zu einem systemischen

Ausgleich innerhalb der Sippe geführt haben. So wurde das andere Geschäft in der dritten Generation vom Inhaber aufgegeben. Dessen gehobenes Angebot wird heute landesweit und international vom älteren Bruder von Herrn Eber repräsentiert, der in der gleichen „Branche" arbeitet. Dessen Delegation durch den Vater hat laut Herrn Eber vermutlich *sehr direkt* ausgesehen: „So, dat machste jetzt!" Als es um den Einstieg ging hatte der gesagt: „Ich hab da kein Interesse 'dran, is' nich' mehr mein Genre!"

Im Beispiel des Familienunternehmens Eber kann wohl zurecht vermutet werden, daß schon der *Großvater* von Herrn Eber über den *Gründer* gesagt hatte: „Mein Vater hatte sich immer vorgestellt ..."

**Dieser Bub soll den Laden machen ...**
Anders als im Beispiel von Herrn Eber bedarf es im Folgenden keiner Rekonstruktion der Unternehmensgeschichte, um die Dynamik von „Gründer(-Nachfolger) delegieren Generationen Nachfolger" zu entdecken. Jedoch wird dem Leser auch im Fall von Herrn Carl deutlich, daß eine Beschränkung der Perspektive auf die Delegation vom Vater oder auf den Sippenzusammenhang nur ein eng begrenztes Verstehen seiner Delegation hervorbringt.

Mein Interviewpartner, Herr Carl, ist in vierter Generation als geschäftsführender Gesellschafter im Unternehmen tätig. Sein Vater ist Mitinhaber aber – bis auf spezielle Anfragen seines Sohnes – nicht mehr im Geschäft aktiv. Herr Carl hat einen jüngeren Bruder (aus einer zweiten Ehe seiner Eltern), der als Manager in einem großen Konzern arbeitet. Herr Carl bezeichnet seine Ambitionen gegenüber der Nachfolge des Familienunternehmen vor seinem Eintritt als „offen und unentschlossen". Er macht zudem deutlich, daß es damals für ihn „nicht: das eine oder nix" gab. Er habe sich beispielsweise durchaus eine selbständige Tätigkeit „jenseits" des Unternehmens vorstellen können. Die darin enthaltene Rationalisierung spiegelt sich auch in seiner Aussage wider, für eine Managementtätigkeit käme für ihn allerdings nur das Familienunternehmen in Betracht. Seine Argumente: da sei ein „überschaubarer Arbeitsplatz" und die „selbständige Arbeit"; zudem wisse man, daß man „auf dem Stuhl landen" werde. Der Leser wird sich jedoch mit der rationalen Erklärung kaum zufrieden geben wollen, klärt sie natürlich nicht, wie *er* – und beispielsweise nicht sein Bruder – „auf den Stuhl" gekommen ist.

*Herr Carl: Dann drückt natürlich so nen bissel die Tradition, // die drückt natürlich. Hab zwar 'nen Bruder, der theoretisch auch in Frage gekommen wäre, hier 'reinzugehen, aber der hatte ... ( ... ) ... nen etwas schwieriges Verhältnis mit meinem Vater, // (.) so daß mein Vater das nicht so gewünscht hätte. Ich selber war so, // so offen und so unentschlossen – will ich mal sagen –, daß ich gesagt hab: „Also, wenn der denn kommen soll oder kommen will, geh' ich nicht!"*

Aber auch die hier angeführten Begründungen, „die Tradition drückt", das „schwierige Verhältnis des Bruders mit dem Vater" oder die latente Rivalisierung mit dem Halbbruder gibt keinen Aufschluß über *seine* Delegation. Letzteres kann eher als Ablenkungsmanöver bezeichnet werden: obwohl Herr Carl *nicht* bei seinem Vater aufgewachsen ist, „erlahmte der Kontakt" zu ihm nie. Zudem wurde der Zeitpunkt seines Eintritts vom Vater geschickt gesteuert: der zu dem Zeitpunkt „nicht mehr bereit war, sich wer-weiß-wie zu engagieren." So war „das Eintreten eines Nachfolgers von Nöten". Aufgrund des Altersabstandes – und der damit zusammenhängenden Berufsqualifikation – kam zu dem Zeitpunkt der Bruder als Nachfolger noch gar nicht infrage! Erst die Erzählung der Familiengeschichte bringt dann etwas mehr Licht in die Angelegenheit:

*Herr Carl: Man muß eins dazu sagen, jetzt bei mir: // meine Eltern haben sich scheiden lassen, als ich 5 Jahre alt war. // Ich war der älteste Enkel meines Großvaters, der eben da dieses vermeintlich schreckliche Schicksal dieses kleinen Enkels da erlebte, daß sich die Eltern scheiden ließen. – Was im Nachhinein gar nicht so schrecklich war, weil die neuen Ehen da harmonierten. // Aber er hat damals schon 'reingeschrieben in sein Testament: „Wenn es denn möglich ist", oder wenn ich mich denn interessiere, „soll dieser Bub, soll den Laden machen, mal übernehmen!" // Daher war so 'ne gewisse // Determinierung, ...*
*Ich: hm.*
*Herr Carl: ... dat is' // (.) Es kam dann nur mein Bruder oder ich in Frage! – Beziehungsweise mein Bruder kam so gesehen nicht in Frage! //*
*Ich: Hm.*

Auch wenn Herr Carl seine Delegation vom Großvater drastisch mit „Determinierung" ausdrückt, bin ich sicher, daß sie auch in seinen Augen ihrer sinnstiftende Funktion nicht entbehrt. Einer solchen Formulierung will ich mich nicht anschließen, wenn ich auch die darin widergespiegelten Befürchtungen gut verstehen kann. Herrn Carl fasziniert diese Beauftragung qua Erbschaft und „Tradition" ebenso, wie er sie fürchtet: sie „drückt". Er vermag den Gewinn, den eine solche Bezogenheit zu seinem Vorfahren – und (im Hinblick auf die Rolle des Unternehmers) zu seinem Vorgänger – für ihn bedeuten kann, nicht wahrzunehmen.

In der Delegation durch den Gründernachfolger wird hier ja auch deutlich, welche Funktion diese testamentarische „Determinierung" seitens des Großvaters im Hinblick auf das Kontinuum der Nachfolge nahm. So sollte sichergestellt werden, daß die antizipierten, familiären „Irritationen", die eine Scheidung in einem 5jährigen auslöst, nicht auch noch dazu führten, seinen Eintritt als „ältester" – und zu der Zeit einziger – Enkel in die Firma zu verhindern! Im Beispiel der Familie Carl wird also der Enkel zur Sicherung der Nachfolge aus einer Angst des damaligen Inhabers heraus delegiert, daß sich seine Nachkommen eher dem Ausagieren ihrer innerfamiliären Dynamiken widmen könnten statt einer generationenübergreifenden Delegation.

Die Zweifel gegenüber den Familiendynamiken mochten hier insgesamt berechtigt sein. Auch die Tatsache, daß in der Generation des Vaters der Älteste im „Krieg gefallen" ist, mag eine Erklärung für die Psychodynamik der Protagonisten darstellen. Im Mittelpunkt steht jedoch die Delegation von Herrn Carl. Sie wird auch in seiner Beantwortung der Frage deutlich, inwiefern das Unternehmen ein „Recht auf ein Eigenleben" (jenseits der „Familie, die Unternehmen unternimmt") hat:

*Ich: Wenn wir dat von der anderen Seite, (.) von der Seite der Firma her betrachten: Würden Sie sagen, die Firma hat nen Recht auf, auf ein Eigenleben oder ist der, die Verknüpfung mit (.) dem durch die Familie hereingekommenen Geschäftsführer so wichtig, dat man sagen muß: „Damit steht und fällt der Laden!"?*
*Herr Carl: // Ja, die Firma hat auf jeden Fall nen Recht auf Eigenleben! // Wobei nich' die Frage is', wie stark ich // das Schicksal der Firma // meinem Interesse unterordne, sondern nur die Frage, wieweit ich bereit bin, mein, mein Eigenleben // den (.), der Existenz der Firma unterzuordnen.*
*Ich: Hm.*
*Herr Carl: Das ist für mich die Fragestellung.*
*Ich: Ja.*
*Herr Carl: // Daß da 'ne Firma, die hundert Jahre hier (.) agiert, also 'nen Eigenleben hat und 'ne Ex- //, und auch 'ne Berechtigung dieses Eigenlebens, also das steht für mich außer Frage, // ne! // Nur, wenn ich mich halt frage, ob es für diese Firma gut is', // daß da eben wieder 'nen Carl dat übernommen hat, und dann noch 'nen „Carl' – und deswegen hab ich mir diese Frage (.) schon öfters gestellt – der eigentlich nicht aussem „Anlagenbau" kommt.*

Angesichts der von Herrn Carl vorgetragenen (Selbst-)Zweifel muß da, wo „Gründer (-Nachfolger) Generationen Nachfolger delegieren", die „Fragestellung" wohl primär lauten: „Inwiefern habe *ich* ein Recht auf ein Eigenleben gegenüber der Firma?" Herrn Carls „Eigenleben" ist mit der Delegation des Großvaters „der Existenz der Firma untergeordnet"! Die Bedrohung, die er dieser heraushört, gebären seine Zweifel. Sie werden auf die rationale Ebene seiner Qualifikation verschoben. Die Unsicherheiten und Verwirrungen sind aber nur auf der emotionalen Ebene der familiären Beauftragung zu lösen! Könnte er sich der Sicherheit der großväterlichen Gefühle versichern, wäre er vermutlich sicher, der *Richtige* (Nachfolger) zu sein!

Eine *Versöhnung* mit der Delegation des Großvaters könnte etwa so aussehen: Der Enkel spricht im Angesicht des Vaters zum Großvater: „Ich halte die Fahne aufrecht!" Dann stellt er sich in eine Reihe, die ihm den Rücken stärkt. Hintereinander stehen dann: der Gründer, dann der Großvater, dann der Vater, zuletzt er. Es klingt dann sofort anders, wenn er den Großvater sagen hört: „Der Bub soll den Laden machen!" ...

## 3.4 Familien drohen Nachfolgern mit Nachfolge

Bisher sind nur in wenigen Aspekten die bedrohlichen Aspekte von „Generationen delegieren Familie(n-)Nachfolge(r)“ hervorgetreten. Das hat sicherlich auch damit zu tun, daß meine Interviewpartner überwiegend von erfolgreichen Übernahmen berichten konnten und ich vorwiegend Nachfolger interviewt habe. Andererseits lassen sich so manche Schattenseiten der familiären Delegation auch nicht verleugnen. So hängt es oftmals von den Betroffenen selbst ab, inwiefern sie die Wirklichkeit ihrer Delegation als Bedrohung wahrnehmen oder als Segen aktivieren können. Herr Carl hat dem Leser ja in seiner Geschichte und seinen Zweifeln ein eindrückliches Beispiel dafür geliefert.

Andererseits können Delegationen auch durch Über-Forderung und Über-Abhängigkeit von potentiellen Nachfolgern charakterisiert sein. Etwa wenn sie „von Geburt an“ *gegenüber* den anderen der Sippe „hochgehalten und als Nachfolger gesehen“ werden, wie Herr Cink von dem Sohn seines ältesten Bruders zu berichten weiß. Hier, wie auch bei den anderen sekundären Botschaften, dienen die Beauftragungen in erster Linie den Absendern (Delegatoren). Eine Entgleisung der Delegation bedroht jedoch nicht nur die Autonomie der Betroffenen sondern ebenfalls ihre *Nachfolge*.[13]

**Sonst würde ich es nicht mehr machen! ...**

Im folgenden Beispiel der bedrohlichen Delegation wurde Frau „Filz“ zwar von den Eltern zur Nachfolge delegiert, jedoch ursprünglich nicht ausgesendet, diese wirklich anzutreten – was sich an den überhöhten Erwartungen an sie ablesen läßt. Frau Filz ist Nachfolgerin in dritter Generation. Das Unternehmen wurde vom Großvater gegründet und an seine zwei Söhne weitergegeben. Der älteste, der Vater von Frau Filz lebt nicht mehr, während der Onkel noch im Unternehmen ist. Er übernimmt spezielle Aufgaben je nachdem, wieweit es seine Gesundheit zuläßt. Zum Zeitpunkt des Interviews arbeitet Frau Filz in Teilzeit im Unternehmen (sie hat Familie). Sie ist Gesellschafterin; sie möchte allerdings zukünftig ihre Arbeitszeit und Mitarbeit ausweiten und hält dann auch eine Mit-Geschäftsführung für erstrebenswert. Derzeit ist ihr Cousin, der Sohn des Onkels, Geschäftsführer. Beide haben keine Geschwister.

Frau Filz kommt im Folgenden auf die elterlichen Erwartungen zu sprechen:

*Frau Filz: Ja also – wie gesagt, das is', // is' schon irgendwo die Erwartungshaltung, das zu machen von Seiten des Eltern, (.) der Eltern. Die hat auf jeden Fall 'ne Rolle gespielt!*
*Ich: Hm.*
*Frau Filz: // Also hundertprozentig!*
*Ich: Ja.*

Der Leser kann ihren Ausführungen entnehmen, daß *ihre* Delegation „hundertprozentig" war. Aus ihrem Versprecher geht auch hervor, daß von ihr nicht unterschieden werden kann, ob die Delegation zur Nachfolge von einer „Seite des Eltern" -Paares, oder „von Seiten der Eltern" ausgesprochen wurde! Dies wird auch in der Schilderung ihrer Ausbildung deutlich:

*Frau Filz: Ja also, (.) [läßt Luft ab] das war so, daß meine Mutter // (.) mich (.) irgendwo dahingehend manipuliert hat, daß ich die Banklehre gemacht hab, was ich gar nicht so gut fand.*
*Ich: Hm.*
*Frau Filz: // (.) Und damals, daß ich, (.) als ich das Studium – also Betriebswirtschaft – aufgenommen hab, das hab ich dann nach der Banklehre (.) // wirklich von mir aus gemacht!*
*Ich: Hm.*
*Frau Filz: …*
*Dann stand mit Sicherheit aber auch noch dahinter, daß ich meinen Vater beweisen wollte, daß ich das konnte, weil der ja nichts von mich [!] mehr hielt.*
*Ich: Hm.*
*Frau Filz: // Also das stand früher auch // dahinter! [Lacht]*
*Ich: Hm.*

Zur Lehre wurde sie beauftragt, um insbesondere die mütterlichen Unsicherheiten hinsichtlich ihrer zukünftigen Versorgung zu beruhigen.[14] Die Zustimmung des Vaters fand dies sicherlich, weil es sie gleichzeitig potentiell zur Mitarbeit im Unternehmen qualifizierte (Vater und Onkel waren im Kaufmännischen „nicht so gut"). Gegenüber ihrer Studienmotivation wird der Leser sicherlich Anfragen an den konstruierten Gehalt ihrer Wirklichkeitssicht stellen wollen. Frau Filz relativiert es auch selbst: daß sie ein *solches* Studium ganz „aus sich heraus" gemacht habe, hieß *eigentlich*: sie wollte es damit dem Vater zeigen! Sie „wollte ihm beweisen", daß sie – als einziges Kind und als *Tochter* – „das *auch* konnte", um *so* seine *Anerkennung* – und die Aufnahme ins Unternehmen – zu erreichen! Das Studium war gewissermaßen eine (kindliche) Trotzreaktion, mit der sie ihren Eintritt ins Unternehmen legitimieren wollte: „Das stand früher auch dahinter!"

Wir versuchen diese Dynamik etwas auszuloten:

*Ich: Is' aber sehr, sehr (.) widersprüchlich auch, – ne! – Also auf der einen Seite die Erwartung, daß Se (.) vielleicht hier 'reingehen – also irgendwas hier fortführen …*
*Frau Filz: hm.*
*Ich: … oder fortgeführt wird. Und auf der anderen Seite aber (.) das Nicht-Zutrauen, – ne. – Das is' schon …*
*Frau Filz: Ja. So von Seiten meines Vaters?*
*Ich: Ja!*
*Frau Filz: Auf jeden Fall!*
*Ich: Das is' auch ziemlich verwirrend, – ne!?*

*Frau Filz: Das find' ich also, das fand ich auch. Und (.) // da hat meine Mutter, – also zum Beispiel: die hat da auch immer sehr, (.) das sehr kritisiert bei meinem Vater!*
*Ich: Hm.*
*Frau Filz: Die hat das auch immer gesehen und // das find' ich also auch unheimlich – widersprüchlich. Dadurch hatt' ich also mit Sicherheit viele Probleme, …*
*Ich: hm.*
*Frau Filz: … die mir eigentlich normalerweise, // die man // sich ersparen kann, – ne.*
*Ich: Hm.*
*Frau Filz: Entweder wird man 'drauf vorbereitet, so 'ne Firma zu führen und, – und dann muß man auch das Vertrauen (.) …*
*Ich: hm.*
*Frau Filz: … haben, aufbringen, – oder man läßt es sein, – ne! [Lacht]*

Schon aus der Interviewdynamik wir dem Leser deutlich, daß wir uns dem heißen Eisen nähern: der *widersprüchlichen* Beauftragung durch die *Eltern*. In diesem Familienspiel wird wechselseitig die Verachtung in den Protagonisten deponiert. Frau Filz fühlte sich „manipuliert" und mußte einen elterlichen Konflikt ausagieren, ohne daß dieser näher beschrieben werden kann. Jedenfalls drohten die miteinander in Konflikt stehenden Aufträge, die jeweils ihre Loyalität erforderten, sie gewissermaßen zu paralysieren. Eine solche Form der Beauftragung besteht typischerweise darin, daß ein Kind die Partei eines Elternteiles gegen das andere ergreifen soll. So werden die schlechten Anteile in den einen, die guten in den anderen Elternteil abgespalten und im Familiensystem *personifiziert*. Hier wird ihr Vater *allein* für diese „Widersprüchlichkeiten" (und Verwirrungen) verantwortlich gemacht: so muß *niemand* sonst *seine* Beiträge sehen (bzw. wahrnehmen), weil die „Mutter das auch immer sehr kritisiert hat"! Vom Zeitpunkt des Interviews aus rückblickend gesehen war dieser Konflikt *„unheimlich"*: das heißt hier, er wurde inzwischen – typischerweise in einer entsprechenden, privaten Bearbeitung – für Frau Filz *zugänglich* und *offensichtlich*!

Zum anderen wird der *nicht* aussendende Charakter dieser Delegation deutlich. Frau Filz wurde – man beachte die *passive* Form – zwar „darauf vorbereitet, so eine Firma zu führen". Jedoch wurde sie dazu nicht ausgesendet (i.S.v.: aktiviert), denn ihr Vater „brachte das Vertrauen nicht auf"! So hätten es *beide* „besser gelassen" – doch sie konnten und wollten nicht! Denn der latente Ausbeutungscharakter entgleisender Delegation besteht ja gerade in seiner Interdependenz. Hier wollten die Beteiligten das problembeladene Spiel der „unheimlichen Widersprüche" spielen, weil es ihnen in gewisser Weise auch „Sicherheit" bot!

Frau Filz gewährt einen Einblick in die von ihr vorgenommene Inspektion, die sie durch eine entsprechende, Einsichten ermöglichende, Bearbeitung erreichte:

*Frau Filz: ...*
*Das sind eben dann auch unbewußte Vorgänge bei meinem Vater gewesen: der war sich darüber mit Sicherheit gar nicht bewußt, – ne!*
*Ich: Hm.*
*Frau Filz: // Daß also, // ich denke mir das schon, daß er da so seine eigenen (.) / / Wertvorstellungen auf [betont:] mich projiziert hat, – ne!*
*Ich: Hm.*
*Frau Filz: [Lacht] // [Leise:] Is' ja nich', nich' ungewöhnlich, – ne!*
*Ich: Hm.*
*Frau Filz: – Naja, also, // und da hat also irgendwo, // klar wollten meine Eltern beide das, – ne! // Aber eben nich' durch offenen Druck, ...*
*Ich: hm.*
*Frau Filz: ... sondern (.) so hinten, – ne, versteckt. [Lacht] So nen bißchen manipulieren, 'ne Manipulation so.*
*Ich: Hm.*
*Frau Filz: – Seh' ich das heute; ich seh' das heute viel kritischer als früher! [Lacht]*
*Ich: Hm.*

Heute weiß sie die elterlichen (!) „Wertvorstellungen“ von eigenen zu *unterscheiden*. Sie ist sich dessen bewußt, daß dies nichts „Ungewöhnliches“ ist. Das trägt mit zur Versöhnung mit den Eltern – und mit dem (Bild des) Vater(s in ihr) – bei. Zudem stellt sie hier heraus, daß die Beauftragung zur Nachfolge von „beiden Eltern“ erfolgte. Der Leser kann sich in sie hineinversetzen, wenn sie bedauert, daß diese eher schmerzlich und „manipulierend“ statt „offen“ erfolgte. Jetzt kann sie auch die Erbschaft der Eltern und die Nachfolge des Vaters antreten. Sie hat begonnen, zur *eigenen* Autorität im Unternehmen zu finden:

*... // Naja, aber irgendwo liegt's mir wahrscheinlich doch, sonst würd' ich's nich' mehr machen, – ne!*
*Ich: Hm.*
*Frau Filz: [Lacht]*
*Ich: Ja, klar!*
*Frau Filz: Aber das, das hängt [betont:] heute mit der Aufgabe zusammen, – ne!*
*Ich: Hm.*

Weil sie sich mit ihrer Delegation – als wichtigem Teil ihrer Biographie – versöhnen konnte, kommt ihr die Tätigkeit im Unternehmen heute „gelegen“: *„heute hängt“* sie daran, weil sie darin *für sich* eine „Aufgabe“ sieht: „sonst würde (sie) es nicht mehr machen!“ ...

**Als der geboren wurde, wurde der schon hochgehalten ...**
Der Bericht von Frau Filz hat dem Leser bereits gezeigt, daß die Delegation nicht unbedingt nur glücklich für die Betroffenen verläuft. Wenn sie zu entgleisen droht, indem „Familien ihren Nachfolgern mit Nachfolge dro-

hen", wird die Nachfolge selbst gefährdet und die Entwicklung der potentiellen Nachfolger durch Überforderung eher beeinträchtigt statt gefördert. Eine frühkindliche Festlegung einer potentiellen Nachfolge kann zudem auch als Abwehrfunktion der beteiligten Familie (bzw. des Metasystems) verstanden werden. – Zumal im Beispiel der Familien „Cink" noch andere Protagonisten der Nachfolge existieren.[15]

Herr Cink ist dem Leser bereits von dem „Familienspiel „Perpetuum mobile" aus der Geschichte „Nun seid schön brav!" bekannt. Ich will noch einmal in Erinnerung rufen, daß er in der vierten Generation gemeinsam mit seinem ältesten Bruder als Geschäftsführer tätig ist. Ihr Vater ist Hauptgesellschafter und hat – fast 80–jährig – noch großen Einfluß auf das Finanzielle (die Liquidität) und die „Investitionen" des Unternehmens. Wie Herr Cink aus der Unternehmensgeschichte berichtet, hat der Firmenname „im Grunde gar nichts mit unserem Familiennamen zu tun". In der zweiten Generation erbte die Großmutter von Herrn Cink die Firma von ihrem Vater. Ihr Mann, der Schwiegersohn des Gründers, trat nach der Heirat in die Firma ein – seitdem heißen die Gründernachkommen der dritten und vierten Generation Cink.

Wie ich bei den Familienrollen von „Familien, die Unternehmen unternehmen", schon im Zusammenhang mit den Schwiegersöhnen bemerkt habe, sind diese von einer latenten (psycho-sozialen) Dynamik getrieben, „ihren Namen für das Unternehmen zu erwerben", um damit ihren Eintritt zu legitimieren. Das ist natürlich paradox. Daher kann das nicht gelingen. Man kann es auch so sehen: sie verstellen dem Gesamtsystem den Blick auf ihre Frauen, die ja in der Regel als Erbinnen auch Gesellschafterinnen im Familienunternehmen sind.

Für ihre Kinder ist das jedoch kein Problem: sie sind ja (vom Gründer ausgehend) *Nachkommen* der *Ursprungsordnung*. Es wird für sie nur dann problematisch, wenn sie den Vater vertreten, indem sie sich beispielsweise für seine vermeintlichen Rechte einsetzen. Das kann nur gelöst werden, wenn sie als Nachfolger der *Mutter* ins Unternehmen gehen. (Vermutlich wird in den meisten Fällen hinsichtlich der Familiendynamik dann auch der Mutter der Platz für die wirtschaftliche Sicherung der Außengrenze eingeräumt werden!) Manche Kinder (oder auch Enkel) werden jedoch von der Familiendynamik (unnötigerweise) dazu getrieben, den Namen des Vaters zu legitimieren.

Im Falle der Familie Cink ist die Latenz einer solchen Dynamik noch enthalten. Sie zeigt sich in den – zum Zeitpunkt des Interviews sichtbaren – Protagonisten der fünften Generation: im Unternehmen arbeiten inzwischen Nichte und Neffe von Herrn Cink, die (vermutlich) ältere Tochter und der Sohn seines Bruders, mit.

Von seinem Neffen berichtet Herr Cink:

*Herr Cink: [Holt Luft] Aber hier, auch bei meinem Neffen war das schon – ich möchte sagen – als der geboren wurde, wurd' der schon hochgehalten und irgendwo als Nachfolger von meinem Bruder gesehen. [Holt Luft] Und das hab ich also immer als sehr negativ – auch für den Jungen – empfunden. Der hat sicherlich sehr // große Stärken, aber auch sicherlich // Schwächen. (.) Und, und das war dann immer nen Konflikt, wenn das nicht richtig klappt: „Oh Gott, oh Gott, was wird denn mal! Hoffentlich kann er das dann noch schaffen!" Und (.) wenn er eben gewisse Stärken hatte, die wurden extrem 'rausgestellt. – Also sicherlich für den Jungen keine sehr angenehme Entwicklung, – ne. 'Ne freiere Entwicklung, wo sich die Persönlichkeit entfalten kann, [Holt Luft] dann hinterher (.) irgendwo anders sich mal erst die Sporen verdienen und dann kann man immer noch sagen: „Gut er ist geeignet, oder nicht!" [Holt Luft] Also (.) dieses ist an für sich, sehe ich als ziemlich 'ne ungesunde Geschichte an – muß ich ehrlich sagen!*

Sein Neffe wurde von Geburt an als Nachfolger des Bruders „hochgehalten". Da sich alle an dieser Konstruktion beteiligen, muß diese Delegation sowohl dem aktuellen – drei Generationen umfassenden Metasystem – als auch der latenten Schwiegersohn-Dynamik des Großvaters (bzw. Urgroßvaters) gelten! Aus der Drei-Generationen-Perspektive sieht es ganz so aus, als ob sein Neffe dazu ausersehen ist, die „Unfähigkeit" des Systems zu *personifizieren*. Die von meinem Interviewpartner vorgetragenen wechselseitigen Projektionen zwischen den Familienstämmen tragen dazu bei, daß der Neffe als Stellvertreter seines ältesten Bruders (und Mitgeschäftsführers) erscheinen muß. Als Protagonist der fünften Generation wird so dem mächtigen Vater (bzw. Großvater) von seinen Söhnen mit dem ältesten Enkel (V.) gedroht: „Der wird es Dir, dem Alten, einmal zeigen!"

Dieses Bild zeigt aber auch, wie schwerwiegend die Auswirkungen dieser dynamischen Prozesse auf die Reifung und Entwicklung des Neffen sind. Das Metasystem ist dermaßen auf einen Erlöser der Familiengeschichte „fixiert", daß selbst die Andeutung von Diskontinuität – hinsichtlich seiner projizierten Karriere – sofort im Familiensystem des ältesten Bruders Hysterie – unter Anrufung höchster Autorität – hervorruft: „Oh Gott, oh Gott, was wird denn mal!"

Gleichzeitig ist dieser Vorgang eine Wiederholung der Geschichte von Herrn Cink und seiner Generation. Herrn Cinks Nachfolge war selbst durch eine diskontinuierliche Entwicklung geprägt und sein mittlerer Bruder war nach einem kurzen Intermezzo aus dem Unternehmen wieder ausgetreten. Dem Leser wird es somit so vorkommen, als *müsse* die Rolle eines Schwarzen Schafes von *einem* übernommen werden. Möglicherweise vertritt der Neffe ja auch seinen Urgroßvater, den Schwiegersohn des Gründers.

Der Gegenpart zu ihm ist in der Konstellation der fünften Generation auch schon gefunden. Von seiner Nichte – der (vermutlich) älteren Tochter des Bruders – erzählt Herr Cink im Anschluß an das Voranstehende:

*... [Holt Luft] Und man, es zeigt sich auch so, daß die Tochter, die im Grunde gar nicht geplant // war – weil Mädchen komischerweise für sowas immer nie geplant sind, weiß ich auch nicht, warum das so ist, hal' ich auch für 'nen Quatsch! – (.) daß die an sich (.) wesentlich besser so in ihrer Art. Sie is' sehr selbständig, sie is' auch völlig ihren eigenen Weg gegangen: // hat 'ne Lehre bei Heinrich– gemacht, hat ihr Abitur still gemacht. Das ist so durchgelaufen, [holt Luft] ohne daß die im Grunde hier je // geplant war, hier 'reinzukommen. Das war // jetzt durch 'nen Zufall weil jemand ausgeschieden ist, und ihre Lehre gerade zu Ende war, (.) is' sie hier 'reingekommen und paßt im Grunde auch sehr gut hier 'rein! Also da zeigt, (.) zeigt sich der Weg so nen bißchen ungezwungener und // warten wir mal ab: find' ich besser!*
*Ich: Hm.*

Die Nichte bildet gewissermaßen das Gegenbild der brüderlichen Delegation. Die Umstände ihres „zufälligen Hereinkommens" und daß sie „im Grunde sehr gut paßt", spricht dafür, daß auch sie zur Nachfolge delegiert wurde. (Dafür spricht auch die von ihr absolvierte Lehre bei einem wichtigen Geschäftspartner!) – Inwiefern sie zur Nachfolge in die Rolle als Unternehmerin oder lediglich zur Mitarbeit zwecks Stützung ihres Bruders delegiert ist, wird (vom Metasystem: „wir") „abgewartet". Auf ihr ruhen jedoch keine Erlösungshoffnungen wie auf ihrem Bruder. Das läßt sie – vergleichsweise – „selbständig" erscheinen und auch „einen eigenen Weg gehen". „Ihr *völlig* eigener Weg" ist natürlich nicht von der Delegation losgelöst. Das kann der Leser auch daran erkennen, daß sie, wie „durch einen Zufall" – die Eignung zur akademischen Ausbildung zugunsten ihrer Mitarbeit im Unternehmen nicht wahrgenommen hat. Insofern ist es von einem individualistischen Standpunkt aus durchaus fraglich, inwiefern ihre Laufbahn „ungezwungener" als bei ihrem Bruder verläuft?

Meine Annahme ist, daß im Gesamtsystem mit dem „Hochhalten des Bruders" unbewußt die *patronale* Erbfolge *demonstriert* werden sollte! Im Bild des Gegensatzpaares von Neffe und Nichte vertritt damit die Nichte – für die Sippe unbewußt – ihre Urgroßmutter, die Großmutter von Herrn Cink. Deren Position als Erbin ist im Metasystem von der Sippe vermutlich nie gewürdigt worden! Wahrscheinlich hat sie die Sippe lange Zeit aus dem Hintergrund dirigiert und dazu (unbewußt) ihren Mann vorgeschoben. Die Mitarbeit der Nichte von Herrn Cink und ihre (potentiell) unterstützende Funktion des Bruders, wie sie sich im Bericht meines Interviewpartners abzeichnet, spricht ja durchaus dafür, daß sie die *urgroßmütterliche* Position eingenommen hat.

Wie immer profitieren viele Beteiligte von der Unbewußtheit des Zusammenspiels der vier (bzw. fünf) Generationen beziehungsweise von der Aufrechterhaltung des (ungelösten) Problems. Für Herrn Cink liegen die vermeintlichen Vorteile für den Leser auch auf der Hand. Angesichts der aktuellen Dominanz seines älteren Bruders könnte dessen „schwacher" Nachfolger und eine nicht *zu* „selbständige" Nichte im Übergang zur fünften Generation die Gewichtung der Familienzweige zu *seinen* Gunsten *umdrehen*! Denn Herr Cink wird beim Ausscheiden seines Bruders noch mit Neffe und Nichte zusammen im Unternehmen tätig sein, da der Altersunterschied zum Bruder erheblich ist! So können später einmal die aus heutiger Sicht vorgeblich wohlwollenden Worte gegenüber seiner Nichte „Warten wir mal ab!" auch in einem anderen Licht erscheinen!

Zu hoffen bleibt, daß sie „es mal" *anders* „schaffen"! Auf dem Weg zu einer Lösung müßte allerdings zunächst sowohl auf der Ebene des Metasystems die Großmutter (bzw. Urgroßmutter) ebenso erscheinen, wie der Großvater (bzw. Urgroßvater) von der Bildfläche des Familienunternehmens verschwinden. (Sein Platz im *Familien*system bleibt ja davon *unberührt*!) So wird der Blick aller Beteiligten auf den Gründer frei, dessen Name laut Auskunft von Herrn Cink bisher „im Grunde gar nichts mit unserem Familiennamen zu tun" hatte! Dann müssen Nichte und Neffe nicht länger das Unglück des ersten Generationswechsels vertreten. Sie müssen dann auch nicht mehr im vierten Übergang dieser Firma „hochgehalten *werden*", sondern „halten" selbst – als legitime Nachkommen des Urahnen – dessen Fahne „hoch" ...

**Von einem der auszog, (s)einen Bruder zu finden ...**

Ein letztes Beispiel soll dem Leser noch einmal verdeutlichen, daß die Dynamik, welche von Familien, die Nachfolgern mit Nachfolge drohen, ausgehen, auf der Ebene der familiären Dynamik gelöst werden kann. Es macht zugleich auch deutlich, daß manche Destruktionen dieser bedrohlichen Delegation von den Protagonisten nicht durchschaut werden können und daß sie schicksalhaft darin verstrickt sind.

Die Geschichte stammt – anders als die vorangegangenen „Fälle" – aus meiner Arbeit als (systemischer) Organisationsberater. Entsprechend stellt die *Überschrift*, die ich der Geschichte vorangestellt habe, nicht – wie bei den anderen – ein Zitat dar, sondern eine Assoziation des Autors zur Dynamik seiner Nachfolge.[16]

Zu Beginn der Arbeit mit einem jungen Nachfolger in vierter Generation war die Nachfolge-Dynamik unübersehbar dramatisch und über weite Phasen politisiert. Er arbeitete im Familienunternehmen gemeinsam mit den Senioren: dem Vater und einem (wesentlich älteren) Cousin. So wie sich die Dynamik zwischen ihnen entwickelte, schien es nicht absehbar, daß eine Übergangsregelung einmal erfolgreich – und für alle Beteiligten zufriedenstellend – getroffen werden könne.

Ich lernte ihn etwa ein Vierteljahr nach seinem Eintritt kennen. Wir vereinbarten anfangs einmal wöchentlich über die dort auftretenden Problemen zu sprechen. Innerhalb des ersten halben Jahres berichtete er immer wieder mal von einem befreundeten Bruderpaar; selbst der jüngere Bruder etwa im gleichen Alter wie er selbst. Die Brüder waren Nachfolger in einem Familienunternehmen ähnlicher Größe in derselben Branche. Er pflegte sie immer als Beispiel dafür anzuführen, daß dort vergleichsweise alles *einfacher* ablaufe: die Senioren-Generation zeige sich wesentlich einsichtiger gegenüber der Kompetenzübergabe an die Junioren und aufgeschlossener gegenüber betrieblichen Innovationen. Sein Neid richtete sich dabei insbesondere auf den jüngeren der Brüder: hatte der doch einen großen Bruder, welcher bereits vieles – auch für den jüngeren – frei-„gekämpft" (oder aus dem Weg geräumt) hatte.

Anfänglich interpretierte ich diese Geschichte so, daß er, der nur eine ältere Schwester hatte, sich sehr *solch* einen Bruder (oder ein Bruder-Surrogat) wünschen müsse, der *auch ihm* den Weg der Nachfolge ebnete. So hätte er den ganzen Ärger nicht und brauche sich daher auch nicht der Mühe zu unterziehen, sich mit den vorgefundenen Gegebenheiten auseinanderzusetzen und zu eigener Autorität zu finden. (Im in der Überschrift angesprochenen Märchen von „einem, der auszog das Fürchten zu lernen", geht der jüngere Sohn ja von Zuhause weg.) Ich fragte ihn daher, ob er vielleicht einen Mitstreiter suche, der wie ein älterer Bruder für ihn wäre? Ich könne zwar nicht sein Bruder, aber ein Berater sein, der mit ihm daran arbeite, zur eigenen Autorität zu finden.

Eines Tages brachte er – fast beiläufig – zur Sprache, daß das „erste Kind seiner Eltern" mit einem halben Jahr gestorben sei! Indem wir dann gemeinsam realisierten, daß er einen *älteren Bruder* gehabt *hatte*, war der „(Un)heimlichen Schatten" gefunden, von dem sein Eintritt und Werdegang überlagert war. Er war nicht nur zur Nachfolge delegiert, sondern darüber hinaus vertrat er für seine Herkunftsfamilie den älteren Bruder (möglicherweise auch, um ihn zu ersetzen). Die *Identifikation* mit ihm ließ ihn in keiner *eigenen* Autorität im Unternehmen arbeiten: dort hatten sie einen „anderen" Nachfolger erwartet!

Zu einem späteren Zeitpunkt habe ich einmal seine Familie „aufgestellt", wie ich es bei Bert Hellinger gelernt habe. So konnte er sich einmal in der richtigen Geschwisterfolge *mit* seinem älteren Bruder sehen. Seitdem weiß er, daß er das dritte und nicht das zweite Kind seiner Eltern sowie der *jüngere Bruder* und *nicht* der *einzige* Sohn der Familie ist. Indem er seinem Bruder ein Jahr lang die Schönheiten dieser Welt – auch der des *eigenen Unternehmens* – zeigte, konnte er sich mit eigener Autorität auf den Weg machen, die Unternehmerrolle (an-)zu*nehmen*.

## 3.5 Resümee eines Konzeptes

Die Delegation(-shypothese) kann als überzeugendes Konzept gelten, welches die Frage beantwortet, wie es „Familien, die Unternehmen unternehmen", gelingen kann, aus „Kindern" Nachfolger zu machen. Die Beauftragung der Kinder mit der Mission, das Gründererbe in der Nachfolge des Familienunternehmens fortzuführen, beinhaltet sowohl den verpflichtenden und loyalitätsgebundenen Charakter von Nachfolge als auch die systemische Perspektive im generationsübergreifenden Kontext.

Dabei ist den Betroffenen nicht unbedingt klar, daß die unbewußte Beauftragung durchaus auch einen sinnstiftenden Charakter hat. Oft ist er mit frühen Erfahrungen der Nachfolger verbunden, die sie im Zusammenhang mit dem Vorbild der Gründer- (oder Nachfolger-)Väter, direkt im Familienunternehmen oder im Kontext relevanter Umwelten machen. So wird ihnen oft der Eindruck vermittelt, sich in eine Reihe von Unternehmern gestellt zu sehen, welche dem Ursprung des Systems (der Gründung) folgt. Der prozeßhafte Verlauf der Delegation kann dabei durchaus diskontinuierlich (zuweilen auch in Brüchen) verlaufen.

„Generationen delegieren Familie(n) Nachfolge(r)" zeigt aber auch, daß die Betroffenen aus „Familien, die Unternehmen unternehmen", nie wirklich frei von dem institutionellen Kontext sind: sie bleiben lebenslang an das Familienunternehmen schicksalhaft *gebunden*. Wie die „Mission" von Familien-Stämmen in „Nachfolger(-Familien) delegieren Nachfolge" sowie manche generationsübergreifenden Dynamiken in „Gründer(-Nachfolger) delegieren Nachfolge" gezeigt haben, rührt diese Bindung nicht nur aus den „Botschaften" der Herkunftsfamilien von Betroffenen sondern gleichermaßen aus dem kollektiven Unbewußten des Sippengewissens. Im Übrigen sind die Betroffenen oftmals selbst dann noch an die Institution der Vorfahren gebunden, wenn eine systemische Destruktivität das Ende des Familienunternehmens herbeigeführt hat.

Wenn „Nachfolger(-Familien) Nachfolger delegieren", sind oftmals sekundäre Botschaften mit im „Spiel", welche andere Absichten verfolgen, als sie vorgeben. Sie dienen oft den Machtspielen Einzelner oder der Fortführung von Konkurrenz und Rivalität über die Generationen hinweg und tragen einen großen Teil dazu bei, daß sich Nachfolger in Familienunternehmen genötigt sehen, die – zuweilen äußerst fragile – *Familienharmonie* statt die Zukunft des Unternehmens zu *managen*. Wie einige der Beispiele gezeigt haben, sind diese Konflikte aber durchaus auch mit systemischen Familiendynamiken verbunden, die erst gelöst werden können, wenn die „Ausgeschlossenen" wieder auf der Bildfläche erscheinen.

Wo „Gründer(-Nachfolger) Generationen Nachfolger delegieren" ist oft eine direkte Sicherung der Nachfolge über Generationen hinweg intendiert.

Dabei sehen sich die Gründer (bzw. ihre Nachfolger) durch familiäre Ereignisse (wie Tod oder Scheidung) und die damit ausgelösten Dynamiken dazu veranlaßt. Was sie ursprünglich damit bezwecken, kann jedoch gleichzeitig durch ihre „Intervention" gefährdet werden: die Familiengeheimnisse bleiben (unbewußt) in den delegierten Enkeln „eingeschlossen". Zudem können diese durch die großelterliche Beauftragung in Loyalitätskonflikte zu ihren Eltern geraten. Darüber hinaus stellen sich manche der Nachfolgekonstruktionen – insbesondere die Vorstellung, eine ganze Generation zu Nachfolgern zu machen – erst im Kontext des Ursprungssystems als unbewußte Delegation heraus, welche die Dynamik einer vorangegangenen Generation wiederholen.

Schließlich zeigen die Fälle, in denen „Familien Nachfolgern mit Nachfolge" drohen, daß die familiäre Dynamik die Delegation zur Nachfolge überlagern kann und sie gewissermaßen sabotiert. Nicht immer bestehen diese in einer bewußten Manipulation oder einem anderen, ähnlich ausgerichteten, Familienspiel. Manche Dynamiken sind völlig unbewußt: ihre Verstrickung läßt sich nur lösen, wenn man die „Ordnung der Liebe" (B. Hellinger 1994) aufdecken kann, der sie folgt.

# 4 FAMILIEN(-UNTERNEHMEN) UNTERNEHMEN UNSTERBLICHKEIT

In den beiden voranstehenden Kapitel habe ich dem Leser die spezifische Unternehmenskultur von Familienunternehmen und die Delegation als Konzept familiärer Nachfolge vorgestellt. Dabei habe ich mit den beiden Dimensionen in zunehmendem Maße belegt und beschrieben, *daß* „Familien, die Unternehmen unternehmen", eine familiäre Lösung der Nachfolgefrage bevorzugen – und wie man sie verstehen kann. Der Leser ist nun im Folgenden eingeladen, eine weitere Dimension der psycho-sozialen Dynamik von Familienunternehmen zu erschließen. Denn mit dem Nachstehenden will ich auch darstellen, *wozu* die familiäre Lösung in Familienunternehmen *eigentlich* bevorzugt wird.

Wir beschäftigen uns somit mit der Philosophie von Familienunternehmen (von der Co-Existenz von Familie und Unternehmen) – und deren Weiterbestand durch Nachfolge und Generationswechsel. Das beinhaltet auch die Auswirkungen und Implikationen, welche diese Philosophie auf die Betroffenen in der Gestaltung oder Verzögerung (bzw. Vermeidung) von Nachfolge und Generationswechsel nimmt.

Für die meisten Institutionen (und Organisationen) gilt ja, daß sie länger als die Einzelpersonen existent sind, welche sie gegründet, mit aufgebaut oder fortgeführt haben. Aus dem Blickwinkel einzelner Protagonisten gesehen, „überleben" sie das Familienunternehmen: dessen Existenz reicht über den Horizont der eigenen, *individuellen* Sterblichkeit hinaus. So wirft das Konzept der „Generationen" beziehungsweise der Nachfolge auch die transzendierende Frage nach dem „Sinn" dieser Institution (bzw. Organisationsart) auf. Und zwar sowohl in Bezug auf die einzelnen Protagonisten und auf das psycho-soziale (bzw. kollektive) System als auch auf die Institution (bzw. Organisation) als Ganzes. Angesichts der Sterblichkeit seiner Protagonisten taucht mit dem Überleben der Institution also auch eine existenzielle (und spirituelle) Dimension für die Institution und die Betroffenen auf. Das interdependente Zusammenspiel von Familie und Unternehmen kann somit auch als ein Vorgang begriffen werden, der Gründern und Nachfolgern beziehungsweise „Familien, die Unternehmen unternehmen", insofern ein Überleben ermöglichen soll, als daß sie *mittels* der mit der Familie (bzw. Sippe) verbundenen Institution *transzendieren*. Das Familienunternehmen scheint den Protagonisten von Nachfolge und Generationswechsel gewissermaßen Un-Sterblichkeit zu versprechen (oder zumindest die Möglichkeit einzuräumen, ein wenig unsterblicher als andere zu werden). Oder anders ausgedrückt: „Familienunternehmen unternehmen Un-Sterblichkeit".

Es soll daher im Folgenden beschrieben werden, wie die transzendierende Funktion des Unternehmens beschaffen ist, und welche Bedeutung sie für das Leben und Überleben der Betroffenen, der Familien und Sippen sowie das Metasystem insgesamt hat.

Darüber hinaus werden die Auswirkungen auf die Übergabe und den Übergang zwischen den Protagonisten des Generationswechsels untersucht. Der Generationswechsel kann nämlich als ein umfassender Transformations-Prozeß des Metasystems aufgefaßt werden. Die psycho-soziale Dynamik der Nachfolge kann man daher auch als Funktion eines transzendierenden Prozesses verstehen, bei dem Nachfolge gewissermaßen unter den Bedingungen des „Unternehmens Unsterblichkeit" stattfindet. Darin sind sowohl die Handlungen und Nicht-Handlungen, die Rationalisierungen und das irrationale Ausagieren von Protagonisten enthalten als auch die Auswirkungen auf die Strukturbildung des (transformierenden) Unternehmenssystems.

Dies gilt insbesondere für die Gestaltung und den Verlauf des Nachfolge-Prozesses als gelingende – oder eben *nicht* gelingende – Auseinandersetzung mit dem Arbeiten, Sterben und Leben der Protagonisten. Die in der Überschrift aufgestellte Hypothese, daß „Familien (-Unternehmen) Unsterblichkeit unternehmen", bezieht sich nämlich nicht nur darauf, daß die Repräsentanten und Protagonisten der beteiligten Familien „ihre" Unternehmen unternehmen, um *sich* unsterblich zu machen, sondern auch darauf, daß der mit Nachfolge und Generationswechsel ausgelöste Transformationsprozeß paradoxerweise von der Fähigkeit der Protagonisten abhängig ist, sich ihrer Sterblichkeit zu *vergegenwärtigen*, damit sie einen Beitrag zum „Unternehmen Unsterblichkeit" des Familienunternehmens leisten können.

Im (Metasystem) Familienunternehmen geht es *nicht* primär um Individuen beziehungsweise um die jeweiligen Rollenträger. Sicherlich spielt im Zusammenhang von Nachfolge und Generationswechsel das Schicksal der Protagonisten eine maßgebliche Rolle. Im Mittelpunkt steht jedoch das Familienunternehmen als *kollektive* Institution.

Ich habe bereits im Kontext von „Unternehmen kultivieren Familie" und von „Generationen delegieren Familie(n-)Nachfolge(r)" auf den *überpersonalen* Charakter des Familienunternehmens hingewiesen. Die (vor-)herrschende Kultur (von Über-Abhängigkeit) stellt dem Unternehmens- und dem Familiensystem wechselseitig Projektionsfläche zur Verfügung: die Protagonisten des Stückes werden darin vor allem als *Rollenträger* des Metasystems wahrgenommen. Und das heißt vor allem: im Kontext der *familiären* Nachfolge.

Bei älteren Familienunternehmen stellt das generationenübergreifende *Kontinuum* (zur zukunftsorientierten Sicherung des Metasystems) mit der Delegation einen Rahmen zur Verfügung: von den Gründern ausgehend bis zur Generation der aktuellen Nachfolger wird die Rollenträgerschaft mittels Beteiligung (durch „Kapital", Tätigkeit, Mit-Arbeit, Beratung, Kontrolle, etc.) *vor* die individuellen Personen gestellt. Man kann es auch so verstehen, daß sich hinter diesem Konzept eine – überwiegend unausgesprochene und unbewußte – psycho-soziale Vereinbarung (und kollektive Funktion) verbirgt, die das Überleben des Metasystems sicherstellen soll. Das Konzept des kollektiven Überlebens (sowie der überpersonale Charakter) des Familienunternehmens wird oft den gesellschaftlichen Umwelten erst in den Fällen bewußt, wo es für das Überleben des Gesamtsystems bereits zu spät ist. Der Leser wird das an den Beispielen lokalen (kommunalen) Krisenmanagements ablesen können, wo Familienunternehmen, die einst eine herausragende Bedeutung für einen kommunalen Wirtschaftsstandort oder eine ganze Region hatten, in ihrem Bestehen durch Schließung oder Liquidation bedroht sind.

**Was hoffentlich immer weiteren Bestand hat ...**

Ich will zunächst den überpersonalen Charakter und die von den Betroffenen damit verbundenen Hoffnungen, das „Werk" möge (zumindest sie selbst) überleben, exemplarisch verdeutlichen. In einem Abschnitt des Interviews sprach ich mit Herrn „Alms", Nachfolger in dritter Generation, über seine Wünsche hinsichtlich einer Nachfolge der eigenen Kinder und inwiefern er die Kontinuität des Unternehmens unabhängig davon sieht. In diesem Kontext äußerte Herr Alms folgende Vorstellung:

*Herr Alms: Man sieht ja vielleicht auch so 'nen Unternehmen – ich will nicht sagen als Denkmal an – aber doch irgendwie als nen geschaffenes // Werk an, was also dann auch hoffentlich immer weiteren Bestand hat, ...*
*Ich: hm.*
*Herr Alms: ... – ja. Und, (.) nicht jetzt meine Person oder so, daß (.) irgendwie einer sich damit verbindet. Aber man möchte ja auch gerne, das, was irgendwie aufgebaut ist, daß das erhalten bleibt!*
*Ich: Ja.*
*Herr Alms: – In irgendeiner Form, ...*
*Ich: hm.*
*Herr Alms: ... – ne!*

Hier kann der Leser an der Interviewdynamik nachempfinden, wie schwierig es für Herrn Alms ist, sich zu dem überpersonalen Charakter des Familienunternehmens zu äußern beziehungsweise diesen überhaupt zu verbalisieren. Die Identifizierung mit dem „Werk" ist sehr hoch: daran haben Großvater und Vater – und nicht zuletzt er selbst – schon „geschaffen". Das Unternehmen sieht er zwar nicht als „Denkmal" an, aber das, was er ausdrücken möchte, kommt dem schon ziemlich nahe. Der Leser meint sicher zwischen den Zeilen heraus zu hören, daß die Familie Alms bereits mit ihrem Unternehmen (welches auch „Alms" heißt) eine deutliche Spur in dieser Welt *hinterlassen* hat, „die hoffentlich immer weiteren Bestand hat". „Das, was irgendwie aufgebaut" wurde – und auch „hoffentlich" weiterhin aufgebaut wird – soll „in irgendeiner Form erhalten bleiben". Dieser Wunsch geht im Grunde genommen nicht nur über seine Person sondern auch über die Gründerfamilie und ihren Namen hinaus. Die Symbiose der Verbindung mit dem geschaffenen Werk gilt in erster Linie der Verbindung von Person und Rollenträgerschaft. Letztere soll „in irgendeiner Form erhalten bleiben": die „Verbindung" mit (s)einer „Person" gilt ihm selbst für den *Fortbestand* des Werkes als *zu* unsicher.

Der überpersonale Charakter des Familienunternehmens repräsentiert so auch den Wunsch, über die Unternehmerfamilie hinaus kollektive (und gesellschaftliche) Tiefenwirkung zu erzielen. Im Grunde genommen folgt dieser Wunsch einer sehr alten menschlichen Überlebensstrategie: dem Überleben in „Gemeinschaften". Der Historiker A.E. Imhof (1988a, 127) hat an jahrhundertealten Gemeinschaftskonzepten als deren Grundvoraussetzung nachgewiesen, „daß nirgendwo das unsichere Leben eines einzelnen im Zentrum stand".

Was dort – angesichts von Pest, Hunger und Krieg – noch Notwendig war, erscheint heute – angesichts eines (des statistischen Durchschnittes!) hohen Lebensalters zunehmend unwichtiger. Der daraus abgeleiteten Lebens-Erwartung (!) folgt jedoch andererseits auch ein Krisenpotential für die Kontinuität des Unternehmens (bzw Metasystems). Zumal davon die Dauer der Rollen-trägerschaft durch Einzelpersonen (und ihr Bedürfnis nach individueller Gestaltung) tangiert wird. Man kann nämlich im Umkehrschluß folgern, daß in einer „Störung" der kollektiven (bzw. gesellschaftlichen) Funktion dieses überpersonalen Charakters gleichsam ein Anlaß zum *Scheitern* des Familienunternehmens liegt. Solche Störungen liegen vor, wenn das Familienunternehmen etwa durch überhöhte Privatentnahmen oder infolge nicht erfolgter Erb- und Nachfolgeregelung zur individuellen Vorteilnahme mißbraucht wird. Oder wenn es zum Selbstzweck von Familienmitgliedern oder der Unternehmensleitung – einschließlich von Fremdmanagern – geworden ist. Der Leser wird in diesen „Fällen" ein gemeinsames Kennzeichen vorfinden: die Individuen stellen sich *vor* ihre Rollenträgerschaft, so daß ihre Verfügungsansprüche entsprechend dem Erhalt des Unternehmens unangemessen erscheinen. Wo der überpersonale Sinn des „geschaffenen Werkes" infrage gestellt wird, ist der Bestand des Familienunternehmens gefährdet. In Analogie zu den von Bert Hellinger für Familiensysteme aufgeführten „Bedingungen gelingender Beziehung" sehe ich solche „Störungen" als Mißachtung der *Bindung* und des *Ausgleiches von Geben und Nehmen* gegenüber dem (überpersonalen Lebens-)„Werk" an (G. Weber 1993, 21 f.)! Für die Protagonisten selbst bedeutet dies, die individuellen Wünsche hinsichtlich eines Überlebens mit den kollektiven zu verbinden. – Damit aus dem Unternehmen kein „Denkmal" wird, sondern ein „geschaffenes Werk", „was hoffentlich immer weiteren Bestand hat" …

## 4.1 Familien(-Unternehmen) entdecken Sterblichkeit

Das (Metasystem) Familienunternehmen übernimmt also für die Gründerfamilie, ihre Nachfolger sowie für das gesamte Unternehmenssystem eine *transzendierende* Funktion. Im kollektiven, generationenübergreifenden „Werk" repräsentiert es für die Protagonisten des Generationswechsels den Wunsch nach Unsterblichkeit der Institution und der eigenen Person. Das gilt zum einen der Kontinuität der Unternehmerfamilie: und zwar in der Annahme, man werde in den eigenen Kindern (und Enkelkindern) über die Generationen hinweg weiterleben und könne somit in der (mehr oder weniger geeigneten) Nachfolgestrategie die Beiträge des Seniorunternehmers an der Entwicklung des Unternehmens „verewigen".[1] Es gilt aber zum anderen auch der Kontinuität des Unternehmens selbst: in der Annahme, dieses lebe angesichts des individuellen Sterbens von Unternehmern am „Ende des Lebens" als *kollektives* Werk weiter. B. Sievers (1987, 6) hat – in Anlehnung an eine These von J. Campbell – den grundlegenden Zusammenhang aufgezeigt: „... daß jedes Mitglied unausweichbar sterblich und daß die Institution als solche mit der Hoffnung verknüpft ist, zu überleben und insofern tendenziell als unsterblich gelten kann." Dementsprechend ziehen einschneidende familiäre Ereignisse bedeutende Folgen für das Unternehmen nach sich: „Während Familienkrisen, wie Krankheit, Tod oder Scheidung im „Normalfall" ein Unternehmen kaum tangieren, stellen sie in Familienunternehmen oft die Existenz und Zukunft der Firma in Frage: die psycho-soziale Dynamik der Familie ist oft nicht von der sozio-ökonomischen des Unternehmens zu trennen." (Th. Siefer und B. Sievers 1993, 135)

Das zeigt sich insbesondere in der Entdeckung der *Sterblichkeit* von Familienunternehmern. So banal und überflüssig es zunächst dem Leser vorkommen mag, muß angesichts der häufig anzutreffenden Unabkömmlichkeits-Phantasien festgestellt werden: (Familien-)Unternehmer sind tatsächlich *sterblich*! Ich habe in den letzten Jahren eine ganze Sammlung von Todesanzeigen aus Familienunternehmen angelegt. Nicht selten mußte ich dabei verwundert feststellten, daß die Verbliebenen beispielsweise dem Tode eines Gründers im Alter von über 80 Jahren „plötzlich und unerwartet" gegenüber standen! Im Übrigen halte ich solche Anzeigen auch für eine reiche Quelle von Beispielen des Abschiednehmens, der Trauer und der Würdigung der Verstorbenen durch die Familien und Unternehmen. Einige der in den Texten vorhandenen Metaphern kann sich der Leser durchaus einmal bildhaft vorstellen: ihre Imagination kann ein gutes Gespür für die transzendierende Funktion von Familienunternehmen geben. Ich will hier auf eine Darstellung (und Analyse) verzichten; der interessierte Leser findet dazu mehr in meinem Beitrag „Denn viele sind gerufen ..." (E. Kappler und St. Laske 1996).[2] Wie Familien(-Unternehmen) die *Sterblichkeit* entdecken und welche Auswirkungen das die Nachfolge und Unternehmensentwicklung hat, soll im Folgenden beschrieben werden.

**Vielleicht stirbt der sogar! ...**

Die Sterblichkeit des „gegenwärtigen" Rollenträgers einzugestehen, fällt in Familienunternehmen nicht leicht. Zu dem Nicht-Wahr-Haben-Wollen und Nicht-Wahr-Nehmen tragen alle Beteiligten bei, ob es Familien-Angehörige oder Mit-Arbeitende sind. Ebenso ergeht es den Nachfolgern – insbesondere wenn es der eigene Vater ist. So erzählt Herr Fehl von seiner Folgenschweren Entdeckung:

*Herr Fehl: Und immer mehr entwickelte sich eigentlich der Wunsch, gerade im Anfang des Studiums auch, nun wirklich ins Unternehmen auch des, des, (.) der Familie zu kommen, und das zu machen, weiter zu machen. Und es ging eigentlich auch nen paarmal, // hatt' ich so das Gefühl: „Das kann sogar schneller kommen, als Dir lieb is'!" – Weil mein Vater zwischendurch auch sehr schwer krank wurde, – nich'! Und daß sich sogar die Problematik stellte: „Mensch, vielleicht stirbt der sogar!" (.) Oder, oder [holt Luft] daß es jetzt plötzlich notwendig wird, das Unternehmen, oder ins Unternehmen einzusteigen.*

Sich der unausweichlichen Realität des Todes zu stellen und der Sterblichkeit des Vaters – und damit der eigenen – bewußt zu werden, führte ihn zur Entdeckung der eigenen Bezogenheiten zum kollektiven Lebenswerk. Zunächst wurde von Herrn Fehl die Sterblichkeit des Unternehmervaters als vorsichtige Hypothese formuliert: „*Vielleicht* stirbt der sogar!" Einerseits stammt sie aus einer kindlich-unreifen Perspektive (bzw. der ödipalen Konstellation): so als ob ein Kind entdeckt, daß die Eltern *sterben* können und sich fragt, wie es dann „einsam und verlassen" und „allein auf der Welt" zurechtkommen soll? Andererseits ist mit damit das Ende der „Kindheit eines Chefs" (J.P. Sartre 1991) eingeläutet: „vielleicht wird es plötzlich sogar notwendig, ins Unternehmen einzusteigen!"

Offensichtlich hatte Herr Fehl in dem von ihm angesprochenen (biographischen) Erzählzusammenhang Situationen vor Augen, in denen er „plötzlich" die Sterblichkeit des *Rollenträgers* entdeckt hatte – und damit zugleich die unausweichlich scheinenden Konsequenz seiner Nachfolge! Er entdeckt damit die systemischen Wirkungskräfte einer „Familie, die Unternehmen unternimmt" im generationenübergreifende Kontinuum (: „weiter zu machen") sowie die (familiäre) Delegation: „daß es plötzlich notwendig wird, das Unternehmen" – *seine* Zeit lang – „weiter" zu führen.

So kann einem Nachfolger nicht nur der zur „Notwendigkeit" projizierte Eintritt sondern auch die Sterblichkeit des Unternehmervaters „schneller kommen, als (ihm) lieb ist!" Die dabei – möglicherweise erstmalig – auftauchenden ambivalenten Gefühle gegenüber der Sterblichkeit des Seniors können angesichts der Überforderung leicht versteckt werden. Sie werden zu einem späteren Zeitpunkt wiederkehren, wenn Vater und Sohn die Nachfolge im Unternehmen *managen* müssen, statt sie unbewußt auszuagieren!

Aus dem Voranstehenden geht hervor, daß die Betroffenen gewissermaßen der Phantasie (bzw. dem Wunsch) erliegen, damit könne ein „Leben nach dem Tod“ *geschaffen* werden. Sie gehen dabei von der Annahme aus, der Weiterbestand des kollektiven (Familien-)Werkes garantiere die eigene (individuelle) Unsterblichkeit. In seiner Beschreibung, mit dem „plötzlichen Tod“ des Unternehmervaters „werde es notwendig, ins Unternehmen einzusteigen“, spricht Herr Fehl nämlich auch eine beliebte Fiktion der familiären Nachfolge an. Diese lautet: mit dem Tod des Unternehmers sei *ohne* familiäre Nachfolge der Tod des *Unternehmens* apostrophiert. Der konstruierte Gehalt dieser Fiktion wird im Beispiel von Herrn Fehl offensichtlich, zumal es sich dabei um ein größeres mittelständisches Unternehmen handelt.

Zudem wird dem Leser das grundlegende Dilemma der hier angesprochenen Fiktion offenbart: die Hoffnung, daß die Institution „überlebt“ da sie (am Leben des Einzelnen gemessen) tendenziell unsterblich ist, macht die „Sterbenden“ von der Nachfolge und den Nachfolgern überaus *abhängig*. So kann einem (Gründer-)Nachfolger, wie Herrn Fehl nicht nur der zur „Notwendigkeit“ projizierte Eintritt sondern auch die Sterblichkeit des Unternehmervaters „schneller kommen, als (ihm) lieb ist!“

**Man würde die ganze Verantwortung alleine treffen ...**
Die voranstehend genannte Fiktion führt auch dazu, daß die Sterblichkeit von Unternehmern und Unternehmerinnen oftmals verleugnet (bzw. verdrängt) wird. Ein Beispiel dafür bietet – für den Leser einmal mehr – die Geschichte des Familienunternehmens „Bahn“. Frau Bahn junior erzählte im Verlauf des Interviews von einem einschneidenden Erlebnis, nämlich einer lebensbedrohlichen Erkrankung ihrer Mutter, der „direkten Nachfahrin“ des Gründers. Die Angst, sie könne zu früh sterben, muß für Frau Bahn (und ihre Geschwister) ein Schock gewesen sein: „stand sie“ doch unvermittelt „dann da ganz alleine“ – mit der Unternehmensleitung.

Die Fiktion, mit dem Tod der Senioren sei auch das Ende des Unternehmens nahe – der „Vater ist auch nicht sehr belastbar“, mit seiner Sterblichkeit war man bereits früher konfrontiert – kann zurecht als kollektive Abwehrorganisation gegenüber der Sterblichkeit von Senioren verstanden werden. Im Beispiel der Familie Bahn soll die nachfolgende Generation die Angst der Senioren um die Sterblichkeit des Unternehmens managen und so die Fiktion aufrechterhalten, mit der (kollektiven) Nachfolge könne das Sterben der Eltern aufgehalten, wenn nicht gar vermieden werden. Denn solange die Eltern leben, ist alles „gut“:

*Fr. Bahn jun.: ...*
*Zwar im Augenblick weiß man noch nicht so ganz, wie das also gehen soll. Weil man sich doch irgendwie noch (.) zu unsicher fühlt, – ne! Wenn man sich vorstellt, man würde die ganze Verantwortung alleine treffen und könnte nicht mehr fragen!*

*Wenn man ja noch immer fragen kann, dann ist es ja gut!*
*Ich: Ja.*

Die „Fragen“ der Nachfolgerin sind hier eindeutig an die Eltern gerichtet. Insbesondere beziehen sie sich auf die Sterblichkeit der alternden Mutter. Frau Bahn junior setzt sich (hier unbewußt) mit der Angst auseinander, die der Tod (bzw. die Sterblichkeit) ihrer Unternehmerinmutter an „unsicher(en) (Ge)fühlen“ auslöst: solange man sie „*noch* fragen“ – beziehungsweise „noch *immer* fragen“ – kann, ist es „gut“. Andernfalls „trifft“ sie – die Angst der Mutter vor der Sterblichkeit des Unternehmens ihrer Vorfahren – „alleine“. Sie begegnete Frau Bahn in Gestalt der „ganzen Verantwortung“ – sollte sich wider Erwarten herausstellen, daß die Eltern *dennoch* sterblich sind! (Hier ist die „Verantwortung“ personifiziert: die Interviewpartnerin sagt nicht etwa: „Die ganze Verantwortung trifft mich allein!“, sondern: „(ich) würde die ganze Verantwortung allein treffen“!) Die Interviewte begegnete ihr (: der „Verantwortung“) in der Verinnerlichung des elterlichen beziehungsweise des mütterlichen Vorbildes. Ihre Angst vor der „ganzen Verantwortung“ besteht darin, die mütterliche (bzw. elterliche) Angst könne gerechtfertigt sein, das Unternehmen könne mit ihrem Tod auch sterben! Man kann also verallgemeinernd daraus schließen: die kollektive Angstabwehr vor der Sterblichkeit der Senioren perpetuiert eine Fiktion der institutionellen Unsterblichkeit. Denn: „unsterblich nennen wir, was wir bereits verloren wissen und vorbei“ (B. Hellinger 1994, 94)!

Angesichts der hier deutlich werdenden Angstabwehr sollte man im Übrigen der Tochter und Nachfolgerin sagen: „Du darfst so werden wie Deine Mutter!“ (G. Weber 1993, 67) – So kann sie in eigener Autorität die „*ganze* Verantwortung“ nehmen …

**Hat man sich so zum Lebenselixier gemacht …**
Die Fiktion, mit dem „Ende“ des Unternehmers sei auch das Ende des Unternehmens erreicht, führt in den Unternehmerfamilien zudem dazu, potentiellen Nachfolgern und Nachfolgerinnen die „Notwendigkeit“ ihres Einstiegs zu verdeutlichen. Aufgrund der inneren Verfassung des Metasystems sind die Protagonisten des Generationswechsels oftmals nicht in der Lage, andere Lösungen in Betracht zu ziehen. Der Leser möge dabei auch in Betracht ziehen, daß die Protagonisten im Generationswechsel oftmals die Analogie zum Überleben des Einzelnen ziehen. Das Überleben der Institution scheint den Überlebenden der Inhaberfamilie gewissermaßen zu suggerieren, damit eine kollektive „Überwindung“ des individuellen Todes gefunden zu haben. Zugleich läßt sich damit die *eigene* Rollenübernahme der Nachfolge legitimieren – und in vielen Fällen auch ein Verbleib in der Rolle bis zum *eigenen* Lebensende.

Den Zusammenhang von individueller Sterblichkeit und institutionellem Überleben will ich am Beispiel des Familienunternehmens Ecke veranschaulichen. Ich bekam hier die Gelegenheit, mit der Nachfolgerin, meiner Ansprechpartnerin, und ihrer Mutter zu sprechen. Die Seniorin hatte zur Zeit des Interviews bereits die Pensionsgrenze überschritten und war die aktuelle Inhaberin. Das Unternehmen Ecke besteht aus zwei Geschäften: einem Handels- und einem Dienstleistungs-Betrieb. Es handelt sich hierbei um ein Kleinunternehmen: neben den Protagonisten half noch eine etwa 80jährige Verwandte aus. Eine weitere Tochter der Seniorin machte nebenberuflich die Buchführung.

Im Hinblick auf die Entstehungsgeschichte des Unternehmens (und auf die Ursprungsordnung) sind die Verhältnisse etwas kompliziert: der Großvater von Frau Ecke junior hatte einen Handwerksbetrieb. Zudem produzierte und verkaufte er Produkte, die vermutlich der Vater von Frau Ecke junior in der zweiten Generation zu dem heutigen Dienstleistungsbetrieb entwickelte. Vermutlich hat es sich im weiteren Verlauf so entwickelt, daß aus der ursprünglichen Zulieferung der Dienstleistung mehr und mehr ein Dienstleistungsbetrieb wurde. Frau Ecke (Senior) „heiratete“ in den Geschäftshaushalt ein; nicht lange danach machten ihr Mann und sie dann zusätzlich noch das Handelsgeschäft auf. Mit dem Tod des Vaters haben Mutter und Tochter dann den Handwerksbetrieb geschlossen und die Räumlichkeiten zur Erweiterung des Handelsgeschäftes genutzt. Letzteres ist also eine gemeinsame Gründung ihrer Eltern, während das Dienstleistungsgeschäft vom Vater – und möglicherweise auch noch vom Großvater – stammt. Das Ganze ist räumlich in einem Gebäude untergebracht und firmiert unter dem Namen des Großvaters beziehungsweise des verstorbenen Vaters beziehungsweise Mannes der Interviewpartnerinnen. Beide arbeiten in beiden Geschäften; die Aktivitäten und Qualifikationen von Frau Ecke junior ermöglichen, dem Handelsgeschäft noch weitere Dienstleistungen anzufügen, so daß sie dazu außer Hauses ist.

Frau Ecke junior macht den Zusammenhang ihres Eintritts mit dem Tod des Vaters deutlich:

*Fr. Ecke jun.: …*
*Und als mein Vater starb, bin ich wieder nach Hause. – Ich hab hier, auch vorher hier gearbeitet. // Und dann haben wir gesagt: „Wir probieren's mal!“*

Die Koinzidenz von Eintritt eines Nachfolgers und dem Tod beziehungsweise der Berufsunfähigkeit des Unternehmers (Rollenträgers) ist dem Leser ja bereits vorher schon (im Beispiel von Herrn Diel) begegnet. Diesen Zusammenhang verbindet (bzw. symbolisiert) Frau Ecke junior damit, sie sei „wieder nach Hause“ gegangen. Hieran wird deutlich, daß die Systemgrenzen zwischen Familie und Unternehmen sehr verschwommen ist. Das wird den Leser auch nicht weiter verwundern: Eltern- und Geschäftshaus sind nahezu kongruent. So gilt das „*wieder* nach Hause" sowohl dem Zusammenleben als auch der Zusammenarbeit mit der Seniorin. Zumindest hieß es nach dem Tod des Mannes und Vaters im Hause Ecke: „Wir probieren es mal!"

Die Erzählung der Seniorin gibt weiteren Aufschluß über diese Heimkehr:

*Frau Ecke: Ja, dann is' mein Mann 1970 gestorben, …*
*Ich: hm.*
*Frau Ecke: … // – ne! Da war so allerlei, [holt Luft] was dann zählte, an Gesundheit.*
*Ich: Hm.*
*Frau Ecke: Da war sie mal in Frankfurt und an, in 'nem guten Haus auch, (.) um was dazu zu lernen. Dann, da mußten wir se schon wieder holen, – ne. Haben wir gesagt: „Entweder sie kommt nach Hause, oder ich muß zumachen!", …*
*Ich: Hm.*
*Frau Ecke: – ne.*

Frau Ecke senior macht deutlich, daß die „Gesundheit" ihres Mannes schon vor seinem Tod sehr beeinträchtigt war. Sie stellt das in ihrem Bericht in einen Sinnzusammenhang mit der Berufstätigkeit ihrer Tochter, der delegierten Nachfolgerin. Die Tochter war zu der Zeit „an ein gutes Haus" in einer entfernten Großstadt gegangen, um dort hinsichtlich des Geschäftsbereiches, den ihre Mutter (und weniger der Vater) im eigenen Unternehmen repräsentierte, „was *dazu* zu lernen". Kaum „war sie mal" dort, „mußten wir" (: die Eltern bzw. das Geschäft) „sie wieder holen". In ihrer Erzählung ist ja besonders der Wechsel der Identifikations-Ebenen interessant: sie alternieren zwischen „sie", „ich" und den unterschiedlichen „Wir", welche sie in den Fragen der Mitarbeit, Nachfolge oder Schließung unterlegt. Es bleibt dabei für den Leser doppeldeutig, ob ihre gemeinsame Entscheidung „Haben *wir* gesagt" dem Eltern- und Inhaberpaar oder Tochter und Mutter gilt. Die darin enthaltene Doppeldeutigkeit unterstreicht jedoch nur die mangelnde Systemdifferenzierung und die mütterliche Dominanz. Sie offenbart zugleich den *konstruierten* Gehalt der hier formulierten Alternative: „Entweder die Tochter kommt nach Hause – oder Mutter muß zumachen!"

Die hier geäußerte Doppeldeutigkeit und – von den Protagonisten so gewollte – Unschärfe der Systemgrenzen spitzt sich im Generationswechsel zu. Hier zeigt sich nämlich der Zusammenhang zwischen dem Sterben der Protagonisten und dem Tod des „Hauses". Angesichts der Verhältnisse eines Kleinunternehmens wird dem Leser die unbewußte Äußerung von Frau Ecke senior zwar nachvollziehbar sein. Dennoch tritt darin auch ihre Dominanz (und ihr Wunsch zu dominieren) zutage, wenn sie es so darstellt (bzw. konstruiert), als seien „Geschäft" und Inhaber völlig identisch. Sie sagt: *„ich* muß zumachen".

Diese Äußerung ist ja von ihr in den Erzählzusammenhang mit Sterben und Tod ihres Mannes gestellt. Somit gewinnt die Kenntnis ihrer individuellen Dynamik hinsichtlich *ihrer* Bedeutung für das Unternehmen besonderes Gewicht. Sie gibt auch etwas davon preis – und zwar in der Frage, wieweit sie noch im Unternehmen tätig sein wird:

*Ich: Solang' Sie können – noch gesundheitlich – …*
*Frau Ecke: Ja, selbstverständlich, …*
*Ich: … machen Sie gerne …*
*M. Ecke: … – ne! // [Holt Luft] Hat man sich so zum Lebenselixier [!] gemacht, so! [Lacht]*

Hier stellt sie ihr Selbstverständnis heraus, *solange wie möglich* im Unternehmen noch tätig zu bleiben: die Arbeit im Unternehmen ist ihr zum „Lebens-*Elixier*" geworden. Sie nutzt hier für den Zusammenhang zwischen Generationswechsel und Sterben beziehungsweise Tod ein sehr starkes Bild! Der Leser wird hier in eine märchenhafte (bzw. magische) Welt eingeführt: denn ein Elixier ist ja ein Heil- oder Zaubertrank – und ein *Lebens*-Elixier ist ein *Verjüngungsmittel* (Bibliographisches Institut 1974; Bd.5, 203). Frau Ecke senior ist ihre Tätigkeit im Geschäft zur Quelle magischer Kraft geworden: die Rolle als Unternehmerin hält sie jung. Wenn man genauer hinschaut, kann man es auch so ausdrücken: sie hat sich das Unternehmen *„zum* Lebenselixier" (d.h. zum Jungbrunnen) *„gemacht"*. Und gleichzeitig hat sie *„sich"* – insbesondere mit der Übernahme der Unternehmerinnenrolle nach dem Tod ihres Mannes – „zum Lebenselixier" *des Unternehmens* „gemacht".

Das ist sichtlich nicht ohne Eindruck auf ihre Tochter geblieben, bietet diese der Mutter doch eine Lebensstellung (im wahrsten Sinne des Wortes) an:

*Ich: Wie lang' möchte die noch?*
*Fr. Ecke jun.: Wenn se will, solang' wie se lebt, …*
*Ich: hm.*
*Fr. Ecke jun: // – ne!*

In dem Zusammenspiel von Mutter und Tochter bleibt der Zeitraum der Mitarbeit der Mutter unbegrenzt, ein Übergang unbestimmt: für eine Unternehmerin, für die das Unternehmen und die für das Unternehmen „Lebenselixier" ist, kann dies nur heißen: „solange sie lebt" – da setzt lediglich der Tod eine Grenze! Aus dem weiteren Verlauf des Interviews geht hervor: an der Seniorin kommt keiner (!) vorbei! Ihre Qualitäten scheinen unersetzlich, wie die Tochter als Anforderungsprofil an eine entsprechende Fachkraft formuliert: „Jemand der alles kann. Das sind Raritäten!" Wenn jedoch jemand faktisch unersetzlich wird, dann ist mit seinem Tod auch das Unternehmen – oder der entsprechende Geschäftszweig – „am Ende"!

Für alle Eventualitäten haben Mutter und Tochter bereits vorgesorgt:

*Frau Ecke: …*
*Ich mein', wir haben die Firma eingetragen, (.) wenn die verkauft wird, bleibt hier der Name, …*
*Ich: ja.*
*Frau Ecke: … so!*

Für die Verewigungstendenzen des Unternehmens (als transzendierendes Symbol der Un-Sterblichkeit) haben sie Vorsorge getroffen: der „Name bleibt" – selbst wenn die Firma einmal an einen anderen Inhaber übergehen würde! So bliebe ihnen die – auf diesem Wege erzeugte – „unsterbliche Hülle" des Firmennamens erhalten, selbst wenn die Seele des Unternehmens gestorben sein wird![3]

Solange sich, wie hier, die Protagonisten der Nachfolge der Illusion hingeben, daß Seniorin und Unternehmen wechselseitig Lebenselixier füreinander darstellen, wird es nicht gelingen, das so selbst konstruierte *psychische Gefängnis* (G. Morgan 1986, 199 f.) als solches zu erkennen und aufzulösen, um nach anderen Lösungsmöglichkeiten Ausschau zu halten. Aus Sicht der Juniorin scheint dies jedoch im Hinblick auf die *langfristige* Zukunftssicherung des Unternehmens dringend geboten:

*Fr. Ecke jun.: Können wir also // Wir müssen was tun, sonst is' die Firma, // …*
*Frau Ecke: (.) …*
*Fr. Ecke jun.: … geht se langsam rückwärts, oder stirbt!*
*Frau Ecke: Wir haben's ja ganz schön hoch gearbeitet, – ne!*
*Ich: Hm.*

Die Äußerung von Frau Ecke junior ist vordergründig auf Engagement und Weiterbildung als Grundlage für den Weiterbestand des – vom Gründer über den Vater vererbten – Dienstleistungsbetriebes bezogen. Indem sie das mit dem Fortbestand der „Firma" (welche das Handelsgeschäft mit beinhaltet) verknüpft, verbietet sie sich selbst, in Beziehung darauf vorwärts – über den Tod der Seniorin hinaus – zu denken. Ob sie sich – nachdem sich Mutter und Tochter „ganz schön hochgearbeitet haben" – mit dem Ausscheiden der Mutter oder nach deren Tod mit dem Handelsgeschäft selbständig macht und das Dienstleistungsunternehmen aufgibt? Sie könnte es ja durchaus „in sich" sterben lassen, um neue Schaffenskraft für eine neue Perspektive „außer Haus" zu bekommen. Die im Letzteren enthaltene Doppeldeutigkeit weist über eine (hypotethische) Option des Unternehmensverkaufs hinaus: möglicherweise liegt die Perspektive des Unternehmens jenseits von „bißchen Gewaltenteilung" durch Mutter und Tochter, wie Frau Ecke junior an anderer Stelle über die Führungsstruktur ihres Hauses bemerkte? Die Chancen dafür scheinen mir allerdings eher gering, solange die „Firma" zum Jungbrunnen der Seniorin (v-)erklärt wird! Es scheint sogar unmöglich, wenn sich die Protagonisten des Generationswechsels der Fiktion Unsterblichkeit zuwenden, indem sie vom Unternehmen sagen: das „hat man sich so zum Lebenselixier gemacht!" ... [4]

**So sang- und klanglos dann aufgeben ...**

Die Entdeckung der Sterblichkeit ist für die Betroffenen in den Fällen, in denen keine eigenen Nachfolger in Sicht sind, besonders schmerzlich. Aber umso deutlicher wird dann, daß die Institution (oder wie Herr Alms es oben ausdrückt: das „Werk") zum Träger der Wünsche nach Unsterblichkeit wird.

Herr „Clar", einziges Kind des Gründers und Nachfolger in zweiter Generation, ist dem Leser aus der Geschichte „Mein alter Herr" bereits bekannt. Das Ende der Familiendynastie – er hat keine Kinder und keine Geschwister – ist jedoch spätestens mit seinem Tod absehbar. Auf die Frage, inwiefern es nach seinem Tod weiter gehen solle, antwortete er zunächst: „Nichten und Neffen würden sich freuen!" Hinsichtlich einer Erbschaft spielt er dabei wohl auf die potentiellen Erlöse aus einem Unternehmensverkauf an.[5] Für einen Mann mittleren Alters tangiert ihn das noch nicht in dem Maße: „vielleicht stellt er sich in 10 Jahren diese Frage sehr viel ernsthafter"! Es scheint zunächst so, als rationalisiere er seine Sterblichkeit nach dem Motto: „Was meine Erben damit tun, ist mir egal!" Dann differenziert er jedoch:

*Herr Clar: ...*
*Denn, (.) 'ne Nachfolge sollte irgendwo in irgendeiner Form, – ja, sollte da sein! Denn ich würde [holt Luft] nicht gern' die Firma, so sang- und klanglos dann aufgeben oder verkaufen. Denn dafür [holt Luft] haben eigentlich zwei Generationen zuviel Arbeit da 'reingesteckt!*
*Ich: Ja.*

Auch Herr Clar meint: „Eine Nachfolge sollte sein!" Die „Firma aufgeben und verkaufen", ohne daß eine Bezogenheit zur „Arbeit zweier Generationen" hergestellt werden kann, ist für ihn im Grunde genommen nicht vorstellbar. Ich bitte ihn zum Ende des Interviews, diesen Gedanken noch einmal näher zu beleuchten:

*Ich: Könnten Sie sich, // Ja, Sie haben vorhin gesagt: also Sie würden natürlich gerne sehen – (.) „weil eben zwei Generationen da (.) 'ne Menge Arbeit reingesteckt haben", // Ist da noch mehr als „Arbeit" bei? [Wir lachen]*
*Herr Clar: Ja, ich will jetzt nicht den strapazierten Ausdruck des „Herzblutes" [lacht] ...*
*Ich: ja.*
*Herr Clar: ... wiederholen, aber (.) // das hatte ich im Hintergrund, etwas in dieser Richtung hingehend, (.) gemeint.*
*Ich: Ja.*

*Herr Clar: Denn daß eben – wie gesagt – (.) // man hängt da dran, – ne.*
*Ich: Hm.*
*Herr Clar: Möchte dann auch ganz gerne – ob es (.) aus Eitelkeit ist, ich weiß es nicht – aber auch den Namen erhalten wissen.*
*Ich: Ja.*
*Herr Clar: Sicherlich, das ist ganz klar.*
*Ich: Hm.*
*Herr Clar: Also da (.), // is' nicht so, daß ich sagen würde: „Gott, ob die Firma hier Müller, Meier, Schulze heißt, oder, is' mir ganz egal!" – Also, das // wär mir also im Moment jedenfalls nicht egal!*
*Ich: Ja.*
*Herr Clar: – Muß ich ganz klar sagen!*
*Ich: Ja.*

Sein „Herzblut hängt da dran", denn die vom Vater gegründete Firma hat er ja als einziges Kind (und Sohn) übernommen. Sein Herz hängt nicht nur an der „Arbeit": die Institution ist die Verkörperung (Inkorporation) der *Blut*(s) – Verwandtschaft beziehungsweise der Abstammung vom Vater, dem Unternehmensgründer. Daher „möchte er auch ganz gerne den *Namen* erhalten wissen": dieser ist ihm nicht „egal"! Er will einst „wissen(d)" aus dem Leben scheiden, daß die Firma mit „dem Namen" eine Spur in dieser Welt hinterläßt. Im kollektiven, unsterblichen Lebenswerk soll so für „zwei Generationen zuviel Arbeit" der Name als *Symbol* für das Leben und Wirken der Gründerfamilie Clar bestehen bleiben.

Dem Leser wird es nicht entgangen sein: Herr Clar sagt hier nicht „meinen Namen" sondern „*den* Namen erhalten wissen". Er verweist somit auf den überpersonalen Charakter des Familienunternehmens und folgt darin einer kollektiven Überlebensstrategie unserer bäuerlichen Vorfahren: „Der Name blieb. Nur ihre Träger wechselten, wenn sie langsam alt wurden oder schon vor ihrer Zeit dahinstarben." (A.E. Imhof 1985, 149) Auch die versuchten, ein „bißchen Extra-Nachruhm zu ergattern, und sich des *irdischen*, ... Weiterlebens nach dem Tode zu versichern" (A.E. Imhof 1988a, 159)! Wer will schon „sang- und klanglos (ohne Namen für die Nach-Welt) aufgeben" ...

**Die hatten also auch schon Nachfolgeprobleme ...**

Zum Schluß der Beispiele zur Entdeckung der Sterblichkeit will ich ein Beispiel bringen, das – in Anlehnung an eine Geschichte von Bert Hellinger (G. Weber 1993, 207) – auch mit „Zweierlei Nachfolgeprobleme" überschrieben sein könnte. Dort war nämlich auf zweierlei Weise die Frage der Nachfolge gestellt. Der Leser kennt das Familienunternehmen von Herrn „Bach" bereits aus der Geschichte „Dadurch ergaben sich natürlich gewisse Aufgaben". Dessen Unternehmensgröße und Geschäftsentwicklung ließ die Nachfolge eines Juniors zunächst nicht angeraten sein. Woher soll jedoch das Familienunternehmen dann seine Unsterblichkeit nehmen? Wie die nachfolgende Erzählung von Herrn Bach zeigt, liegt die Lösung manchmal im wahrsten Sinne des Wortes „vor der Haustür". Ihr ging jedoch zunächst die Entdeckung der Sterblichkeit des eigenen Unternehmens voraus:

*Ich: War das für Sie sozusagen von vornherein klar, von Kind auf klar, daß Sie irgendwann mal mit in den Betrieb hier gehen, oder?*
*Herr Bach: Ja, von Kind auf klar, war es nicht. Weil man ja nicht wußte, wie sich so, die (.) Geschäftsentwicklung sich (.) darstellen würde. [Räuspert sich] (.) Weil seinerzeit, also zu meiner Kindzeit, also in meiner Kindheit – das waren so die Jahre (.) zwischen „1950" und „1965" – die Absatzlage, die Marktposition des Unternehmens nich' (.) besonders (.) stark war.*
*...*
*Und da wurden also hier doch schon innerhalb der Familie desöfteren Überlegungen angestellt, den Betrieb vielleicht irgendwann mal (.) [räuspert sich] aufzulösen und (.) [räuspert sich] irgend etwas anderes zu machen. Oder halt 'ne, größere Umstrukturierung (.) durchzuführen.*

Der Einstieg von Herrn Bahn ins Familienunternehmen war – angesichts der bedrohlichen Lage „in einem umkämpften Markt – nicht von Kind auf klar". Während das Unternehmens in seiner Kindheit gleichzeitig Arbeitswelt für die Erwachsenen und Lebenswelt für die Kinder der Familie (bzw. Sippe) darstellte, war seine Kindheit „desöfteren" durch familiäre „Überlegungen" bezüglich einer Betriebsaufgabe überschattet. Denn damit hätte sich ja nicht nur der „Betrieb aufgelöst" sondern auch die Nachfolge in die vierte Generation. *Dieses* Familienunternehmen hatte also (zumindest in meinem Interviewpartner) einen willigen Nachfolger – jedoch eine unsichere Unternehmenszukunft. Eine Gelegenheit zur Option der „Umstrukturierung" – wie es Herr Bach wohl eher im Nachhinein formulierte – sollte sich jedoch noch rechtzeitig ergeben:

*Herr Bach: ...*
*Wir hatten dann, – das kam allerdings auch dazu, das hab ich eben ganz vergessen (.) in der Chronologie: (.) wir haben „1970" einen Betrieb in der Nachbarschaft übernommen, der [läßt Luft ab] auch aus einer Familie „Bach" stammte.*
*Ich: Hm.*
*Herr Bach: [Lacht] Aus 'nem etwas anderen – (.) aus 'nem Verwandschaftszweig praktisch – der also, [räuspert sich] aber mit uns konkurrierte. Wir hatten das gleiche (.) Programm, und die hatten also auch schon Nachfolgeprobleme. Und die Inhaber starben (.) in diesem Zeitraum und dann haben wir diesen Betrieb – zumal er grad' in der Nach-, in der direkten Nachbarschaft lag – den haben wir also mit übernommen, und uns dadurch natürlich zunächst mal im Markt etwas stabilisiert, – ne. [Holt Luft] Es war doch nen wesentlicher Mit-, (.) Bewerber in den ganzen Jahren vorher gewesen, und (.) [räuspert sich] (.) dadurch wurden wir also – sagen wir mal – relativ kurzfristig (.) [läßt Luft ab] (.) stärker und (.) hatten also, oder gewannen also in unsere Marktposition, – ne.*

Die „Übernahme" eines „benachbarten" Unternehmens (bzw. die Akquisition seiner „Marktposition als wesentlicher Mitbewerber") bot dem Unternehmen von Herrn Bach – und damit ihm selbst – die Chance zu Entwicklungsmöglichkeiten, die bis dahin als unsicher gegolten hatte(n). Denn der „andere Betrieb" hatte „Probleme mit der (fehlenden) Nachfolge". Der Tod des einen Unternehmens barg damit das Überleben des anderen in sich. So kann dem Sterben des einen ebenso kollektiver Sinn zugemessen werden, wie der Prosperität des anderen.

Offensichtlich war diese „Übernahme" keine leichte Angelegenheit. Ebensowenig der Einstieg von Herrn Bach, wie der Leser aus der Erzähldynamik ablesen kann. Zudem ist es für den Leser nur schwerlich nachvollziehbar, daß der Erzähler die Voraussetzung seines Eintritts, nämlich die „Übernahme eines wesentlichen Mitbewerbers in den ganzen Jahren vorher" – ein Meilenstein in der Entwicklung des Unternehmens – „vergessen" haben könnte! Dieses „Vergessen" gilt „ganz" den Umständen dieser zweierlei „Nachfolgeprobleme"! Der „Übernahme der Marktposition" ging nämlich die Entdeckung der Sterblichkeit des eigenen Unternehmens ebenso voraus, wie die Entdeckung, daß die Chancen auf eine eigene Nachfolge „nicht besonders stark waren".

Inwiefern der „Betrieb in der Nachbarschaft" des (im doppelten Sinne) entfernten „Verwandtschaftszweiges" einst aus einer Erbauseinandersetzung (oder ähnlichem) hervorgegangen ist, mag ebenso dahingestellt bleiben wie die Möglichkeit, daß die „Übernahme" vielleicht so etwas wie ein (systemischer) Ausgleich war. Die unterschiedliche Geschichte (bzw. Kulturen) der beiden Betriebe mag in der „Übernahme" zunächst Schwierigkeiten im sozialen System der dann „vereinigten Unternehmen Bach" bereitet haben. Doch bleibt der gemeinsame „Name" „Bach" als Symbol kollektiven Überlebens der verschiedenen „Verwandtschaftszweige" erhalten. Zur Aufrechterhaltung der – tendenziellen – Unsterblichkeit der Institution(en) „in einem hart umkämpften Markt" mag diese „Übernahme" einen Beitrag geleistet haben. Vorausgegangen war dem jedoch die Entdeckung der Sterblichkeit von Familien und „ihren" Unternehmen. Auf die Analogie des Lebens und Sterbens von Familie und Unternehmen bezogen kann am Beispiel der Familienunternehmen Bach die Überschrift auch so verstanden werden: „die hatten also *auch* schon Nachfolgeprobleme" ...

Bisher hat die Entdeckung der Sterblichkeit gezeigt, wie sich Leben und Sterben der Protagonisten von Nachfolge und Generationswechsel im überpersonalen Werk des Familienunternehmens widerspiegeln. Dabei zeigten die Beispiele von Herrn Fehl und Frau Bahn junior, inwiefern die Sterblichkeit des Unternehmers beziehungsweise der Unternehmerin die Nachfolge beeinflussen und die Gestaltung des Generationswechsels prägen können. Am Beispiel des Familienunternehmens Ecke konnte verdeutlicht werden, daß dabei insbesondere Kleinunternehmen den Generationswechsel in der Führung und Inhaberschaft sowie in der personengebundenen Strukturierung von Geschäfts- und Tätigkeitsbereichen an das Leben und Sterben ihrer Senioren zu binden scheinen (so daß das Unternehmen zum Jungbrunnen der Alten avanciert). Andererseits hat das Beispiel von Herrn Clar in der Entdeckung der Sterblichkeit der eigenen Familie deutlich auf die Funktion des Familienunternehmens als Träger von Hoffnungen der Unsterblichkeit hingewiesen: auch wenn keine eigenen Nachfolger in Sicht sind, sollte der (Familien-)„Name" *im Unternehmen* erhalten bleiben. Schließlich haben die zweierlei „Nachfolge-Probleme" der Familien Bach für den Leser den Zusammenhang von *Nachfolge, Tod* und *Unternehmensentwicklung,* an den unterschiedlichen Verläufen der Unternehmen nachvollziehbar gemacht.

## 4.2 (Un-)Sterblichkeit unternimmt (Familien-)Nachfolge

Im Folgenden soll nun dargestellt werden, wie auf dem Hintergrund der Annahme, daß „Familien(-Unternehmen) Un-Sterblichkeit unternehmen", die Dynamik des Nachfolgeprozesses verstanden werden kann. Bei näherem Hinschauen wird manchem der Leser im Prozeß des Generationswechsels von Familienunternehmen die Selbstverständlichkeit des Nicht-Handelns auffallen. Manche Unternehmerfamilien verhalten sich im Generationswechsel so, als ob die Senioren unabkömmlich seien: die Nachfolge ist zwar erwünscht, der Wechsel mit Rücktritt und Übergabe aber tabuisiert. Es kommt dem Betrachter dann so vor, als ob die *(Un-)Sterblichkeit* (Familien)Nachfolge unternehme, statt daß die Protagonisten die Nachfolge *in die eigene Hand* nähmen! Die Betroffenen kommen dem Betrachter oft eher als Getriebene denn als Akteure vor, so als ob sie Darsteller in einem Stück (Drama) seien, das ein anderer geschrieben hat. Der Leser wird daher nicht verwundert sein, wenn wir unsere besondere Aufmerksamkeit der individuellen (Psycho-)Dynamik der Protagonisten angesichts der Sterblichkeit des Senior-Unternehmers zuwenden.

### *4.2.1 Der Rücktritt vor dem Tod*

„Sterben oder Über-Leben?" – diese Frage charakterisiert die Dynamik der familiären Nachfolge aus der Sicht des *Seniors* sehr treffend. Denn in vielen Familienunternehmen ist der Generationswechsel davon gekennzeichnet, daß er eigentlich erst mit dem Tod erfolgt. Für die Senioren kommt der Rücktritt einem eigenen Todesurteil gleich, wie L.B. Barnes und S.A. Hershorn (1983, 70) feststellen: „Unsere Untersuchung hat ergeben, daß der Machtwechsel von einer Generation zur nächsten seltener stattfindet, wenn ‚der Alte' noch am Leben und präsent ist. Stattdessen gibt es während dieser Zeit eine Übergangsphase, die für die ältere und die jüngere Generation große Schwierigkeiten mit sich bringt. Für den Firmenchef entspricht die Übergabe der Unternehmensführung dem Unterschreiben des eigenen Todesurteils."

Dabei muß der Widerstand des Seniors gegen seinen Rücktritt zunächstmal als *berechtigt* anerkannt werden (gegen einen – von wem auch immer – erzwungenen ist er allemal berechtigt)! So sieht R. Beckhard (I. Landsberg a. R. Beckhard 1983, 33) sich die Unternehmer – insbesondere die Gründer unter ihnen – folgende individuelle (psycho-dynamischen) Fragen stellen:

- Kann ich meinem Nachfolger wirklich meine Rollenträgerschaft übergeben und ihn meine Verantwortung übernehmen lassen?
- Kann ich es zulassen, daß mein Sohn (bzw. meine Tochter) es möglicherweise besser macht als ich, oder fordere ich das sogar von ihm (bzw. ihr)?
- Will ich mich wirklich meinem Altern und meiner Sterblichkeit stellen und aus dem Unternehmen herausgehen?
- Was werde ich nur mit dem Rest meines Lebens anfangen?

Gerade die letzten beiden Fragen scheinen aus einer individuellen Sicht eine oftmals unüberwindliche Hürde darzustellen. So sieht sich der in *seinem* „Lebenswerk aufgegangene" (Gründer-)Unternehmer – angesichts der vermeintlichen Sinnlosigkeit des restlichen Lebens – einem drohenden Vakuum gegenüber (Th. Siefer 1987, 145). Diesem wird von Beratern vielfach zu begegnen gesucht, indem sie dem Senior Hilfestellung durch eine gezielte Suche nach sinnvoller Lebens- (bzw. Freizeit-)Gestaltung anbieten (R. Beckhard a. W.G. Dyer jr. 1983, 34). (Mit der Senioren-Rolle nach dem Rücktritt werden wir uns im letzten Abschnitt dieses Kapitels noch näher befassen!)

**Mein Vater war ja nicht mehr in der Lage ...**
Im Zusammenhang mit „Familien (-Unternehmen) entdecken Sterblichkeit" habe ich ja bereits die Annahme als Fiktion gekennzeichnet, mit dem Tod des Unternehmers wäre ohne eine familiäre Nachfolge der Tod des Unternehmens apostrophiert. Die Aufrechterhaltung dieser Fiktion wird nämlich von (kollektiven) Tendenzen unterstützt, die Sterblichkeit der Senioren zu *privatisieren*, indem der Umgang mit dem Tod und der Sterblichkeit von Unternehmern zur ausschließlichen Aufgabe der Betroffenen selbst (bzw. ihrer Familien) gemacht wird. Es kann daher nicht erstaunen, daß viele Senioren sich Zeit ihres Lebens an die Rollenträgerschaft klammern und nicht zurücktreten. Sie fürchten gewissermaßen in ihr Familien-System und damit in eine vergleichbare Bedeutungslosigkeit zurückzufallen! Den Zusammenhang verdeutlicht ein Abschnitt, in dem Frau Bahn senior aus der Geschichte ihrer Nachfolge erzählt:

*Frau Bahn: Und so ist das bis zu meinem, bis zum, bis zur Erkrankung, // Ich mein', hinterher war mein Vater ja nicht mehr in der Lage, noch die Firma weiter zu führen! Mußte ja von heute auf morgen ganz alleine alles machen! – Er ist 71 nur geworden, // und dann mit 82 gestorben.*

Frau Bahn senior berichtet hier von den *zwei* Sterbetagen ihres Vaters. Zum ersten Mal ist er „gestorben", als er im Alter von 71 „erkrankte und nicht mehr in der Lage (war), die Firma weiter zu führen". Man stelle sich vor: als ihr Vater 71 Jahre war, „mußte (sie) von heute auf morgen ganz alleine alles machen!" – Zuvor hatte der sich nicht aus der aktiven Tätigkeit im Unternehmen lösen können. Dies *ermöglichte* ihm – und dem Unternehmen – erst die „Erkrankung"! Zugleich verdeutlicht dieses „erste" Sterbedatum, daß er damit aus dem Unternehmenssystem in das Familiensystem zurückfiel. Seit der Erkrankung war er nur noch „Vater" – und nicht mehr „Unternehmer"! Als „Unternehmer" ist er *71*, als „Vater" *82* Jahre alt geworden.

Wenn der Seniorunternehmer ganz im Unternehmen *aufgegangen* ist, hat er vielfach seine Person auf die Unternehmerrolle *reduziert*. Dementsprechend wird es ihm nur schwer möglich werden, sich eine „Rückkehr" ins Familiensystem vorzustellen (zumal nicht wenige Familien es sich nicht nehmen lassen wollen, ihn in der Rolle des „peripheren Vaters" zu belassen)! So kommt es auch gar nicht selten vor, daß die Senioren den Rücktritt vom aktiven Handeln des Rollenträgers nicht lange überleben und wenige Jahre nach ihrem Ausscheiden sterben! Wie selbstverständlich diese Verhältnisse gelten, mag der Leser an den Fällen ermessen, wo der Rücktritt mit (bzw. noch seltener: vor) der allgemeinen Pensionsgrenze als Erfolg gefeiert wird!

Das obenstehende Beispiel von Frau Bahn senior und ihrem Vater hat auch gezeigt, daß im Rücktritt des Seniorunternehmers – selbst wenn dieser durch Krankheit erzwungen ist – die Sterblichkeit des Metasystems individualisiert wird. „Doch nicht genug damit, daß Sterben und Tod nicht länger zu unserem Leben gehören und wie früher nur eine Zäsur im Gesamtlebenslauf bilden, daß von Passage somit längst keine Rede mehr sein kann: Sterben und Tod scheinen sich heute vielmehr im luftleeren Raum abzuspielen. Wir koppeln sie während der besten Jahre und im Hochgefühl der fiktiven Unsterblichkeit einfach von unserem Lebenslauf ab, so wie wir zuvor schon den jenseitigen Teil wegsäkularisierten. Unser Lebenslauf endet dann, wenn die guten Jahre vorbei sind, irgendwo im Niemandsland." (A.E. Imhof 1985, 225)

So wird das *Sterben* schlechthin in den pensionierten (oder pensionsreifen) Senioren in der Annahme eingeschlossen, nur ihr (persönlicher) Tod sei in der Frage des kollektiven Überlebens des „Werkes" maßgeblich. Es stellt jedoch gleichermaßen auch eine Verleugnung der eigenen Sterblichkeit dar und eine Abwehr, von dem Abschied nehmen zu müssen, was mit dem Ausscheiden der Senioren sonst noch aus dem Unternehmen „geht". Zugleich scheinen damit die Überlebenden vergessen können, daß das Unternehmen natürlich alles *andere* als *unsterblich* ist! Gleichzeitig dient die Abspaltung (Projektion) der Sterblichkeit in den Senior paradoxerweise dazu, Hoffnung in die – von ihm initiierte – Nachfolgeregelung zu setzen. Der

Nachfolger trägt nämlich – gewissermaßen als Antagonist der „Sterblichkeit" – mit dem Rücktritt des Seniors die Verewigungstendenzen des kollektiven (Lebens-)Werkes. Entsprechend dient das Leugnen *seiner* Sterblichkeit der sozialen Abwehr von Sterblichkeit des kollektiven Werkes. Der Leser wird Letzteres an den Fällen nachvollziehen können, in denen der plötzliche Tod oder die unerwartete Krankheit eines Nachfolgers das Metasystem in eine existentielle Krise stürzte, weil allen Beteiligten eine Nachfolgeregelung „verfrüht" erschien.

Die Gleichsetzung von Rücktritt der Unternehmer mit „Tod" kann nur dann von den Protagonisten des Generationswechsels als Fiktion erkannt werden, wenn es gelingt, daß alle Beteiligten ihre *eigene* Sterblichkeit – sowie die latente und langfristig wahrscheinliche des Unternehmens – anerkennen. So könnte auch dem (magischen) Glauben, mit seinem Rücktritt werde der Tod des Seniors initiiert, entgegen getreten werden. Ebenso der Phantasie, (allein) mit dem Eintritt des familiären Nachfolgers sei die Unsterblichkeit des Familienunternehmens garantiert.

So kann mit L.B. Barnes und S.A. Hershorn (1983, 76) auch von dem Senior (Patriarchen) eine konsequente Entscheidung gefordert werden, nämlich „... dem Unternehmen zum Leben zu verhelfen, obwohl er selbst abtreten muß." Ein Senior, den die eigene Erfahrung lehrte, berichtet: (E. H. Schein 1983, 18)

*„Ich verließ das Unternehmen meines Vaters und schwor, daß ich meine Kinder niemals der Situation aussetzen würde, die ich erleben mußte. Zur Zeit sammelt mein Sohn gute Erfahrungen in einem anderen Unternehmen unserer Branche, bevor er hier in dieses Unternehmen einsteigt, um es statt meiner zu führen. Innerhalb von fünf Jahren nach dem Tag, an dem er durch diese Tür kommt, werde ich das Unternehmen verlassen. Und das weiß auch jeder – sogar ich."*

**Muß ich das denn noch machen? ...**

Der Rücktritt ist für den Seniorunternehmer nicht nur deshalb bedrohlich, weil er unausweichlich mit der eigenen Sterblichkeit konfrontiert wird (und die anderen Beteiligten so tun, als gehe sie das nicht an). Sondern auch weil er darin sein *eigenes* Lebenswerk ebenso bedroht sieht, wie ja allgemein das Leben durch den Tod bedroht scheint (Th. Siefer 1987, 144). Ein anderes Bild ergibt sich für ihn erst, wenn er den Tod sowohl als Grenze als auch als *Rahmen* des individuellen Lebens ansieht: innerhalb dieses Rahmens gilt es für ihn, kreativ zu sein, zu reifen – und zu sterben.

Vieles spricht dafür, daß Familienunternehmen in besonderer Weise dazu geeignet sind, „... das Bedürfnis von Menschen nach Stabilität, nach einer sinngebenden Weltanschauung, nach überindividuellen, generationsüberdauernden Mittelpunkten" (A.E. Imhof 1985, 12) auszufüllen. Man kann die Rollenträgerschaft auch so verstehen, daß der Rolleninhaber für *seine* Zeit dem (generationenübergreifenden) Metasystem einen *Dienst* erweist. *Seine* Zeit als Rollenträger bemißt sich dann daran, inwiefern er in der Lage ist, dem Metasystem einen *Dienst* zu erweisen (welcher auch seinem Alter angemessen ist). Das bedeutet nicht notwendigerweise, daß die alternden Rollenträger mit nachlassender Vitalität aus dem Unternehmen „verschwinden" sollten! (Eben das berührt nämlich den Kern der mit dem Rücktritt ausgelösten Ängste!)

Solange aber die Individualisierung (und Privatisierung) – als bestimmende gesellschaftliche Ideologie – unsere Auffassung vom Leben, Arbeiten und Sterben beherrscht, wird auch in Familienunternehmen die Individualisierung der (ursprünglich kollektiven) Lebenswerke zunehmen. Es geht dann nicht mehr um das – vom Vorgänger – *übernommene* und – an den Nachfolger – zu *übergebende* (kollektive) Werk sondern um den Fortbestand des *eigenen* (individuellen) Lebenswerkes. In letzter Konsequenz heißt dann Erbschaft: die „Überführung" von individuellen Lebenswerken der Erblasser in ein *eigenes* der Nachfolger. Im Hinblick auf die Delegation ist dazu anzumerken, daß sie als generationenübergreifende (psycho-soziale) Strategie scheitern muß, wenn die Nachfolger von den Senioren zur Aufrechterhaltung des eigenen Lebenswerkes instrumentalisiert (d.h. zur *eigenen Verewigung* mißbraucht) werden. Zugleich verarmen Traditionen dann zur Reminiszenz an ein (marketingfähiges) Geschichtsbewußtsein und sind dementsprechend ausgehöhlt und kraftlos.

Es wundert daher kaum, wenn die „Gesellschaft der Individuen" (N. Elias 1987a, b) und die „Einsamkeit der Sterbenden in unseren Tagen" (N. Elias 1984) dazu führt, den Zeitpunkt des Ausscheidens aus der Unternehmerrolle zu verzögern oder die Sterblichkeit der alternden Rolleninhaber ganz zu verleugnen. Das zieht auch Konsequenzen für die Zukunftsfähigkeit des Unternehmens nach sich, wie Herr „Fach" aus Erfahrung zu berichten weiß:

*Herr Fach: ...*
*Aber daß man halt im Alter das nich' mehr kann, und auch die Zeit an einem vorübergeht, daß man neue Technologien 'reinbringen muß, (.) // das sieht er nicht mehr. Er is' auch, auch dann scheu, was zu investieren, weil er sagt: „Naja, wofür mach' ich das noch? Muß ich das denn noch machen?"*

An dem kurzen Abschnitt wird schon deutlich: die Verleugnung der eigenen Sterblichkeit durch den Senior führt „im Alter" unweigerlich zur Sinn- und Existenzfrage des Unternehmens und seiner Entwicklung. Wenn das kollektive Lebenswerk auf ein *individuelles* reduziert wird, hört der Leser im Interviewpartner den Senior fragen: „Wofür mache *ich* das noch? Muß *ich* das denn noch machen?". Im Falle von Herrn Fach führte dies schließlich dazu, daß er neben dem vom Vater gegründeten Unternehmen einen weiteren Betrieb aufmachte. Dieser ist nur zum Teil durch Aufträge des Stammhauses ausgelastet; einen wichtigen Teil der dort produzierten Dienstleistungen stellt Herr „Fach“ anderen Unternehmen zur Verfügung, lastet damit die (kapitalintensive) Anlage aus und senkt die Kosten für die Aufträge des Stammwerkes.

**Über meinen Tod hinaus ...**
Ich will die generelle Tendenz zur Individualisierung der Lebenswerke noch am Fall von Herrn Dame Senior, (dem Leser bereits gut bekannt) etwas weiter vertiefen. Der Leser kann daran gut nachzuvollziehen, inwiefern diese Tendenz auch als Antwort auf die (gesellschaftliche) *Verleugnung* des (individuellen) Todes verstanden werden kann.

*Ich: ...*
*Wenn Sie nich' mehr da sind: wer, wer macht et dann?*
*Herr Dame: ...*
*Um Ihre Frage zu beantworten: jeder is' ersetzbar, und meistens geht's dann auch, wenn die Voraussetzungen dafür sauber gemacht ...*
*Hören Se ens: [lauter] über meinen Tod hinaus kann ich nicht alles regeln. Kann ich nur nach bestem Wissen und Gewissen tun, [läßt Luft ab] Mittel – das heißt Geld – (.) und auch Kompetenzen rechtzeitig abgeben, damit die Nachkommenschaft lernt, damit umzugehen. Und mir die Möglichkeit des Korrigierens noch geblieben ist, wenn denn's total daneben geht, ist (.) das Gebot. Und das ist das, was viele nicht können!*

Angesichts der sich zum Zeitpunkt des Interviews vollziehenden Nachfolgelösung wird der Leser sicherlich mit mir darin übereinstimmen, daß die Einstellungen meines Interviewpartners in ihrem *pädagogischen* Ansatz (: „die Nachkommenschaft lernt“) als Vorbild für einen gelingenden Generationswechsel gelten kann. Zugleich gibt der hier wiedergegebene Erzählabschnitt aber auch ein Beispiel für die Individualisierung des Lebenswerkes (zumal, wie dem Leser bereits bekannt ist, Herr Dame Gründer des Unternehmens ist). So ist es doch unübersehbar, daß er sich „noch“ nicht ganz ersetzbar hält. Er hat „Voraussetzungen“ geschaffen, „Mittel“ und „Kompetenzen rechtzeitig abgegeben, damit die Nachkommenschaft *lernt*, damit umzugehen“, somit getan, „was viele nicht können“. „Das Gebot“ der Stunde ist jedoch, daß ihm „die Möglichkeit des Korrigierens noch geblieben ist, wenn's – trotz der guten Voraussetzungen – total daneben geht“. Die Nachkommenschaft ist zwar mit der „Mission“ betraut, ihn zu ersetzen aber nicht ausgesandt, dies auch – *ohne ihn* – auszuführen. „Über seinen Tod hinaus kann er“ *vieles*, bedauernswerter Weise jedoch „nicht alles, regeln“! Er hat aber vorgesorgt, daß ihm *bis zu seinem Tod* die „Möglichkeit des Korrigierens“ – beziehungsweise des Co-Regierens (er ist in jedem Unternehmen seiner Söhne Mit-Geschäftsführer) – „noch geblieben ist“!

In diesen Zusammenhang möchte ich eine These von B. Hellinger stellen: „Erst wenn wir anerkennen, daß alles in einer Gruppe vergänglich ist, finden wir für alle Bedingungen eine Grenze und das Maß." (G. Weber 1993, 148) Wo das kollektive Lebenswerk des Metasystems *individualisiert* wird, scheint weder die „Grenze" gezogen noch das „Maß" gefunden werden zu können. Die Seniorunternehmer – und insbesondere die Gründer unter ihnen – verlagern ihren ganzen Lebensinhalt (bzw. Sinn) in den Aufbau und Erhalt *ihres* (individuellen) Lebenswerkes. Angesichts der Strategie unserer Vorfahren, durch *temporäre* Rollenübernahmen *kollektive* Lebenswerke – über die individuellen Lebenszeiten hinweg – *lebensfähig* zu halten, fragt der Historiker A.E. Imhof (1985, 150 f.) zurecht, inwiefern diese „... nicht auch den Bedürfnissen des jeweiligen Individuums entgegen gekommen sein (muß), dem Einzelnen bei der Bewältigung *seines* Lebens geholfen (zu) haben? Heute steht jeder für sich, errichtet *sein* Lebenswerk, wofür er eben auch nur die Zeit *seines* Lebens zur Verfügung hat. ... Jeder Tod ist in unseren Tagen ein tragisches Ereignis, setzt er doch Punkt und Schluß hinter ein Lebenswerk."

So manche (leiblichen) Kinder könnten als Nachfolger mit solcher Hilfestellung viel eher dem Bild ihrer Väter (bzw. Mütter) folgen, wenn diese sich nicht in einem solchen Maße mit *„ihrem"* Unternehmen identifizierten, daß es fast zu einem eigenen Kind – nach dem Bilde seines Schöpfers – wird. Solchem werden die Nachfolger nie entsprechen können, denn nicht zu Unrecht gilt für eine erfolgreiche Nachfolgelösung: „Nachfolger folgen nicht" (A. Hodeige und Ch. Hodeige 1990, 13 f.). Einem kollektiven Werk werden diese möglicherweise eher folgen können als dem individuellen Werk eines Vorfahren, das dazu dient, dessen *eigenes* Lebenswerk zu überhöhen (zu idealisieren) und – schlimmstenfalls – weiterzuführen. Der „Rücktritt vor dem Tod" birgt für den Senior-Unternehmer somit das Risiko, daß seine Nachfolger *seinem* Lebenswerk nicht folgen können, wollen sie *seine* Kontinuität nicht zu der *ihren* machen (E. Kappler und St. Laske 1990, 8)!

#### *4.2.2 Der Eintritt vor dem Rücktritt*

Eine Geschichte von B. Hellinger soll die Dramaturgie der Nachfolge beleuchten helfen, die entsteht, wenn – wie in den meisten Übergangsprozessen – der Nachfolger eintritt, bevor der Senior zurückgetreten ist (G. Weber 1993, 188):

*„Mein Großvater erzählte, daß in seinem Ort ein Jude lebte, ein Viehhändler, und der habe gesagt: Ihr Christen seid ja völlig blöd. Bei euch darf man einen Hof erst übernehmen, wenn man dreißig oder vierzig Jahre alt geworden ist. Ich lasse meinen Achtjährigen schon Ziegen verkaufen. Die Käufer legen den rein, aber das macht nichts, er lernt daraus."*

Hieran wird zweierlei deutlich: Nachfolge gestaltet sich als ein *Prozeß* und *in* der Nachfolge ist es für alle Beteiligten wichtiger, Autorität zu *gewinnen* als

Fehler zu vermeiden (auch wer den Nachfolger Fehler machen läßt, *gewinnt*!). Nachfolge ereignet sich in einem Zeitraum und über Phasen hinweg. Dabei ist der Eintritt des Nachfolgers ein markanter Punkt in diesem Prozeß, welcher nicht selten mit wichtigen familiären und biographischen Ereignissen, wie Krankheit und Tod zusammenfällt. An die erste – oftmals turbulente – Phase des Hineinkommens schließt sich ein Prozeß des Überganges an, der die Übergabe durch den Senior beziehungsweise die Übernahme durch den Junior zum Ziel hat. Hier ist nicht nur der Zeitraum von Eintritt bis zur Übergabe maßgeblich, wie er in der obenstehenden Geschichte angedeutet wird. Sondern insbesondere die Phase der Übergabe, die sich im Hinblick auf die Schaffung individueller Lebenswerke und die Psychodynamik der Protagonisten angesichts der Sterblichkeit des alternden Unternehmers vor allem in *Verzögerungen* ausdrückt. In Letzteren kommt nicht nur zum Ausdruck, daß nicht nur die direkt Betroffenen (Protagonisten) sowie das gesamte soziale System (des Metasystems) *Zeit* benötigt, sich auf die neue „Zeitrechnung" (bzw. den neuen Rollenträger) einzustellen. Sondern auch, daß alle Beteiligten (auch die Mit-Arbeiter) ihren Teil dazu *beitragen*, wenn sich der Übergabeprozeß so dynamisch entwickelt, daß es zu *verzögerter* Übernahme durch den Nachfolger kommt.

Ein Beispiel aus einem (geplanten) Übergangsprozeß, das die generellen Ambivalenzen des sozialen Systems gegenüber der Übernahme (bzw. dem Rücktritt) herausstellt (FAZ v. 24.1.1993; Nr.19, 16):

*„Der älteste von drei Söhnen, ... , bereitet sich als Prokurist für die unternehmerische Nachfolge vor. Als Brähler anläßlich seines sechzigsten Geburtstages mitgeteilt hat, daß er sich mit 64 aus der Geschäftsleitung zurückziehen werde und mit 65 noch ein Stückchen weiter, haben alle gelacht, wie er selbst berichtet."*

Der Leser muß sich zum Verstehen der im Prozeß der Ablösung entstehenden (psycho-sozialen) Dynamik vergegenwärtigen, daß sich die Protagonisten – wie im Folgenden am Beispiel Unternehmer-Vater und Nachfolger-Sohn demonstriert – im Unternehmen (und in Familie) immer in *beiden* Rollen begegnen. Anders als es der (Werbe-)Slogan „Doppelrollen gibt's nur im Kino" (FAZ v. 23.7.1990; Nr. 168, 11) suggeriert,[6] *gibt* es in Familienunternehmen Doppel-Rollen. Anders als im Kino kann dort jedoch nicht davon ausgegangen werden, daß die Darsteller das Geschehen nur (nach-)spielten. Mögen in der (für unser Wirtschaftssystem scheinbar essentiellen) gesellschaftlichen Spaltung in Arbeits- und Familien-Welt (E. Beck-Gernsheim 1990) Familienunternehmen auch (gelegentlich) den Anschein erwecken, als seien sie „das Paradies auf Erden", so kann es von den Betroffenen durchaus gegenteilig erlebt werden (Th. Siefer und B. Sievers 1993, 135). Der *goldene Käfig*, in dem sich so manche Nachfolger in Augen ihrer Umwelt befinden dürften, hat sich schon oft als *Gefängnis* der Wirklichkeits-Konstruktionen von Familie, Unternehmen und gesellschaftlich relevantem Umfeld erwiesen. Das zeigt sich im Übrigen auch in der vielfach anzutreffenden Annahme, ihre Erfahrung der Nachfolge sei so individuell, intim und einmalig, daß sie darüber nicht sprechen könnten (bzw. dürften). So verschließen sich Nachfolger und Übergebende einer offenen Bearbeitung (bzw. Auseinandersetzung) mit den – für sie durchaus auch leidvollen – Erfahrungen, die sowohl aus dem Ereignis selbst als auch aus dem Nicht-Verstehen der zugrundeliegenden Konstellation der Doppel-Rollen resultieren.

Aus der Perspektive des Lesers ist es daher an der Zeit, sich ein (systemisches) Bild der Doppel-Rollen im Metasystem zu machen und sich ihre Bedeutung für die Systemdynamik im Prozeß der Ablösung zu vergegenwärtigen. Ich habe dies in Abbildung 4 – vereinfachend – dargestellt. Daraus geht zunächst hervor, daß die beiden (sozialen) Teilsysteme für die „personalen Systeme" das Konstituieren zweifacher Rollen bedingen: am hier demonstrierten Beispiel im Familiensystem als „Vater" und „Sohn" und im Unternehmenssystem als „Unternehmer" beziehungsweise als „Nachfolger".

Die spiralförmigen Pfeile weisen auf die *dynamische* Perspektive des Nachfolgeprozesses in der Ablösung hin: auf der Phantasieebene wird der Rücktritt des Seniors aus der Rollenträgerschaft des Unternehmers in die (primäre) Rolle im Familiensystem mit Abstieg und „Tod" identifiziert, die des Nachfolgers in die Unternehmerrolle mit Aufstieg und „Leben".[7]

Auf dem Hintergrund dieser Doppelrollen wird auch deutlich, daß die Nachfolge von Familienunternehmen – im Gegensatz zu anderen (anonymen) Unternehmen – immer in einem doppelten Kontext zu sehen ist: dem von Eignung und Erbschaft. „Während der angestellte Unternehmensleiter oder Manager in erster Linie seinen Geldgebern verpflichtet ist, wird der Nachfolger bzw. die Nachfolgerin in Familienunternehmen sich immer auch aus der Rolle des Sohnes bzw. der Tochter befreien und sich zugleich des Erbes „würdig" erweisen müssen." (Th. Siefer und B. Sievers 1993, 134) Die von P. Davis angeführten enormen Schwierigkeiten von Söhnen, sich zu Erwachsenen und Unternehmern (Managern) zu entwickeln, sind nur ein Beleg dafür. Denn oft haben diese eine einfache Handlungsmaxime für ihr Leben: den Beifall des „Alten Herrn" zu erhalten. Unglücklicherweise ist dieser jedoch als Unternehmer-Vater niemals gewillt, seinen ungeteilten Beifall zu zollen: dies hieße für ihn selbst ja, Kontrolle (und Einfluß) zu verlieren und stellte einen weiteren Schritt auf „sein Ende" (als Unternehmer) dar (P. Davis 1983, 52).

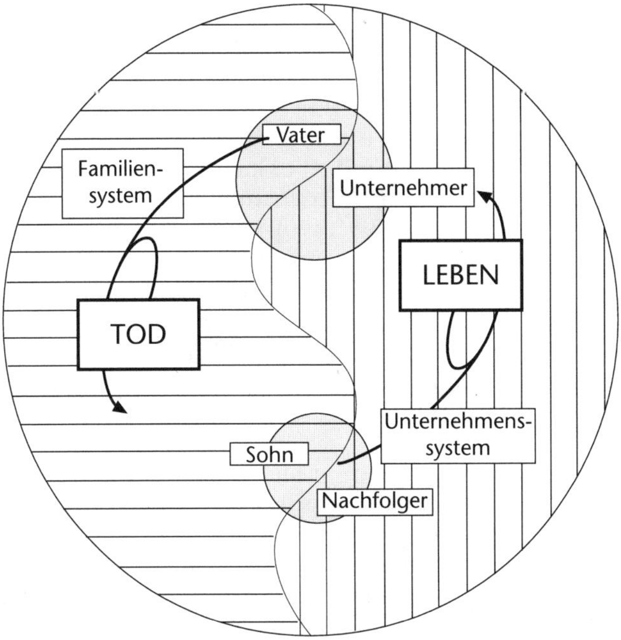


Abb.4: Doppel-Rollen im Metasystem am Beispiel
Unternehmer-Vater/ Nachfolger-Sohn

Andererseits zeugt eine Unzahl von Beispielen davon, daß die Dynamik der Ablösung auch als machtvoller Wechsel (bzw. als „Wechsel voller Macht") bezeichnet werden kann. Das heißt nicht, daß der Generationswechsel zwingend so – wie etwa im Beispiel des Mövenpick-Gründers – verlaufen muß (K. Mrusek 1993, 13):

*„Das alles klingt märchenhaft, ist aber nichts anderes als das grandiose Lebenswerk eines 76 Jahre alten Gastronomie-Pioniers. Doch anders als in den meisten Märchen ist ein gutes Ende der Mövenpick- Geschichte nicht sicher. Das kapitalkräftige Unternehmen ist noch nicht gefährdet, aber angeschlagen. Seit Mitte der achtziger Jahre ist der erfinderische Elan dahin, und, was noch schlimmer ist, seit drei Jahren ist die Firma mit ihren 14000 Mitarbeitern Schauplatz eines Trauerspiels. Die Hauptfigur ist Prager, ein im Alter zusehens verbitterter Mann, der mit Starrsinn und Eitelkeit seine Legende zerstört. Seine Tragik ist, sich nicht beizeiten aufs Altenteil zurückgezogen zu haben."*

Manche solcher Beispiele lassen vergessen, daß Macht in Organisationen als soziale Beziehung zwischen Menschen und weniger als persönliche Obsession betrachtet werden kann (D. Knights und J. Roberts 1982, 47; M.

Lueger 1992, 172). Ohne Zweifel ist die Position des Seniorunternehmers in „Unternehmen" und Familie eine sehr *mächtige*. Wo der Generationswechsel vor allem als Machtwechsel dargestellt wird, werden die Handlungen (sowie ihre Beschreibungen) jedoch auf ihre machtvollen *Aspekte* fokussiert. Bei konfliktreichem, auf Interessen und Einfluß bezogenem, Verlauf, *ist* er *politisiert*, jedoch nicht ausschließlich in Kategorien von „politischen Konstrukten der Regulierung von Herrschaftsausübung und Interessensrealisierung" zu sehen (M. Lueger 1992, 170). Die Beteiligten (Protagonisten) des Generationswechsels neigen in einer politisierten Dynamik dazu, die Wirklichkeit des Generationswechsels auf Macht, Einfluß und Interessen zu *reduzieren* und nur noch Lösungen im *politischen System* zu suchen. Denn alle scheinen aus der Aufrechterhaltung des Problems ihren Nutzen zu ziehen. Einmal mehr stellt sich eine Lösung des Problems als das *eigentliche* Problem dar.

Die Bedeutung der Doppelrollen im Metasystem liegen auch hier auf der Hand, kann doch der Generationswechsel als ein doppelter Machtwechsel aufgefaßt werden: zum einen übernimmt der Nachfolger die Rollenträgerschaft und zum anderen verändert sich dadurch die *Dominanz* im Rollengefüge der Familie (bzw. der Sippe) (L.B. Barnes und S.A. Hershorn 1983, 71 f.).[8] In der Regel erfolgen sie in „Familie" und in „Unternehmen" gleichzeitig. (Es gibt aber auch andere Konstellationen, nicht selten wirken die Ehefrauen bzw. Mütter als „Graue Eminenzen" im Hintergrund.)

Insbesondere den Nachfolgern von Gründern wird ein spürbares Maß an Machteinfluß im Familiensystem zugestanden. Das bringt jedoch vielfach *Neid* und *Mißtrauen* in den anderen Familienmitgliedern hervor und provoziert schwere (familiäre) Auseinandersetzungen (I. Landsberg a. R. Beckhard 1983, 31). Es ist aus Sicht des Autors jedoch zu hinterfragen, inwiefern die – als Machtwechsel konstruierte – Ablösung zwingend politisiert verlaufen muß, und ob die Dynamik nicht vor allem durch die Tendenz zum Aufbau individueller Lebenswerke unterstützt wird?

Die Perspektive eines kollektiven Lebenswerkes ist nicht nur dazu geeignet, Hoffnung in die tendenzielle Unsterblichkeit von „Familien, die Unternehmen unternehmen" zu wecken, sondern auch die eigenen Beiträge der jeweils aktuellen Rollenträger angemessen zu relativieren! Angesichts eines Generationen übergreifenden Kontinuums bewirkt die Übernahme der Rollenträgerschaft durch einen Nachfolger sicherlich einen Zuwachs an *Bedeutung* im Metasystem. Sie bekommen damit auch ein anderes *Gewicht* in der Familie beziehungsweise in der Sippe (sie werden ja auch von dort aus zur Nachfolge *delegiert*). Dennoch nehmen sie die Unternehmerrolle auch *stellvertretend* für ihre Generation – für *ihre* Zeit – und *im Auftrag* der Gründerfamilie wahr. Diese Dynamik äußert sich im Nachfolgeprozeß sehr *kraftvoll* und ist sichtbar von starken Gefühlen begleitet!

Ein kluger Nachfolger wird dennoch den mit dem Wechsel verbundenen Zuwachs an Gewicht und Bedeutung in Familie und Unternehmen nicht als *persönlichen* Machtzuwachs ansehen. Er wird ebenso eher auf die mit seiner Nachfolge verbundene Loyalitätsverpflichtung gegenüber der „Familie mit System" abheben, wie er als Nachfolgender immer gut beraten sein wird, das Unternehmen aus der „letzten" Position zu führen. (Im Hinblick auf eine „gute Lösung" bzw. ein „gutes Bild" heißt dies bei Gründerunternehmen, daß er sich neben den Gründervater stellt.)

Er wird die Kraft der Ursprungsordnung zur Zukunftssicherung des Metasystems nur dann erfolgreich nutzen können, wenn er seine Rolle nach der Übernahme ausführt, als habe er seine Vorgänger (zuerst den Vater, hinter dem der Großvater, ...) „im Rücken". In dieser Haltung „stehen sie hinter ihm" – dies kann ihn auch vor der Anmaßung von „Machtpositionen" im Familiensystem bewahren und hilft ihm, seine Rolle in einem generationsübergreifenden Kontext zu sehen und sie angemessen zu relativieren. „Damit dies geschehen kann, muß „der Patriarch" sich der Entscheidung unterwerfen, dem Unternehmen zum Weiterleben zu verhelfen, obwohl er selbst abtreten muß. Wenn er dazu in der Lage ist, kann die Bewältigung der Übergänge beginnen. Ein erfolgreicher Übergang in der Familie kann in der Tat einen positiven Aufschwung für das Unternehmen bedeuten." (L.B. Barnes und S.A. Hershorn 1983, 76) Beide Arten von Beiträgen – die der Nachfolger und die der Senior-Unternehmer – dienen dann auch in der Phase des Eintritts vor dem Rücktritt dazu, eine Option auf ein Stück „Familien(-Unternehmen) unternehmen Un-Sterblichkeit" zu wahren.

#### *4.2.3 Das Leben vor dem Tod*

Der Leser ist nun eingeladen, diejenige Phase im Prozeß der Ablösung näher in Augenschein zu nehmen, die zwischen dem „Eintritt vor dem Rücktritt" und dem „Leben nach dem Rücktritt" liegt. Ich meine damit die Fälle von *verzögerter* Übergabe (bzw. von verzögertem Rücktritt), in der so mancher Senior ein „Leben nach dem Rücktritt" nicht mehr erreicht, weil er als alter Unternehmer bis zu seinem Tode im Unternehmen verblieben ist. Der Leser muß sich dazu vor Augen führen, daß die *individuellen* Lebenskurven von Seniorunternehmer und Juniornachfolger zwischen Eintritt des Nachfolgers und der Übernahme der Unternehmerrolle eine bedeutende Rolle spielen. Zumal sie von der *Dauer* der Zugehörigkeit zum Unternehmen beziehungsweise von der Dauer der Rollenträgerschaft des Seniors überlagert wird. Das ist insofern entscheidend für den Verlauf und die Dynamik des Nachfolgeprozesses, als daß beispielsweise große Überschneidungen einer langen, gemeinsamen Tätigkeit im Unternehmen dazu führen können, die Ablösung unnötig herauszuzögern und den damit verbundenen Leidensprozeß für die Betroffenen zu verlängern. Für manche Söhne und Nachfolger gilt zweifelsohne: „Söhne und Angestellte müssen in der Regel ein langes und geduldiges Warten in Kauf nehmen, bis sie das Unternehmen leiten dürfen" (L.B. Barnes und S.A. Hershorn 1983, 67). Wenn zudem das Metasystem der Fiktion erlegen ist, der Rücktritt des Seniors bedeute seinen Tod, und die Nachfolge entsprechend erst nach (bzw. mit) seinem Tod erfolgt, erweist sich (im Nachhinein) der Wahrheitsgehalt eines Sinnspruches von J. Glötzer (1983b, 22): „Auch der Zeitpunkt und der Umstand des Todes des Vaters ist von Bedeutung: Manche Väter sterben ‚rechtzeitig'; spät, aber nicht zu spät ‚abtretend' – oder sehr früh ..."

Die für den Junior dadurch entstehende Warteschleife ist insbesondere dann sehr schmerzlich, wenn den Vater die Sorgen über die Eignung des Sohnes bedrücken, und er dies dadurch zum Ausdruck bringt, daß er den Sohn – statt ihn in die Unternehmung „einzuführen" – von den Leitungsaufgaben *isoliert* (Th. Siefer 1987, 146). Der Außenstehende sollte solchen Zuschreibungen – wie sie beispielsweise die Nichteignung des Sohnes darstellt – äußerst zurückhaltend gegenüberstehen. Er sollte sie daraufhin überprüfen, inwiefern sie nicht der Aufrechterhaltung der Seniorenposition und der Verewigung *seines* Lebenswerkes dienen (oder wem sie sonst noch nutzen)! Selbst dort, wo seine Eignung auch objektiv als eingeschränkt testiert werden sollte, muß die Frage gestellt werden dürfen: „Wozu hat der Senior den Betroffenen dann ins System geholt – wenn nicht zur Nachfolge?"! In diesem Sinne verstehe ich auch den „Rat" von A. Pine (1992, 34 f.):

*„Wenn ein neues Familienmitglied im Unternehmen offen jedem sagt, daß der Eintritt in den Familienbetrieb der Weg des geringsten Widerstandes sei, und bereit, Willens und erpicht darauf ist, zu lernen und zu wirken, wenn sich ihm diese Gelegenheit bietet – großartig! ... Wenn Kinder erfolgreich sein sollen, werden sie ihren Wert durch ihre Arbeit beweisen müssen – nicht dadurch, daß sie die Tochter oder der Sohn des Chefs sind. Selbst wenn einige niemals zu Managern werden, so haben sie das wenigstens herausgefunden, ohne einen Dolchstoß versetzt zu bekommen."*

**Bei mir bestimmt nicht! ...**

Herr „Fach" erzählt nachstehend eine Anekdote aus der Anfangszeit seiner Tätigkeit, als er nach dem Studium „wieder beim Vater war". Sie handelt von einer 73jährigen Inhaberin und ihrem 54jährigem Sohn. Die Begegnung mit ihnen wurde für Herrn Fach zu einem „Schlüsselerlebnis" und ist gut geeignet, die Dramaturgie der verzögerten Nachfolge nachzuzeichnen. Das Ganze bekommt noch eine metaphorische Dimension dadurch, daß diese Begegnung für Herrn Fach, bezeichnenderweise *selbst* Gründernachfolger, zum Anlaß wurde, einen eigenen, aktiven Entwurf der Ablösung vorzunehmen. Er erzählt im Folgenden von einem Kundenbesuch und bettet diese Anekdote in die Geschichte der eigenen Nachfolge ein:

*Herr Fach: ...*
*Und // in der damaligen Zeit war ich also so, // wie lang war ich dann da? Ungefähr so vier Jahre beim Vater wieder. Und das war also so nen, so nen Beispiel für so nen Schlüsselerlebnis für mich.*

*Ich: Hm.*
*Herr Fach: …*
*Die Mutter kam und fragt: „Naja, wie klappt's dann so?" – Keine Ahnung, klar, logisch! Wie kann se das wissen! Aber sie erkundigte sich, und der Sohn machte immer einen großen Bogen um uns 'rum.*
*Ich: Hm.*
*Herr Fach: Weil der einfach (.), er durfte noch nichts, mal entscheiden, Material zu kaufen. So, so nen Stängchen Material, das (.) – hatt' ich also damals den Vater gar nich' gefragt! Hab ich angerufen, und ich sag': „Komm, das brauchen wir!", – dann muß das gehen! Da mußt' er erst die Mutter noch fragen! Und das war das Verhältnis – also, ich meine so '73 wär sie gewesen, und er 54, so in der Größenordnung! Und da hab ich nur mit dem Kopf geschüttelt. Ich sag: „Das darf doch nich' wahr sein!" Ich mein', er lief zwar mit seinem Meisterkittel 'rum, – und da war et aber schon gegessen! Der hatte, wenn man jetzt so Außensteher is', kriegt man natürlich auch mit, wie die Leute reagieren …*
*Ich: hm.*
*Herr Fach: … auf den Sohn. Die hielten natürlich gar nix von ihm!*
*Ich: Hm.*
*Herr Fach: – Ja! Die warteten im Grunde jetzt wieder auf seinen Filius – ja, ich glaub', der hatte damals 'nen Sohn – daß der in den Betrieb kam und das dann übernahm von der Oma!*
*Ich: Hm.*
*Herr Fach: Und da hab ich gedacht: „Nee, bei mir bestimmt nich'!"*

Der Leser sollte nicht annehmen, diese Anekdote stelle einen Einzelfall dar! Im Bergischen Land, das von einer Vielzahl von Familienunternehmen geprägt ist, kann er auch heute noch auf vergleichbare Konstellationen treffen (z.B.: K. Hoffmann 1981, 30 f.). Auch wenn sich hier eine eingehende Interpretation der Anekdote verbietet, weil über den Kontext (insbesondere die fehlenden Personen in diesem Drama) zu wenig Information vorhanden ist, zeigt doch gerade ihr Charakter als „Lehrstück", inwiefern generell in der verzögerten Übergabe die „(Un-)Sterblichkeit die (Familien-)Nachfolge unternimmt". Denn hier unternehmen weniger die Lebenden – schon gar nicht die Nachfolger – vielmehr kommt es dem Betrachter so vor, als dienten sie einem ganz anderen (familiären) „Unternehmen"! (Der Altersabstand zwischen Mutter und Sohn beträgt lediglich 19 Jahre!)

Für Herrn Fach wurde daran klar: eine solche Konstellation hat für den Nachfolger schlimme Folgen. Aus seiner Erzählung geht hervor, daß er die Lösung dieses Dilemmas zunächst im Erwerb der fachlichen Autorität sah, worauf später die Übergabe der Unternehmerrolle – auch nicht ganz unproblematisch – folgte. Wie aber sollte ein Nachfolger jemals eine Leitungsrolle ausfüllen, wenn schon die eigene Mutter, der eigene Vater „nichts von ihm hält"?

Dem Leser wird klar sein, daß der im Unternehmenssystem nicht geachtet werden wird. Jedoch sollte er sich weiterhin davor hüten, die Gründe dafür einseitig in den Nachfolger zu verlagern, wie M. Kruk (1977) überzeugend darlegt: „Wer seinen Mitarbeitern mehr vertraut als dem eigenen Sohn, wer alle wesentlichen Fragen mit den Abteilungsleitern bespricht, ohne den Sohn zu unterrichten, wer sich ängstlich davor scheut, den Sohn auch einen Blick in das „Allerheiligste" des Betriebenes werfen zu lassen, untergräbt die Autorität des Nachfolger, dem sich alle leitenden Angestellten dann als „Wissende" weit überlegen fühlen."

An diesen Ausführungen wird sofort deutlich, wem eine solche Mißachtung im System *nutzt*! Sie nutzt dem Senior, weil er sich des Abschiednehmens und Rücktrittes enthoben glaubt und sich als unabkömmlich *phantasiert* – als ob er damit seiner Sterblichkeit *enthoben* wäre. Zum anderen nutzt sie den „Wissenden", indem sie die – ihnen über Jahre liebgewordenen – (Verhaltens-)„Spiele" weiterspielen können. An *diesen* Strukturen wird der Junior zeitlebens seines Vaters nicht wagen dürfen, zu rütteln. Die Verewigungstendenzen der väterlichen Unternehmensführung bleiben dann auch über den Tod des Alten in Gestalt *seiner* langjährigen Angestellten mächtig, indem sie diesen gegenüber jeglichen Veränderungen Immunität gewähren, wie wiederum M. Kruk (1977) zu berichten weiß: „Es soll auch vorkommen, daß Väter aus ihrer abschätzigen Meinung über die Qualitäten ihres Sohnes vor den Angestellten keinen Hehl machen. Solche Nachfolger haben später gegen eine Flut von Vorurteilen anzukämpfen. Was sie auch tun, stets wird ihnen der Einwand begegnen: „Der Vater wußte schon, was er machte, und seine Methoden haben sich über Jahre bewährt – lassen wir es besser dabei." Darin entlarvt sich zugleich auch die Verleugnung der eigenen Sterblichkeit durch die Senioren: „In den meisten Fällen sind sich die Väter, die so handeln, selbst nicht – mindestens nicht voll – dessen bewußt, was sie damit anrichten. Sie können nicht anders. Sie folgen sozusagen ihrem inneren Trieb, meinen sogar, damit nur Gutes für das Unternehmen, vielleicht auch für den Nachfolger zu tun." (M. Kruk 1977)

Die Verleugnung des Alters und der Sterblichkeit des Seniorunternehmers ist der Antrieb, der den Generationswechsel unbewußt *managt*: das Ergebnis ist, daß die Angst die Protagonisten der Nachfolge „managt", welche ihre „inneren Triebe" ausagieren und zu einem bewußten Selbst-Management (in ihren Rollen) nicht mehr in der Lage sind. L.B. Barnes und S.A. Hershorn (1983, 70) führen dazu ein anschauliches Beispiel aus ihrer Beratungspraxis an:

*„Ich habe alle erforderlichen Dokumente aufgesetzt, um den Anteil meines Vaters aufzukaufen, weil er schon seit längerem gesagt hatte, daß ihm nichts mehr am Geschäft liege. Als aber alles vorbereitet war und wir ihm die Papiere zur Unterzeichnung vorlegten, verhielt er sich plötzlich sehr merkwürdig. Alles war ord-*

*nungsgemäß erledigt worden, trotzdem wollte er nicht unterschreiben. Schließlich sagte er mir, daß er glaube, es nicht übers Herz bringen zu können. Es fiel ihm unendlich schwer, das Unternehmen tatsächlich zu übergeben. Er meinte, immer noch seinen Beitrag leisten zu müssen."*

Selbst wenn man bedenkt, daß der Verkauf des Unternehmens an den Nachfolger diesem noch eine andere Autorität und Verantwortung verleiht, ist eine solche rationale Variante[9] der Erbschaft (im Übrigen in amerikanischen Unternehmen vielfach häufiger als in westeuropäischen) doch dazu angetan, die „unendliche Schwere" einer verzögerten Übergabe zu illustrieren. Manche Senioren entdecken in solchen Situationen ihr Herz für das Geschäft wieder neu – sicher erst recht, wenn die Dokumente bedeuten, sie sollten in Zukunft *keinen* Beitrag mehr leisten (doch davon später mehr).

Die Einstellung des Seniors, sich als unabkömmlich für das Unternehmen zu phantasieren, wird durch das gesamte System getragen. Die anderen Beteiligten tragen zur Aufrechterhaltung der Fiktion bei, der Senior täte dies ausschließlich „nur" für das Unternehmen. Diese Fiktion, welche die Rücktrittsweigerung alter Unternehmer glorifiziert, scheint tief in der Kultur von Wirtschaft verwurzelt zu sein, wie die Mythenbildung eines deutschen Wirtschaftssymbols zeigt:

*„Friedrich Flick war 89 Jahre alt, als er starb. Bis zuletzt hat er die Führung seines Konzerns nicht aus der Hand gegeben. Woche für Woche pilgerte sein alter Freund und Weggenosse Konrad Kaletsch zu dem Ruhesitz des „Alten" in die Schweiz, um die laufenden Geschäfte mit ihm zu besprechen. Auch andere leitenden Männer aus der Konzernzentrale oder von einzelnen Konzernunternehmen fanden sich häufig bei ihm ein. Kaum einer empfand diese Reisen als lästige Pflicht. Fast alle kamen voll Bewunderung ob der unternehmerischen Klugheit dieses Mannes zurück. Er gab die besten Ratschläge, traf die richtigen Entscheidungen. Seine Autorität in der Führung des Konzerns war bis zuletzt unbestritten. … Nicht alle Unternehmer haben – wie der alte Flick – so überragende Qualitäten, daß die Jüngeren kraft eigener Einsicht die Autorität des Alten uneingeschränkt anerkennen. (Allerdings hat es auch bei Flick zuvor Probleme mit dem ältesten Sohn gegeben, die mindestens zum Teil darauf zurückgingen, daß der Sohn dem „Schatten" seines großen Vaters zu entweichen trachtete – was bekanntlich zu einem tiefen, nie überwundenen Zerwürfnis geführt hat.)" (M. Kruk 1977)*

Bezeichnenderweise setzt der Autor des Textes die Schattenseite dieser Glorifizierung – das Zerwürfnis von Vater und Sohn – in Klammern, damit sie der Legendenbildung keinen Abbruch tue. Denn wer mag ernsthaft glauben, daß das Wirken des „großen Vaters" – der auch im Alter eines Urgroßvaters noch „unbestritten" war – *nur Gutes* für die Entwicklung des Unternehmens bewirkt habe? Eine „uneingeschränkte Anerkennung" und „überragende Qualitäten" stellen eher *Unterwerfung* unter den „großen Vater" dar. Sie nutzte vor allem den „leitenden Männern", die nicht zur Familie gehörten – und dem Alten selbst, der damit das *Bild von einem Unternehmer* abgeben und so zum Mythos werden konnte.

Daß der „Alte" seinen Ältesten nicht ersetzen konnte (schon gar nicht über den eigenen Tod hinaus), erfährt der Leser aus einer andere Quelle:

*„Nachdem sich Flick senior schon 1966 mit seinem ältesten Sohn Otto Ernst überworfen und diesen aus dem Unternehmen gedrängt hatte, übernahm Friedrich Karl Flick nach dem Tode des Vaters 1972 gemeinsam mit seinen beiden Neffen Gert-Rudolf („Muck") und Friedrich Christian („Mick") die Leitung des Konzerns. ... Da die gemeinsame Geschäftsführung mit den Neffen Mick und Muck (den Söhnen seines Bruders Otto Ernst) nicht recht klappen wollte, kaufte sich FKF Anfang 1975 frei. Insgesamt 405 Millionen Mark zahlte der Alleinherrscher für den geordneten Rückzug der unerwünschten Verwandtschaft." (R. Schwaiger und M. Hennes 1994, 90)*

Auch das Ende des Unternehmens ist bekannt: 13 Jahre nach dem Tod des Alten „verkaufte er seinen Besitz für mehr als 5 Mrd. DM an die Deutsche Bank und zog sich ins Privatleben zurück" (WAZ Nr. 248 v. 24.10.1994). Man kann durchaus vermuten, daß der Mythos Flick dem „Alten" auf Kosten seiner *Nachfolger* Unsterblichkeit verleihen wird: im Zweifelsfalle wird das Ende des Unternehmens seinen Söhnen und Enkeln angelastet werden!

Manchem der Nachfolger stellt sich im Hinblick auf die verzögerte Übergabe die Frage: „Warten oder Gehen?" Das illustriert ein Beispiel aus der Beratungspraxis von L.B. Barnes und S.A. Hershorn (1983, 70):

*„Ich kann die Verhältnisse nicht so schnell ändern, wie ich es gern möchte. Aber es ist mir absolut klar, daß eine grundlegende Änderung erforderlich ist. Dies ist aber nicht einfach. Zunächst muß man mein Alter, meine Erfahrungen und meine Stellung als Sohn des Chefs bedenken. Jeder andere Topmanager im Unternehmen ist über fünfzig. Über diesen Punkt bin ich ständig unzufrieden. Ich möchte einen größeren Geschäftsanteil besitzen. Bisher habe ich nur sieben Prozent des Kapitals, mein Vater hat 80 Prozent und der Rest der Familie weitere 13 Prozent. In meiner momentanen Position kann ich das Unternehmen nicht schnell genug auf Trab bringen. Wir streiten uns häufig, aber nichts scheint sich zu ändern. Ich habe mir jetzt folgendes Ziel gesetzt: Wenn ich nicht innerhalb der nächsten zwei Jahre die Leitung des Unternehmens bekomme, dann verlasse ich das Unternehmen und mache eben etwas anderes."*

Selbst wenn man berücksichtigt, daß es sich hier um ein amerikanisches Familienunternehmen (mit einem anderen sozioökonomischen Hintergrund) handelt, hört der Leser aus der Drohung, das „Unternehmen zu verlassen", eher das *trotzige Kind* als einen (reifen) Erwachsenen heraus. (Dem

„Kind" würde der Leser das Unternehmen auch nicht anvertrauen wollen!)[10] Zuweilen kann es einem Begleiter des Übergangsprozesses gelingen, den Junior aus dieser (ödipalen) Position herauszuführen, indem er ihn in einem Rollenspiel damit konfrontiert, was sich denn änderte, wenn er im Unternehmen als „Unternehmer" statt als „Sohn des Chefs" arbeitete. Für manche Nachfolger scheint mir angeraten, mit dem Eintritt ins Unternehmen noch zu warten, insbesondere wenn die Pensionsgrenze des Seniors noch sehr entfernt scheint oder die Unternehmensentwicklung ihm nicht ermöglicht, im Tagesgeschäft außer Reichweite des Vaters zu bleiben.

Die wenigsten Senioren befassen sich mit dem Generationswechsel und ihrem Abschied, wenn sie 50 Jahre sind, viele erst nach der Pensionsgrenze. Noch viel weniger fassen einen frühzeitigen Rücktritt ins Auge, obwohl die nachfolgende Generation bereits soweit wäre, die Unternehmensleitung zu übernehmen! Anders als bei ihren Kindern (und Enkeln) scheint es den alternden Unternehmern bei den Nachfolgern schwer zu fallen, sich an die eigene Geschichte zurück zu erinnern. Jedoch könnte die Wiederbelebung der eigenen Entwicklungsphasen – mit all ihren Reifungsschritten und Rückschritten, Erfolgen und Mißerfolgen – dem Senior dazu verhelfen, die Nachfolgenden nicht zu überfordern. Sie müssen dann nicht erst alle Qualitäten mitbringen, die der Vater in den (oft langen) Jahren seiner eigenen Laufbahn als Unternehmer erworben hat. Das Wiedererinnern an die Zeit des eigenen Eintritts, den Erwerb eigener Autorität, das wachsende Zugestehen von Autorität durch Alt-Gediente, Mit-Arbeitende, Kunden und Lieferanten und nicht zuletzt die Anerkennung durch den eigenen Vorgänger und das Hereinwachsen in die Rolle als „Unternehmer" birgt für den Senior angesichts des „Lebens vor dem Tod" ja auch eine Chance im Hinblick auf das Überleben des kollektiven Werkes. Er kann seinem Nachfolger sagen: „Ich war genau so!", statt in der Tendenz zur eigenen Verewigung in ihm (bzw. ihr) eine Kopie – und Parodie – zu sehen. Dem Leser dürfte daraus auch klar werden, daß der Nachfolger im Unternehmen nur in dem Maß Autorität gewinnen kann, wie sie ihm sein Vorgänger zuzugestehen bereit ist. Das kann auch heißen, daß der Nachfolger-Sohn letztlich erst dann Autorität im Unternehmen erwirbt, wenn er nicht mehr im „Laden des Vaters" arbeitet, sondern sich das Familienunternehmen – unter Nutzung und Achtung der familiären Loyalitätsverpflichtung – „zu Eigen" gemacht hat.

In dem, in den Doppelrollen enthaltenen, Konfliktpotential (Unternehmer-Vater und Nachfolger-Sohn schalten in ihrer Kommunikation oftmals zwischen den Rollen hin und her) liegt meiner Ansicht nach auch zurecht die Forderung begründet, daß beide Protagonisten des Generationswechsels nicht *allzulange gemeinsam* im Unternehmen verbleiben sollten. „Wenn der Vater mit dem Kinde" – oder (fast noch schlimmer): der *Unternehmer* mit dem *Sohne* – an der Nachfolge (bzw. der Unsterblichkeit) arbeitet, gerät die „reife Leistung" eines Generationswechsels in Gefahr, sich in Sabotage und Boykott zu verwandeln. Als „Vater“ und erwachsener „Sohn“ sollten sie über Belange des Familiensystems sprechen; dahingegen im Unternehmen miteinander eher wie mit einem Unternehmerkollegen (oder Manager) – Die Achtung des „Vaters“ bleibt davon unberührt! Wiederholungen der (kindlich-ödipalen) „Vater und Sohn“-Spiele müssen nicht auf der Bühne des Unternehmens wiederholt werden! Sie gehören ins Familiensystem, wo der Senior als Großvater mit seinen kleinen (!) Enkeln spielen kann: dort sind sie auch angemessen – im Unternehmen haben sie nichts „verloren“!

**Zur beiderseitigen Zufriedenheit ...**

Die generell zu beobachtende Tendenz von Unternehmersenioren, in der Ablösung weder den Nachfolgern eigene Autorität zuzugestehen noch sie aus dem (psychischen) Gefängnis der familiären Rolle zu entlassen, spiegelt gleichzeitig auch ihre eigene Unreife wider. Sie mag insofern verständlich sein, als daß ihre individuelle (Psycho-)Dynamik sie – angesichts der eigenen Nähe zum „repräsentativen Sterbealter“ – zunehmend mit dem eigenen Tod konfrontiert. Jedoch sabotieren sie damit gleichzeitig auch die transzendente Funktion des Familienunternehmens als kollektives Werk von Generationen. Ihre Unreife wird auch darin deutlich, daß sie damit die – den Hoffnungen auf eine tendenzielle Unsterblichkeit zugrundeliegende – gegenseitige Abhängigkeit der Generationen negieren. Kann darin doch nur der Eine fortführen, was der Andere abgegeben oder im (eigenen) Übernehmen an ihn weitergereicht hat.

Die Verleugnung der gegenseitigen (reifen) Abhängigkeit und die Verdrängung der eigenen Sterblichkeit zeigt sich in ihrer Abwehr[11] durch (politisierte) Strategien von Unterwerfung, Rivalisierung[12] und Beherrschung. Insbesondere an Letzterem wird deutlich, daß sie damit auf die *kleinkindliche* „Organisation“ (bzw. Strukturierung) von Gefühlen in der Interaktion mit ihrer (sozialen) Umwelt zurückgreifen.[13] Das Phänomen der Beherrschung läßt sich folgendermaßen beschreiben: „Eine Verleugnung psychischer Realitäten kann durch Wiedererwecken und Verstärken von Allmachtsgefühlen erreicht werden, insbesondere durch eine allmächtige Beherrschung des Objekts. ... Beherrschung ist eine Art Abhängigkeitsverleugnung; die Abhängigkeit wird nicht anerkannt und dennoch das Objekt gezwungen, ein Bedürfnis nach Abhängigkeit zu erfüllen, denn ein völlig beherrschtes Objekt ist bis zu einem gewissen Grade eines, von dem man abhängig sein kann.“ (H. Segal 1974, 112 f.) Die Beschreibung des Phänomens läßt den Leser verstehen, wozu die Senioren die Nachfolger (mithilfe der manischen Abwehrorganisation gegen jede Abhängigkeit) in ihren familiären Rollen belassen: sie schützen sich somit vermeintlich vor Verlust und Trauer und halten so zugleich die Nachfolge (bzw. die Nachfolger) für beherrschbar. Ihre grandiosen und omnipotenten Phantasien hinsichtlich der eigenen Unsterblichkeit (im *eigenen* Lebenswerk) sind nämlich im „Leben vor dem Tod“ gleichzeitig auch eine Abwehr gegenüber dem vermeintlichen Chaos, welches der Transformationsprozeß des Generationswechsels in ihren Augen häufig hervorzubringen droht.

Der Prozeß der *Ablösung* bedeutet für Senior und Junior verschiedenes. Und dennoch wird der Generationswechsel nur gelingen können, wenn beide Einsicht in die gegenseitige Abhängigkeit (und Angewiesenheit) nehmen. Ich will dazu ein Beispiel anführen, in dem es bei der Nachfolge und der Erbschaft nicht bei Absichtserklärungen geblieben ist. Herr Fach ist dem Leser ja bereits mit dem Ausspruch *„Bei mir bestimmt nicht!"* bekannt. Der Vollzug der Ablösung (bzw. der Übergabe) stellt in seinem Beispiel zugleich auch eine Versöhnung zwischen dem zum Unternehmer avancierten Junior und seinem Vater dar.

*Herr Fach: ...*
*Naja, Vater starb. – War dann auch schwer, sehr schwere Zeiten natürlich. Tat mir sehr leid!*
*Ich: Hm.*
*Herr Fach: Man hat sich aneinander gewöhnt! [Holt Luft] Wir hatten ein sehr, sehr nettes Verhältnis zum Schluß. Nachdem das alles eingespielt war. Die Verträge waren alle fertig: er hat das also irgendwie auch gemerkt, so, daß er was machen mußte. Hat auch [holt Luft] – sagen wir: alles zu beiderseitigen Zufriedenheit. Gut, daß er dann, // Jüngere für das gradestehen muß, was der Ältere noch aufgebaut hat: selbstverständlich! – Is' klar!*
*Ich: Hm.*
*Herr Fach: Und is' auch schwer; ich mein', wenn man's übernimmt, muß es ja übernommen werden, und ich hab heute noch Schulden davon abzuzahlen!*
*Ich: Hm.*
*Herr Fach: Aber – [holt Luft] das is' nich' schlimm. Wenn es menschlich gut ausgeht, und man vert-, versteht sich gut – auch mit meiner Mutter versteh' ich mich heute wieder sehr gut – (.) das wiegt alles andere wieder auf, ...*
*Ich: hm.*
*Herr Fach: ... – nich', das is' also sehr wichtig!.*

Der Leser kann in seiner Erzählung – Herr Fach holt mehrfach Luft, seine Erzählung weist deutliche Brüche und „Versprecher" auf – und seiner Bewegtheit die Dynamik dieses Nachfolge-Prozesses noch nachzuspüren. Er verlief offensichtlich nicht „einfach" und – ohne neugierig sein zu wollen – wohl auch mit Auseinandersetzungen. „Zum Schluß" hatten Vater und er jedoch „ein sehr, sehr nettes Verhältnis". *Nachdem* die Nachfolge-Regelung (: „Verträge") – es ging im Kern auch um die Altersversorgung des Gründers und seiner Frau – einmal „eingespielt" war, regelte sich „alles *zu beiderseitigen* Zufriedenheit"! Allerdings hat der Vater den Rücktritt nicht lange überlebt:

*Herr Fach: Gut er hat da noch mitbekommen, daß wir gebaut haben. Er hat also gesehn, daß sein Betrieb weiterentwickelt wurde. Und er war auch sehr stolz drauf.*

*– Ich mein', mir hat er's nicht gesagt, aber von anderen Leuten …*
*Ich: [lache]*
*Herr Fach: … hat man dann gehört, daß er dann doch meinte, daß der Junior doch dann, doch dann (.) ordentlich gemacht hat, – is' auch klar!*
*Ich: Hm.*
*Herr Fach: Aber, wie gesagt, nen Jahr war nen bißchen wenig, daß er das so sehen konnte.*
*Ich: Hm.*

Doch waren beide zufrieden, daß „sein Betrieb weiterentwickelt wurde"! Das hat der Junior „doch ordentlich gemacht"!

#### 4.2.4 Das Leben nach dem Rücktritt

Wenn man die ausscheidenden Senioren, denen es ähnlich ergeht, einmal befragte, mit welchem Filmtitel sie ihren Abschied und den Eintritt in eine neue (möglicherweise letzte) Lebensphase beschreiben wollten, werden möglicherweise viele den Film von Nicholas Meyer (1983) „The day after" nennen.

Für die Unvorbereiteten unter ihnen beginnt eine schwierige Zeit. Und so mag manchem der Ausstieg – wie in dem angesprochenen Film – wie der Tag nach dem Super-Gau vorkommen. Sie fürchten ihn wie eine plötzlich hereinbrechenden Katastrophe, die zu überstehen eine Notfallverordnung[14] erforderlich mache. Beziehungsweise vor der man sich – in der Annahme, man könne der „inneren" Katastrophe gleichsam wie einer „äußeren" entfliehen – besser vorbeugend in Sicherheit bringe.

Mit den Zweifeln, ob dies auch der richtige Schritt war, bricht für den alternden Unternehmer eine letzte Gelegenheit an, die Verbindung zwischen der vorausgegangenen und der nachfolgenden Generation herzustellen. Solange sie leben, repräsentieren sie ja nicht nur die Erfahrungen und die Ära ihres Berufslebens sondern darüber hinaus auch Erfahrungen von Erbschaft und Nachfolge über zwei oder drei Generationen. Beim Wechsel vom Gründer auf die zweite Generation ist das für den Senior viel schlechter übersehbar, ist er doch viel mehr als die nachfolgenden Generationen davon besetzt, an *seinem* Lebenswerk festzuhalten. Nicht wenigen unter ihnen geht es wie dem Vater von Herrn Fach: sie überleben den Zeitpunkt des Ausscheidens nur um wenige Jahre, zumal für sie typischerweise die übliche Pensionsgrenze keine Geltung zu haben scheint. Viele von ihnen wissen nicht, daß den Gründern immer ein würdiger Platz in dem (psycho-sozialen) System gehören wird: dieses Wissen könnte ihnen erleichtern, mit dem Blick auf das Überleben des Familienunternehmens Abschied vom eigenen Lebenswerk zu nehmen.

Ebenso wie die Vorbereitung ihrer Nachfolger auf die Übernahme der Rollenträgerschaft sollte es für die Senioren selbstverständlich sein, sich im Hinblick auf das „Leben nach dem Rücktritt" vorzubereiten. Zunächst müssen sie sich jedoch mit dem *Abschied* aus der Rollenträgerschaft befassen. Dieser wird ihnen umso leichter fallen, je eindeutiger sie der Nachfolge-lösung zustimmen (können).[15]

Darauf erfolgen Überlegungen, wie der Senior selbst seine Zeit „außerhalb" (bzw. „jenseits") der Rollenträgerschaft *gestalten* will. Sie geht mit einer persönlicher Auseinandersetzung mit dem Alter(n) und Sterben einher. Die wenigsten von ihnen können sich damit abfinden, ihren Lebensabend als Mitglied der (sog.) „Freizeitgesellschaft" – oder gar ausschließlich in der (zudem für sie oft ungewohnten) Familienrolle – zu fristen. Zu diesem Problem möchte ich gerne einige Gedanken von A.E. Imhof (1988a, 298) weitergeben: „Wieso nutzen wir die einmalige Chance der verlängerten Lebenszeit nicht besser? Der ans Berufs- oder Familienleben anschließende Teil heißt ja nicht ‚Vita passiva', sondern ‚Vita contemplativa'. Das tönt weder resignierend, noch lebensverneinend."

Denjenigen unter den Lesern, deren aktive Lebensplanung von den hier geäußerten Gedanken unmittelbar berührt werden, wird die folgende Haltung von A.E. Imhof (1988a, 298) sicherlich vor allem deshalb sympathisch sein, weil die Form seiner Äußerung zunächst einmal an ihn selbst gerichtet ist. Darüber hinaus kann sie sicherlich auch als eine nachahmenswerte Haltung gegenüber der Nachfolge (und gegenüber dem Nachfolger) gelten: ‚Überflüssig werden' ist etwas Positives, und zwar für sich selbst wie für andere. Wer mich sucht, der findet mich auch weiterhin für ihn bereit. Aber weder ist er, noch bin ich zu meiner Selbstbestätigung hierauf angewiesen. – Ich frage mich übrigens oft, ob ein solcher Zustand des sich nicht Aufdrängens und doch zur Verfügung Stehens nicht auch eine solide Basis für ‚Liebe' sein könnte?"

**Mein Vater ist also immer noch beratend tätig ...**
Körper und Geist können unterschiedliche Zustände und Zeiträume von „Reife" und „Altern" zugemessen sein (A.E. Imhof 1988b, 152 f.). Angesichts dessen kann für das „Leben nach dem Rücktritt" über einen *Beitrag* nachgedacht werden, den der alternde Senior zum Unternehmen noch leisten sollte oder kann. Dieser Beitrag kann dann im Metasystem geleistet werden, wenn er *eindeutig* von einer *Rolle* im Unternehmen unterschieden wird! Das Unternehmen ist nämlich keine *Spielwiese* für beschäftigungsarme Senioren, wie es beispielsweise im Familienunternehmen von Herrn Adam den Anschein hat:

*Herr Adam: ...*
*Mein Vater ist also immer noch beratend tätig. Der is' sicherlich auch jetzt da! Der macht dann private Sachen oder so etwas, ich red' mit ihm.*

In dieser Randbemerkung von Herrn Adam wird es der Leser eher aus den Nuancierungen heraushören als aus der vordergründigen Aussage: die „beratende Tätigkeit" des Vaters existiert offensichtlich primär in dessen Pensionärsrolle. Sein dauerhafter Aufenthalt im Unternehmen gleicht hingegen mehr einer Alibi-Funktion als einem würdigen Beitrag: „der (!) macht dann private Sachen" oder Herr Adam „redet mit ihm". Dem Leser wird das hier vordergründig unterliegende Motiv, daß dem Senior der Verbleib im Unternehmen aus Mitgefühl gewährt wird bekannt sein. Ich halte es generell für unwürdig; die „Beschäftigung los" ist nur der, dessen „Sein" keinen Inhalt hat, der im „Leben nach dem Rücktritt" kein Sein sondern nur Leere verspürt.

Im Übrigen wirkt in diesem Fall hintergründig einmal mehr die Dynamik des Schwiegersohnes, der im Unternehmen seiner Frau nichts zu suchen hat! Der Leser kann das auch am Verlauf der Unternehmens-Geschichte des Familienunternehmen von Herrn Adam ablesen: in der (dritten) Generation seiner Eltern, gab es eine Unternehmensteilung, in deren Abfolge sich der Bruder der Mutter – als einen der legitimen Erben – ausbezahlen ließ![16]

**Ein Arbeiten über 65 gibt es nicht ...**
Wird dem Senior dennoch eine dauerhafte Rolle (Motto: „Solange er will") im Unternehmen eingeräumt, ist damit oftmals ein langes Leiden verbunden: das bereits oben diskutierte „Back-Seat-Driving" kann gewissermaßen als „Menetekel" an der Wand der Rollenträgerschaft verstanden werden. Folgerichtig kann es sich hinsichtlich eines Beitrages des *ausgeschiedenen* Seniors in der Zeit des „Lebens nach dem Rücktritt" lediglich um eine *temporäre* Rolle handeln!

Vor allem in älteren Familienunternehmen beziehungsweise in den Fällen wo, beispielsweise durch mehrere Familienstämme bedingt, es bereits Erfahrung mit einer größeren Anzahl von Gesellschaftern in der Vergangenheit mit verzögerten Übergaben gibt, existieren Modelle, die eine Altersgrenze der Rollenträger per Gesellschafter-Vertrag einführen. Ein Beispiel bietet das Familienunternehmen Diel:

*Herr Diel: ...*
*Gut, mein Vater ist jetzt 62, wird sicher irgendwann sich zur Ruhe setzen. Aber ich hoffe immer noch, daß er uns (.) zumindestens noch in teilweiser Funktion erhalten bleibt.*
...
*Ich: Ja, sozusagen im Angesicht, (.) seines Schlaganfalls?*
*Herr Diel: Nee. Im Angesicht auch dessen, daß er mit 65 ausscheidet.*
*Ich: Ah, so!*
*Herr Diel: Also hier, grundsätzlich müssen in der Firma alle geschäftsführenden Gesellschafter mit 65 ausscheiden.*
*Ich: Ah, ja!*
*Herr Diel: Es gibt ein Arbeiten über 65 im eigentlichen Sinne der Gesellschaft, gibt es nicht.*

*Ich: Ja. Nur noch als …*
*Herr Diel: Nur noch als beratende, ehrenamtliche Tätigkeit.*

Herr Diel macht den Charakter der *Aushandlung* solcher temporären Beiträge sehr deutlich: für ihn steht noch gar nicht *fest*, ob der Senior eine solche „beratende, ehrenamtliche" Funktion als Gesellschafter ausüben *will*!

**Dann kümmert er sich mehr drum …**
Eine temporäre Rolle wird dem Senior von seinem Nachfolger – dem *derzeitigen* Rollenträger – nur in Form einer zeitlich und inhaltlich abgegrenzten Aufgabe *angetragen* werden können, so daß der Senior dann entscheiden kann, inwiefern – und wieweit – er diese im Rahmen der vereinbarten Grenzen ausfüllen kann und will! Der Leser wird nicht erstaunt sein, wenn die Betroffenen auch hier wieder einmal aus den Strategien der (bäuerlichen) Vorfahren lernen können: „Der älteren Generation wurden jene Aufgaben übertragen, zu deren Lösung sie aufgrund ihrer reichen Erfahrung, ihrer größeren Besonnenheit, kurz ihrer „Weisheit" auch besser in der Lage war. So hatte sie sich vor allem um die Beziehungen des Hofes zur Außenwelt, zu den Nachbarn, zur kirchlichen und weltlichen Obrigkeit zu kümmern." (A.E. Imhof 1988b, 37) Sicherlich haben sich in unserer hoch vernetzten und sich zunehmend internationalisierenden Welt das Verhältnis zu den relevanten Umwelten drastisch verändert. Doch gibt es sicherlich auch heute noch Außenbeziehungen, in denen die Senioren als „Botschafter" des Metasystems – von Zeit zu Zeit in deutlich umgrenzten „Räumen" – einen wertvollen Beitrag leisten können. Ein vielleicht bescheidenes aber dennoch anschauliches Beispiel bietet das Familienunternehmen von Frau „Filz". Ihr gesundheitlich „angeschlagener" Onkel – der letzte Vertreter der zweiten Generation – hat einen klar umgrenzten Aufgabenbereich, den er je nach Kräften wahrnimmt:

*Frau Filz: …*
*Also, heute geht es ihm verhältnismäßig wieder besser, er kümmert sich heute noch eben um (.) Renovierung der Häuser.*
*Ich: Hm.*
*Frau Filz: …*
*So diese Baumaßnahmen beaufsichtigt er dann.*
*Ich: Hm.*
*Frau Filz: Und rechnet das dann auch ab und kümmert sich 'drum, – ne!*
*Ich: Hm.*
*Frau Filz: Also daß er eben irgendwo noch 'nen Aufgabenbereich hat, – ne!*
*Ich: Ja.*
*Frau Filz: Und (.) wenn's ihm gut geht, dann kümmert er sich mehr 'drum, …*
*Ich: hm.*
*Frau Filz: … als in Zeiten, wo's ihm nicht so …*
*Ich: ja.*
*Frau Filz: … sehr gut geht.*

Die Aufgabe ihres Onkels im *Metasystem* besteht darin, sich um die „Renovierung" der – vermutlich mehrheitlich in Privatbesitz (oder Erbengemeinschaft) befindlichen – „Häuser zu kümmern". Dies geht so weit, daß er bei unternehmensbezogenen (kleineren) Baumaßnahmen sogar detailliert von der „Bauaufsicht" bis zur „Abrechnung" mitarbeitet. Sehr wichtig ist hier, daß im Metasystem offensichtlich auch auf seine – wechselhafte – körperliche Konstitution Rücksicht genommen wird: „er kümmert sich" in dem Maße darum, wie „es ihm geht"!

Anders ergeht es dem Unternehmersenior in einer *späten* Phase des „Lebens nach dem Rücktritt": „Wer ... nicht mehr nach außen sehen kann, beginnt – gezwungenermaßen – nach innen zu blicken. Dabei macht er überraschende Erfahrungen. Erst braucht man einige Tage, bis sich die Kribbeligkeit aufgrund der plötzlichen Tatenlosigkeit gelegt hat. ... Überkommt einen endlich die Ruhe, dann ist man bald in der Lage, die Augen auch noch ganz zu schließen. Erst jetzt setzt allmählich das Nachdenken über dieses und jenes ein." (A.E. Imhof 1988b, 161) Warum sollte das Metasystem – über den Zyklus *seiner* Lebenszeit hinaus – nicht auch von der „vita contemplativa" des Seniors profitieren, indem mit „Inspektion" (Anschauen) und „Reflexion" (Rückschau) *„Spiritualität"* in die Wirklichkeit des Familienunternehmens geholt wird beziehungsweise „einkehrt"?

## 4.3 Resümee einer Geisteshaltung

Ich will mir mit der Überschrift dieses Resümees nicht anmaßen, die in diesem Kapitel geäußerten Gedanken als „Philosophie" von Familienunternehmen zu bezeichnen. Dennoch ist die fundamentale Mentalität der Betroffenen, *mit* einem Familienunternehmen „Unsterblichkeit zu unternehmen", durchaus mehr als eine philosophische Hypothese. Auf dem Hintergrund der Frage, wozu Familienunternehmen *eigentlich* gegründet und fortgeführt werden, offenbart die Annahme, daß „Familien(-Unternehmen) Unsterblichkeit unternehmen" ein fundamentales Bedürfnis nach Transzendenz beziehungsweise „Spiritualität". Dem Familienunternehmen gilt, daß es *„hoffentlich immer weiteren Bestand hat"*, wie es Herr Alms stellvertretend für viele seiner Kollegen zum Ausdruck brachte. In diesem Licht erscheinen Gründer und ihre Nachfolger zuweilen wie „Getriebene". Ihr eher unbewußter Wunsch, ein wenig mehr *persönliche* Unsterblichkeit (bzw. etwas weniger „Vergänglichkeit") als andere zu erlangen, verführt sie zur Gründung *eigener* Lebenswerke. Sie trennen (spalten) damit ihren Beitrag von dem der Vorgänger beziehungsweise Nachfolger ab und berauben sich gewissermaßen damit der einzigen Chance, an der (latenten) Unsterblichkeit eines kollektiven Lebenswerkes teilzuhaben.

An der Dynamik der Ablösung und Übergabe kann man die Folgen ablesen: es sieht für den Außenstehenden dann so aus, als ob die „(Un-)Sterblichkeit die (Familien-)Nachfolge unternimmt“. Die Protagonisten des Generationswechsels agieren die Verleugnung der Sterblichkeit aus, da sie dem *Ende* des Rollenträgers und der Rollenträgerschaft *ebensowenig* wie der *Vergänglichkeit* des Familienunternehmens zustimmen. Das haben die verschiedenen Phasen der Ablösung (bzw. des Überganges) gezeigt. Der Satz „Unsterblich nennen wir, was wir bereits verloren wissen und vorbei“ (B. Hellinger 1994, 94) bedeutet im Hinblick auf das Familienunternehmen als kollektives *Symbol* der (latenten Hoffnungen auf) Unsterblichkeit ja auch: auf dieser Erde ist es eher *wahrscheinlich* als unwahrscheinlich, daß es mit dem *Familienunternehmen* einmal ein Ende nehmen wird!

Für die Lösung der Nachfolge und des Generationswechsels ist es daher unverzichtbar, daß „Familien-Unternehmen die Sterblichkeit entdecken“ beziehungsweise wieder in den Alltag der Unternehmen (re-)integrieren! Für den alternden Unternehmer (bzw. seinen Nachfolger sowie für alle aus der Familie, die mit daran beteiligt sind) heißt dies also, mit dem Rücktritt der eigenen Vergänglichkeit zuzustimmen. Der Glaube, das Unternehmen sei ein Lebenselixier (Frau Ecke senior) für die Inhaber(-Familien) ist eben ein fataler Irrtum! Dennoch halten viele der Betroffenen daran fest, wie die Koinzidenz von Nachfolge, „Tod“ und „Unternehmensentwicklung“ zeigt. Letztlich werden sie die Sicherheit, welche die Protagonisten des Generationswechsels mit dem Streben nach Unsterblichkeit suchen, nur in einem *würdigen* Platz im Metasystem *finden* können.

# 5 FAMILIEN(-UNTERNEHMEN) MANAGEN GENERATIONSWECHSEL

Mit der in der Überschrift enthaltenen Aufforderung schlagen wir einen Bogen, der in „Familie unternimmt Unternehmen“ seinen Anfang nahm. „Familien(-Unternehmen) managen Generations-Wechsel“ stellt in erster Linie nicht ein Resümee des Wissens und Verstehens sondern eine *Aufforderung* zum Handeln dar. Denn fast jeder dritte Generationswechsel scheitert und ein weiteres Drittel der Unternehmens-Übergaben sind mit (Ein-)Brüchen in der Unternehmensentwicklung verbunden oder vom Scheitern bedroht (Management Partner MP, Stuttgart: FAZ v.13.2.1992, S. 22). Angesichts dessen scheint mir der Hinweis angebracht, daß die Betroffenen – Senioren ebenso wie Junioren – Nachfolge und Generationswechsel als Management-Aufgabe begreifen sollten. (Da der Autor ja selbst Betroffener ist, wird der Leser die Aufforderung sicher nicht als Anmaßung empfinden!) Sicherlich verlaufen auch gelingende Generationswechsel nicht reibungslos, wie letztlich ja auch die Beispiele meiner Interviewpartner zeigen. Ein dahingehender Wunsch wäre ja auch eine Abwehr der damit verbundenen „Leiden“, wie es Herr Diel im untenstehenden Abschnitt bezeichnet. Die Überschrift stellt dem Leser den Ernst der Problematik noch einmal deutlich vor Augen: die Nachfolgefrage ist essentiell. Sie ist in „Familien, die Unternehmen unternehmen“ eine *existentielle* und bedrohliche Frage!

**Bei denen ist tatsächlich das Problem: die Nachfolge ...**
Wenn auch in der Aussage von Herrn Diel die projizierenden Anteile unübersehbar sind, unterstreicht sie doch das Problem:

*Herr Diel: ...*
*Es gibt sehr viele Firmen, auch namhaftester Art, die, die leiden weder unter Kapitalmangel noch unter Beschäftigungsmangel. Nur bei denen ist tatsächlich das Problem: die Nachfolge. Weil einerseits vielleicht (.) so das Interesse bei dem, der nachfolgenden Generation nicht geweckt wird, oder weil sie nicht da ist. Oder aber auch weil vielleicht die ältere Generation sich (.) von keiner Kompetenz trennen kann.*

Angesichts der in „Generationen delegieren Familie(n-)Nachfolge(r)“ dargestellten Loyalitätsverpflichtung und Beauftragung von familiären Nachfolgern erscheint es dem Leser vermutlich paradox, wenn Herr Diel hier feststellt, daß manche Vertreter der „älteren Generation“ nicht delegieren können, „weil sie sich von keiner Kompetenz trennen können“. Möglicherweise heißt das ja auch, daß es im Hinblick auf ein Management des „Generationswechsels“ auch einer Um-Deutung von „Kompetenz“ bedarf. So gesehen werden in Zukunft sicherlich nur solche Unternehmer als

„kompetent" und erfolgreich angesehen werden dürfen, die angesichts der Tatsache ihrer *Sterblichkeit* und angesichts eines *absehbaren Endes* ihrer Rollenträgerschaft sich im Unternehmen nicht für unabkömmlich sondern für *entbehrlich* halten. Und zwar nicht deshalb, weil inzwischen die Figur des Familienunternehmers überflüssig geworden wäre, sondern weil es ihnen angesichts einer von ihnen (aktiv) *angestrebten* Nachfolge leichter fällt, der eigenen Vergänglichkeit und Entbehrlichkeit zuzustimmen. Sie wissen, daß sie mit dem Generationswechsel das Ende ihres Beitrages zum kollektiven Lebenswerk eingeläutet haben (bzw. daß – angesichts einer Seniorenrolle danach – zumindest der überwiegende Teil davon hinter ihnen liegt). Gleichzeitig tragen sie jedoch durch die *bewußte* Abgabe von „Kompetenzen" dazu bei, daß mit ihrem Tod nicht auch unter das Familienunternehmen ein „Schlußstrich" gezogen werden muß.

Mit der Forderung, den Generationswechsel zu *managen* – um nicht von ihm beziehungsweise der (Un-)Sterblichkeit „gemanagt" zu werden – verbinde ich nicht die Ansicht, daß Nachfolge „gemacht" werden könne. Schon gar nicht unter der Devise: „Koste es, was es wolle! Hauptsache, die steuerlichen, haftungs- und erbschaftsrechtlichen Fragen sind geklärt!" Damit wird nur allzuoft rationalistisch ausgeklammert, daß mit der Nachfolge und der damit verbundenen Erbschaft *mehr* als Geld (bzw. Kapital) vererbt wird. In der Haltung von Machbarkeitsvorstellungen scheint mir nicht enthalten, daß Nachfolge sowohl ein sozio-ökonomischer als auch psycho-sozialer Prozeß ist, bei dem von den Betroffenen die Verarbeitung der innerpsychischen und der psycho-sozialen Erfahrung geleistet werden muß. Eine solche Be- und Verarbeitung stellt eine wichtige Voraussetzung zum Gelingen einer für alle Beteiligten zufriedenstellenden *Lösung* dar.

Es bedeutet auch, das Problem nicht einseitig in die Verantwortung der Protagonisten zu verlagern, indem man es *personifiziert*. Das stimmt mit der Aussage von A. Hegner (1990, 2), offenbar selbst familiärer Nachfolger, überein: „Das Familienunternehmen entsteht erst im Generationswechsel. Das Problem sind nicht die Gründer, kritisch ist die Nachfolge! Erst sie entscheidet über das Geschick der Firma, die wir leiten, geerbt haben, vererben – kurz, deren Weiterbestand wir zu garantieren beabsichtigen oder erfolgreich ruinieren." Angesichts der Schwierigkeiten, der sich „Familien, die Unternehmen unternehmen" – gleich wie ihre Mit-Arbeitenden – im Generationswechsel gegenüber sehen, halte ich den „Machbarkeitswahn", der sich hinter so vielen Checklisten zur (schnellen) Nachfolgeregelung zu verbergen scheint, einer Lösung im Sinne gelingender Übergaben (bzw. Übernahmen) *abträglich*. Wird darin dem Publikum doch allzusehr nahegelegt, daß primär die *Nachfolgenden* – statt der Nachfolge „gemanagt" werden müßten. Diese Form des „management of people", wie B. Sievers (1989a) die damit verbundene Haltung bezeichnet, ist jedoch nur dazu angetan, die (Über-)Abhängigkeit von Kindern zu perpetuieren. Indem Senioren die

Nachfolge entlang von Belohnung, Bestrafung, Zuwendung, Drohungen, Liebesentzug, etc. „regeln", halten sie den „Mythos Motivation" (R.K. Sprenger 1992) am Leben. Doch läßt sich durch solcherart Leistungen lediglich Sinn-Ersatz (B. Lievers 1984) herstellen. Sie motivieren Nachfolger ebensowenig zur *Nachfolge* wie letztlich die Senioren zur *Übergabe* durch Ersatzposten, Abfindungszahlungen oder andere „Incentives"![1]

Eine sinnvolle Lösung kann nur in einer Geisteshaltung erzielt werden, welche Nachfolge und Generationswechsel auf dem Hintergrund eines generationenübergreifenden *Kontinuums* sieht. (Der überpersonale Charakter von Familienunternehmen mag ja auch ein Beitrag dazu leisten können, in schwierigen Situationen des Generationswechsels auf die Suche nach Schuldigen zu verzichten, zumal das ja vorwiegend der Aufrechterhaltung des Problems – und damit der Abwehr einer Lösung – dient!) Die Delegation von familiären Nachfolgern hat ja auch gezeigt, inwiefern die Nachfolger mit den sekundären Botschaften durch ihre Herkunftsfamilie in Loyalitätskonflikte mit dem Gründerauftrag (zur Sicherung der Unternehmenskontinuität) geraten, weil diese den Egoismen der Auftraggeber dienen und die Nachfolger – und somit den Generationswechsel paralysieren können.

Ich verstehe unter der Aufforderung, den Generationswechsel zu managen, den damit verbundenen Prozeß auch als *unternehmerische* Herausforderung anzusehen und ihn nicht auf eine privatisierte Angelegenheit der Betroffenen zu reduzieren. Das heißt nicht, daß „Unternehmen, die Familie kultivieren" nun die Regelung des Generationswechsels in aller Öffentlichkeit vollziehen sollten, sondern daß der Generationswechsel und die Nachfolge frage von den Seniorunternehmern und ihren Nachfolgern bewußt angegangen und *gestaltet* wird! Oder um es mit Worten von G. Anders (1994, 67) zu sagen: „Es genügt nicht, die Welt zu verändern. Das tun wir ohnehin. Und weitgehend geschieht dies sogar ohne unser Zutun. Wir haben diese Veränderung auch zu interpretieren. Und zwar, um diese zu verändern. Damit sich die Welt nicht weiter ohne uns verändert. Und nicht schließlich in eine Welt ohne uns." Denn die Beteiligten sehen ja auch sonst ihre unternehmerische Verantwortung nicht primär in der Regelung ihrer privaten Angelegenheiten sondern in der Steuerung des Unternehmenserfolges! – Warum also nicht erst recht in einem bewußten Management der Nachfolge und des Generationswechsels? Wenn mit dem eigenen Handeln *Sinn* und Erfolg erzielen soll, wird der Generationswechsel von den Protagonisten *erarbeitet* und *gemanagt* werden müssen! Sich dabei der qualifikatorischen Eignung potentieller Nachfolger und Nachfolgerinnen zu versichern, ist selbstverständliche Voraussetzung professionellen und verantwortlichen Handelns.

Angesichts der Tatsache, daß es sowohl sehr erfolgreiche als auch scheiternde Familienunternehmen gibt – und das heißt ja auch: sowohl gelingende als auch fehlgeschlagene Nachfolge(n) ist die Frage, *ob* ein Familienunternehmen in der Familie bleiben soll, geradezu akademisch (L.B. Barnes und S.A. Hershorn 1983, 27)! Jedoch kann die Nachfolge und der Generationswechsel von den Beteiligten nur bewältigt werden, wenn sie diese selbst in ihren Rollen managen.

Zuallererst muß dazu der Seniorunternehmer, welcher – mit seiner Rollenträgerschaft – die Gesamtverantwortung für das Unternehmen trägt, eine entsprechende Vermittlungsleistung erbringen. Sie gilt dem Nachfolger und der eigenen Familie ebenso wie den Mit-Arbeitenden im Unternehmen. Den Generationswechsel funktional (und prozeßhaft) zu managen, bedeutet für ihn insbesondere ein konsequentes Management der Grenzen: von Systemen und Subsystemen und deren Grenzen (bzw. Schnittstellen) sowie von Rollen, Aufgaben und Ressourcen. Im Familienunternehmen heißt dies insbesondere auch: die Grenzen zwischen den (Teil-)Systemen ebenso zu managen wie das Metasystem als Ganzes.

Aus der (didaktischen!) Perspektive eines „Beraters" muß das Metasystem als solches bewußt gemacht werden. Da dies keinesfalls selbstverständlich und – angesichts eines von Aktivismus geprägten Arbeitsalltags – eher unwahrscheinlich ist, wird in der Beratung der Nachfolger und Übergebenden eine Aufarbeitung der Familienchronik hilfreich sein (die in „Familien mit System" ja mit der Firmenchronik verbunden ist).[2] Dazu ist nicht unbedingt das Durcharbeiten im Detail notwendig: in der Arbeit mit Konstellationen (Familien- bzw. Organisations-Aufstellungen) läßt sich dies in der Regel ziemlich schnell erreichen. Mit dem Bewußtmachen des Metasystems verbinde ich auch weniger das Vermitteln einer theoretischen Perspektive (wenngleich auch diese sinnvoll sein kann). Ich halte es vielmehr für unverzichtbar, daß alle Beteiligten des Generationswechsels lernen, *zwischen* den Teilsystemen und ihren jeweiligen *Anforderungen* zu *unterscheiden*. Eine solche Einsicht kann auch bewußt machen, daß die Aufrechterhaltung des Familienunternehmens kollektive Hoffnungen der (latenten) Unsterblichkeit der Institution – und darüber wiederum auch der „Familie mit System" – nährt, um dem Leben, Arbeiten und Sterben aller Sinn und einen Rahmen zu geben.

Im Hinblick auf die Erbschaft der Kinder kann die Differenzierung zwischen den Teilsystemen in dem einen Fall für den Unternehmer heißen, alle zu Unternehmern und Gesellschaftern zu machen und in einem anderen Fall, eine deutlichere Trennungslinie zwischen „Kapital" und „Management", also unter den Erben, herbeizuführen. Jedoch gilt selbst bei Auszahlungen und Abfindungen: es ist eine Illusion zu glauben, der (wie auch immer errechnete) materielle *Gegenwert* allein ergebe einen *Ausgleich* zwischen den Betroffenen. Ein solcher wird immer „jenseits" des materiellen Wertes gesucht werden müssen! (Das betrifft im Übrigen auch Stiftungen, Teilhaberschaften und die Trennung von „Kapital" und „Management"!)

Die „Ambivalenz, daß Familie einmal als Last empfunden wird, weil die Geburt nicht die Eignung verbürgt, und zum anderen die *Familienkultur* gesucht wird, weil sie nicht zu kaufen ist" (A. Reinhart 1990, 6), macht das Managen des Generationswechsels so unvergleichlich schwierig. Ob die „Familie mit System" im Generationswechsel als Last oder als Lust des Unternehmens erlebt wird, hängt nicht zuletzt auch davon ab, inwiefern der alternde Unternehmer seine Nachfolge (bzw. seinen Nachfolger) *eindeutig* delegiert hat. Und zwar ebenso in Bezug auf die Beauftragung und Aussendung des Nachfolgers wie auch auf die Übergabe – unabhängig davon, ob sie bereits vollzogen oder aber auf den Weg gebracht wurde.

Wie Herr Diel im obenstehenden Interviewausschnitt bemerkt, kann in Familienunternehmen ein Nachfolgeproblem dadurch entstehen, daß „das Interesse bei der nachfolgenden Generation nicht geweckt wird". Dahinter verbirgt sich zum einen die Möglichkeit zum aktiven Desinteressieren eigener Kinder. Sie ist Folge einer personalen oder familiären Loyalität, die (wie eine „sekundäre Botschaft") den Betroffenen verunmöglicht, der Delegation des Gründungsauftrages zu folgen. Ich habe das bisher jedoch nur bei Familienunternehmen mit mehreren Familienstämmen gesehen. (Sie hingen zudem auch mit den Konflikten gegenüber der Ursprungsordnung zusammen.) Die Aufrechterhaltung des kollektiven Symbols – die Weiterführung des Unternehmens – war dadurch nicht gefährdet.

Zum Anderen erscheinen mir nur solche Konstellationen wirklich *bedrohlich* für die kollektiven Hoffnungen auf Unsterblichkeit des Familienunternehmens, bei denen sich die Seniorunternehmer nicht von ihren grandiosen und omnipotenten (und -präsenten) Phantasien lösen können. Ihre Leistung, ihr Beitrag und ihre Tätigkeit scheinen völlig unerreichbar für ihre potentiellen Nachfolger – selbst dann (oder gerade deshalb) wenn diese im Unternehmen arbeiten. Dabei mögen ihre Beiträge für das kollektive Werk *wirklich* bedeutend und hervorragend sein: die Allmächtigkeit und Unabkömmlichkeit solcher Seniorunternehmer ist psycho-sozial *generiert* (und kein biologisches Ereignis)! Solchen Unternehmern muß gesagt werden, daß für die Kinder die Nachfolge in ihre Fußstapfen immer eine Illusion bleiben wird: sie sind eine Nummer zu groß. Dagegen müssen sich die Nachfolger neue Wege erschliessen dürfen, statt vor lauter Angst vor dem (lebenden) Denkmal des Vaters (bzw. Vorgängers) zu erstarren. Wenn der Seniorunternehmer dann gehen will und über seine Nachfolge nachdenkt, getraut sich keiner mehr, ihm in die Unternehmerrolle nachzufolgen, weil sie für immer „besetzt" scheint. Bei der Übergabe an einen externen Manager – der vom Senior in der besten Absicht geholt wurde, mit ihm den „besten Nachfolger" gefunden zu haben – werden die („richtigen") Erben ihre Herabsetzung und Unterlegenheitsgefühle gegenüber der „fremden" Geschäftsführung ausagieren. Und falls aufgrund solcher „hausgemachten" Omnipotenz- und hoffnungslosen Unterlegenheitsgefühle das Familienunternehmen verkauft wird, folgt der Unabkömmlichkeit des Seniors große Trauer ... (Letztlich ist das Unternehmen nämlich dann *wirklich* für die „Familie" *verloren*!)

Gerade in dem Scheitern am unerreichbaren Vorbild und in verzögerten Übergaben zeigt sich das „Unternehmen, das Familie kultiviert" von seiner häßlichen Seite. Die Beschreibung von B. Zucker (1990, 3) über Gründerunternehmen (bzw. die nachfolgende Generation) halte ich daher auch für eine Fiktion – und im Hinblick auf eine *Lösung* der Managementaufgabe Nachfolge für eher kontraproduktiv: „Im positiven Falle werden Familienunternehmen als Familie betrachtet und geführt, und die Belegschaft identifiziert sich mit dem Unternehmen. Produktive Effizienz und Gemeinschaft im Hinblick auf die Unternehmensziele sind die Wirkungen." Mit einer Unternehmens- und Familienkultur, die – im Bild der „Organisation als Familie" den Unternehmer als „Guten Vater" präferiert, begibt sich das Metasystem in die Position infantiler Abhängigkeitswünsche (z.B. hinsichtlich einer lebenslangen Versorgung). H. Levinson (1983, 74) hat den Unternehmer-Senior als den beschrieben, der sich im Nachfolgeprozeß als den „Guten Vater" sieht, der sich großzügig, warmherzig und gewährend gibt. Er versichert sich so der persönlichen Loyalität derer, die für ihn arbeiten – und gibt den Abhängigkeitswünschen neue Nahrung (indem er die davon Betroffenen managt). Gegenüber den Nachfolgern lautet sein Motto: „Sieh, wie gut ich zu Dir bin! Warum tust Du nicht, was ich Dir sage?" Sein Wunsch ist es, daß alle, die für ihn arbeiten, loyal zu ihm stehen, damit sie seinen Zwecken dienen. Unbewußt besteht seine *eigentliche* Absicht darin, das eigene Idealbild (Ichideal) vom Unternehmer, der (auch) ein guter Vater ist, zu erreichen. So produziert er Schuldgefühle und erschwert eine Ablösung von seiner Person.

Im Gegensatz zu den häufig unangemessenen Analogieschlüssen sollte „Familie" im Zusammenhang von „Familie mit System" eher als die Metapher einer Metapher verstanden werden. So kann es gelingen, sich die Einseitigkeit des romantisierenden Bildes zu vergegenwärtigen und dem zugleich darin enthaltenen latenten Herrschafts- und Ausbeutungscharakter Rechnung zu tragen. Nur so scheint mir die Unreife und eine Kultur der Perpetuierung von (Über-)Abhängigkeit vermeidbar beziehungsweise überwindbar.

Inwiefern Nachfolger zu erfolgreichen Unternehmern werden können, hängt maßgeblich davon ab, ob es Familienmitgliedern, Mit-Arbeitenden und – allen voran – dem alternden Unternehmer gelingt, diese aus dem Gefängnis der familiären Rollen zu entlassen. Und zwar, um ihnen so die Verantwortung und Autorität zu übertragen (bzw. zu *delegieren*), die zur Ausübung der Leitungsrolle im Unternehmen unverzichtbar ist. Wie die Dynamik der Nachfolge gezeigt hat, ist es andererseits für den Nachfolger notwendig, zur eigenen Autorität zu finden, um die Leitungsrolle in sich Gestalt werden zu lassen (Th. Siefer und B. Sievers 1993, 134). So müssen Unternehmer-Väter und Nachfolger-Söhne – um einmal mehr die Protagonisten der patronalen Erbfolge zu nennen – zwischen den jeweiligen Rollen unterscheiden lernen, indem sie sich die jeweiligen Aufgabenstellung vergegenwärtigen. „Erfolgreichen Familienunternehmen gelingt es, Familie wie Unternehmen als eigene Systeme wahrzunehmen und entsprechend ihres ‚Reproduktions- bzw. Produktionscharakters' zu managen." (Th. Siefer und B. Sievers 1993, 135)

Sich die eigene Rolle – und die der anderen – bewußt zu machen, kann ein erster Schritt für den Nachfolger sein, sie *in sich Gestalt werden* zu lassen und sie auszufüllen. Die eigene Autorität im (Selbst-)Management der eigenen Rolle *zu nehmen* und anderen Autorität zur Ausübung ihrer Rolle zuzugestehen oder zu übertragen, ist ein wichtiger Beitrag zu einem erfolgreichen Generationswechsel. Eine gute Voraussetzung kann für die Betroffenen darin bestehen, sich ihrer eigenen Ängste, Hoffnungen und (heimlichen) Motive *bewußt* zu werden, um im transformierenden Metasystem sich selbst in ihren Rollen sowie ihre Aufgabe „reif" zu managen, statt in die Abhängigkeit der Eltern-Kind-Beziehungen zurückzufallen. Die Tatsache, daß sich ein Großteil der Betroffenen einer solchen Bearbeitung zu entziehen scheint, mag einerseits mit der Annahme verbunden sein, damit das eigene Leiden und das anderer Betroffener aus dem eigenen Unternehmen fernzuhalten. Andererseits zeigt sich darin auch die (grandiose, manische) Hoffnung, die Dramaturgie (und das „Drama") von Erbschaft und Nachfolge bestimmen zu können, indem die darin gemachten Erfahrung – und die damit verbundenen Gefühle – außen vor bleiben. Jedoch stellt B. Sievers (1993, 7) dagegen: „... so scheinen mir doch das Nicht-Ernst-Nehmen der eigenen Erfahrungen und das sich selbst auferlegte Schweigen das Leiden eher zu vergrößern".

Allzuoft scheint mir immer noch vergessen zu werden, daß man es im Kontext von Organisationen vor allem mit *Menschen* zu tun hat, und nicht mit Maschinen, welche jede Erfahrung hinnehmen, ohne sie verarbeiten zu müssen! Menschen verarbeiten in Organisationen aber nicht nur materielle oder immaterielle (geistige) Produkte sondern ebenfalls ihre emotionalen *Erfahrungen*. Zudem begegnen dem Leser in Familienunternehmen ja solche Erfahrungen, die ihm aus den Primärbeziehungen der Familie(n) und Sippe bekannt sind. Er kann sich daher in die Situation der Protagonisten von Nachfolge und Generationswechsel hineinversetzen und verstehen, daß sie nicht nur die Erfahrung *erfahren* sondern auch die „Erfahrung" der Erfahrung *verarbeiten* müssen. Und zwar in ihrer „Innen-Welt" ebenso wie in der Interaktion mit der „äußeren" Welt. So können dysfunktionale Folgen, wie etwa das Ausagieren von Gefühlen, begrenzt oder bearbeitet werden. Damit sich die Betroffenen nicht durch Rationalisierung schützen oder hinter (rationalisierten) „Erklärungen" verstecken müssen oder schlimmstenfalls die Bearbeitung dem Krankenstand – in Privatisierung und Personifizierung des „Problems" – überlassen bleibt.

Den Nachfolgeprozeß als Managementaufgabe des Metasystems zu begreifen, beinhaltet auch, sich der potentiellen „Projektionsfläche" bewußt zu werden, welche die Protagonisten des Generationswechsels als Bühne eines „Dramas" – oder zumindest der Dramaturgie eines Stückes – eröffnen und anbieten. Vielleicht muß der Generationswechsel von den Protagonisten insofern (bewußt) „inszeniert" werden, als daß mit den (projizierenden) Phantasien und Symbolwirkungen gearbeitet wird, welche eine gesellschaftliche Repräsentanz familiärer Nachfolge widerspiegeln. Die gesellschaftliche Repräsentanz von Nachfolge aufzugreifen beziehungsweise den in ihnen enthaltenen Projektionen proaktiv zu begegnen, kann die Maßnahmen und Handlungen im Unternehmen zu gestalten helfen, welche in Gefolge des Generationswechsels das Unternehmen transformieren.[3] Damit insbesondere die zukünftigen Rollenträger nicht „... zum Spielball all derer im Unternehmen (werden), die – wenn sie auch nicht der Eigentümerfamilie angehören – doch selbst nicht frei sind von dem Wunsch nach Anerkennung, nach Bestätigung, nach dem Segen des Vaters und die sich – dem alttestamentlichen Jakob gleich – nicht damit zufrieden zu geben vermögen, nicht die Erstgeborenen zu sein." (B. Sievers 1993, 7)

„Familien (-Unternehmen) managen Generationswechsel" beinhaltet auch eine bewußte Gestaltung der Außenbeziehungen relevanter Umwelten der Familie. Das gilt in besonderem Maße den Mit-Arbeitenden, denen „Familie mit System" eine latente Projektionsfläche bietet. Familie, die den Generationswechsel managt versteht in der Ablösung die Dynamik des Unternehmens ebenso als Spiegelbild der Familiendynamik, wie das Spiegelbild zwischen Unternehmensleitung und Mit-Arbeitenden. In der Rollenberatung kann man immer wieder verblüfft feststellen, wie ähnlich sich die Rollenkonstellation in Unternehmen und *Ursprungsfamilie* sehen: in Ersterem wird so das „Drama der Kindheit" im „Drama der Arbeit" wiederum zur Aufführung zu bringen versucht (re-inszeniert) (B. Sievers 1992). Solcherart Erkenntnisse und Einsichten können dazu beitragen, daß die Protagonisten der (Unternehmer-)Familie den Generationswechsel managen, indem sie das Aufdecken dieser Reinszenierung einer entsprechenden Bearbeitung zuführen und ihre Verhaltensstrukturen und Einstellungen einer Veränderung unterziehen. Eine solche Bearbeitung erlaubte ihnen, die Rollen von Familienmitgliedern im „Unternehmen" so zu gestalten, daß in ihnen nicht zwangsläufig die Erfahrungen der „Familie" (bzw. Sippe) fortgeführt, parodiert und imitiert werden müssen (W. Mc.Whinney 1985, 8). Die Betroffenen können damit zunehmend aus eigener Autorität heraus zu Handelnden und zu Gestaltern der Unternehmensentwicklung werden, statt immer wieder im Gewand von Darstellern eines infantilen Dramas auf der Bühne des Familienunternehmens aufzutreten.

Das hat im Übrigen auch Auswirkungen auf die Mit-Arbeitenden und insbesondere die „Fremden" im Management. Insbesondere familienfremde Manager können ansonsten dauerhaft den Eindruck gewinnen, als ob sie bei einem Familientreffen (T.S. Eliot 1974, 85 f.) störten, zu dem sie weder dazu gehören, noch wo sie jemals eine autoritätsvolle Rolle bekommen. Sie empfinden sich vielmehr als Statisten beziehungsweise als bloße Darsteller eines Stückes, das sie nicht selbst geschrieben haben (B. Sievers 1992, 32).[4]

Solche Verwirrungen, Verrücktheiten und Verstrickungen können jedoch nur dort entstehen, wo das Metasystem *kein* Bild einer guten Ordnung hat. Die Repräsentanten der „Familie" – seien sie neben dem Gründer dort als Gesellschafter, Unternehmer oder als deren Nachfolger vertreten – müssen von dem Rest der Familie und Sippe des Gründerunternehmers ebenso unterscheidbar sein wie die angestellten Mit-Arbeitenden (einschließlich der „Manager").

Wie manche der Beispiele und Geschichten der Forschungsexpedition gezeigt haben, entsteht auch da im Familienunternehmen ein Drama, wo sich die Familienfremden insofern in die Nachfolge hineindrängen, als daß sie sich eine Rolle unter den Repräsentanten der Ursprungsordnung anmaßen. Man muß ihnen nicht böse Absicht unterstellen: sie sind gleichermaßen in die Dynamik verstrickt wie die Repräsentanten der „Familie" die dies einleiten, zulassen oder sich dessen nicht erwehren können.[5] In der Regel merkt man es daran, daß einer, der sonst noch dazu gehörte, fehlt. W. McWhinney hat vorgeschlagen, zum Visualisieren dessen Folien von Genogrammen der Familie(n) (M. McGoldrick und R. Gerson 1990; B. Roedel 1990) und ein Organisationsdiagramm des Unternehmens übereinander zu legen, um so die Ersatzfunktion von langjährigen Angestellten für Familien-Mitglieder transparent zu machen (W. McWhinney 1985, 8). (In den „Aufstellungen" von Organisationen wird das immer an der Konstellation deutlich. Hat man dann die Informationen über die „fehlende" Person kann häufig auch ein Lösungsbild gefunden werden, in dem *alle* den gemäßen Platz bekommen!)

Ein Management der Nachfolge bedeutet für die Betroffenen auch, den Prozeß der Transformation „in sich selbst" zuzulassen. Er bezieht sich ja auf die Entwicklung neuer und die Gestaltung bekannter Rollen ebenso wie auf die Strukturierung und Entwicklung des Unternehmenssystems. Auch hier gilt: besser den Transformationsprozeß *selbst* managen, als sich von ihm managen zu *lassen* (W.G. Dyer jr. 1986, 138)! Denn der zeigt ja tiefgreifende Wirkungen in Familie und Sippe. Mit dem Prozeß eines beginnenden (bzw. sich vollziehenden) Generationswechsels wird eine neue Zeit im Metasystem angebrochen sein, denn mit dem Nachfolger verbinden die anderen Beteiligten zugleich ja die Hoffnung, es möge weitergehen. In ihrem Wunsch symbolisiert sich die kollektive Hoffnung[6] auf die Unsterblichkeit der Institution, welche den Beiträgen und der Arbeit ihrer Mitglieder einen sinnvollen Rahmen gibt. Das sehe ich auch nicht darin widerlegt, daß gerade den Generationswechsel – wie berechtigt auch immer sei dahingestellt – Befürchtungen von Mit-Arbeitenden begleiten, ihn könne das Unternehmen womöglich *nicht überleben*. Stattdessen mögen diese Bedenken den Leser darauf verweisen, daß solche Befürchtungen ernstgenommen und zum Gegenstand eines Managements des Generationswechsels gemacht werden müssen. (Statt sie in die Mit-Arbeitenden abzuspalten, indem man ihnen mit Worthülsen, wie: „Es geht schon irgendwie weiter", „Wir sitzen alle in einem Boot", „Alle müssen an einem Strick ziehen", etc., eine Unternehmenskontinuität zu versichern sucht!)

In diesem Kontext muß sich der Leser den „Weg hindurch" so vorstellen, daß Hoffnungen und Befürchtungen, die einer Nachfolge gelten, vom Unternehmer *aufgefangen* („contained") werden müssen. Dazu gehört beispielsweise die Frage, wie es den Mit-Arbeitenden mit dem bevorstehenden Generationswechsel wohl ergehen mag? Auch wie man sie darauf vorbereitet und wie man einerseits Gesprächsbereitschaft (bzw. ein offenes Ohr) signalisiert und andererseits dennoch ein deutliches Grenzmanagement vornimmt. Zudem sollten *haltgebende* Strukturen institutionalisiert werden, die den Generationswechsel einer kollektiven Bearbeitung zugänglich macht. Nicht wenige Familienunternehmen verbinden den Abschied des Seniors daher mit symbolischen Handlungen, etwa mit einer Jubiläumsfeier. Eine Unternehmenschronik kann zum Beispiel eine unauffällige Art der Publizität von Geschichte, Entwicklung und Werthaltungen darstellen. Sie kann zum Anlaß genommen werden, um längst „Vergessenen" wieder einen würdigen Platz einzuräumen und gleichzeitig den Aufbruch in eine „neue Zeit" – zumindest symbolisch – zu verdeutlichen.

Eine andere Möglichkeit der Visualisierung besteht darin, in einer Wand-Zeitung die Lebenszyklen des Systems – angefangen vom Gründer und die Protagonisten der Familie, über die Unternehmensentwicklung bis hin zu den Hauptprodukten – darzustellen (W. McWhinney 1985, 12 f.). Durch die Veröffentlichung kann so nicht nur die Geschichte des Metasystems sondern auch sein Transformationscharakter – über die Generationen und die Zeitrechnungen der jeweiligen Rollenträger hinaus – verdeutlicht werden. Daneben kann die Visualisieren der Gründung und eines offenen (und gewissermaßen auch ungewissen) Endes den *transzendierenden* Charakter des Familienunternehmens symbolisieren.

Ein Management der Nachfolge und des Generationswechsels beinhaltet auch, die menschliche Möglichkeit zur Transzendenz (angesichts der gewissen Sterblichkeit des Einzelnen) wieder in die Organisationen zurückzuholen und Spiritualität in den *Alltag* von Organisationen zu *reintegrieren*. Die Sterblichkeit des *Einzelnen* wird dann ebensowenig mehr das „Maß" für die Lebensfähigkeit des Unternehmens darstellen wie die Errichtung individueller Lebenswerke. In der wechselseitigen Angewiesenheit von „Familie mit System" und „Unternehmen, das Familie kultiviert" zeigt sich die sinnstiftende und haltgebende „Klammer", welche die Konstruktion des Metasystems den Betroffenen bietet: das Familienunternehmen ist zumindest für die Mitglieder der Unternehmerfamilie (bzw. -Sippe) unausweichlich (H. Levinson 1983, 75).[7] Hinsichtlich der Erarbeitung von Lösungen für den Nachfolgeprozeß kann so die Reintegration der Transzendenz dem Einzelnen helfen, seine *Verbindung* zum *kollektiven* Lebenswerk als Ganzem sowie seine Beziehungen und Bezogenheiten zu den relevanten Personen bewußt zu machen (und wiederherzustellen).

Für ein Management des Generationswechsels ist es für eine Lösung unverzichtbar, die Grenzen des Metasystems zu managen. Wie prominente (oder wie sich Herr Diel oben auszudrücken pflegt: „namhafte") Beispiele[8] zeigen, kann Nachfolge in Familienunternehmen nicht aus dem Kontext der (Teil)-Systeme „Unternehmen" und „Familie" herausgelöst werden. Wird dies mit einem rationalistischen Vorgehen ignoriert, wird das noch Generationen später Folgen nach sich ziehen.[9]

Die künstliche Trennung von Familie und Unternehmen halte ich – auch im Hinblick auf die Trennung von „Kapital" und „Management" – für unangemessen.[10] Sie isoliert das Unternehmen nicht nur von „alten Werten" (W. McWhinney 1985, 10), sondern unterbricht die Energien und Kräfte, die von der Ursprungsordnung vom Gründer über seine Nachkommen ausgehen. Sie werden dann in den ausgeklammerten Personen „gebunden" und verunmöglichen daher den Nachfolgenden – wer auch immer das sei – sich in *eigener* Autorität in die Entwicklung des Unternehmens effektiv einzubringen, weil sie (unbewußt) andere nachahmen, ersetzen müssen oder mit ihnen identifiziert werden. Zudem ist das System als Ganzes dann in das „Ausklammern" wichtiger Personen verstrickt und verschwendet Energie im Vergessen und Heraushalten der Schicksale anderer.

In der Trennung von Familie und Unternehmen wird das Metasystem aufgelöst: es bedeutet das Ende des Unternehmens als Familienunternehmen (wenngleich auch nicht zwingend das Ende des Unternehmens geschweige denn seiner Mitglieder). Eine damit vermeintlich einhergehende „Professionalisierung" wird teuer erkauft: im Verlust der sinnstiftenden Anteile der Delegation, im Verlust der „familiären Unternehmenskultur" und im Verlust des transzendierenden Symbols eines gemeinschaftlichen Lebenswerkes. Dazu haben die Beteiligten – ihre Vorgänger wie ihre Nachfahren – nicht zuletzt deshalb einen unmittelbaren Zugang, weil in den zumeist kleineren und mittleren Firmen durchaus noch *über Generationen* hinweg *individuelle Beiträge* zu diesem Werk nachvollziehbar bleiben.

„Familien (-Unternehmen) *managen* Generationswechsel" fordert die Protagonisten der (familiären) Nachfolge auf, die eigene Autorität zu *nehmen,* indem sie sich aufmachen, die „wirklichen" Potentiale in sich – und in ihren Unternehmen – zu entdecken und für die Gestaltung und Ausübung der Rollenträgerschaft zu nutzen. Und nicht ihr Leben lang – in dem Bemühen, dem Vater (bzw. Vorgänger) zu gefallen – nach dem Autor eines Stückes zu suchen, das sie nicht geschrieben haben (B. Sievers 1992). Möglicherweise müssen in Familienunternehmen die „Autoren" nur als solche benannt werden. Wenn die Gründer im kollektiven Gedächtnis von Familie und Unternehmen die ihnen zustehende Würdigung erfahren, muß ihr Vermächtnis und die Erbschaft *nicht* zum „Drama" werden. Generationswechsel vollziehen sich dann möglicherweise auch weniger pathetisch und weniger durch narzißtische Kränkungen und Verachtung bestimmt. Sie verzichten dann auch eher auf eine umweltinduzierte „Dramaturgie" ausagierter Gefühle.

Das heißt nicht, jeder Nachfolger müsse die Welt (von Familienunternehmen) neu erfinden – so einmalig ist die psycho-soziale Dynamik der Ablösung angesichts der Vielzahl von Familienunternehmen wirklich nicht. Es bedeutet aber, daß jeder Nachfolger zum *Autor* (s)eines eigenen Stückes avancieren muß. Die Tradition ist in diesem Bild möglicherweise dann die „Bühne" während das „Theater" die Erbschaft symbolisiert. Erbschaft auf die Bühne und Nachfolge auf die Darstellungskunst des Vaters oder dessen Vorfahren zu reduzieren, hieße aber „leben (Leben!) *lassen*" statt *leben*.

# ZUM SCHLUSS ...

Leser und Autor kommen an das Ende einer langen Reise. Sie nahm ihren Ausgang in einer Reisebeschreibung. Ihr konnte der Leser verschiedene Berichte aus der Perspektive des „Forschers", des „Beraters" und des „Nachfolgers" über die „Inselwelt" von „Familien, die Unternehmen unternehmen", entnehmen. Bereits Bekanntes aus älteren Berichten wurde darin von ersten Erfahrungen und Erkenntnissen einer gerade erfolgten (Forschungs)-„Expedition" ergänzt. Darin enthalten waren auch Hintergrundinformationen und „Reportagen" über Ziel und Vorbereitung der „Expedition" sowie über den „Weg hindurch".

Die nächsten Schritte des von Autor und Leser zurückgelegten Weges betrafen einzelne Stationen der „Forschungsexpedition". Hier wurde von ihren Ergebnissen berichtet, die mittels einer spezifischen „Optik" aus den Erzählungen und Erfahrungen der „Inselbewohner" gewonnen werden konnten. Rückblickend stellten sich diese in drei Dimensionen der psychosozialen Dynamik von Nachfolge und „Generations-Wechsel" dar. Der Autor, in dessen Person selbst die Rollen des „Forschers", des „Beraters" und des „Nachfolgers" zusammenfallen, benannte diese fremdartig anmutenden Welten mit „Unternehmen kultivieren Familie", „Generationen delegieren Familie(n-)Nachfolge(r)" und „Familien(-Unternehmen) unternehmen Unsterblichkeit". Den Bericht beschloß ein Essay, in dem die Forderung erhoben wurde, daß „Familien(-Unternehmen) Generationswechsel managen".

Auch für den Autor geht damit ein Weg zu Ende. Von den Anfängen über die Forschung im Rahmen von Diplom- und Doktorarbeit sowie Beratungen von Familienunternehmern und ihren Nachfolgern bis hin zur Autorenschaft dieses Buches umfaßt er ein ganzes Jahrzehnt! Rückblickend läßt sich dabei der Zusammenhang der Rollen als „Forscher", „Berater" und letztlich auch als „Nachfolger" unter einem Sinnspruch von Matthias Claudius stehend sehen: „Sei gewiß, daß nichts Dein Eigentum sei, was Du nicht inwendig in Dir hast." Es folgt der Überzeugung des Autors, daß jeder der Betroffenen die Rolle als Nachfolger – und was vielleicht noch schwieriger ist: *als Unternehmer* – „in sich Gestalt gewinnen" lassen muß. Eine kontemplative – nicht zu verwechseln mit einer passiven – Haltung scheint ihm auch darin durchaus angemessen: sie wirkt sich zudem im Hinblick auf die Verfügung der Erbschaft eines Familienunternehmens ebenso aus, wie auf den Umgang mit den in ihm arbeitenden Menschen. In einem zusammenfassenden Rückblick soll dem Leser nun „zum Schluß" noch einmal Gelegenheit geboten werden, Erlebtes, Erfahrenes und Gelesenes Revue passieren zu lassen und die verdichteten Erkenntnisse auf sich wirken zu lassen. Zugleich gibt der Autor darin noch einmal einen Ausblick auf eine zukunfts- und lösungsorientierte

Gestaltung von Nachfolge und Generationswechsel in Familienunternehmen.

Familienunternehmen sind in einem hohen Maße von der Auseinandersetzung zwischen der inneren und äußeren Welt ihrer Mitglieder (bzw. Protagonisten) geprägt. Die „Aufführung“ von Nachfolge und „Generations-Wechsel“ wird immer zugleich auf der Bühne der „Familie“ und der des „Unternehmens“ inszeniert. Familienunternehmen können (auf einer meta-theoretischen Ebene) als Metasystem verstanden werden, in denen sich der Zusammenhang zwischen den gesellschaftlichen Institutionen Familie und Unternehmen in wechselseitiger Abhängigkeit und Bezogenheit manifestiert hat.

Wird der Zusammenhang zwischen diesen Institutionen aufgelöst, bedeutet dies das Ende des Familienunternehmens (wenn auch nicht zugleich das Ende der Inhaberfamilien oder des Unternehmens selbst). Allerdings kann sich der Beobachter eines solchen Anscheins kaum erwehren, zumal die – durch Emotionalität und Affekte geprägte – Identifikation der Eignerfamilien mit ihren Unternehmen einen solchen Zusammenhang nahelegt. Die Konstruktion der Wirklichkeit geht zuweilen soweit, daß die Betroffenen in einer ungelösten *familiären* Nachfolge den „institutionellen Tod“ des Familienunternehmens *konstruieren*. Entsprechend werden Interdependenzen zwischen Familie und Unternehmen oftmals zu überlebenswichtigen Abhängigkeiten stilisiert, welche sich im „perpetuum mobile“ der familiären Nachfolge verselbständigen. Senioren und Seniorinnen erleben den „Generationswechsel“ dann als persönliche Bedrohung, als ob mit dem Ende ihrer Rollenträgerschaft auch ihr *eigenes* Ende einhergehen müsse. Andererseits werden an die familiäre Nachfolge übergroße Erwartungen gerichtet, als ob mit ihrem Ausfall der Tod des Unternehmens – und damit der des sich im Familienunternehmen symbolisierenden, kollektiven Lebenswerks – apostrophiert wäre.[1]

Kaum eine andere Metapher als *„Du kommst später mal in die Firma!“* scheint mir besser geeignet, die über die Gründer (und Vorgänger) vermittelte Beauftragung von Söhnen und Töchtern mit der Delegation zur familiären Nachfolge zu veranschaulichen. Ob sich die in der (psycho-sozialen) Dynamik der Nachfolge abspielende Dramaturgie eher zu einer Komödie oder einer Tragödie entwickelt, hängt möglicherweise ja davon ab, inwieweit die im Titel dieses Buches enthaltene „Botschaft“ eher eine *Einladung* an die nachfolgende Generation darstellt statt eine „Oktroyierung“ der Nachfolger (S. Nelton 1986, 230). Eine *Einladung* kann die Nachfolger dazu auffordern, Nachfolge und Erbschaft in einem Stück anzutreten, das andere zu schreiben und zu spielen begonnen haben. Sie hat dabei weniger zum Ziel, ein einst vom Urheber geschriebenes und inszeniertes „Stück“ durch Imitation zu kopieren und so *zum Klassiker* zu erheben. Sondern soll vielmehr sicherstellen, daß die – unter dem Familien- bzw. Gründernamen entwickelte und bekannt gewordene – kollektive Dienstleistung und gesellschaftliche Problemlösung des Unternehmens auch *weiterhin* einen sinnvollen Beitrag zum Weiterbestand der kollektiven Lebensgemeinschaft leistet. Die Fortführung und Aufrechterhaltung von *Kontinuität* kann dabei weder auf die Unterhaltung (der gesellschaftlichen Phantasieproduktion) noch auf den Unterhalt (in Form der materiellen Versorgung von „Kindern") reduziert werden.

Sich in die Reihe der Unternehmer (und Rollenträger) zu stellen, bedeutet für den Nachfolger nicht in erster Linie, sich auf die Aufrechterhaltung familiärer Traditionen zu konzentrieren. Vielmehr fordert eine Einladung zur Nachfolge sie auf, unter Nutzung der zur Verfügung gestellten Ressourcen die Inszenierung und Produktion *selbst* zu übernehmen. (Zumal das Zur-Verfügung-Stellen der Ressourcen unausweichlich mit der Geschichte der eigenen Vorfahren verknüpft ist.)

Ich gehe dabei von der Annahme aus, daß das Ziel der (Einladung zur) Nachfolge die langfristige Sicherung der Kontinuität des Unternehmens in dem Sinne beabsichtigt, daß „Familie (auch weiterhin) Unternehmen unternimmt"! (Damit mag durchaus auch eine Aufrechterhaltung des Metasystems einhergehen, wenn die Nachfolger als *Repräsentanten* eines Generationen- und Familienverbandes angesehen werden.) Zwecks Aufrechterhaltung der Unternehmenskontinuität tragen die Unternehmersenioren sicherlich zugleich auch Verantwortung für die Qualifizierung der Kandidaten und Kandidatinnen. Diese muß ihnen vor allem – über die Aufrechterhaltung und Weiterentwicklung der im Unternehmen vorhandenen Ressourcen und Potentiale hinaus – ermöglichen, sich mit den Anforderungen der relevanten Umwelten des Unternehmen auseinanderzusetzen und so das Stück ihnen anzupassen. Das kann – unter der Berücksichtigung von Produkt- und Branchenlebenszyklen – auch heißen, daß zukünftig auf der „Bühne" des Metasystems *andere* Stücke gegeben werden müssen als die „Klassiker" des Unternehmens.

Die *Erbschaft* beschränkt sich dabei nicht auf den materiellen „Gegenwert" oder die bestehenden ökonomischen und sozio-technischen Ressourcen. Sie bezieht sich vor allem auf die Nachfolge der Rollenträgerschaft. Ob dabei der Prozeß von Ablösung und Übergabe durch die Protagonisten „reif" und „erwachsen" gemanagt werden kann, hängt nicht zuletzt davon ab, inwiefern sie die Doppelrollen – nach innen und nach außen – zu differenzieren gelernt haben. Zur Qualifizierung von Nachfolgern *und* Senioren gehört somit auch die Fähigkeit zur psycho-sozialen *Verarbeitung* des Geschehens. Auf der Ebene des Unternehmenssystems wird damit auch die Verarbeitung der kollektiven Erfahrungen angesprochen. Es benötigt einen *eigenen* Lernprozeß, damit es den Beteiligten – Familienangehörigen wie Mit-Arbeitenden – gelingt, die Protagonisten des Generationswechsels aus dem (psychischen) Gefängnis der familiären Rollen zu entlassen. Und sie nicht – um in der Theater-Metapher zu bleiben – zur Re-Inszenierung familiärer „Dramen" (bzw. der „Dramen der Kindheit": B. Sievers 1992) auf die „Bühne" des Unternehmens einzuladen.

Die Nachfolger müssen daher auch der Falle entkommen, *keine Wahl* zu haben und für *alle* Hinterlassenschaften der Vorfahren dankbar zu sein. Solches scheint jedoch angesichts der Abhängigkeit von *ihren* Unternehmen und (Herkunfts-)Familien für viele unter ihnen unausweichlich. Sich der Dynamiken diverser Unternehmens- und Familienspiele bewußt zu werden, kann ihnen auch dazu helfen, sich in den Rollen im Unternehmen – und damit häufig auch in den Familien – zu *managen* und so eine reife Form der (gegenseitigen) Abhängigkeit zu entwickeln. Ein Management des Generationswechsels soll ihnen ja gerade ermöglichen, sich mit den Vorgängern zu versöhnen und sich der Erbschaft als Nachfolger würdig zu erweisen! (Dem geht allerdings die Zustimmung zum eigenen Schicksal voraus!)

Die Beauftragung zur Nachfolge – und die Delegation von Nachfolgern – als ein generationenübergreifendes Kontinuum sollte vom Leser nicht dahingehend mißverstanden werden, in ihnen restaurative Bemühungen im Hinblick auf familiäre oder gar individuelle Traditionen zu erblicken! Sie stellt vielmehr einen Rahmen des Verstehens und eine Orientierung zum Handeln dar. Die in Familienunternehmen vorzufindende Wir-Identität, welche über Generationen die Sippe verbindet (auch in Neid, Eifersucht und Rivalität zeigen sich starke Beziehungswünsche), spricht ja auch dafür, daß das Metasystem als eine Schicksalsgemeinschaft verstanden werden kann, in der unter anderem familiäre Loyalität und „Sippengewissen" wirken. Darin eine romantisierte Vorstellung alter Lebensgemeinschaften zu rekonstruieren wäre ebenso verfehlt, wie Pest, Hunger, Krieg, „die zu jener Form des Zusammenlebens geführt haben, wieder einzurichten" (A.E. Imhof 1988b, 145)! Andererseits ist – aus einer gesellschaftlichen Perspektive – durchaus zu fragen, inwieweit sich in „Unternehmen, die Familie kultivieren", die kindlichen Abhängigkeitswünsche gerade deshalb konstituieren (und perpetuieren), weil das Metasystem individuelle Bedürfnisse und kollektive Funktionen übernimmt, die in der „Gesellschaft der Individuen" (N. Elias 1987b) zutiefst vermißt werden?[2]

Es scheint unumgänglich, daß ein „Generations-Wechsel" – selbst unter besten Voraussetzungen – für alle Beteiligten Schwierigkeiten mit sich bringt und hinsichtlich der Unternehmensentwicklung mit Diskontinuitäten verbunden ist. Das fokussiert sich in der psycho-sozialen Dynamik der Ablösung: dort wird die „Szene" von der – individuellen wie kollektiven – Auseinandersetzung mit der *Sterblichkeit* des Seniors (bzw. von ihrer Verleugnung) „überschattet". Hier zeigt sich, inwiefern die Protagonisten das Familienunternehmen als kollektives Lebenswerk verstehen! Oder ob es vom Senior – insbesondere gilt dies für Gründer – zum Aufbau eines individuellen

Lebenswerkes benutzt wird. Daher wird die Übergabe der Rollenträgerschaft zurecht als die *schwierigste* Managementaufgabe des *Seniors* angesehen (S. Nelton 1986, 230)!

Wie ich mit der Forderung, den Generationswechsel in Familie und Familienunternehmen zu *managen*, zu verdeutlichen versucht habe, kann der Transformationsprozeß des Metasystems nicht lediglich in juristischen, technisch-organisatorischen oder fiskalischen Dimensionen einer Lösung zugeführt werden. Das heißt nicht, daß solche nicht benötigt werden. Es weist vielmehr darauf hin, daß diese „Lösungen" die Bearbeitung der damit ausgelösten Gefühle und Erfahrungen eher der „Rationalisierung" beziehungsweise der Privatisierung überlassen, werden doch individuelle und familiäre Belange oftmals hinten angestellt. Werden sie hingegen einer kollektiven *Bearbeitung* zugeführt, trägt dies dazu bei, eine „gute Lösung für alle Beteiligten" zu finden. (Dazu ist es nicht zwingend erforderlich, die Lösung in der Öffentlichkeit des Metasystems zu suchen: ein „gutes Bild" wirkt auch *im* System.)

Ein Generationswechsel kostet nicht nur Zeit und Geld. Er kostet auch Kraft und erfordert Mut zum Handeln. Solange jedoch die damit verbundenen Gefühle und Erfahrungen von den Betroffenen in der Annahme individualisiert und privatisiert werden, sie seien so einzigartig, daß darüber nicht gesprochen werden könne, werden sie der kollektiven Projektion, der Personifizierung und anderen psycho-sozialen Abwehrformen preisgegeben. Jedoch werden so eher die Protagonisten der Nachfolge – und das heißt zumeist: die Nachfolger – gemanagt als der „Generations-Wechsel" und der ihm inhärente Transformationsprozeß. Nicht zufällig fühlen sich die Betroffenen häufig von den Ereignissen „überrollt", so daß ihnen die Nachfolge „über den Kopf zu wachsen" droht! Es bleibt zu hoffen, daß die in dieser Arbeit vorgenommene Beschreibung der psycho-sozialen Dynamik in der Wiedergabe und Interpretation der Geschichten meiner Interviewpartner Nachfolger und Seniorunternehmer dazu ermutigt, die eigene Problematik und die eigenen Erfahrungen als nicht mehr ganz so einzigartig – und individuell – anzusehen, wie es oft angenommen und unterstellt wird. So wichtig steuer- und erbschaftsrechtliche Fragen oder die notarielle Abfassung von Geschäftsführungs- und Gesellschaftsverträgen auch sein mögen: sie dienen den Betroffenen oft lediglich zur Abwehr der mit dem „Generationswechsel" ausgelösten Ängste. Ihnen ist das Bedürfnis nach *Ausgleich* und nach *Zugehörigkeit* im System gemeinsam.

In dem Maße, wie in die Protagonisten die Schattenseite der Nachfolge abgespalten wird, werden diese sich wiederum des Unternehmens bedienen. Indem sie sich beispielsweise anmaßen, es sich entlang familiärer Strukturen anzueignen und zu „privatisieren". Möglicherweise liegt der Schlüssel zur Gestaltung der Nachfolge und zum Umgang mit der Erbschaft darin, daß der

Nachfolger die Übernahme der Rollenträgerschaft aus der Hand des Vorgängers im Bewußtsein annimmt, diese für *seine* Zeit – und stellvertretend für seine *Generation* – anzunehmen, um sie einst – wenn die Umstände es zulassen – an den „eigenen" Nachfolger weiterzugeben.

Letztlich wird es nur dem gelingen, in der Unternehmerrolle Autorität zu gewinnen, der sich erst „gewiß ist", was „inwendig zum Eigentum" wurde (Matthias Claudius): die Rolle will „inwendig" gestaltet und entwickelt werden. Das heißt auch, den Vorfahren und Vorgängern einen würdigen Platz einzuräumen. Die Nachfolger sollten sich daher bewußt sein, daß sie mit der Übernahme der Unternehmerrolle gleichzeitig auch zu Protagonisten der *Transzendenz* – und damit zu Trägern der Hoffnungen auf die Unsterblichkeit des kollektiven Symbols – *delegiert* werden!

Eine *angemessene* Lösung für die Nachfolge kann letztlich nur in einer „guten Lösung für alle Beteiligten" gefunden werden. Das fordert den Betroffenen (wie im Übrigen auch ihren „Beratern") ungewöhnliche Bemühungen um ein „Verstehen" der Interdependenzen solcher unterschiedlichen Institutionen ab, wie sie „Familie" und „Unternehmen" darstellen. Manche „Verrücktheiten" müssen aufgelöst werden, die sich in den Konstruktionen von Wirklichkeiten der Betroffenen widerspiegeln (zumal oftmals in der Fortführung über Generationen sich verselbständigende Eigendynamiken entwikkelten). Auf diesem Weg werden die Interventionen von Beratern Irritationen auslösen müssen, wenn sie die Betroffenen zu einer „Selbstbeschreibung" dieses Systems zwingen (K. Sohm 1994, 72 f.). Oft übertrifft nur die *Erleichterung* der Kunden (bzw. Klienten) nach erfolgter Intervention ihr Erstaunen darüber, daß das Verstehen familiärer Dynamik einen wichtigen – wenn nicht sogar den *wichtigsten* – Beitrag zum Verstehen und zur Lösungsorientierung leistete. Wie die Beschreibungen der psycho-sozialen Dynamiken gezeigt haben, ist die Konstruktion von Wirklichkeit im Organisationsleitbild „Familie" immer „familiär" motiviert (bzw. „verursacht"). Dies wird den Leser nicht weiter verwundern, da Familienunternehmen soziale Systeme sind, die ihre „Schöpfung" und Aufrechterhaltung *Einzelnen* (Gründern) *und ihren Familien* (bzw. Sippen) verdanken. Diesem Teil der Geschichte begegnen die Nachfolger im „Generations-Wechsel" ebenso wie die Mit-Arbeitenden. So erleben die Beteiligten eine (Auf-)Lösung familiärer und familieninduzierter Dramen in ein gutes Bild auch als Befreiung aus Verstrickungen und (liebgewordenen) Fixierungen. Eine Vielzahl zuvor aufgetretener (Einzel-)Probleme und die Versuche, sie zu lösen, stellen sich dann rückblickend als Symptome einer Strategie heraus, das liebgewordene Problem aufrecht zu erhalten.

Zweifelsohne kann der Transformationsprozeß von den Betroffenen als Erschütterung erlebt werden. Die Erfahrung mancher Nachfolger ist durchaus zeitweise von Gefühlen, wie Ohnmacht und Verzweiflung, Ärger, Wut und Enttäuschung geprägt. Denen, die im familiären Dilemma der Nachfolge keinen Ausweg sehen, möchte ich eine kleine Geschichte erzählen. Sie handelt auch von einer Erbschaft: (R. Schamir 1993, 228 f.)

*„Und diese Goldmünze ist von einem Räuber, dem ich einmal das Leben gerettet habe. Er trug mir auf, sie dem zu geben, der keinen Ausweg mehr sieht. Ich habe erst sehr spät erkannt, welche Weisheit in dem Räuber steckte, denn immer, wenn ich sie jemandem geben wollte, suchten wir einen Weg und fanden ihn auch."*

Vielleicht ist der eigentliche Wert, der in der Nachfolge und der Erbschaft eines Familienunternehmens besteht, eher in ihm als *Symbol* enthalten als in seinem „Verkehrswert". Es bleibt zu hoffen, daß das „Familien-Unternehmen" des Gründers seinen Nachfolgern ebenso kreative Lösungen ermöglicht, wie die „Goldmünze des Räubers".

Die Suche nach „guten Lösungen" führt immer zu *kollektiven* Lösungen für *alle* Beteiligten (im Metasystem)! Das setzt für die Protagonisten des Generationswechsels allerdings eine demütige Haltung voraus, die sich der *eigenen* Begrenztheit und Sterblichkeit bewußt ist. Sie kann auf die Errichtung individueller Lebenswerke ebenso verzichten wie auf eine anmaßende Aneignung des Unternehmens zwecks persönlicher Vorteilsnahme. Letzteres gilt ohne Ausnahme auch für die im Familienunternehmen arbeitenden Menschen – und schließt die Nachfolger mit ein! So bleibt zu hoffen, daß aus einer latenten Drohung eine herzliche Einladung werden kann, wie zum Beispiel: *Du kommst später mal in die Firma! ...*

# ANMERKUNGEN

## 1. Kapitel

1 Der Südsee-Häuptling rät im übrigen seinen „nichtdenkenden Brüdern“ davon ab, das „Denken zu lernen“: „Der Papalagi beweist uns durch sich selbst, daß das Denken eine schwere Krankheit ist und den Wert des Menschen um vieles kleiner macht.“ (E. Scheurmann (1988, 112). Es mag dem einen oder anderen Leser als Warnung dienen, denen, die „Wissen schaffen“, nicht leichtfertig zu trauen.

2 Dieses Verständnis hat mich unter der Überschrift „Unternehmen kultiviert Familie“ zur Beschreibung der „Organisation als Familie“ gebracht.

3 Th. Siefer (1987): Dynamik von Familienunternehmen. Diplomarbeit am Fachbereich Wirtschaftswissenschaft der BUGH Wuppertal (unveröffentl.).

4 Zur Verbesserung der Lesbarkeit wurden im hier vorliegenden Text Füllworte (wie ehm, äh, etc.) mit einer Doppelklammer (.) versehen. Längere Verzögerungen und Pausen wurden in Abhängigkeit von der Sprechgeschwindigkeit als solche gekennzeichnet, kürzere mit „ // “.

5 Nach der Ansicht der transkribierten Interviews taten sich einige der Interviewpartner mit dieser Form der direkten Übertragung wörtlicher Rede schwer. Darüber konnte sie auch nicht die Wahrung ihrer Anonymität – soweit es die Nennung von Namen und eindeutigen Bezeichnungen anbelangte – hinwegtrösten. Ihre Kritik, die Umgangssprache als Wissen schaffendes Datenmaterial aufzufassen, kann auch als Bestätigung für die Wahl der Methode angesehen werden. Der dahinter stehende Wunsch nach „repräsentativen“, vorbereiteten Statements wäre in manchen Augen sicherlich eher dem Wunsch entgegengekommen, mit ihren Aussagen der Wissenschaft gedient zu haben. Andererseits habe ich diese Kritik auch als „Cover“ verstanden, das „eigentlich“ aus dem Erschrecken entstand: „Das soll ich so gesagt haben? – Das kann doch wohl nicht wahr sein!“

6 Die Namen der Interviewpartner wurden anhand einer Namensliste verändert, die aus Telefonanschlüssen mehrerer deutscher Großstädte zusammengestellt wurde.

7 Möglicherweise ist die in der Literatur vorzufindende Kritik an einer ungenügenden Erklärung einer Genese sozialer Systeme ein Hinweis (M. Schmid 1987, 34). Im Unterschied zur *Systemgenese* handelt es sich bei der *Systembildung* – sie ist Beschreibungskategorie der Systemtheorie – nicht um die Entstehung und die daraus resultierenden Entwicklung eines Systemes, sondern um das Erfassen eines bestehenden Systemes.

8 Diese Auffassung vom Zusammenhang von Rollen, Individuen und Organisationen geht auf E.J. Miller und A.K. Rice zurück, die bei Individuen, Klein- und Großgruppen – in zunehmend komplexerer Manifestation – ein grundlegend strukturelles Prinzip beobachteten. Individuen wie Klein- und Großgruppen sahen sie als in den Kategorien „interne Welt“, „externe Umwelt“ und „Grenzfunktion“ (welche die Transaktionen zwischen Innen und Außen kontrolliert) beschreibbar an (E.J. Miller

und A.K. Rice 1973, 14 f.). Dieses grundlegende Strukturprinzip gibt einen Hinweis darauf, wie (Arbeits-)Organisationen konstruiert sind bzw. sich strukturieren.

9 Ebenso wie das Unbewußte für die Psychologie eine Herausforderung darstellt, kann es die herrschende rationale Management-Theorie ad absurdum führen. C.G. Jung hatte für „die Bedeutung des Unbewußten für die Psychologie" festgestellt: „Die Hypothese des Unbewußten bedeutet ein großes Fragezeichen, das hinter den Begriff der Psyche gesetzt ist. ... Vielmehr erschien sie jetzt in seltsamer Doppelgestalt, als ein Altbekanntes und zugleich Unbekanntes." (C.G. Jung 1971, 195 f.)

10 Aus Sicht der systemischen Familientherapie bedeutet „Drama" immer: „da fehlt einer". Möglicherweise gilt für einen fehlenden Nachfolger ja auch: in dem System fehlt einer, dem „kein (würdiger) Platz" gegeben wird?

11 Bezeichnenderweise werden Familienunternehmen als Rechtsbegriff ausschließlich „ ... im deutschen Recht durch den „Erlaß des Führers über das Familienunternehmen der Firma Friedrich Krupp v. 12.11.1943" (RGBl. I Nr.99, 655 f.) nachgewiesen." (A. Schindler 1975, 32, Anm. 47) Dieses sog. „Lex Krupp" beinhaltete, daß Alfried Krupp „ ... einen speziellen Steuerstatus (erhielt), der Schutz vor dem drohenden Ruin durch die Erbschaftssteuer bot und so die Voraussetzungen für die Kontinuität der industriellen Krupp-Monarchie schuf. Der entscheidende Aspekt dieses Gesetzes ist sein ad hoc- Charakter und sein Zuschnitt auf eine bestimmte Familie, die Krupps. Bei der Lektüre der Korrespondenz von Gustav und Alfried mit Bormann wird deutlich, daß Hitler dieses ‚Gesetz' – das in Wirklichkeit mehr den Charakter einer Proklamation hatte – als eine Belohnung für die Familie Krupp, für ihre dem deutschen Staat erbrachten Dienste und für ihre bedingungslose Loyalität und Unterstützung des Nationalsozialismus betrachtete." (R. Calogeras 1989, 165 f.)

12 Dieses systemische Ordnungsprinzip ist jedoch nicht mit patriarchalen Strukturen zu verwechseln!

13 Der „Geist der Unternehmer" kann dabei zuweilen recht „handgreiflich" werden: die Ahnen „geistern" in den Köpfen (und insbesondere auf den oberen Unternehmensetagen) umher. Die – eher unbewußte – Verbundenheit mit den Gründern binden Energien und Kreativität und verhindern Innovationen im Unternehmen. Durch (von Beratern vorgenommene) Interpretation und Umdeutung solcher Sagen, Geschichten und Artefakten, die im Unternehmen gegenwärtig sind, kann eine Re-Konstruktion der zugrundeliegenden Gründungs-Mythen erreicht werden. Das kann dazu verhelfen, die Mitglieder des Unternehmens wieder mit dem Ursprung, der (Unternehmens)Gründung, zu verbinden (W. McWhinney und J. Batista 1988, 46).

14 Dagegen scheint sich in Großunternehmen der Generationenbegriff lediglich auf Produkte (in sog. „Produkt-Lebenszyklen") zu beziehen, deren Abläufe immer kürzer werden.

15 Es ist sehr interessant, wie Dynastien von Herrscherhäusern entstehen konnten. Beispielsweise war der fränkische König ursprünglich von den Stammesfürsten gewählt worden. Später wurde die Erbfolge der Karolinger im weiteren Verlauf per „Designation" bestimmt: der König bestimmte seinen Sohn zum Nachfolger, die Stämme hatten diesem „Befehl" zu folgen. Bei Aussterben des Königsgeschlechtes

konnten die Stämme dann mit Rücksicht auf das „Geblütsrecht" – nahe Verwandte des Vorgängers wurden oftmals bevorzugt – selbständig einen König wählen (R. Vocke 1987, 148).

16 Hier ist anzumerken, daß der Interviewte aus seinem „Bruder" eine „Schwester" machte. Er gab damit vor, die Anonymität gewährleisten zu wollen. Eigentlich tarnt er damit allerdings ein heißes Eisen: „Schwestern" finden im Bild des „Erbhofes" keine Berücksichtigung, was die patriarchale, männliche Nachfolge unterstreicht. Die „Geschlechtsumwandlung" dient daher dazu, die tatsächlich vorgenommene „Abfindung" des Bruders zu legitimieren bzw. die Frage nach deren Legitimation erst gar nicht aufkommen zu lassen.

17 „Tradition" wird nicht nur mit der Übernahme und Weitergabe von Sitten, Bräuchen und Konventionen, sondern auch mit der von *Institutionen* beschrieben (Bibliograph. Institut 1983, Bd. 22, 175).

18 Wie weit diese Objektbeziehung zum „Ersatzkind Unternehmen" gehen kann, zeigt das Beispiel „Ford": so wurden die Transportschiffe mit Namen versehen, die an „Mitglieder der Ford-Familie" erinnern. „Sogar die Hochöfen tragen Namen – ‚Ford'-Namen natürlich." (R. Lacey 1987, 9)

19 Die grundsätzlichen Überlegungen zu einem solchen *funktionalen* Managementverständnis gehen auf G. Lawrence (1979, 243 f.) oder B. Sievers zurück (B. Sievers und W. Weigand 1986, 35 f.)

20 Die „stille Teilhaberschaft" schließt ja eine Tätigkeit des Kapitaleinlegers in der Unternehmensleitung, eine Mit-Unternehmerschaft, per se aus.

21 Diese Einsicht ist ein Nachtrag zu der dem Buch zugrundeliegenden Dissertation. Sie wurde anläßlich eines Seminares mit Bert Hellinger im Herbst 1994 gewonnen. Dort hatten wir Gelegenheit, anhand von (organisationalen) „Aufstellungen" erste, für organisationale Dynamiken geltende, Ordnungen zu erkennen und zu explorieren.

22 Die Ausführungen zum Kontroll-Management sollen sich hier ausschließlich auf den Beirat beziehen. Andere mögliche Formen, wie Kontrolle durch einen Aufsichts- oder Verwaltungsrat, über eine aufsichtführende Holding oder durch eine Treuhandgesellschaft, halte ich für die Mehrzahl mittelständischer Familienunternehmen für bedeutungslos. Zudem lassen sich ihr sinnstiftender Hintergrund sowie die daraus entstehende Dynamik durchaus mit dem des Beirates vergleichen.

23 Eine ausgezeichnete Darstellung und Diskussion von Modellen, Phasen und Krisentypen findet sich bei C. Pümpin und J. Prange 1991, 45 f.

24 Die von S. Nelton (1986, 136 f.) aufgeführten Rollentypen von Frauen als „Unterstützerinnen" und „Ich-Stütze" scheinen mir in diesem Zusammenhang auch für das Verstehen der Rollen von „Schwestern" in „Familien mit System" interessante Hinweise zu geben.

25 B. Sievers (1989 b, 99–103) hat zu Erbschaft ein interessantes Essay geschrieben.

## 2. Kapitel

1 Eigenschaften, wie beispielsweise die von D. Matenaar (1983, 179) aufgeführten: „Tradierung", „Wandlungsfähigkeit", „Akzeptanz" oder „Vielschichtigkeit".

2 Wie immer „nutzt" eine dominante Wirklichkeitsbeschreibung vor allem denen, welche die Wirklichkeit dominieren: dem Unternehmer und seiner Familie. Im Hinblick auf die „Pathologie der Organisation" bzw. die mit den neurotischen Verhaltensmustern verbundenen Leiden (K. Türk 1976, 109) sei eine Hypothese von M. Kets de Vries und D. Miller (1986, 17) angeführt: „Je zentralisierter eine Organisation und je mächtiger der Unternehmensführer, desto größer ist die Auswirkung seiner Persönlichkeit (d.h. seiner Phantasien und neurotischen Verhaltensmuster) auf die Kultur, Strategie und Struktur der Unternehmung."

3 Der „patriarchale Vertrag" beruht unausgesprochen auf „Unterordnung, Selbstverleugnung, Opferleistungen für nicht genannte zukünftige Belohnungen" sowie der „Überzeugung, daß diese Forderungen berechtigt sind." (P. Block 1992, 38)

4 Sie verdeutlicht gleichzeitig auch die von H.E. Richter (1986, 236) aufgestellte These, daß Familien „... *auch* als Spiegel und Austragungsort gesellschaftlicher Prozesse ..." angesehen werden können, demzufolge manche „... ihrer Störungen und Leiden die angemessene Folge einer sensiblen Verarbeitung eines sozialen Mißstandes ..." darstellen.

5 Man kann wohl für die meisten Familienunternehmen davon ausgehen, daß sie den Zusammenhang von „Arbeit und Leben" repräsentieren, der ansonsten gesamtgesellschaftlich in der Trennung von Lebenswelten aufgehoben scheint. K. Trebesch (1989, 53) hat die These aufgestellt, daß es gesamtgesellschaftlich eine Tendenz zu einer spezifisch-psychischen Arbeitsteilung gibt, nachdem Unternehmen etwas aus der Gesellschaft importiert (abgespalten), „was sie dann ausagieren müssen, sofern sie es nicht gleich exportieren können." Möglicherweise ist in Familienunternehmen die familiäre Nachfolge und der Generationswechsel von solchen (psychischen) Importen belastet, die sich ebensowenig wie (individuelle) „Sterblichkeit und Tod" *exportieren* lassen.

6 Damit wird nicht zugleich behauptet, daß der Führungsstil in Familienunternehmen generell autokratisch-autoritär sei.

7 In der extensiven, hermeneutischen Textanalyse wird bei der „Übersetzung" bzw. Interpretation eines Wortes nach den (textlichen) Kontexten seiner Verwendung gesucht. Die Bedeutung eines Wortes ergibt sich daher aus dem Vergleich von (logischen) Kontexten, in denen sie angewendet werden. So geschieht es hier auch mit der Vokabel „letztendlich".

8 Diese Grundannahmen sind: „(Über-)Abhängigkeit" (von starker Führung), „Kampf" (mit der Person, die Autorität repräsentiert) verbunden mit „Flucht" (aus der Aufgabe), sowie „Paarbildung" (als Flucht in eine messianische Erlösungshoffnung) (W.R. Bion 1971, 42 f.; A.K. Rice 1971, 19 f.).

9 Möglicherweise gilt ja auch im Zusammenhang von Familienunternehmen: „Ökonomie ist Kunst"?!

## 3. Kapitel

1 Eine „Anwendung" würde weder den sozio-ökonomischen Erfordernissen von Familienunternehmen noch den therapeutischen Implikationen des Konzeptes gerecht.

2 H. Stierlin (1982, 24 f.) bezieht die Delegation dabei auf die drei Ebenen der Freudschen Persönlichkeitsstruktur.

3 Entsprechend sieht H. Stierlin (1982, 91) die Delegation auch explizit als *nicht* zwingend *pathologisch* (entgleisend) sondern als „notwendigen und legitimen Beziehungsprozeß".

4 Das *familiäre Ideengut* ist dabei eng mit der Familiengeschichte verbunden: „Die Familienmitglieder haben das Bewußtsein einer gemeinsamen Geschichte und leiten ihre Zielsetzungen und Aufgaben des eigenen Lebens aus dieser Geschichte her. Das familiäre Identitätsgefühl ist wirksam, auch wenn die Familie zerstritten oder äußerlich aufgelöst ist" (J. Willi 1985, 175).

5 Rekonstruktion deshalb, weil Delegation auch eine Bezogenheit von Berufsausbildung und -tätigkeit zu den biographischen Hintergründen (insbesondere den institutionellen) herstellt oder im Nachhinein herstellen läßt.

6 Ebenso wie sich viele organische Ansätze zur Organisationstheorie der Metapher menschlichen Wachstums bzw. der Entwicklungsschritte des menschlichen Lebenszyklus bedienen. Die Metapher der Organisation „als Organismus" wird jedoch dann inadäquat, wo die *Analogie*-Bildungen dysfunktional sind (G. Morgan 1986, 39 f.).

7 Die grundlegende Problematik von Organisationen, die Interpenetration von personalem und sozialem System, droht hier in ein Extrem abzugleiten (B. Sievers 1977, 20).

8 Diesen Vorgang hat A.E. Imhof (1988a, 140) eindrucksvoll am Beispiel der Rolle des „Dogen" der Inselrepublik Venedig beschrieben. Auf dem Hintergrund einer 1100-jährigen Geschichte wird so die – historische – Austauschbarkeit der Rollen-Inhaber deutlich.

9 Diese Ergänzung ist ein Nachtrag zum Forschungsbericht.

10 Distanzierung ist ja auch eine (Angst-)Abwehr von Nähe und Trauer.

11 Diese Bemerkung ist eine Ergänzung gegenüber den Interpretationen im Forschungsbericht.

12 H. Stierlin (1982, 109) spricht im Zusammenhang der Mehrgenerationen- Perspektive von *inter*generationellen Prozessen. Die in diesem Zusammenhang angesprochenen (unbewußten) Prozesse laufen jedoch nicht nur *zwischen* zwei Generationen ab sondern auch *vermittels* bzw. unter *Ausschaltung* der zwischenliegenden Generation. Daher erscheint mir der Terminus *„transgenerational"* geeigneter. In der psychoanalytischen Literatur werden solche Phänomene auch mit Transposition bzw. Transmission (P. Bründl 1992) bezeichnet.

13 Ohne dem anschließenden Kapitel „Familien(-Unternehmen) unternehmen Unsterblichkeit" vorzugreifen: bedrohliche Delegation kann meines Erachtens auch so verstanden werden, daß sie die Loyalitätsverpflichtung gegenüber dem Familienunternehmen (bzw. gegenüber dem Metasystem) durch die Beauftragung von einer Einzelperson (oder von einem familiären Subsystem) ablöst, um der psychodynamischen Angstabwehr von Sterblichkeit oder dem Aufbau des individuellen *Lebens-Werkes* des Delegatoren zu dienen.

14 Leider ist mir die Herkunft der Mutter und deren Ausbildung unbekannt! Möglicherweise spiegelt sich in ihren Wünschen gegenüber der Tochter die eigene Herkunft und Geschichte wider. Das ließe auch die Verstrickung verstehen, die Tochter nur bedingt in die Kultur des Vaters, eine „Familie mit System", folgen zu lassen.

15 Es gibt auch Fälle, wo man direkt „sehen" kann, daß der bzw. die Betreffende der bzw. die *Richtige* ist ...

16 Wie ich beim Nachlesen des Märchens der Gebrüder Grimm (1989, Bd.1, 41 f.) „Von einem, der auszog das Fürchten zu lernen", feststellte, gab es auch dort zwei Brüder (bzw. Söhne): „der älteste war klug und gescheit und wußte sich in allem wohl zu schicken, der jüngste aber war dumm, konnte nichts begreifen und lernen: und wenn ihn die Leute sahen, sprachen sie: ‚Mit dem wird der Vater noch seine Last haben!'"

## 4. Kapitel

1 Bei Stiftungen treten diese Verewigungstendenzen besonders hervor: „In Wahrheit geht es um Tod und Leben. Es geht um die Diskontinuität in großen Familienunternehmen – zugunsten der Kontinuität eines Erbes. Und es geht um den Wunsch nach Unsterblichkeit großer Männer." (R. Hank 1993, 13)

2 Zudem gibt allein schon ihre graphische Gestaltung (Layout) ein Bild von dem, was ich mit Metasystem bezeichnet habe. Sehr oft stehen nämlich die Anzeige der Familie und die des Unternehmens nebeneinander. Manche sind fast spiegelbildlich, andere drücken diesen Zusammenhang darin aus, daß die Anzeigen in *einem* Rahmen erscheinen, etc.

3 Zugleich wird hier ja auch der Charakter dieser Maßnahme als Funktion der kollektiven Angstabwehr deutlich: Auch der – bisher unbekannte – Er-Löser dieses Nachfolgedilemmas könnte zwar die Stellung der Seniorin einnehmen, aber nicht den Namen des Unternehmens!

4 Es spricht aus meiner Sicht auch nichts dafür, daß die Analogie zwischen dem individuellen und kollektiven Leben und Sterben nur für kleine Familienunternehmen zuträfe. Dort ist die Dynamik aufgrund der „überschaubaren" Verhältnisse lediglich mehr auf die Betroffenen fokussiert, die aufgrund der knappen Ressourcen *multifunktionale* Aufgaben im Unternehmen wahrnehmen. Die betroffenen Personen *repräsentieren gleichzeitig* die Protagonisten des Generationswechsels; das ermöglicht, *genauer* zu beobachten und die Dynamik leichter nachvollziehen zu können!

5 „Insbesondere mittelständische Unternehmer entdecken heute den Unternehmensverkauf als Instrument zur Lösung ihrer unternehmerischen oder privaten Probleme." (W. Alvano 1992) Inwiefern dies eine „Lösung" darstellt, wage ich zu bezweifeln. Die unter den Gründen dafür genannte „Vermögensrealisation" mag ja dann ein Ansporn zur Gründung einer Stiftung zwecks Vermögensverewigung darstellen. Die Dynamik der Stiftung verweist in allererster Linie jedoch auf den Stifter und nicht den Stiftungszweck!

6 So lautete die Anzeigenkampagne einer Großbank, die darin für die vertrauensvolle Zusammenarbeit mit einer Versicherungsgesellschaft warb (z.B. FAZ v. 23.7.1990; Nr. 168, 11).

7 Die vereinfachte Darstellung des Metasystems als Kreis soll dabei dem Leser verdeutlichen helfen, daß für die Betroffenen – zumindest im Generationswechsel – das eine (Teil-)System *maßgebliche* Umwelt des anderen darstellt. Die *kreisförmige* Darstellung soll nicht suggerieren, das Metasystem sei ein (in sich) geschlossenes System! Auch „gehen" die Beteiligten nicht in ihren Rollen im Metasystem „auf". Allerdings bin ich der Auffassung, daß in der psycho-sozialen Dynamik des Nachfolgeprozesses diese Form der Darstellung dem – zeitweiligen – Wunsch der Betroffenen nach „Abkapselung" und „innerem Rückzug" durchaus entspricht.

8 Diese Autoren stellen einen Zusammenhang zwischen Machtwechsel in Unternehmungen und in den Familien sowie den Wachstumsphasen der Unternehmensentwicklung her (L.B. Barnes und S.A. Hershorn 1983, 72 f.).

9 Es ist gleichzeitig auch ein Beispiel dafür, daß juristische Verträge die Grenzen der Kreativität bestimmen!

10 Ich möchte hier nur am Rande auf den *transaktionalen* Charakter der zugrundeliegenden Kommunikationsmuster hinweisen. Oft begegnen sich Unternehmer-Vater und Nachfolger-Sohn in überkreuzten bzw. verdeckten Transaktionen (Th. Harris 1975; H. Fischer 1985; oder G. Fischer 1987).

11 H. Segal (1974, 112) nennt Furcht, Verlust, Trauer, Sehnsucht und Schuld als die der manischen Abwehrorganisation des Kleinkindes zugrundeliegenden Gefühle. Die Abwehrmechanismen richten sich „... gegen jedes Abhängigkeitsgefühl, verhüten es, verleugnen es oder kehren es um." Interessanterweise sind sie im Verhalten *beider* Protagonisten des Generationswechsels wiederzufinden.

12 Zur Rivalisierung: H. Levinson (1983, 74) und V.E. Pilgrim (1993, 279 f.).

13 Vergleiche hierzu auch die „Die Angstabwehr-Funktion sozialer Systeme" von I. Menzies (1974) im Rückgriff auf die Objektbeziehungstheorie von Melanie Klein (H. Segal 1974).

14 A. Menzl (1987a, 3) fragt pointiert: „Rechtzeitig organisieren – oder Zauberei in letzter Minute?"

15 Es kann in der Beratung von ausscheidenden Senioren sinnvoll sein, mit ihnen einmal Übergabe und Übernahme aus Sicht des Nachfolgers durchzuspielen (W.E. Zierden 1980, 31).

16 Auch hier fielen mir die „Schuppen“ erst bei der Überarbeitung „von den Augen“; zur Zeit des Forschungsberichtes konnte ich diesen Zusammenhang noch nicht herstellen!

## 5. Kapitel

1 Eine provokante These von R.K. Sprenger (1992, 88) liest sich auf die Situation in Familienunternehmen angewendet dann so: „Für Geld – oder für Nebenrollen – allein läßt sich heute kaum ein Nachfolger noch seine Zeit – und schon gar nicht den ‚Sinn‘ – abkaufen!“

2 W. McWhinney (1985, 7) schlägt beispielsweise vor, insbesondere das Alter von Verstorbenen, die Berufsausbildungen, Traumata aus Konflikten zwischen Familienmitgliedern und bemerkenswerte Krankheiten zu berücksichtigen. Auch hier gilt jedoch: mit dem Minimum (an Information) zu arbeiten. Wer mehr „Wissen“ will, als zum nächsten Schritt notwendig, vermeidet das Handeln (auch das seiner Klienten)!

3 W.G. Dyer (1986, 42 f.) hat ein Zyklusmodell der „kulturellen Evolution“ vorgelegt, welche dem Transformationsprozeß des Metasystems zugrundeliegt.

4 Ich möchte hinzufügen, daß auch Nachfolger und Nachfolgerinnen sich häufig in der Dynamik der Ablösung so vorkommen, als ob sie in einem „schlechten Film“ säßen. Wenn ihnen nämlich eines Tages bewußt wird, daß sie ursprünglich auf der „Suche nach einem Theater“ (Pirandello, in: B. Sievers 1992) für Akteure waren, sich jedoch im *Kino der Familie* wiederfinden!

5 Wie ich im Zusammenhang mit „Unternehmen kultivieren Familie“ schon bemerkt habe: auch die Mit-Arbeitenden sind nicht „zufällig“ in diesem „Theater“!

6 W.G. Dyer jr. (1986) spricht auch von der Schaffung einer „kollektiven Vision“.

7 Ich fasse das Metasystem als eine – meta-theoretische Beschreibung einer – Wirklichkeitskonstruktion auf. Sie folgt dem Bemühen, das Phänomen systemisch zu verstehen und zu beschreiben. Das Metasystem sollte daher auch nicht normativ gewendet als Oberziel – für Unternehmen und Familie – mißverstanden werden! In gewisser Weise umschreiben die Worte der Überschriften der Kapitel das Phänomen genauer, während die – an die Systemtheorie angelehnte – Begrifflichkeit möglicherweise präziser ist. Bei letzterem muß jedoch die Notwendigkeit zur Abstraktion in Kauf genommen werden.

8 Das Beispiel vom wechselhaften Verlauf des „Generationswechsels“ in Familie und Unternehmen „Steilmann“ zeigt, daß auch in großen und expandierenden Familienunternehmen eine *Lösung nicht ohne* die Familienmitglieder zu erzielen ist. Während noch 1993 ein Fremdmanager engagiert wurde, um dem Gründer nachzufolgen (G. Amenda 1993), heißt es inzwischen: „Bei Steilmann treten die Töchter in die Fußstapfen des Vaters.“ (B. Koch 1995a)!

9 Der „Fall Krupp“ zeigt, daß die Erben auch eine Generation nach dem Verzicht von Einflußnahme auf die Unternehmensleitung zugunsten „professioneller“ Manager

wiederum vermehrten Einfluß auf die – kapitalgebende – Stiftung einzuklagen versuchen.

10 In der amerikanischen Literatur wird unter dem Stichwort „De-Coupling" die Entzerrung und Entkoppelung der (Teil-)Systeme diskutiert (P. Davis 1983).

## Zum Schluß …

1 Die Existenz von Familienunternehmen, in denen Irrationalität, Paradoxie und Komplexität von Organisationen offenkundig zu Tage treten, stellt offenbar eine solche Provokation dar, daß H. Albach und W. Freund (1989, 261 f.) sich genötigt sehen, die Frage aufzuwerfen, inwiefern Familienunternehmen als Unternehmensart im Aussterben begriffen sind.

2 Möglicherweise „importieren" Familienunternehmen ja in einer gesellschaftlich-psychischen Arbeitsteilung (K. Trebesch 1989) solche Ängste, Bedürfnisse und Angstabwehr, welche ursprünglich generell der „Familie" galten oder in ihr bearbeitet werden konnten?

# LITERATUR


Adizes, I. (1979): Organizational Passages: Diagnozing and Treating Lifecycle Problem of Organizations. *Organizational Dynamics* (Summer 1979): 2–25.

Aiken, J. (1989): Du bist Ich. Die Geschichte einer Täuschung. Zürich (Diogenes).

Albach, H. u. W. Freund (1989): Generationswechsel und Unternehmenskontinuität – Chancen, Risiken, Maßnahmen. Gütersloh (Bertelsmann).

Alpert, J. (Hrsg.) (1991): Psychoanalyse der Frau jenseits von Freud. Berlin/Heidelberg/ New York (Springer).

Alvano, W. (1992): Besonders Mittelständler sehen im Unternehmensverkauf zunehmend ein Instrument zur Lösung von Problemen. *Handelsblatt*, vom 5./6.12.1992.

Amenda, G. (1993): Mehr als nur die Kopie des Originals sein. Unternehmensnachfolge – die besondere Herausforderung. Ein Gespräch mit Klaus Steilmann und Lothar Wackerbeck. Faz-Verlagsbeilage Nr. 96: „Unternehmensbeteiligungen. Unternehmensnachfolge". *Frankfurter Allgemeine Zeitung* vom 26.4.1993, S. 1–2.

Andolfi, M. (1979): Family Therapy. An Interactional Approach. New York (Plenum Press).

Argelander, H. (1980): Vorwort. In: A. Eckstaedt u. R. Klüwer: Zeit allein heilt keine Wunden. Psychoanalytische Erstgespräche mit Kindern und Eltern (2. Aufl.). Frankfurt a.M. (Suhrkamp).

Argelander, H. (1982a): Was ist eine Deutung? *Gruppenpsychotherapie und Gruppendynamik* 18: 22–27.

Argelander, H. (1982b): Der psychoanalytische Beratungsdialog. Medien zur Textstruktur und Deutung an formalisierten Protokolltexten. Göttingen/Zürich (Vandenhoeck & Ruprecht).

Auer-Hunzinger, V. u. B. Sievers (1991): Organisatorische Rollenanalyse und -beratung: Ein Beitrag zur Aktionsforschung. In: B. Sievers (Hrsg.): Management. Was bedeutet es, wie kann man es verstehen, ausüben und gestalten? Beiträge zur 4. wissenschaftlichen Jahrestagung des Arbeitskreises zur Förderung des Lernens von Menschen und Organisationen (MundO) e.V., 4.–6.10.1990. Arbeitspapiere des Fachbereiches Wirtschaftswissenschaft der BUGH Wuppertal Nr.153. Wuppertal, S. 143–168.

Barnes, L.B. u. S.A. Hershorn (1983): Machtwechsel in Familienunternehmen. *Harvard Manager* 2: 67–76.

Bartölke, K. (1980): Organisationsentwicklung für entwicklungsfähige Organisationsmitglieder. In: E. Kappler (Hrsg.): Unternehmensstruktur und Unternehmensentwicklung. Freiburg i. Br. (Rombach), S. 319–341.

Baumgartner, K. u. R. Diekhof (1982): „Wir kommen immer zu spät!" *Manager Magazin* 7: 44–47.

Bechtle, Ch. (1983). Die Sicherung der Führungsnachfolge in der Familienunternehmung. Frankfurt/M (Barudio & Hess).

Beckhard, R. a. W.G. Dyer jr. (1983): Managing Continuity in the Family-Owned Business. *Organizational Dynamics* (Summer 1983): 5–12.

Beck-Gernsheim, E. (1990): Das halbierte Leben. Männerwelt Beruf, Frauenwelt Familie. Frankfurt a.M. (Fischer Taschenbuch).

Berger, B. u. P.L. Berger (1984): In Verteidigung der bürgerlichen Familie. Frankfurt a.M. (Fischer Taschenbuch).

Bertsch, R. (1970): Die industrielle Familienunternehmung (2. Aufl.). St. Gallen/Winterthur (Schellenberg).

Beyer, J.M. a. H.M. Trice (1987): How an Organization's Rites Reveal it's Culture. *Organizational Dynamics* 15 (Spring): 5–24.

Bibliographisches Institut (1974): Fremdwörterbuch Duden Bd. 5 (3., völlig neu bearb. und erw. Aufl.) Mannheim/Wien/Zürich (Dudenverlag).

Bibliograph. Institut (1983): Meyers Großes Taschenlexikon (aktualis. Neuausg. in 24 Bd.) Meyers Lexikonverlag Mannheim/Wien/Zürich.

Bion, W. R. (1971): Erfahrungen in Gruppen. Und andere Schriften. Stuttgart (Klett).

Bleicher, K. (1986): Die Rolle von Unternehmern und Managern bei der Entwicklung von Unternehmenskulturen. (Unveröffentl. Tagungspapier, Vortrag anl. d. Kongresses „Unternehmenskultur in Deutschland. – Menschen machen Wirtschaft" DGFP/AGP, Mai 1986 in Neuß).

Block, P. (1992): Der autonome Manager. Macht und Einfluß am Arbeitsplatz. Frankfurt/a.M./New York (Campus).

Borner, S. u. B. Simma (1984): Unternehmensführung und Strukturwandel. *Die Orientierung* 82.

Brix, M. u. B. Mayer (1990): Walker Evans – Amerika. Bilder aus den Jahren der Depression. München (Schirmer/Mosel).

Bründl, P. (1992): Überlegungen zur Entwicklung des Geschichtsempfindens in der Adoleszenz. München (MAP Texte), S. 65–78.

Brunner, E. J. (Hrsg.) (1983): Eine ganz alltägliche Familie. Beispiele aus der familientherapeutischen Praxis von Helm Stierlin, Michael Wirsching, Alex Ammann u.a. München (Kösel).

Bussiek, J. (1980): Rüstzeug für die 80er Jahre. *Manager Magazin* 9: 43–52.

Calogeras, R.C. (1989): Die Krupp-Dynastie und die Wurzeln des deutschen Nationalcharakters. Eine psychoanalytische Studie. München/Wien (Verlag Internationale Psychoanalyse).

Cashdan, S. (1990): „Sie sind ein Teil von mir". Objektbeziehungstheorie in der Psychotherapie. Köln (Edition Humanistische Psychologie).

Cierpka, M. (1986): Zur Funktion der Grenze in Familien. *Familiendynamik* 11 (4): 307–324.

Claessens, D. (1972): Familie und Wertesystem (3., überarb. Aufl.). Berlin (Duncker und Humblot).

Clemens-August, A. (1983): Vom Boß zum Partner. Zürich (Edition Interfrom).

Coenen, L., E. Beyreuther u. H. Bietenhard (Hrsg.) (1977): Theologisches Begriffslexikon zum Neuen Testament, Bd. 2 Wuppertal (Brockhaus).

Davis, P. (1983): Realizing the Potential of the Family Business. *Organizational Dynamics* (Summer 1983): 47–56.

Demmer, C. (Hrsg.) (1988a): Frauen ins Management. Von der Reservearmeee zur Begabungsreserve. Frankfurt a.M./Wiesbaden (Frankfurter Allgemeine Zeitung/Gabler).

Demmer, C. (1988b): Ein Fazit in sieben Thesen. In: C. Demmer (Hrsg.): Frauen ins Management. Von der Reservearmeee zur Begabungsreserve. Frankfurt a.M. 1988 (Frankfurter Allgemeine Zeitung/Gabler), S. 297–301.

Demmer, C. (1989): Über den Tod hinaus. *Manager Magazin* 10: 178–191.

Diekhof, R. u. K. Hoffmann (1983): Die Erben steigen aus. *Manager Magazin* 11: 72–80.

Dyer, W.G. jr. (1986): Cultural Change in Family Firms. Anticipating and Managing Business and Family Transitions. San Francisco/London (Jossey-Bass).

Dyllick, Th. (1983): Management als Sinnvermittlung. *gdi-impuls* 3: 3–12.

Dzuba, A. (1983): Meines Vaters Haus oder Schicksalsjahre einer Unternehmertochter. Hamburg (Christians).

Eckstaedt, A. u. R. Klüwer (Hrsg.) (1982): Zeit allein heilt keine Wunden. Psychoanalytische Erstgespräche mit Kindern und Eltern (2. Aufl.). Frankfurt a.M. (Suhrkamp).

Elias, N. (1984): Über die Einsamkeit der Sterbenden in unseren Tagen Frankfurt a.M. (Suhrkamp).

Elias, N. (1987a): Die Gesellschaft der Individuen. Frankfurt a.M. (Suhrkamp).

Elias, N. (1987b): Wandlungen der Wir-Ich-Balance. In: N. Elias: Die Gesellschaft der Individuen. Frankfurt a.M. (Suhrkamp), S. 209–315.

Eliot, T.S. (1974): Der Familientag. In: T.S. Eliot: Die Dramen. Frankfurt a.M. (Suhrkamp), S. 85–173.

Esser, H. (1986): Können Befragte lügen? *Kölner Zeitschrift für Soziologie und Sozialpsychologie* 38: 314–336.

Faulstich, W. u. G.E. Grimm (Hrsg.) (1989): Sturz der Götter? Vaterbilder im 20. Jahrhundert. Frankfurt a.M. (Suhrkamp).

Finger, W. (1984): Auch Mittel- und Kleinbetriebe bedürfen aktiver Personalplanung, damit in den Königreichen keine inkompetenten Nachfolger heranwachsen. *Industrielle Organisation* 53: 296–312.

Fischer, G. (1987): Wenn der Chef Psychologie studiert. *Manager Magazin* 2: 136–141.

Fischer, H. (1985): TA. Die Transaktionsanalyse. Anstöße zu einer kritischen Auseinandersetzung (1. Aufl.). München (Evangelischer Presseverband für Bayern).

Forster, W. u. B. Sievers (1989): Was ist mit unseren Institutionen los? Beiträge zur 3. wissenschaftlichen Jahrestagung des Arbeitskreises zur Förderung des Lernens von Menschen und Organisationen (MundO) e.V. Arbeitspapiere des Fachbereiches Wirtschaftswissenschaft der BUGH Wuppertal Nr. 140. Wuppertal.

Freese, G. (1989): Der freundliche Riese. Das Familienunternehmen Tengelmann hat sich in den vergangenen zwanzig Jahren zum Weltkonzern entwickelt. *Die Zeit*, Nr. 27 vom 30.06.1989.

Friedrich, H. et al. (1979): Soziale Deprivation und Familiendynamik. Göttingen (Vandenhoeck & Ruprecht).

Froschauer, U. u. M. Lueger (1992): Das qualitative Interview zur Analyse sozialer Systeme. Wien (Universitätsverlag).

Frost, P.J. et al. (eds.) (1985): Organizational Culture. Beverley Hills/London/New Delhi (Sage).

Gottlieb-Duttweiler-Institut (Hrsg.) (1990): Zukunft für Familienunternehmen? Perspektiven für die Unternehmenskontinuität. Tagungsband des Gottlieb-Duttweiler-Institutes. Rüschlikon.

Gerhardt, U. (1985): Erzähldaten und Hypothesenkonstruktion. Überlegungen zum Gültigkeitsproblem in der biographischen Sozialforschung. *Kölner Zeitschrift für Soziologie und Sozialpsychologie* 37: 230–256.

Geulen, D. (1977): Das vergesellschaftete Subjekt. Zur Grundlegung der Sozialisationstheorie (1. Aufl.). Frankfurt a.M. (Suhrkamp).

Glötzner, J. (Hrsg.) (1983a): Der Vater. Über die Beziehung von Söhnen zu ihren Vätern. Frankfurt a.M. (Fischer).

Glötzner, J. (1983b): Bemerkungen über „den Vater“ – Vorwort. In: J. Glötzner (Hrsg.): Der Vater. Über die Beziehung von Söhnen zu ihren Vätern. Frankfurt a.M. (Fischer), S. 7–25.

Grathoff, R. (1978): Alltag und Lebenswelt als Gegenstand der phänomenologischen Gestalttheorie. In: K. Hammrich u. M. Klein (Hrsg.): Materialien zur Soziologie des Alltags. Opladen (Westdeutscher), S. 67–85.

Greiner, L.E. (1982): Evolution und Revolution im Wachstum von Organisationen. *Harvard Manager* 3: 7–15.

Grimm, J. u. W. (1989): Kinder- und Hausmärchen. Ausgabe letzter Hand. Mit den Originalauswertungen der Brüder Grimm (3 Bd.). Stuttgart (Philipp Reclam Jr.).

Gutjahr, G. (1985): Psychologie des Interviews in Praxis und Theorie. Heidelberg (I.H. Sauer).

Häfele, W. (1994): Die Identität von Organisationen entsteht aus der Ver-Antwortung für andere. In: Management Center Vorarlberg: 1 2 3 Seitenstimmen. Beiträge zu Führung, Beratung und Entwicklung von Menschen, Gruppen und Organisationen. Dornbirn, S. 102–104.

Haferkamp, H. (1987): Autopoietisches soziales System oder konstruktives soziales Handeln? In: H. Haferkamp und M. Schmid (Hrsg.): Sinn, Kommunikation und soziale Differenzierung. Beiträge zu Luhmanns Theorie sozialer Systeme (1. Aufl.). Frankfurt a.M. (Suhrkamp), S. 51–88.

Haferkamp, H. und M. Schmid (Hrsg.) (1987): Sinn, Kommunikation und soziale Differenzierung. Beiträge zu Luhmanns Theorie sozialer Systeme (1. Aufl.). Frankfurt a.M. (Suhrkamp).

Hahn, D. (1985): Unternehmensphilosophie und Führungsorganisation in Familienunternehmen. *Zeitschrift Führung und Organisation* 1985: 12–20.

Hammrich, K. u. M. Klein (1978): Materialien zur Soziologie des Alltags. Opladen (Westdeutscher).

Hank, R. (1993): Warum einer ein Milliardenvermögen weggibt. Die Bertelsmann-Stiftung und die Geschichte großer Stifter. *Frankfurter Allgemeine Zeitung*, Nr. 276 vom 27.11.1993, S. 13.

Harris, Th.A. (1985): Ich bin o.k. Du bist o.k. Eine Einführung in die Transaktionsanalyse. Reinbek b. Hamburg (Rowohlt).

Hartfelder, D. (1984): Management als Sinnvermittlung? *Die Unternehmung* 4: 373–395.

Hausen, K. (1975): Familie als Gegenstand historischer Sozialwissenschaft. Bemerkungen zu einer Forschungsstrategie. *Geschichte und Gesellschaft* 1: 171–209.

Hecker, M. (1983): Die deutsche Nachkriegsfamilie. Lernerfahrungen in einem Familientherapieseminar auf dem Hintergrund der eigenen Familiengeschichte. In: E.J. Brunner (Hrsg.): Eine ganz alltägliche Familie. Beispiele aus der familientherapeutischen Praxis von Helm Stierlin, Michael Wirsching, Alex Ammann u.a. München (Kösel), S. 154–171.

Hegner, A. (1990): Oberstes Ziel der Nachfolgelösung ist die Unternehmenssicherung und nicht die Erhaltung der Dynastie. In: gdi (Hrsg.): Zukunft für Familienunternehmen? Perspektiven für die Unternehmenskontinuität. Tagungsband des Gottlieb-Duttweiler-Institutes. Rüschlikon.

Heinze, R. u. E. Kappler (1979): Effiziente Verfaßtheit und effiziente Unternehmensverfassung. Arbeitspapiere des Fachbereichs Wirtschaftswissenschaft der GH Wuppertal, Nr. 14. Wuppertal.

Hellinger, B. (1993): Finden, was wirkt. Therapeutische Briefe. München (Kösel).

Hellinger, B. (1994): Ordnungen der Liebe. Ein Kurs-Buch. Heidelberg (Carl-Auer-Systeme).

Helmer, W. (1992): Bahlsen – ratlos. Familienbetrieb und Eigentümer. *Frankfurter Allgemeine Zeitung,* Nr. 165 vom 18.7.1992, S. 9.

Hennig, M. u. A. Jardim (1987): Frauen und Karriere. Erwartungen, Vorstellungen, Verhaltensweisen. Reinbek b. Hamburg (Rowohlt).

Hermanns, H. (1981): Das narrative Interview in berufsbiographisch orientierten Untersuchungen. Arbeitspapiere des Wissenschaftlichen Zentrums für Berufs- und Hochschulforschung GH Kassel, Nr. 9 Kassel.

Hodeige, A. u. Ch. Hodeige (1990): Nachfolger folgen nicht. In: E. Kappler u. St. Laske (Hrsg.): Blickwechsel. Zur Dramatik und Dramaturgie von Nachfolgeprozessen im Familienbetrieb. Freiburg i.Br. (Rombach), S. 13–22.

Hoffmann, K. (1981): Reinfall mit RIM. *Manager Magazin* 5: 28–46.

Hoffmann, K. (1986): Besessen von der Lust am Verkaufen. *Manager Magazin* 9: 72–89.

Hoffmann-Riem, Chr. (1980): Die Sozialforschung einer interpretativen Soziologie. Der Datengewinn. *Kölner Zeitschrift für Soziologie und Sozialpsychologie* 32: 339–372.

Hofmann, C. (1983): Smog im Hirn. Von der notwendigen Aufhebung der herrschenden Wissenschaft (3. Aufl.). Frankfurt a.M. (extrabuch).

Holderegger, P. (1988): Schumpeters Unternehmer. Zur Renaissance des Unternehmer-Theorems von Joseph Schumpeter. *Die Unternehmung* 42 (3): 220–227.

Hopf, Chr. (1978): Die Pseudo-Exploration. Überlegungen zur Technik qualitativer Interviews in der Sozialforschung. *Zeitschrift für Soziologie* 7 (2): 97–115.

IHK Wuppertal (1956): Festschrift zum 125jährigen Jubiläum. (In Verbindung mit Wolfgang Köllmann).

Imhof, A. E. (1985): Die verlorenen Welten. Alltagsbewältigung durch unsere Vorfahren – und weshalb wir uns heute so schwer damit tun (2. Aufl.). München (C.H. Beck).

Imhof, A. E. (1988a): Die Lebenszeit. Vom aufgeschobenen Tod und von der Kunst des Lebens. München (C.H. Beck).

Imhof, A.E. (1988b): Reife des Lebens. Gedanken eines Historikers zum längeren Dasein. München (C.H. Beck).

Jaeger, H. (1989): Der Unternehmer als Vater und Patriarch. In: W. Faulstich u. G.E. Grimm (Hrsg.): Sturz der Götter? Vaterbilder im 20. Jahrhundert. Frankfurt a.M. (Suhrkamp), S. 98–120.

Janietz, B. (1983): Signale von gestern für morgen. Unternehmen und Tradition. *Manager Magazin* 6: 91–97.

Jeske, J. (1988): Nicht nur für den Gewinn allein. Wertvorstellungen der Unternehmer im Spiegel einer Allensbach-Umfrage. *Frankfurter Allgemeine Zeitung*, Nr. 118 vom 21.5.88, S. 15.

Jezler, P. (1994): Himmel, Hölle, Fegefeuer. Das Jenseits im Mittelalter. Katalog (hrsg.v.d.: Gesellschaft für das Schweizerische Landesmuseum. 2., durchges. Aufl.). Zürich (Neue Zürcher Zeitung).

Jung, C.G. (1971): Die Dynamik des Unbewußten. Olten/Freiburg i. Br. (Walter).

Kade, J. (1989): Erwachsenbildung und Identität: eine empirische Studie zur Aneignung von Bildungsangeboten. Weinheim (Deutscher Studienverlag).

Kambly, O.A. (1990a): Einheit von Kapital und Führung. Zit. in: B. Seifert (1990): Gesunder Darwinismus. Familienunternehmen: Nachfolgeregelung als Archillesferse. *WirtschaftsWoche*, Nr.14 vom 30.3.1990, S. 60.

Kappler, E. (1975): Zum Theorie-Praxis-Verhältnis einer noch zu entwickelnden kritischen Theorie der Betriebswirtschaftspolitik. Arbeitspapiere des Fachbereichs Wirtschaftswissenschaft der GH Wuppertal, Nr. 1. Wuppertal.

Kappler, E. (Hrsg.) (1980a): Unternehmensstruktur und Unternehmensentwicklung. Freiburg i. Br. (Rombach).

Kappler, E., J. Seibel u. S. Sterner (Hrsg.) (1983): Entscheidungen für die Zukunft. Instrumente und Methoden der Unternehmensplanung. „FAZ/Blick durch die Wirtschaft" Frankfurt a.M. (Frankfurter Allgemeine Zeitung).

Kappler, E. u. St. Laske (Hrsg.) (1990): Blickwechsel. Zur Dramatik und Dramaturgie von Nachfolgeprozessen im Familienbetrieb. Freiburg i.Br. (Rombach).

Kappler, E. u. St. Laske (Hrsg.) (1996): Generationswechsel im mittelständischen Familienbetrieb. Freiburg i.Br. (Rombach).

Keller, U. (1990): Walker Evans: „American Photographs". Eine transatlantische Kulturkritik. In: M. Brix u. B. Mayer (Hrsg.): Walker Evans – Amerika. Bilder aus den Jahren der Depression. München (Schirmer/Mosel), S. 59–77.

Kepner, E. (1983): The Family and the Firm: A Coevolutionary Perspective. *Organizational Dynamics* (Summer 1983): 57–70.

Kets de Vries, M. u. D. Miller (1986): Persönlichkeit, Kultur und Organisation. *Organisationsentwicklung* 5 (1): 13–33.

Kieser, A. (1984): Innovation und Organisationskultur. *gdi-impuls* 4: 3–11.

Kirsch, W. (1983): Fingerspitzengefühl und Hemdsärmeligkeit bei der Planung. Die „Planungslücke" im Mittelstand. In: E. Kappler, J. Seibel u. S. Sterner (Hrsg.): Entscheidungen für die Zukunft. Instrumente und Methoden der Unternehmensplanung. „FAZ/Blick durch die Wirtschaft". Frankfurt a.M. (Frankfurter Allgemeine Zeitung), S. 19–32.

Klandt, H. (1980): Die Person des Unternehmensgründers als Determinante des Gründungserfolges. *Betriebswirtschaftliche Forschung und Praxis* 4: 321–335.

Klein, M. u. J. Riviere (1983): Seelische Urkonflikte. Liebe, Haß und Schuldgefühl (ungek. Ausg.) Frankfurt a.M. (Fischer).

Klein, R. u. A. Mahler (1987): Expansion ins Nichts. *Manager Magazin* 6: 30–35.

Knights, D. a. J. Roberts (1982): The Power of Organization or the Organization of Power? *Organizational Studies* 3 (1): 47–63.

Koblitz, H. G. (1985): Der Wundermann aus Mähren. *Manager Magazin* 11: 298–305.

Koch, B. u. H. Uebbing (1988): Das Haus des „Sanitätsrates" ist notleidend geworden. Über die Geschichte des Hauses Klöckner. *Frankfurter Allgemeine Zeitung,* Nr. 241 vom 15.10.88, S. 16.

Koch, B. (1995a): Bei Steilmann treten die Töchter in die Fußstapfen des Vaters. Führender Bekleidungshersteller in Europa/Der Vertrieb soll stärker betont werden. *Frankfurter Allgemeine Zeitung,* Nr. 90 vom 18.4.1995, S. 19.

Koch, B. (1995): Der Familienkonzern wurde einst nach dem Prokuristen benannt. Bei Tengelmann repräsentieren Erivan Haub und seine Söhne die vierte und fünfte Generation. *Frankfurter Allgemeine Zeitung,* Nr. 120 vom 24.5.1995, S. 24.

Köcher, R. (1982): Zum Unternehmerbild der deutschen Bevölkerung. *Die Betriebswirtschaft* 42 (3): 331–339.

Königswieser, R. u. Chr. Lutz (Hrsg.) (1992): Das systemischevolutionäre Management. Der neue Horizont für Unternehmer (2., überarb. Aufl.). Wien (Orac).

Kröll, F., J. Matthes u. M. Stosberg (1981): Zehn Thesen zur Einbeziehung biographisch orientierter Konzepte in soziologische Forschung. In: J. Matthes et al. (Hrsg.): Biografie in handlungswissenschaftlicher Perspektive. Nürnberg (der Nürnberger Forschungsvereinigung), S. 15–29.

Kruk, M. (1977): Der lange Schatten des Alten im Betrieb. Vor allem Pionier-Unternehmer neigen zum Autoritären. *„FAZ/Blick durch die Wirtschaft*: Wie führe ich einen Mittelbetrieb? (XXII)" *Frankfurter Allgemeine Zeitung,* Nr. 277 vom 1.12.1977, o.S.

Lacey, R. (1987): Ford. Eine amerikanische Dynastie. Düsseldorf/Wien/New York (Econ).

Landsberg, I. (1983): Managing Human Ressources in Family Firms: The Problem of Institutional Overlap. *Organizational Dynamics* (Summer 1983): 39–46.

Landsberg, I. a. R. Beckhard (1983): Conversation with Richard Beckhard. *Organizational Dynamics* (Summer 1983): 29–38.

Langemayr, A. (1985): Geschwisterkonstellation aus empirischer und klinisch-psychologischer Sicht. *Praxis der Kinderpsychologie und Kinderpsychiatrie* 34 : 254–256.

Lawrence, W.G. (1979): A Concept for Today: The Management of Oneself in Role. In: W.G. Lawrence (ed.): Exploring Individual and Organizational Boundaries. Chichester et. al. (John Wiley & Sons), S. 235–249.

Levinson, H. (1983): Consulting With Family Business: What to Look For, What to Look Out For. *Organizational Dynamics* (Summer 1983): 71–80.

Lidz, Th. (1971): Familie und psychosoziale Entwicklung. Frankfurt a.M. (Fischer).

Lievegoed, B. (1981): Organisationen im Wandel. Die praktische Führung sozialer Systeme in der Zukunft. Bern/Stuttgart (Paul Haupt).

Löwe, C. (1979): Die Familienunternehmung. Zukunftssicherung durch Führung. Bern/Stuttgart (Paul Haupt).

Lueger, M. (1992): Macht und Herrschaft in Organisationen. In: R. Königswieser u. Chr. Lutz (Hrsg.): Das systemischevolutionäre Management. Der neue Horizont für Unternehmer (2. überarb. Aufl.). Wien (Orac), S. 168–180.

Lüscher, K., R. Fisch u. Th. Pape (1985): Die Ökologie von Familien. *Zeitschrift für Soziologie* 14 (1): 13–27.

Luhmann, N. (1972): Funktionen und Folgen formaler Organisation (2. Aufl.). Berlin (Duncker und Humblot).

Luhmann, N. (1984): Soziale Systeme. Grundriß einer allgemeinen Theorie. Frankfurt a.M. (Suhrkamp).

Magyar, K.M. (1986): Pioniere und Pionierunternehmen. *Die Orientierung* 86.

Management Center Vorarlberg (1993): Ganz. Schön. Einfach. Jahrespublikation. Dornbirn.

Management Center Vorarlberg (1994): 1 2 3 Seitenstimmen. Beiträge zu Führung, Beratung und Entwicklung von Menschen, Gruppen und Organisationen. Dornbirn.

Matenaar, D. (1983): Vorwelt und Organisationskultur. Vernachlässigte Faktoren in der Organisationstheorie. *Zeitschrift Führung und Organisation* 52 (1): 19–27.

Matthes, J., A. Pfeiffenberger u. M. Stosberg (Hrsg.) (1981): Biografie in handlungswissenschaftlicher Perspektive. Nürnberg (der Nürnberger Forschungsvereinigung).

McGoldrick, M. u. R. Gerson (1990): Genogramme in der Familienberatung. Bern/Stuttgart/Toronto (Huber).

McWhinney, W. (1985): The Family Managed Business. (Paper: The Fielding Institute. Venice, (A.) 1985.

Menschen in Organisationen (1994): Ein Seminar über Führung, Autorität und politische Prozesse in Organisationen. Fachbereich Wirtschaftswissenschaft BUGH Wuppertal in Zusammenarbeit mit der Kolping-Bildungsstätte Coesfeld (Einladungsbroschüre).

Menzies, I. (1974): Die Angstabwehr-Funktion sozialer Syteme – ein Fallbericht. *Gruppendynamik* 5 (3): 183–216.

Menzl, A. et al. (Hrsg.) (1987): Der Chef wird älter. Strategien zur Unternehmernachfolge. Stuttgart (Poeschel).

Menzl, A. (1987a): Generationswechsel: Rechtzeitig organisieren – oder Zauberei in letzter Minute. In: A. Menzl et al. (Hrsg.): Der Chef wird älter. Strategien zur Unternehmernachfolge. Stuttgart (Poeschel), S. 3–51.

Meyer zu Hörste, G. (1976): Die Familienstiftung als Technik zur Vermögensverewigung. Diss. Universität Göttingen.

McWhinney, W. u. J. Batista (1988): How Remythologizing Can Rivitalize Organizations. *Organizational Dynamics* 17 (2): 46–58.

Miller, E.J. (ed.) (1976): Task and Organization. London et al. (Wiley).

Miller, E.J. a. A.K. Rice (1970): Systems of Organization. The Control of Task and Sentient Boundaries. London et al. (Tavistock Social Science Papers).

Miller, E.J. a. A.K. Rice (1973): Systems of Organization. The Control of Task and Sentient Boundaries (Neuaufl.). London (Tavistock Social Science Papers).

Ministerium für Wissenschaft und Forschung (MWF) des Landes Nordrhein–Westfalen (1989): Forschung in Nordrhein–Westfalen NRW 1988. Forschungsbericht. Düsseldorf.

Minuchin, S. (1983): Familie und Familientherapie. Theorie und Praxis struktureller Familientherapie (5. Aufl.). Freiburg i.Br. (Lambertus).

Mittelsten Scheid, J. (1985): Gedanken zum Familienunternehmen. Stuttgart (Poeschel).

Morgan, G. (1986): Images of Organization. Beverly Hills/Newbury Park/London/New Delhi (Sage).

Mrusek, K. (1993): Der Niedergang einer Ideenküche. Anmerkungen zu Mövenpick. *Frankfurter Allgemeine Zeitung* Nr.139 vom 19.6.1993, S. 13.

Müller, W.R. (1981): Führung und Identität. Bern/Stuttgart (Paul Haupt).

Nelton, S. (1986): In Love and in Business. How Entrepreneurial Couples are Changing the Rules of Busniness and Mariage. Chichester et al. (Wiley).

Neuberger, O. (1985): Führung: Ideologie – Struktur – Verhalten (2. Auflage). Stuttgart (Enke).

Neuhoff, K. (1988): Stiftungen: § 80–88 BGB. Sonderdruck aus: Soergel – Kommentar zum bürgerlichen Gesetzbuch (12. Aufl.). Bd.1: Allgemeiner Teil (Stand Juni 1987). Materialien aus dem Stiftungszentrum, Heft 19. Essen-Bredeney.

Olivier, C. (1988): Jokastes Kinder. Die Psyche der Frau im Schatten der Mutter (10. Aufl.). Düsseldorf (Claassen).

Oswald, H. (1990): Interimslösungen zur Sicherung der Unternehmenskontinuität. In: Gottlieb Duttweiler Institut (Hrsg.): Zukunft für Familienunternehmen? Perspektiven für die Unternehmenskontinuität. Tagungsband. Rüschlikon.

Paulsen, A. (1941): Das „Gesetz der dritten Generation". Erhaltung und Untergang von Familienunternehmen. *Der Praktische Betriebswirt* 21 (5): 271–280.

Pilgrim, V.E. (1993): Vatersöhne (1. Aufl.). o.O. (Rowohlt).

Pine, A. (1992): Das erfolgreiche Familienunternehmen. Ein praktischer Ratgeber für gute Beziehungen und gesicherte Nachfolge. Frankfurt a.M. (Campus).

Pleticha, H. (Hrsg.): Deutsche Geschichte (Sonderausg. in 12 Bd.). Gütersloh (Lexikothek).

Pross, H. (1983): Der Geist der Unternehmer. 100 Jahre Vorwerk & Co Wuppertal (2. Aufl.). Düsseldorf (Claassen).

Pümpin, C. u. J. Prange (1991): Management der Unternehmensentwicklung. Phasengerechte Führung und Umgang mit Krisen. Frankfurt/New York (Campus).

Raffée, H. (1974): Grundprobleme der Betriebswirtschaftslehre. Göttingen (UTB 97).

Reich, R.B. (1988): Die Mär vom Entrepreneur. *Harvard Manager* 1: 11–16.

Reinhart, A. (1990): Die Familie als Kulturträger in Unternehmen. In: Gottlieb-Duttweiler-Institut (Hrsg.): Zukunft für Familienunternehmen? Perspektiven für die Unternehmenskontinuität. Tagungsband. Rüschlikon.

Reske, W., A. Brandenburg u. H.J. Mortsiefer (1978): Insolvenzursachen mittelständischer Betriebe (2. Aufl.). Schriften zur Mittelstandsforschung, Nr. 70. Göttingen. Zit. in: Ch. Bechtle (1983): Die Sicherung der Führungsnachfolge in der Familienunternehmung. Frankfurt a.M. (Barudio & Hess).

Rice, A.K. (1971): Führung und Gruppe. Stuttgart (Ernst Klett).

Rieckmann, H. (1982a): Auf der grünen Wiese. Organisationsentwicklung einer Werksneugründung. Soziotechnisches Design und Offene-System-Planung. Bern/Stuttgart (Haupt).

Richter, H.-E. (1986): Die Familie als Selbsthilfegruppe (1986). In: H.E. Richter (1990): Leben statt Machen. Einwände gegen das Verzagen. Aufsätze, Reden, Notizen. München (Deutscher Taschenbuch), S. 231–240.

Richter (1990): Leben statt Machen. Einwände gegen das Verzagen. Aufsätze, Reden, Notizen. München (Deutscher Taschenbuch).

Roedel, B. (1990): Praxis der Genogrammarbeit. Die Kunst des banalen Fragens. Dortmund (Borgmann).

Rosenthal, K. (1983): Die notwendige Endlichkeit der Metaphysik. Gedanken zur Gleichurspünglichkeit von Ökonomie und Philosophie. Arbeitspapiere des Fachbereichs Wirtschaftswissenschaften der GH Wuppertal, Nr. 77. Wuppertal.

Rüßmann, K.H. (1983b): Mit fremder Hilfe oben bleiben. *Manager Magazin* 10: 210–218.

Sandner, D. (1978): Psychodynamik in Kleingruppen. Theorie des affektiven Geschehens in Selbsterfahrungs- und Therapiegruppen (selbstanalystischen Gruppen). München/Basel (Reinhardt).

Sartre, J.-P. (1991): Die Kindheit eines Chefs. In: J.-P. Sartre: Die Kindheit eines Chefs. Erzählungen. Reinbek b. Hamburg (Rowohlt), S. 108–178.

Schamir, R. (1991): Erzähler der Nacht. (8. Aufl.). Weinheim/Basel (Beltz).

Schamir, R. (1993): Eine Hand voller Sterne (2. Aufl.). Weinheim/Basel (Beltz).

Schein, E.H. (1983): The Role of the Founder in Creating Organizational Culture. *Organizational Dynamics* (Summer 1983): 13–28.

Scheurmann, E. (1988): Der Papalagi. Die Reden des Südsee-Häuptlings Tuiavii aus Tiavea. Zürich (Tanner und Staehelin).

Schindler, A. (1975): Familienstiftungen. Recht, Steuer, Betriebswirtschaft. Bielefeld (Schmidt).

Schlemper-Kubista, A. (1980): Die Bedeutung der mitarbeitenden weiblichen Familienangehörigen für mittelständische Unternehmen. Bonn (Institut für Mittelstandsforschung/Forschungsgruppe Bonn).

Schmid, W. (1994): Zwischen Tod und Auferstehung – Zur Selbstdarstellung städtischer Eliten des ausgehenden Mittelalters im Spiegel von Stifterbildern. In: P. Jezler (Hrsg.): Himmel, Hölle, Fegefeuer. Das Jenseits im Mittelalter. Katalog, (hrsg.v.d. Gesellschaft für das Schweizerische Landesmuseum. 2., durchges. Aufl.). Zürich (Neue Zürcher Zeitung), S. 101–116.

Scholz, C. (1988): Management der Unternehmenskultur. *Harvard Manager* 1: 81–91.

Schulte, B. (1990): Mit sanfter Gewalt. *Manager Magazin* 5: 258–267.

Schwaiger, R. u. M. Hennes (1994): Tiefe Angst. Deutschlands reichster Privatier übersiedelt nach Österreich – Folge seines lebenslangen Kampfes gegen den deutschen Fiskus. *WirtschaftsWoche,* Nr. 46 vom 10.11.1994, S. 87–92.

Schwarz, Manfred (1994): Vergrößern Sie die Oberfläche zum Markt. In: Management Center Vorarlberg: 1 2 3 Seitenstimmen. Beiträge zu Führung, Beratung und Entwicklung von Menschen, Gruppen und Organisationen. Dornbirn, S. 92–94.

Segal, H. (1974): Melanie Klein. Eine Einführung in ihr Werk. München (Kindler).

Seifert, B. (1990): Gesunder Darwinismus. Familienunternehmen: Nachfolgeregelung als Archillesferse. *WirtschaftsWoche,* Nr.14 vom 30.3.1990, S. 54–66.

Senzky, K. (1977): Systemorientierung der Erwachsenenbildung. Theoretische Aspekte formaler Organisation (1. Aufl.). Stuttgart et al. (Kohlhammer).

Shapiro, R.L. a. J. Zinner (1976): Family Organization and Adolescent Development. In: E.J. Miller (ed.): Task and Organization. London et al. (Wiley), S. 289–308.

Siefer, Th. (1987): Dynamik von Familienunternehmen. (Unveröffentl. Diplomarbeit d. Fachbereiches Wirtschaftswissenschaft der BUGH Wuppertal). Wuppertal.

Siefer, Th. (1996): Denn viele sind gerufen ... In: E. Kappler u. St. Laske (Hrsg.): Generationswechsel im mittelständischen Familienbetrieb. Freiburg i.Br. (Rombach).

Siefer, Th. u. B. Sievers (1993): Wenn der Vater mit dem Sohne ... Management in Familienunternehmen. In: Management Center Vorarlberg: Ganz. Schön. Einfach. Jahrespublikation. Dornbirn, S. 134 f.

Siehl, C. (1985): After the Founder. An Opportunity to manage Culture. In: P. Frost et al. (eds.): Organizational Culture. Beverley Hills/London/New Delhi (Sage), S. 125–140.

Sievers, B. (Hrsg.) (1977): Organisationsentwicklung als Problem. Stuttgart (Klett-Cotta).

Sievers, B. (1982): Organisationsentwicklung als Lernprozeß personaler und sozialer Systeme. Oder: Wie läßt sich Organisationsentwicklung denken? *Organisationsentwicklung* 1 (1): 2–16.

Sievers, B. (1984): Motivation as a Surrogate for Meaning. Arbeitspapiere des Fachbereichs Wirtschaftswissenschaft der GH Wuppertal, Nr. 81. Wuppertal.

Sievers, B. u. W. Weigand (1986): Rollen und Beratung in Organisationen. *Organisationsentwicklung* 5 (3): 27–44.

Sievers, B. (1987): Einige Überlegungen zum Zusammenhang von Arbeit, Tod und Leben. Organisationsentwicklung 6 (2): 1–9.

Sievers, B. (1989a): Führung als Perpetuierung von Unreife. *Gruppendynamik* 20 (1): 43–50.

Sievers, B. (1989b): Einige Überlegungen zur Entstehung von Autorität, Erbschaft und Nachfolge. In: W. Forster u. B. Sievers (Hrsg.): Was ist mit unseren Institutionen los? Beiträge zur 3. wissenschaftlichen Jahrestagung des Arbeitskreises zur Förderung des

Lernens von Menschen und Organisationen (MundO) e.V. Arbeitspapiere des Fachbereiches Wirtschaftswissenschaft der BUGH Wuppertal, Nr. 140. Wuppertal, S. 96–126.

Sievers, B. (Hrsg.) (1991): Management. Was bedeutet es, wie kann man es verstehen, ausüben und gestalten? Beiträge zur 4. wissenschaftlichen Jahrestagung des Arbeitskreises zur Förderung des Lernens von Menschen und Organisationen (MundO) e.V., (4.–6.10.1990). Arbeitspapiere des Fachbereiches Wirtschaftswissenschaft der BUGH Wuppertal, Nr. 153. Wuppertal.

Sievers, B. (1992): Characters in Search of a Theatre. Organization as Theatre for the Drama of Childhood and the Drama at Work. Arbeitspapiere des Fachbereiches Wirtschaftwissenschaft der BUGH Wuppertal, Nr. 157. Wuppertal.

Sievers, B. (1993): ... von Leben und Tod: Einige Überlegungen zum Management von Familienunternehmen. (Unveröffentl. Vortragsmanuskript. „Workshop Familienunternehmen" veranst. v. Management Center Vorarlberg, 30.4.1993.)

Smith, G.D. u. L.E. Steadman (1983): Die Firmengeschichte als Aktivposten. *Harvard Manager* 3: 94–99.

Sohm, K. (1994): Was ist, ist. *Punkt.* Und was wird? Über Ordnung und Intervention in sozialen Systemen. In: Management Center Vorarlberg: 1 2 3 Seitenstimmen. Beiträge zu Führung, Beratung und Entwicklung von Menschen, Gruppen und Organisationen. Dornbirn, S. 70–73.

Spieler, S. (1991): Das Selbst, das nicht geschlechtslos ist. Ein verlorenes mütterliches Erbe. In: J. Alpert (Hrsg.): Psychoanalyse der Frau jenseits von Freud. Berlin/Heidelberg/New York (Springer), S. 41 f.

Sprenger, R.K. (1992): Mythos Motivation. Wege aus der Sackgasse (2. Aufl.). Frankfurt a.M./New York (Campus).

Stierlin, H. (1971): Das Tun des Einen ist das Tun des Anderen. Versuch einer Dynamik menschlicher Beziehungen. Frankfurt a.M. (Suhrkamp).

Stierlin, H. (1982): Delegation und Familie. Beiträge zum Heidelberger familiendynamischen Konzept (1. Aufl.). Frankfurt a.M. (Suhrkamp).

Südmersen, I. M. (1983): Hilfe, ich ersticke in Texten! – Eine Anleitung zur Aufarbeitung narrativer Interviews. *Neue Praxis* 13. (3): 294–306.

Thome, H. (1981): Legitimationstheorien und die Dynamik kollektiver Einstellungen. Probleme der Verknüpfung von Theorie und Empirie. Opladen (Westdeutscher).

Toman, W. (1979): Familientherapie: Grundlagen, empirische Erkenntnisse und Praxis. Darmstadt (Wissenschaftliche Buchgesellschaft).

Trebesch, K. (1989): Umgang mit der Angst in unseren Institutionen. In: W. Forster u. B. Sievers (Hrsg.): Was ist mit unseren Institutionen los? Beiträge zur 3. wissenschaftlichen Jahrestagung des Arbeitskreises zur Förderung des Lernens von Menschen und

Organisationen (MundO) e.V. Arbeitspapiere des Fachbereiches Wirtschaftswissenschaft der BUGH Wuppertal, Nr. 140. Wuppertal, S. 52–77.

Treue, W. (1971): Die Bedeutung der Firmengeschichte für das Selbstverständnis und das Ansehen der Unternehmen. In: F. Bock (Hrsg.): Firmengeschichte. Unternehmerbiographie. Historische Betriebsanalyse. Wien (Verein der wissenschaftlichen Forschung auf dem Gebiete der Unternehmerbiographie und Firmengeschichte), S. 16–18.

Türk, K. (1976): Grundlagen einer Pathologie der Organisation. Stuttgart (Ferdinand Enke).

Türk, K. (1978): Soziologie der Organisation. Eine Einführung. Stuttgart (Ferdinand Enke).

Vocke, R. (1987): Vom Frankenreich zum Deutschen Reich. In: H. Pleticha (Hrsg.): Deutsche Geschichte (Sonderausg. in 12 Bd.). Gütersloh (Lexikothek), Bd. 1, S. 147–183.

Ward, J.L. (1987): Keeping the Family Business Healthy. How to Plan for Continuing Growth, Profitability, and Family Leadership. San Francisco/London (Jossey-Bass).

Weber, D. (1986): Der Chef als Coach. *Management Wissen* 10: 18.

Weber, G. (Hrsg.) (1993): Zweierlei Glück. Die systemische Psychotherapie Bert Hellingers (2., überarb. und erw. Aufl.). Heidelberg (Carl-Auer-Systeme).

Wilke, G. (1970): Unternehmer – Nachfolge. Unternehmer – Testament (2., überarb. u. erw. Aufl.). Frankfurt a.M. (Moderne Industrie).

Willi, J. (1985): Die Familiengeschichte als Evolution des familiären Ideengutes. *Familiendynamik* 10: 170–187.

Wrobel, A. (1985): Kommunikation im psychoanalytischen Interview. Pragmalinguistische und gesprächsanalytische Untersuchung zum Erstinterview mit psychosomatisch Kranken. Pfaffenweiler (Centaurus).

Zehm, G.-E. (1988): Streit um das Erbe ein Jahr nach dem Tod von Henry Ford. *Westdeutsche Allgemeine Zeitung,* vom 5.10.1988.

Zierden, W.E. (1980): Leading Through the Follower's Point of View. *Organizational Dynamics* (Spring 1980): 27–46.

Zucker, B. (1990): Zukunft für Familienunternehmen? In: Gottlieb-Duttweiler-Institut (Hrsg.): Zukunft für Familienunternehmen? Perspektiven für die Unternehmenskontinuität. Tagungsband des gdi. Rüschlikon, S. 1–4.

Zucker, B. (1992): Familienbande – Geschäft ohne Grenzen. Familienunternehmen: möglicherweise etwas ganz Besonderes. In: *gdi impuls* 1992 (1): 30–39.

FAZ vom 23.06.1990: „Philip Morris übernimmt Mehrheit bei Jacobs Suchard. Amerikanischer Konzern zahlt 5,4 Milliarden Franken/Übernahmeangebot für freie Aktionäre." *Frankfurter Allgemeine Zeitung,* Nr. 143, S. 15.

FAZ vom 16.07.1990: „Bernard Tapie: Die Adidas-Übernahme ist finanziell gesichert. Heftige Gerüchte-Kampagne in Frankreich/Auch Bankeninteressen für Adidas-Übernahme." *Frankfurter Allgemeine Zeitung*, Nr. 162, S. 13.

FAZ vom 24.10.1990: „Knauf will in drei Jahren auf 3 Milliarden DM Umsatz kommen. Der führende Baustoffhersteller finanziert alles mit Eigenmitteln/Gang an die Börse nicht geplant." *Frankfurter Allgemeine Zeitung*, Nr. 248, S. 20.

FAZ vom 22.08.1991: „Wird Karl Otto Pöhl Teilhaber der Kölner Privatbank Oppenheim? Ein Gerücht über seine künftige Tätigkeit/Pöhl: Ich äußere mich jetzt dazu nicht." *Frankfurter Allgemeine Zeitung*, Nr. 194, S. 13.

FAZ vom 13.2.1992: „Im Familienunternehmen ist der Generationswechsel oft schwierig. Großer Bedarf an Unternehmensberatung/Management Partner legt Wert auf ‚Coaching'." *Frankfurter Allgemeine Zeitung*, Nr. 37, S. 22.

FAZ vom 14.02.1992: Eine Stiftung tritt an Liebrechts Stelle. Steuersparende Lösung nach dem Tod des Boehringer-Gesellschafters. *Frankfurter Allgemeine Zeitung*, Nr. 38, S. 15.

FAZ vom 15.02.1992: „Hirschmann-Firmenmuseum eröffnet. Ein Unternehmen besinnt sich auf seine Tradition." *Frankfurter Allgemeine Zeitung*, Nr. 39, S. 16.

FAZ vom 09.07.1992: „Das Familienunternehmen Werhahn hält das Investitionstempo. Weitere Akquisitionen geplant/Zufriedenstellendes Ergebnis erwartet." *Frankfurter Allgemeine Zeitung*, Nr. 157, S. 16.

FAZ vom 24.1.1993: „Das Familienunternehmen Brähler ist in der ganzen Welt zu Hause. Marktführer in der internationalen Konferenztechnik/Die Rezession erreicht die Tagungswirtschaft." *Frankfurter Allgemeine Zeitung*, Nr. 19, S. 16.

FAZ vom 21.05.1993: „Oppenheim will seine Rolle als unabhängige Privatbank sichern. Das Bankhaus mit neuer Struktur/Führungswechsel/Ergebnisanstieg im neuen Jahr." *Frankfurter Allgemeine Zeitung*, Nr. 116, S. 20.

FAZ vom 30.06.1993: „Langenscheidt scheidet aus." *Frankfurter Allgemeine Zeitung*, Nr. 148, S. 17.

FAZ vom 26.08.1993: „Im Familienzwist Herder ein Sieg für Bruder Hermann. Antrag auf einstweilige Verfügung gegen die Finanzierungspraktiken des ‚Chefs' abgelehnt." *Frankfurter Allgemeine Zeitung*, Nr. 197, S. 18.

WAZ vom 09.12.1988: „Undankbarer Sohn muß Vater 50 Millionen zurückzahlen." *Westdeutsche Allgemeine Zeitung*, Nr. 287.

WAZ vom 24.10.1994: „Der reichste Deutsche geht nach Wien." *Westdeutsche Allgemeine Zeitung*, Nr. 248.